林惠生教育文选之三

语文教育的“理”性

——“知识边界”理论的再认识

林惠生◎著

吉林文史出版社

图书在版编目（CIP）数据

语文教育的“理”性：“知识边界”理论的再认识／林惠生著．—长春：吉林文史出版社，2019.2

ISBN 978－7－5472－5899－6

Ⅰ．①语… Ⅱ．①林… Ⅲ．①语文教学—教学研究—文集 Ⅳ．①H19－53

中国版本图书馆 CIP 数据核字（2019）第 027391 号

语文教育的“理”性：“知识边界”理论的再认识

YUWEN JIAOYU DE “LI” XING：“ZHISHIBIANJIE” LILUN DE ZAI RENSHI

著　　者／林惠生
策划编辑／范继义
责任编辑／王明智
封面设计／人文在线
出版发行／吉林文史出版社
地　　址／长春市福祉大路出版集团 A 座　　邮　　编／130118
网　　址／www.jlws.com.cn
电　　话／0431—81629375
印　　刷／天津雅泽印刷有限公司
开　　本／710mm×1000mm　　16 开
字　　数／426 千
印　　张／24.5
版　　次／2020 年 2 月第 1 版　　2020 年 2 月第 1 次印刷
书　　号／ISBN 978－7－5472－5899－6
定　　价／88.00 元

目 录

序言 …… 1

第一单元　总述：语文教育的“理”性

第一章　知识边界：让语文教学“理”性起来 …… 3

“理”性：将语文教得有“道”有“界”/ 4

“道”：让语文教育走向深远与自然 / 19

知识边界与语文教学的“理”性 / 31

基于语文哲学的语文教育“理”性

——对语文教育“理”性之说的再悟 / 40

由思辨走向“思辩”

——倡导语文教学“辩”论 / 50

让“理”性守住语文教学“本”位

——也谈“语文”的本位 / 60

第二单元　分述：语言教学的“理”性三探

第二章　识字教学之“理”性

——汉字识用教学的科学性 …… 79

小学识字教学方法的科学分类与运用的研究 / 80

试析识字教学方法的科学分类 / 80

据“理”识字，以“类”取法
——关于“识字教学方法的科学分类与运用”的研究 / 92
语理识字法教学
——“三理识字法教学”探究之一 / 98
智理识字法教学
——“三理识字法教学”探究之二 / 102
集理识字法教学
——“三理识字法教学”探究之三 / 105
“识字教学方法的科学分类与运用的研究”课题研究总报告 / 110

第三章　语言发展之“理”性
——缩略语的“理”性规范及教学 ………………………………… 123
论当代汉语发展中的缩略语现象 / 124
论缩略语的功能定位及产生原则 / 130
论缩略语分类的合“理”性及最优构造法 / 136
论缩略语规范化及缩略语教学 / 144

第四章　语言修养之“理”性
——“语变学”的学科建设及教学 ………………………………… 150
基于语言修养“理”性的语言异变问题研究 / 150
论语言异变现象与“语变学”构建 / 160

第三单元　分述：阅读教学的“理”性三探

第五章　常规性“三阶制”阅读法指导 ………………………………… 173
初阶——基础型常识性阅读法 / 174
进阶——特殊型发展性阅读法 / 179
再进阶——文体型分类性拓展阅读法 / 185

第六章 阅读教学之“理”性

——阅读教学“辩”论 …………………………………………… 198

阅读教学：是见“人”还是见“物”

——阅读教学“辩”论（一）/ 198

关于阅读教学的“主体介入”

——阅读教学“辩”论（二）/ 204

坚持“三文”“两读”教学

——阅读教学“辩”论（三）/ 208

倡导“读 + N”型阅读教学模式

——阅读教学“辩”论（四）/ 211

在“读、写、听、说、互动”中教学生学会阅读

——阅读教学“辩”论（五）/ 215

让学生在读思互动中提高阅读质量

——阅读教学“辩”论（六）/ 219

第七章 阅读教学之“理”性

——阅读教学的新理解与再构思 ………………………………… 223

对“阅读理解”的“理”解 / 223

“超文本式问读教学”的思考及其应用 / 227

教学生“学会阅读”：阅读教学的终极目标

——“学会阅读”教学法的研究报告 / 233

读写一体化的创新思考 / 240

为“完整与和谐”的语文教育而努力探索

——从“读写一体化”到“一体化语文学习”/ 243

读开放书，写开心文

——基于“读写一体化”的学法指导 / 248

第四单元　分述：写作教学的“理”性三探

第八章　写作教学之“理”性
——写作教学“辩”论 …………………………………………… 257
基于人的“写作教育”的教学
——写作教学“辩”论（一）/ 257
鉴赏与写作的互动关系
——写作教学“辩”论（二）/ 267
教师“下水”作文与“四梯式”作文评语
——写作教学“辩”论（三）/ 270
从高考作文题型的发展看今后作文教学改革的趋势
——写作教学“辩”论（四）/ 273
今后高考作文命题的方向
——写作教学“辩”论（五）/ 276
文章“述路”谈：文章都是“述”出来的
——写作教学“辩”论（六）/ 281
对当前小学写作教学非“小”学化现状的反思
——写作教学“辩”论（七）/ 284

第九章　写作教学之“理”性
——勿因“工具化写作”而毁了“思想型写作” ……………… 290
写作：少一点“工具化”，多一点“思想型”
——对当前教育工具化及“工具化写作”教学的反思 / 290
由结果推及过程的辩证反思型作文教学 / 300
将教学评价引进教学过程
——教学生在“评价型反思”的写作中学习写作课例谈 / 304
让“自然而然”成为我们的一种教学追求
——“开放性”作文教学的新发展研究 / 310

只有“放开”才能开放
——也谈作文开放式教学 / 314

第十章 写作教学之“理”行
——从“成品化写作”走向“过程性写作” …………………… 318
从教作文（成品）到教写作（过程）
——对“过程写作教学法”的研究 / 319
谈过程性写作教学的“单元化” / 325
过程性写作“单元化”系列指导学程 / 331
“借文写文”的读写观 / 356
“借文写文·同题异作”
——发散性思维的过程写作指导系列化练习 / 357

参考文献 ………………………………………………………………… 368

后记 …………………………………………………………………… 374

序　言

(一)

语文教育的“理”性，是我一直想写的一本书，也是我一贯的教学主张，更是我一向秉持的教研追求。为此，我为让语文教育的“理”性如何成为现实而苦苦寻找契合点、载体及切入口。

而今，这个契合点终于找到，就是构建“知识边界”理论，让“知识边界”理论与语文教学发生相应的传导关系，即基于“知识边界”理论的再认识，进而形成语文教育的“理”性观，并以语文教学的三大主体板块——语言文字、阅读、写作为其主要载体与切入点，以“思辨”的方法，在“知识边界”理论传导或应用下分别进行“理”性探讨，探得并总结了有关语文教育“理”性型的新主张、新策略、新思路，并对语言文字、阅读、写作形成了一批颇具“理”性的新教学理念和新做法。于是成就了这一本文选集。

现在，首先说说关于“理”性提出的背景。

一说到“理”性，就不免让人想到我国历史上的“程朱理学”和“陆王心学”等。不错，它们之间的确有联系。但这种联系却不是一种复制、再版，而是一种在扬弃、融合及发展中的再认识。

可以说，我们所提出的“理”性，既立足于中华文化中博大精深的“道家”之论，又传承于因顺其发展而来的“儒学”，及“新儒学”，即“程朱理学”和“陆王心学”等，并积极关注国外哲学（如“在场性”等）及现代科学（如“知识的边界”等），乃至心理学上的“理性”等，最后集大成而成为一种综合性的应用型理念。在这里，不在乎超越或者创新，而在于将古今中外的文化进行合理的扬弃而发扬光大，并通过再认识形成一种更适合新时代发展与进步的特定理论——“理”性论，也由此产生相应的有“理”性的思想、态度、作为。

其次，再看看关于语文教育“理”性提出的现实问题。

当下，人们都把语文归为文科课程，认为语文教学是一种文科活动，其实它既不属于文科，也不属于理科，而是一门以语言为载体且融“基础性+实践性”于一体的综合学科。它是一门涉及全体国民的母语课程，无论是语文的课本内容和呈现形式还是语文的教学活动过程和方法，都是文理兼之，既有文学与科学相融，又有哲理与美学相伴，且虚且实，亦事亦理。同时，语文教材又以“文选型”为主，所有的语文知识和技能都散落在不同的单元和文篇或文段中，很难形成像数学、物理、化学等学科那样具有知识层次性发展的特点，正因为如此，人们才感觉语文学科的含糊性和语文学科知识的不确指性，以为语文不是科学而只是工具或一门工具课，这样自然就给语文教学带来了许多麻烦和困难，其结果无疑是教了学了，但效果不明显，而且越来越模糊、散乱、随意、感性甚至任性。

基于以上，本人提出语文教育的“理”性，让语文回归原点，呈现原貌，恢复本真；让语文教育作为一门母语课程而成为每个国民终身为之关注和必修必用的人生之课。

最后，我们再来讨论语文教育“理”性提出的理论问题。

作为一门课程，语文教育的“理”性，无疑是有其“理”性内涵和“理”性特点的。“理”性，不只是一种原则，一种理想；更是一种事实，一种价值追求。为此，我们悟出这样一个理念：坚持教育的“理”性，就是坚持语文教育的尊严。倡导语文教育的“理”性，就是希望语文课多些尊严，少些庸俗；多些孤独，少些喧闹。

古今中外教育的经典理论一再告诉我们，衡量一门学科、一堂课是否真有教育的“理”性，一个教师是否坚持与发扬了教育的“理”性，有一个最基本的评估，就是看其如何对待处于“被教育”层面的学生，如何对待与处理那些与自己看似利益不大而确乎事关育人大事的问题，始终坚守那份基于“人”性的教育初心和深远目标，不因“势”而变乱、见“利”而忘义，那才是教育最大的“理”性。

什么是语文教育的“理”性？概言之，是指既坚持语文教育具有“理”性的思想，又用“理”性进行语文教育。其“理”性，既有理性之原义，更有超越理性的广义，如道理、常识、规律、规则、标准和理智等。当语文教学能包含以上诸“理”的时候，才成为一种真正的、完整的语文教育。当然，语文教学有时候可以有点儿“感”性甚至“任”性，但是，坚守并倡导语文教育的“理”性，应是语文教育所不可违背的基本之意。这里的“理”性的反义词并不是感性，而是任性和偏执，是浮躁和庸俗。

如何实现“理”性，在这里主要是用“知识边界”理论，厘清语文的内涵和外延，让语文具有综合性本位观，即语言发展的绝对本位、阅读的核心本位和写作的发展本位三位一体的语文大本位观。多些反思，少些“任性”“庸常”“工具化”，变语文教学为语文教育，既有践行者的术，也有思想者的道，最终走向“明边界＋高境界”的“明师”教育。

（二）

本书是一本基于语文教育的“理”性而对构建一种“知识边界”理论进行专题研究的文选集。分为四个单元，由十章、四十余篇文章组成。

全书以“知识边界”理论与语文教学的传导关系为主线，联系当今愈演愈烈的语文教学的肤浅“感”性和过度“随”意现象，以对“知识边界”理论的再认识构建关于语文教育的“理”性思维，寻求“理”性行为，正确把握语文的“知识边界”，树立科学而合理的语文“教学边界”意识，重构语文课程的边界体系，以实现作为基础教育层面上的语文课程的边界常识与常态以及教学“理”性。对涉及语文常见的三大主板，即语言文字、阅读、写作，分别提出一些教育“理”性型主张、策略和做法。

这种语文“理”教，与其说是当今必需的语文教学最大的“理”性，不如说是在寻求教育本来就有却渐行渐远的语文之“善”教。

为了探得语文教育的“理”性型的新主张、新策略、新思路和新做法，还需要由一些相应的实施载体或途径及方式方法来实现，于是，我们抓住语文学科课程最主要、最常见的三大板块即语言文字、阅读、写作，分别开展了再实践性的达变型探索，由此形成了有关语文教育的“理”性的具体操作模式及方法等。

它虽为文集，但已形成了一定的学理性体系，即先“总”探后“分”述，先理论后实践，在“分”述中又突出地用语言（文字）—阅读—写作这三大主体板块内容来统一表达对语文教育的“理”性的理解及应用，表达对“知识边界”理论进行再认识，从而彰显“知识边界”理论对语文教学形成的内在的和促进的“传导性”关系。

第一单元即第一章，为总述部分，从理论上作出总体探讨，进行再认知与拓展性的思考。再认知，即再次产生或引发新的认知；拓展性，即由此而提出了有关语文教育的“理”性的新观点。例如，当前的语文教学，是“感”性有余而“理”性不足，语文教学当然可以充满“感”性，但不可肤浅与泛滥；要让语文教学有深度、有品质、有文化、有雅致，那首先要让它有“理”性；语文教学的“理”性，并不等于理性；它是一个具有注重“理”而发展为多元内涵、多领域拓展和多层面理解的丰富概念；正确把握语文“知识的边界”，树立语文“教学边界”意识，重构语文课程的边界体系，以实现作为基础教育层面上的语文课程的边界常识与常态，这是当今语文教学最该有的“理”性，等等。

第二、第三、第四单元为分述，即从语言文字、阅读、写作三个方面分别开展一些具有变通性的再应用型的探索。变通性，即借“知识的边界”而变通为一种“知识边界”的理论；再应用型，即运用这种变通性的“知识边界”理论，再进行相应的具体实践应用的探索。

在“知识边界”理论应用的分述中，又各自提出了一些有“理”性的重要观点与做法。

例如，语言教学的“理”性三探：识字教学之“理”性——汉字识用教学法的科学性，据“理”识字，以“类”取法，“三理识字法”（语理、智理、集理）教学；语言发展之“理”性——缩略语的“理”性规范及教学；语言修养之“理”性——“语变学”的学科建设及有理性教学；等等。

又如，阅读教学的“理”性三探：阅读教学之“理”性——阅读教学“辩”论；阅读教学之“理”性——阅读教学的新理解，同时推出一种颇具合“理”性且系统化的“三阶制”阅读法“理”性指导，即初阶——基础型常识阅读法，进阶——特殊型发展阅读法，再进阶——文体型分类阅读法，等等。

再如，写作教学的“理”性三探：写作教学之“理”性——写作教学“辩”论，写作教学之“理”性——勿因“工具化写作”而毁了“思想型写作”，写作教学之“理”性——从“成品化写作”走向“过程性写作”，等等。

这里，提出了一个教育“理”性的重要观点：由思辨走向“思辩”——倡导语文教学“辩”论，让语文教学置于一种“辩”性状态与“辩”性实践之中，也就是让语文教学走进一种“辩”的状态，形成一种“思辩”机制，在这种教学“辩”论状态与机制之中，既有“理”性思考，也有“理”性行为，实现有思想、有文化、有品质、有深度、有张力的语文“理”教。

什么是“思辩”，概言之，辩证性思考，有事实地和辩证地思辨，在思辨之上的有辩之思。

(三)

可以说，这本书既是为了完成我的夙愿，也表达了我这一辈子的信守：教书，就得有思想、有信仰，有研究、有追求，而且要不断地从糊涂、浅薄和随性中走出来，以求得真、善、美的“理”性教学。现在以教育“理”性的名义而探得了相关成果，给以展示，目的在于与读者交流，抛砖引玉。

本书所述之“理”，也在展现我的“再理解”：世事皆有理，存在也是因为“理”。人们常说：有理不在高声。其实，这是指有理则无需高声，声压其人不如理晓其人。先识“理”认“理”守“理”，再用“理”贯穿做人做事的全过程，最终由“理”变成了“理”性。

事实表明：真正有为的人，往往都是识“理”讲理的，是“理”性之人。人的“理”性，在于一种态度、一种原则，呈现一种思想、一种智慧，也充满一种战略思维及顶层设计。有“理”，便有了做人做事的原则、主张与方法，有了判断是非曲直的“界”与“度”。所以，“理”性一旦与“知识边界”相结合，便结出一种新的科学特质和哲学理念，也有了立志的根据、行事的理由和价值观。真可谓：知识在“界”内，见识在“界”外；功夫在“界”内，发展在“界”外；长在“界”内，成在“界”外。语文教育的“理”性，就在于让师生对语文知“界”明“度”，进一步认识语文，不断锻炼语文思想、形成语文规则与方法等，尽量减少语文教与学的低质、浅薄、模糊、任意甚至冲动。

当下，不少人把聪明都耗费在战术上、小事上，既不识“理”，也不讲“理”，更不认理，结果越是忙碌，越是精益求精地做事，却越得不到发展与进步，最后才知道战略不对、“理”性不够，才懂得“大事不糊涂，小事不计较”最具“理”性。在“内容为王”和“质量为王”的新时代，看来基于“理”性下的战略思维、内涵发展、深度思辨和系统操作，将越来越受到广泛重视。

有人说：理性，很骨感、枯燥，缺乏诗意。其实，“理”性，并非没有诗意，但不一定是诗。不错，中国俗称“诗的国度”，当下将诗词作为中国最热的“国学”之现象也越来越盛。但我以为：这不可过之。“国学”，是指一门学问，一种学科，相对西学而言即指“中国之学”，别称“中国学”“汉学”，统指“中国传统思想文化学术”。目前较为公认的是“以先秦经典及诸子百家学说为根基，它涵盖了两汉经学、魏晋玄学、隋唐道学、宋明理学、明清实学和同时期的先秦诗赋、汉赋、六朝骈文、唐宋诗词、元曲与明清小说并历代史学等一套完整的文化、学术体系”。我个人窃以为：要真说得上“国学”中的至高点，当推“易经”和“中医”等，其精华当推“天人合一”“阴阳辨证”“道法自然”等理论，都充满或呈现着伟大的“理”性。诚然，诗可以是国学，但国学不等于诗。诗歌有诗意，但诗意也并不只属于诗歌。尤其是诗歌中的“跳跃”和冲动及“愤怒”（史上有“诗鬼”“诗兴发作”“慌怒出诗人”等），更是“理”性的一大忌讳。

当然，“理”性并非没有诗意，“理”性也可用诗意表达，或者有诗意地表达，即有诗意地“意会”，也有“理”性地“言传”，意象中渗透抽象，跳跃中呈现逻辑，让诗意走进“理”性状态，让“理”性在充满诗意中言理即“抒理”“述理”，使“情”与“理”相融，“理”与“感”相伴。这样，可以让任意收敛，让诗意深沉，让创意更有远方。

本书定名为《语文教育的“理”性——“知识边界”理论的再认识》，列为《林惠生教育文选之三》，主要是表明了我作为一个有追求且注重研究的语文教师、语文教研员，讲求对语文的系列化研究是我的本行和特色，所以集几十年之研究而形成了“语文系列研究”的“三部曲”——“语文学习学”“语文哲学”“语文教育的‘理’性”。这样，便组成了我的“语文系列研究”的全程、全貌型学术研究体系，反映了我对教育长期探索的结果，真实地再现了我的专业成长和发展轨迹：从教学的实践问题中走来，从直观的现象研究入手再到学理探索且事与理并重的复合型道路上走来，立足于实际操作的问题与行动状态，坚持“思辨＋实践”，坚持研究至上，坚持全理性的思维之下的再认识。

我深有体会：只有当“理”性内化为教师的教学素养和教研行为，教育才可以有发展源和发展力，也才可能使教育（教学）工作具有最有价值的专业化发展。因为我们的一切教育（教学）工作都面临一些不可回避的问题，而且是必须拿到“理”性的层面来面对——这一切是合理的吗，是恰当的吗，是适于问题的合理解决的吗，等等。所以，我们要做语文教育的“理”性人，让语文教育的“理”性成为本职工作的新常态。

本书由于涉及的内容较广，写作时间跨度较大，又加之我水平有限，所参考的资料不多，无疑给研究带来许多缺陷或欠妥之处，我在此敬请行家批评指正，也期待更多的人共同关注和继续探讨这一新课题。

林惠生

2018 年 12 月

第一单元

总述：语文教育的“理”性

【引言】

本单元即第一章，由六篇文章组成，为全书的总述部分。主要是从理论上作出总体探讨，进行再认知与拓展性思考。再认知，即再次认知而产生深度认知和深刻认识；拓展性思考，即思维的纵横拓展而产生或引发新的思考。由此，我们提出了有关语文教育“理”性的新观点。例如——

当前的语文教学，是“非理”性有余而“理”性不足，语文教学当然可以有一定的“非理”性，但不可肤浅与泛滥。要让语文教学有深度、有品质、有文化、有雅致，那首先要让语文教学具有“理”性，充满“理”性，贯通“理”性。

语文教学的“理”性，并不等于理性，它是一个具有注重“理”而发展为多元内涵、多领域拓展和多层面理解的丰富概念。有了语文教育的“理”性，才会让语文教学更有尊严，更有价值。

正确把握语文“知识的边界”，树立语文“教学边界”意识，重构语文课程的边界体系，以实现作为基础教育层面上的语文课程的边界常识与常态，这是当今语文教学最大的“理”性。

同时，对“由思辨走向思辩”这一“理”性观点——倡导语文教学“辩”论，进行了有辩性探讨，提出了一些新的“辩”论。

Chapter 1
第一章

知识边界：让语文教学“理”性起来

【引言】

“知识边界”理论，让语文教育既具有合理的“道”，又产生合律的“界”，最终让语文教育的“理”性成为一种可能。首先，学习和掌握“知识边界”理论，用“知识边界”理论指导我们进行有“理”性教育。然后，基于“知识边界”理论，进行一种再理解和再认识，语文教育的“理”性，只有知“界”而行稳，明“道”而行远。

有了“道”和“界”，就会有了教育的理智，能把该说的话说精准，把该做的事做到位。在恰当的“道”和“界”中，可以使教学登高望远、运筹帷幄，并随之失去庸俗、浮躁、纠结、任性、狭隘、单调、肤浅、偏激、短视和盲从，当然也减少了干扰和困惑。

有了“道”和“界”，就能对“理”性的核心意义正确把握，尤其是懂得遵循规律，坚持尊严，如果失“道”失“界”，就会很容易造成行动上的随心所欲和浮躁任性，不仅看不到规律和尊严，也让人们自然失去了对教育的敬畏。“界”不仅要了解和掌握边界之内的“知识”，也要理解与预测边界之外的“见识”，还要学会如何整合界内界外的“跨界”知识与见识，实现知识的大融合与大发展。跨界之论之为诚应欢迎，但首先应明确的是“界”在哪里，跨了什么样的界，即跨在何处，怎样跨界，跨得如何，等等，千万不可含糊。

有了“道”和“界”，让学生通过学习最终学会舍去和放下，既做成长和发展的加法，也做陶冶与扬弃的减法，有舍有得。也就是说，不仅是学会得到什么，而且是学会失去什么，把不好的、不必要的都放下，或者扬弃、整合，变废为宝，因旧翻新，推陈出新。

“理”性：将语文教得有“道”有“界”

一、什么是“理”性及教育的“理”性

（一）关于“理”性的产生及概念认知

1. “理”性之理，首先是常理，但不是一般之理

理，其本义是指“物质本身的纹路、层次，客观事物本身的次序”。如条理、事理。发展义为“事物的规律，是非得失的标准，根据”，如理由、理性、理智、理论、理想、道理。后来又发展为动词的新义，即指“按事物本身的规律或依据一定的标准对事物进行加工、处置”，如管理、自理、修理。

“理”作为哲学概念，最早出现于战国时期。《管子·四时》以阴阳为“天地之大理”。孟子以人心所具有的道德为理。韩非提出理是事物的具体规律。《吕氏春秋》把理视作判断是非的根据。魏晋兴“辩名析理”之风。王弼认为理是事物的规律；郭象则认为理是必然性，即自然之理。唐代佛教华严宗提出理、事范畴，认为理是本体世界。北宋以后，“理”成为程朱理学的最高哲学范畴。张载强调理的客观性，认为“万物皆有理”，把理看成气化运动的规律，主张穷理。程颢、程颐首次把理作为最高本体，建立“理本论”哲学。他们认为理是“形而上者”，是事物之“所以然者”，是永恒不变的宇宙本体，万事万物都是从理派生出来的。朱熹认为理是天地万物的主宰，是万事万物的运动变化的推动者，而太极则是众理的总名，是真理和道德的标准。陆九渊提出“心即理”的命题，王守仁也强调“心外无理”。明罗钦顺认为理是气所固有的客观规律，王廷相也认为理是气之理。明清之际的王夫之提出“理者气之理”的学说，认为理是“物之固然，事之所以然也”。他所说的理，一指自然规律，二指道德准则。

所以，从哲学意义上来说，理在中国古代哲学特别是宋明哲学中具有重要地位；在唯物主义哲学中一般指事物的发展规律、条理；在唯心主义哲学中主要指抽象观念、精神实体。

2. “理”性，既有“理性”之理，也有超“理性”的“大理”之理

它在于首先超越人的正常思维状态下既得预期结果，自信、大气、冷静地看待现状，分析与处理问题，并获得最佳方案及其最优成果。

它还在于用现有的理论和实践，通过再认识的思维与反思的方法，用合理的逻辑推导而获得最佳方案及最优成果。

它在于更加彰显其独特性本质，就是否定与怀疑，就是辩证与求真，就是有理、合理、趋理。因为真理的本性即为“理”性，真实的道理即为“真”性，真理永远源于自然的、客观的“理”真。所以，人对生活的向往是获得幸福，但这只是一种真善美的自然性感觉，而获得这种真善美的自然性感觉的过程，则需要不断地获得一种“理”性认知与判断。

（二）教育“理”性，在于体现教育最基本的、公共的“属”性

1. 教育的一个基本属性，是扬“理”而非止于“术”

众所周知，学校是“传道、授业、解惑”的地方。所以，教育的一个基本属性，则在传扬其“理”，而并非止于一些“事”的完成。我们常听到一种说法，即教育就是干好上课、作业、考试等一件件事情，为解决学生的问题而存在。其实，这只是表面的理解，或者是出于某种功利的认知，或者是对教育只偏于“术”而疏于对“理”的全部含义的理解。

教育就是在讲“理”，于是教育就有了“理”性。最好的教育，还真不只是为了解决问题。它应该基于“人”的成长和发展，教育孩子知理问道，明理笃行，即使是学“术”，也是“术”与“道”并重，“术”与“理”同行。如果硬说教育是在学“术”，那也是在做一件讲“理”之“术”事。

有人说：从物质中获得幸福的时代已经结束，这句话也适用于语文教育的现状，只沉于“物化”而享受一种“实惠获得”的功利型语文教学的时代，即使不是结束也行将不远了，而代之以更为利于“人”的成长和发展的“理”性型语文教育的“精神化”时代，已经即将到来或者悄然产生了影响。

2. “理”性的教育，才可能是真正的、完整的、深远的教育

之所以“理”性的教育，能被认为是真正的、完整的、深远的教育，是因为它充分做到了在做“事”讲“理”中习得，在授“术”布“道”中养成。现在，许多违背这一基本属性的教育，往往是就事论事式的事务型和功利型教学，为“分数”而教，唯“分数”而教，或者为“问题”解决而教，其实这只是“埋头拉车”，而忘记了“抬头看路”，结果是“脚痛医脚，头痛医头”，最终失去既“埋头拉车”又“抬头看路”的长远机会和深度成果。事实表明，最好的教育是促进学生健康而幸福地成长，并为此培养学生的良好态度、兴趣、习惯和思维等基础性素养，而不只是用“分数”捆绑学生，用所谓“解决问题”的方法只注重眼前问题的解决，却忽略了学生怎样成人成才

等涉及未来成长的大问题或深层次问题。

3. 教育本来兼具理性与感性、文化和理性的有机发展

著名趋势专家丹尼尔·平克说，未来有六种技能：设计感、讲故事的能力、整合事物的能力、共情能力，学会玩、找到意义感。所以未来之人如果要幸福，要活得很好，就要“有品位，会讲故事，能跨界，有人味儿，会玩，而且有点儿自己的小追求”，还要有“诗与远方”。有人说：未来之人需有感性的思考力，而不仅仅是理性思考力。这话不无道理，凡有品位的高素质者，都是会思考、有思想的人，而这种思考的内涵应该更宽广、更深刻、更完善，所以，人既要有感性，更要有理性。

另外，现实中的人习惯于将“感性”与“理性”相对照，于是“感性”也就成了“非理”性。对“感性”的理解也就千差万别，以为感性就是不理性，感情用事，其实这是对“感性”的一种偏见和误解。每个人都有感性的一面，有时候对语文问题的发现与分析，的确是因“感性”而得，特别是初期阶段，往往是在“感”知，然后就“理”解，而理解体会又往往由于“感性”才会产生灵感、感悟，于是就有了独特的理解乃至见解，最后由“感”及“理”，不断摆脱“非理”性，走向理性与非理性的整合，让语文教育成为“理性”与“非理”性相结合的产物。

所以，我们务必建立一种语文教育的“理”性观，寻求语文教育的辩证的自律性、独立自主性、科学的自由性，让学生拥有一份天赋般的“理”性，帮助他们进一步了解语文真相，合理规划和落实语文学习的内容，积极投入语文的学习过程。这样的语文教育得以实现之时，才可能绕开眼前“忙于事务、浮于感性、沉于功利”的浮躁教育，从而回归教育“理”性的基本属性。

那么，我们的教育，首先要关注当下的“偏理性问题”或“偏感性问题”的观察与剖析，加强学习兴趣点、努力点的科学引导，让学生在优化了的学习过程中，学会观察、思辨、分析、概括、评价，获取科技、人文、思想三合一的核心素养，而不仅仅是几个知识点、考点和得分点。同时，需要研究理性与感性如何兼具，研究文史哲之间、数理化之间、文史哲和数理化之间如何有机地巧跨、巧融、巧发展的深层次问题，注重与强化学生的灵感、情商和感悟的培养，让学生成为情智兼美的未来之人，最终促进学生在理性与感性、文化与理性的有机发展中成为优秀的人。

（三）如何认识语文教育的“理”性

1. 语文教育的“理”性，来自哲学，突显哲理

语文教育的“理”性包括常理、正理、公理、学理、道理、大理、新理、情理、至理、合理等，因此其一般体现了如下特征：学理性、常理性、有理性、合理性、循理性、理想性、理智性、理解性、理论性、理由性等。当语文教学有了语文教育的“理”性，才有了语文课真善美的自然性感觉的过程及其带来的幸福。

我们认为，“理”性之理，既整合以上含义，又发展新义，赋予语文教学以成为一种语文教育，且具有一种这样的“理”性：不同于是“理性”，但包括了“理性”，又超越了“理性”。因为它基于“理”而具理性，又突显了“理”的独特性与发展义。所以，我们倡导：让哲学为语文教育增添“理”性。

语文教育的“理”性其实是一种教学智慧，也是一种教学文化，更是一种教学境界。这种教学境界体现了登山三“看”：山下初登时看清、行实——信念，山中续登时看深、行稳——意志，高登山顶时看明、行远——彻悟。

2. 语文教育的“理”性，来自现实，高于现实

语文教学由于多年来的改革和发展，内容越来越丰富多彩，各种理念、见解、做法、模式及过程也百花齐放、百家竞扬。但是，人们也因此越来越难以看个清楚、弄个明白，于是，广为赞同者有之，诅咒者有之，忧郁者有之，徘徊与彷徨者更多，瞎忙和跟风者就更多了。现在，语文教学已广泛地陷入功利驱动的应试教育下的“实务主义”和“技术主义”之中，也越来越显得浮躁、片面和任性有余。其实，这是一种教学尊严的缺失，是一种语文教学的“非理”性现象和问题。

所以，语文教育的“理”性，既直面现实问题，又站在“高”于现实问题的层面，进行“走出问题”的理智思考和科学分析，然后找到解决问题的方案及其办法，让问题不再是问题，或者成为增强“理”性的智慧。带着“理”性去教学，才会教出“高”于现实的效果。无论我们从事什么样的语文教学，都必须坚持去除庸常和表面化，坚持深层次的术道结合，将有理性、合理性和趋理性贯通于全过程。所以，当今的语文教学应该走在发现问题和解决问题的前面。这虽然和当前实际似乎有点儿远，但其对人的未来成长和语文教育一定会有大突破、大发展。

(四) 语文教育的“理”性到底是什么

语文教育的“理”性看似是一个直白不需解释的问题，但现实中却存在且不可回避和需要作出解释并解决的问题。说到底，语文教育的“理”性，就是期待语文教育的正确定位与合理行动。

如果从本义性质上不好作出概念界定，那就从内涵发展及功能发挥等方面做出一些“初理解”和“再认识”。现探讨如下——

1. 基本概念

语文教育的“理”性，指坚持语文教育有“理”性的思想，又用“理”性进行语文教育。

这里的“理”性，既是名词，虽有原来意义上的理性，但更有超越理性而新生的关于道理、常识、规律、规则、标准的意义；又是动词，用“理”认识和发现语文的常态，用“理”解决语文的问题，让当下的“工具化”语文教学回归“理”性。

这里的“理”性，在于明白语文的内涵和外延，准确把握语文的发展方向，在语文教学中既有践行者的术，也有思想者的道；坚持语文的综合性本位观，即语言发展的绝对本位、阅读的核心本位和写作的发展本位三位一体的语文大本位观。语文教学不能让其中一项失位或者越位。

这里的“理”性，在于树立语文的边界意识。“边界”既是名词又是动词，凡事都有边界，语文教学也有边界；凡事都得边界一下，用常理和标准进行边界。这样才会思想上不糊，行动上不乱，明明白白地做人，明明白白地做事。基于知识边界的“理”性，就会让该教的坚决教，不需要教的就不教；就会不因某种急功近利而忘了本位，忘了常识，忘了大道理。

概言之，语文教育的“理”性，即指用理智的态度和合理的智慧对待语文，用具有较高的服务国民意识和面向未来发展战略来坚持母语教育观，用“语文哲学”和“知识边界”理论来定位与开展语文活动，摒弃目前工具化盛行、技术至上、泛人文、浮躁、任性和“低加工”等非正常的语文教学现象，构建一种“术道结合、技智统一”且具有大德、大智、大理的语文教育体系，使语文教育更趋向常理、见识、规律和自然，从而实现语文教育的真善美。

2. 树立正确的“理”性观

正确的“理”性观，有完整的知识教学观。教知识是需要的，但要以常识为重，以共识为准，只有教常识性的和共识性的东西，才是语文教育的本位。而失去常识和共识的教学就是一种非“理”性。

正确的“理”性观，有科学的教学方法观。教法是重要的，但坚持“教学有法，教无定法，贵在得法”，才是最为科学的，用了方法不等于用对了方法，只有用对了方法才是最好的方法。如果投其所好，或凭感觉用一时之意气去教，便是一种非“理”性。

正确的“理”性观，有正确的教学改革观。教学搞改革和发展是必要的，但要以改革为名，盲目跟风或标新求异，要么浮躁，要么矜持，让语文教育成了一场游戏、一场闹剧甚至为分数而教得太多、太细、太现实，直至走进“技术至上”“工具化”的误区，或者过于深奥和过度专业化，缺乏边界界定，也是一种非“理”性。

也许，你也在说语文教育的“理”性。世事看似都有理，教这样有理，教那样有理，但是总有一个是公理，是大道理，其他只是小道理，而小道理总要归服于大道理。如果我们教的是大道理，那就是语文教育的“理”性。

也许，你的教育确有标准，但对标准要真正做到“理”解。所谓“理”解，就是据理而解，据理而为。其基本内涵为：认理知理、据理讲理、循理行理，即有“理”性地解释和认知，能“理”性地解决和行动。这才是语文教育的“理”性。

二、为什么要坚持和倡导语文教育的“理”性

（一）语文学科教育的天然“属”性所在

1. 语文教育自身就富有“理”性

现在，语文课程标准以及人们的普遍认识都表明：语文是一门“语文 + 文学”的综合性学科，而语文教育则应该是一种“基于语言”和“关于文章、文学、文化”的“一语三文”的综合性教学，而不只是“语言”教学，或者只是“文学”教学，更不是“考试”语文的教学。无论从文学的、文艺的、技术的、唯一视角来看语文、教语文、学语文，都是欠完整的偏面型的语文教育观。为此，我们认为，用辩证的眼光整体地看待语文就会发现：语文教育如果缺乏了语言教学，就等于缺乏了语文的根基与本性；语文教育如果缺乏了文学熏染，就等于缺乏了语文的诗意与灵性；语文教育如果缺乏了哲学思维，就等于缺乏了语文的灵魂与理性；语文教育如果缺乏了综合性和整体性，就等于砍断了语文的一只手或一只脚，走向了偏面的歧途。

国内多年的语文教育实践成果也告诉我们：语文不是纯感性的文学课，也不只是人文性教育课程。现在，不少人总是热衷于用文学的角度来谈语文，以

为不谈文学就不是谈语文，教语文就必须教文学，不教文学的就不是教语文，甚至连研究语文目前也都发展到只研究文学了，等等。这无疑是一种误区，是缺乏对语文本质理解和整体把握的非理智之举。语文中的文学，一定要站在文学的立场，用文学的特征和富有文学的方式与手段来教，以教出文学来。可以说，文学是语文，但语文不等于文学，语文既不等于文学，文学也不等于语文。语文有文学的内容，但文学不是语文的全部，也不能用文学来替代或掩盖不是文学的那些东西。

如果把语文单纯地理解为文学或者人文，那是一种片面的“语文观”，不是一种科学的、完整的“语文课程观”。语文，作为一门课程设置而呈现于世，其初心就是一门母语课，即对一种语言（这里主要是汉语，但又不全是）的掌握与运用。而文学则是语言所承载及运用后产生的一种内涵发展之物，人文则是语言所体现的一种特性和结果。我们不能将语言所承载及运用后产生的或体现的东西，因看花了眼而当成了本源的语文。否则就曲解了科学的、完整的“语文课程观”，就失之于语文教育的“理”性。

2. 国内有关“理”性研究成果表明：语文教育可以“理”性起来

人们常说的理性思维，一般是追求知识的结构化、符号化、体系化，注重可理解性与可推理性，而且在其学科内涵发展和内在动力驱使下，理性思维必然走向准确、清晰与一致的标准，与感性思维的自发性、发散性、混沌性不同。现在，大家把语文都看成是一门“理科性”不强而“文科性”很强的学科，很难像数学、物理、化学、生物等学科那样具有抽象思维和逻辑性，导致语文教学因感性而带来许多不必要的发散性、无序性，减少了语文教学的“理”性。其实，语文课程和语文教学也同样具有抽象思维和逻辑性，如果让语文也不断哲学起来，增加语文教育的“理”性，就可以使语文教育“通过理性的运用，人们可以在人类生活的诸多方面达成共识和一致”。（谭安奎《公共理性》，浙江大学出版社，2011 年版。）

（二）当前语文教育非“理”性现象急待克服

1. 用“感”性取代“理”性

我们在对当前的语文教学进行反思，发现语文教学“感”性有余而“理”性不足，或者说“感”性与“理”性不融、不兼、不协同，导致语文教学产生了许多片面与偏激。这里的“感”性并不等于人们常说的“感性”，实际上是指一种非“理”性。

例如，现实中许多语文教师常常把语文教育进行得感性多于理性，过分注重感受、感觉，过分强调你“最喜欢哪一段”的教学，过分追求唯美的感性享受与赏析型教学，都在追求“诗与远方”等等，实际上语文教育还有许多并非如此“诗意”和浪漫的地方。须知语文是一门学科，充满知识和学术，呈现逻辑和技术等，那是需要“理”性来支撑的，不要失去其应有的“理”性。当然，语文教学的过程中可以充满“感”性，充满乐趣、充满激情、充满幽默感，但不可因之而丢掉语文教育本有的“理”性这一基本属性，更不可肤浅与泛滥乃至过分，以致掩盖或替代本有的语文课程的“理”性。为了让语文教学有深度、有品质、有文化、有雅致，首先要让它具有“理”性，然后采用“理”性与“感”性兼备的方法予以落实，如“感”中有“理”，由“感”及“理”，因“理”而“感”，等等。

2. 用伪“理”性冲淡合“理”性

何谓伪“理”性，即虚假的“理”性，如当今普遍存在的表面化“理”性和功利驱动型“理”性等尤其一些并非“理”性的东西一旦大众化、潮流化并被人包装，就被看作“理”性或定义为“理”性，其实这是并未被检验过或者因原探而来的“理”性。

现在对语文教育，好像谁都不满意，谁都可以评头品足，也有不少非“理”性的批评，这让语文教育界常常处于尴尬之地。主要有以下三种情况：

一是表面“理”性有余而真正的“理”性不足。圈内圈外的人都用自我感觉良好的标准和伪“理”性的眼光来对待语文，总觉得我这样学语文、教语文就是对的，就是唯一的好方法，一感性起来就往往失去理智，就用缺乏理性的情绪化语言来评价语文，评议语文教师。目前，有人把语文教成是纯文学和美学的，感觉“语文”的味浓了，但实际上却把语文的整体功能和内涵曲解了，或者减弱了。这种曲解和减弱导致了语文教学只有表面的“理”性而失去了真正的“理”性。

二是功利性“理”性充斥整个教育领域。当今部分语文教师，因出于某种“改革”“创新”和“应试教育”而人为地把语文教育搞得只有功利性，只有实惠性，只干当下大家都在干的“做题”教学——讲题、练题、刷题，认为把学生的分数提上去了就是“理”性，至于学生的语文能力是否提升、语文素养是否提升则不加以考虑，等等，这种“理”性不是最为典型的伪“理”性吗？其并无真“理”可言，或者感性多于理性。所以，当今许多人在语文教育中，单靠一味的感性与任性，的确把语文教得有些偏离正轨，甚至不伦不类，既片面又偏激。看来目前语文教学上的片面与偏激，已经导致语文课程的整体性、综合性的教育价值功能大为削弱，这是对语文教育本真规律的违背。

三是与其他学科相比较而言，语文教育的确缺少了应有的“理”性。从目前学校开设的所有课程来看，语文教育缺少或忽略了一种哲学上的“理”性和科学上的“理”性，自恃“语言是工具”“语文是文学”等学科的特点而缺少了关于哲学思想、方法的“理”性教育，不像数学、物理、化学、生物等学科，都有其学科哲学思想、思维方法。这些学科不仅从字面上看是“理”科，而且从内涵中也确实发现其富有“理”性，自然就形成了一种真正的合“理”性教学。

3. 用含糊性回避科学合“理”的语文教学边界

目前，由于受教育大气候的影响，语文教学出现了两种怪象：一是“糊教”，二是“乱教”。其结果是表面上的繁荣而实际上的浮躁，要么是急功近利的“分数”教育，要么是见物不育人的肤浅的“低俗”教育。实际上是应付性的、杂乱性的糊涂型教育，或者是以“盲目”和“随意”为主的庸常性教育。失去科学合“理”的语文教学，实为一种语文教育的失“格”而违“理”，其实质就是用含糊性来回避或混淆了本该有的语文教学边界，没有将语文教学置于既科学合“理”又清晰明白的境界之中。

为了解决这一问题，就要回归教育理性，用跳出“教育”看教育和做教育的思路，厘清涉及语文的一切“教育边界”，赋予“边界”意识和行为，通过“明白之师使人明白”的“边界”教育，促进学生获得有“边界”的语文教育，从而实现看得见、摸得着的语文学习。

(三)“理”性：可以让语文教育更有“道”和“界”

1. “理”性：语文教育的最大发展点

语文教育的“理”性，往往是基于本质的、本位的思考和实践，往往是对于表面后的深层思考、现象外的内涵思考，超越近利的长远思考、超越局部的整体思考、超越感觉的理智思考，超越碎片化的系统性思考。现在，要站在语文课程的整体性、综合性的教育价值高度，站在“感性 + 理性”的语文学科本真规律的角度，尽力回避理性不足的现状，从而把语文教育做得更专业，做得更有一定的高度、深度和合理度，也就是让语文教育回归理性，找到灵魂。语文教学的“理”性，并不等于理性，它是一个具有注重“理”而发展为多元内涵、多领域拓展和多层面理解的丰富概念。所以，语文教育的“理”性，可以把语文教得内涵更广、方法更多和角度更丰富。

例如，语文教育的“理”性，包括以下内涵：经验过滤、认知重建、理想远大、感性升级、反思常态、解决问题、发展意识、战略高度、战术多变、辩证统一、实践真知等。

又如，语文教育的“理”性，可以引用以下教育形式或项目：大语文教育、绿色课堂、结构化教学、多元化学习、深度学习、反思性教学等，这些都是“理”性的具体表现或项目载体。

2. 语文教育的“理”性的核心

语文教育的“理”性，其核心在于理性地判断与合理地选择，求得哲学上的“合理性”。

“合理性”是指“找到哲理，少点随感、碎思，多点领悟、思辨，使之符合理智与规律”。现在流行个性化的文本解读、诗意语文、文人语文等，对这些我不反对，但乞求必要的合理性，避免因此而带来过度解读、小言大释、故弄深奥、诗兴滥发等。并不是所有的文本都是诗意的，语文虽有文人的一面，但普通人也有属于他们的语文。例如，某专家竟将文本解读到了七层含义，这作为部分文学作品的“文学批评”或“美学鉴赏”未尝不可，但不能剑指全部的语文文本，要充分考虑中小学生的认知特征和可接受程度，否则势必让他们无所适从。

在这里，我非常赞同上海特级教师余党绪先生的观点，“一千个读者就有一千个哈姆雷特”只是道出了文本解读的多种可能性，但这种可能性能否成为现实，则取决于它是否具有“合理性”。也就是说，一千个读者可以有一千个哈姆雷特，但不见得每一个哈姆雷特都是“合理”的。是否合理，尚需分析与评估；而分析与评估的基础，就是莎士比亚原创的那个文本。

就目前的语文教学情况来看，的确是“感性”过分，“理性”欠缺。所以，关注和加强语文教育的“理”性，很有必要。

3. 语文教育的“道”和“界”，来自教育的“理”性

纵观当下的语文教育，一种现象愈加普遍：一边在大搞改革和发展，一边被诟病和指责，受的批评最多，问题最多，导致教师教得最累、最苦、最无奈，学生学得好苦、好累、好无兴趣。一句话，语文已教得越来越没有了“道”和“界”。新时期的语文教育，无疑要改革，要发展，但无论怎样改革和发展，都要确保语文教育的尊严与神圣。只有使语文教育越来越具有“道”和“界”，坚持战略思考和清醒行动，才能使语文教育真正有所改革与发展，也才会使语文教育具有尊严和神圣。其实，改革在于发展，发展在于充分，而充分发展就在于合理。

为此，我们悟出这样一个道理：语文教育的“道”和“界”，来自教育的“理”性。也就是说，当今语文教育的改革和发展，更期待一种有理、合理、趋理的教育“理”性。语文的教育“理”性，最大的亮点是什么？就是让语文教学给“教育未来的人”上课。

三、如何让语文教育“理”性起来

（一）让语文教学在“再认识”中走向“理”性

1. 目前语文教育主要是缺乏理论形态的完善与科学

在语文教育的发展与其他事物一样，也存在一个“整体—部分—整体”的辩证历程。因此，语文教育也会面临一些特殊的矛盾甚至危机，但这也是一种发展契机，目前影响语文教育发展的一个重要问题，就是其对现实中的语文教育问题的解释能力的弱化乃至无视。要解决这个问题，就要先从整个语文学科体系的整体出发，思考并实践语文学科自身的理论重建，走向统领整个语文教育学科群的在总体上全面研究人的成长发展及其一般规律的“成人”之学。

语文课堂在语文教学中占有极其重要的地位，但是，据我的观察，当下我们的语文教学问题恰恰就出在语文课堂上，出在对语文课堂的过度和僵化的运用与操作上。例如，以语文课堂代替语文课程，以语文课堂代替语文教学的全部，语文课堂变成语文讲堂，讲教材成为语文课堂的唯一，语文课堂内容浅俗，语文课堂形式单一，等等。我们不妨对一些语文课堂教学的流行语做些反思，以求凸显语文课堂教学的基本常识，从而为更好地改造我们的语文课堂提供正确的思路与策略保证。

2. 语文教学上的聪明有余而智慧不足

这是因为缺乏“理”性所致。一种高考新题型一出，就马上模仿或跟风深挖细究，编制了类似的练习题、仿真题甚至猜题、押题，结果第二年并不这样考。这种人虽然聪明，但不善良，欠智慧，也就是少了“理”性，所以聪明反被聪明误。如果真正对语文教学有所思考，那你就会做一位有“理”性的善良的语文人，而不必整天精明地算计那些本该变化多样的考试题，不必为“应试”教学而要尽“小聪明”，却失了“大智慧”。

语文教学要经常看路，不能只顾埋头拉车，要对前进的路时刻保持正确的方向感，对正在做的事情进行全面反省和重新认识，跳出经验自得和局限自喜，求得彻底的、真实的合乎逻辑和规律的教育自觉，利用理性思考和智能技术，让语文教学走向更高阶层的语文教育轨道。这才是真正的语文教育之道。

语文教学没有一点儿随意和任性，是不可能，也不现实的，但是一定要适可而止，一定要“随”得合理，“任”得恰当。

我一再强调科学地分析问题，最终一定要达到这样的结果：不能见到一件事情，就仅仅针对这件事情给出一套解释，出现另一件事情，又给出另一套解释。虽然表面上看起来这些解释都非常合理，但这不是科学的解释。科学的解释就是一定要用单一的整套逻辑去解释相关的一切事实，不容许有任何例外。

3. 语文教育上的“理”性要出于语文课程的“立”课本然

众所周知，我国语文课程的“立”课之本，在于母语教育，在于正确掌握和运用祖国的语言文字，在于传承和发展优秀的中华文化，在于提升国民语文素养和表达能力等。当下，首先要走出单一“工具性”之说的误区。作为“被利用”这一层含义来说，语言是一种工具，因为它是用来达到某个目的的。但语言还有更重要的含义，即它的文化，即在人际交流中作为思想表达的一种活动过程，这是远超“工具性”含义的。其实这种远超“工具性”含义的东西本身也可称为“人文性”，所以就不存在“工具性”与“人文性”高度统一的问题，尤其是以语言为基本内核的语文课程，本身就充满“工具性”与“人文性”的自然特质，因为语言本身就充满并呈现着“工具性”与“人文性”的自然特质，即出于它的本然。所以，语文教育的“理”性要出于本然，无须再给语文课程一些主观的、外在的、毫无必要的强加性描述。

有人说，人文性和工具性是天然的统一，但某些专家把它们搞得不统一了，于是整天呐喊：工具性和人文性要统一。这句话有多个重要信息点让我陷入深思：无须喊的人文性和工具性的统一，为什么惹得某些专家整天在喊要统一？可能是炒作，也可能是这种统一被人为地破坏了；既然是天然的统一，表明二者本身就不可能分开、是一个整体，那么有没有必要提人文性、工具性及其统一之类的概念或者口号呢？作为一种课程，又有哪门学科不具有人文性、工具性及其统一呢？所以我总觉得：语文最好少谈什么“工具性”与“人文性”及其统一的问题，这是一个伪命题，是对语文学科性质的一种“外在性”描述而并非“内涵性”分析，并不能真正揭示语文的学科性质，不能对语文教育起到什么指导作用，反而把语文真正的学科性质给掩盖或替代了，也耽误了重新审视和讨论语文学科性质的大事。

可以说，我们现在所面对的语文，作为一门课程，即指“中国语文”。什么叫“中国语文”，即以中华语言文化为根基，以成熟且普遍使用的“汉语言”为载体，既保持汉语言类知识及文化的主流含义和特征，又积极吸纳或融合能为中国特色社会主义服务且先进合理的各民族语言及外来文化等，以共同建构具有“中华语文基因＋人类优秀文化”的中国特色语文课程。

还要指出的是，从课程功能角度来说，以汉语言为主体标志的语文课程，不仅具有“工具性＋人文性”的特质，更具有“教育性＋学习性”的特质。因为语文没有严格的学科意义，也就没有所谓的学科性质，只有课程特征或课程科目性质及其含义。

如果基于这种认识，我们就会把语言本身的事情做得更好，把“被利用”的工具之说，放在语文教育的“理”性的高度来看，就会将“理”性呈现或作用于当今语文课程及语文教学。为此，我们要从语文的本然出发，从语文的内涵发展出发，尽力去除形式上的、语面上的“随意”感知或“刻意”探求，这才是语文教育“理”性的基本点。

（二）以“理”性的体系化，成就语文教育之范

1.“理”性的语文教育，需要基于“理”性下的体系性构建

首先，对语文教育考虑架构，考虑体系，考虑系统，看上去是“无所事事、无所作为”的事情，但实在重要。

体系，是解决问题的最终途径。效益来自体系，这是各行各业发展进步所公认的一个铁律。这其中有四大内涵：理念、资源、制度、措施。

体系，是解决问题的根本出路。打造一个有竞争力的体系，就应该构建一个这样的体系化机制：把复杂问题简单化，把简单问题数量化，把数量问题程序化，把程序问题体系化。

其次，以现在的新木桶理论，给我们以新的体系化思维：扬长不补短、抓点不求全、拓深不怕窄、求新不厌旧。这就是打造有竞争力体系的新思维。因此，我们要融入一个更大、更好、更强的体系之中。

企业中流行一种“执行落地法则”。法则1：纠正“差不多”心态，执行任何一项任务都要严格要求自己；法则2：在执行中树立自己的品牌，既然做就要做好；法则3：对自己和结果负责，提高核心竞争力。这些也对语文教育产生启发，让语文教育也建立相应的富有“理”性的“执行落地法则”。这样一套富有“理”性的“执行落地法则”，实际上也是语文教育“理”性的体系构建之一。

另外，还要学会扬弃、复制与运用具有竞争力的体系。而一旦实现扬弃、复制，再扬弃和再复制，在无限扬弃和复制后，最终使教育的成本变为零。这就是体系的力量，是教育体系化的实现过程。因此，要把一些必要的事想好做

好，形成体系。要有所作为，重在把事做好。做完一件事不等于做好一件事，二者的区别就在于：做完是人的“奴”性，做好才是人的“理”性。

2. 事实告诉我们，会教书的人，往往是“理”性地科学谋局和善于做局的人

事实表明，能将谋局和做局相统一，是一种“理”性之为。这里的谋局，主要是指战略思维，建立体系，进行教学布局。语文课程体系和教学系统一旦建立起来，对于语文教师来说，语文谋局就是把大的架构和体系打造出来。这里的做局，主要是指善于做局，实为做事。对于语文教师来说，即在科学谋局之下所进行的战术操作，开展有“理”性的教学实践，并从尝试和体验中来探索正确方法、积累成功经验、构建科学模式和总结优秀案例，以至形成语文教育应有的“理”性，摆脱被人们诟病的那种过于实惠而显得越来越散乱、低浅、粗劣、短视并渐渐失去尊严的语文教学。

对语文教育来说，谋局在于谋事、谋局、谋势。

首先，你要清楚：语文教师既是一个“做事”的人，也是一个“谋事”的人，在谋事中还要注重谋局与谋势。同时，明白“做局”和“做事”有根本区别：对于一个做局的人来说，万物皆为我所用，万物皆不为我所有。

3. 语文教育的“理”性，需要语文教育的整体布局、系统设计及合理性操作

事实表明，布局者才能成大事。我们常常碰到一些在教学上取得成功的人，他们之所以能成功，就是懂得运筹。这种运筹，首先是富有“理”性，尽可能从杂乱、随意和肤浅的事务主义活动中走出来，用战略思维和眼光，学会布局，注意从知识、经验、信息的积累、现象的观察、问题的反思等方面，进行“理”性化的布局，使语文教学走进“顶层设计”，不再只陷入低端、琐碎、随意的“应酬”式教学——实为非“理”性教学。

（三）追求有“境界”的语文教学，实现语文教育的“理”性

1. 当前语文教育呈现的三种教学境界

一是凭勤奋教，教出辛苦与经验，简单重复型。

二是靠制度教，教出规矩与威望，机制驱动型。

三是用思想教，教出规律与道智，体系创新型。

语文教育的“理”性，正视当前语文教育所呈现的以上三种教学境界，并希望其整合及发展，让语文教育最终走向“第三境界”。

2. 语文教育的“理”性，让语文学习产生“三重境界”

一是学“未知”，即学“还不知道的”，主要是对未知世界的探索与发现。这是“初学”或“预习”阶段，以感知为主，带有起步性和奠基性。

二是学“有惑”，即通过学习仍“不会的”成存在疑问与困惑的地方，主要是对不懂的或者产生疑问的内容继续深入地学，直至弄懂学会。这是学习的“化疑”或“深化”阶段，以领悟为主，带有清障性和巩固性。这也是反映学习能力与质量最为关键的阶段。例如，如何反思与总结问题、如何查漏补缺、如何将即时所学开展新旧知识对接并构建知识结构体系、如何将知识转化为能力、如何进行个性化发展等。

三是学“创新”，即在上述两个阶段的基础上敢于开展创新性学习，将“学会的”又引入“不会的”或者大胆怀疑的地方，主要是对已弄懂的再度产生疑问，或者将它迁移运用，由弄懂、学会走向真懂、会学。这是学习的“升华”或“质变”阶段，以“发现”为主，带有再认性和智慧性。

语文教育的“理”性，遵循以上关于语文学习所形成的“三重境界”，并希望其呈“学程式”推进发展，让语文教育最终走向一种“全境界”型的“全语文”教学。

3. 语文教育的“理”性，是语文布道者的最高境界，即抵达了“道”的境界

什么是“道”的境界，即做到游刃有余、可收可发，此时万事万物、相生相克，生老病死，一切便在你心里来去自如。这如同跳出三界外、不在五行中。宠辱不惊，看庭前花开花落；去留无意，望天上云卷云舒。

而语文教育的布道是：人弃我取，人取我予。大我无我，众生之所求，正是你所舍。所以，最完整的语文教育的“理”性，最终呈现的是以下四重境界：技—艺—智—道。

总之，语文教育的“理”性，最终表现为既有明白“边界”又有高雅“境界”的大智大德。事实一再表明，真正有尊严、有质量的语文教育，都是在追求基于“知识边界”理论，教出既有明确“边界”又有高雅“境界”的水平，而不只是当今用“分数”所标示的“效果”。真正有尊严的语文教育家，更是一种布道的人。而布道的人，往往是一些懂边界和高境界的人。这就是人们常说的：教明明白白的书，明明白白地教书。

“道”：让语文教育走向深远与自然

一、教育的要义，首先在于崇“道”

（一）“道”，是推动宇宙运行最根本的规律

“道”，在这里已超越原始含义中的“道路、坦途”之说，成为一种哲学用语。作为一种哲学用语，即指一个哲学的重要范畴，用以说明世界的本原、本体或原理及道理，用以表达事物的规律性。

中华民族在认识自然时认为：道是万事万物的运行轨道或轨迹或事物变化运动的场所；道，自然也；自然即是道。

我国哲学先贤进一步提出：第一，道本身是不可描述的、没有任何属性的抽象实体，但是，人们在说它时给它附上了各种属性，如全智、全能等。第二，道体本身所蕴含的性质，正是世人进行自我修养的依据。道家诸子特别强调“体道”，指的是一种实践修养的功夫，要求践履者对道体有切身的体悟，并就此体悟加以贯彻力行，务求通过践履的功夫把握道体的特质，且将这特质透显出来。第三，意识分为意和识，意就是思考，就是基于概念达成目的的过程；识就是感受，就是诠释概念的过程。

道家代表人物老子所说的“道”，也明确表达了以下几层意思：第一，世界的本原（本体），世界由以出发、由以产生的基础；第二，世界的本质或世界之所以然，即世界面貌（世界的具体现实性）的决定力量；第三，世界形成、产生和发展的全部历史的述说，即对道以自身为本原、以自身为本质的自我产生、自我发展、自我表现、自我完成的全部历史的述说。

简言之，“道”，一是指宇宙万物产生和发展的总根源，这也是老子哲学的核心；二是指自然规律；三是指人类社会的一种规则、法则。

（二）教育之“道”，让教育走得更真、更正、更远

古语云：“道法自然”“大道至简”。

教育之“道”，追求更真的教育，即指更具有自然性的真实的教育。当今，要立足于“国情”“学情”“教情”，着眼于“立德育人”这一教育宗旨，把“传道”“问道”“释道”作为教育的本真之义；把教育本来就是“讲理”“求真”“务实”的这一主要愿景始终贯穿于教育的全部；把知之以理、传之

以理、晓之以理、据之以理等，作为使教育实现“真善美”的主要内涵及重要行为。

教育之“道”，追求更正的教育，即指更具有正确性的正常的教育。目前，受“应试教育”影响而产生各种“工具至上”的畸形教育，使教育几乎“失正”了，即失去正常、正道、正规了，比如，整个教育及社会几乎都是满目皆“考”，满目皆“分”，开口谈“补课”，闭口谈“刷题”，最后所教出来的则是一批批“分数的工具”和“应试”的最强大脑，几乎看不到“人”了。这实际上是向失正、失范的“非正常”教育之路上走。而教育之“道”，就是纠正并让它回归为正常、正“道”教育，由“应试教育”转型为人的成长和发展的“养育型”教育。

教育之“道”，追求更远的教育，即指更具有深远性的未来的教育。当下，主要是先着眼于学生长远发展，再立足于当下，且将当下与未来连接，反对急功近利型的“短视性”教育，这才是真正的“远景”教育和“远程”教育，也就是“更远”的教育。要有极强的宏观调控能力，把事情想到几十年后，这种预想、预判、预设的能力，是应对各种危机的基础。好的理念和决策应是代代相传的，在教学实践中，今天一个想法，明天一个想法，是不负责任的体现。

教育，是一种具有整套设置和目标指向的行为。它不能只有形式上的功能性直接目的，还需要为让人走得更远而填充更多的内涵，用有血有肉的理想、信念和本领来取代那些热乎乎的“分数”或者“名次”、证书等。为此，我们不是只为了拆散躯壳，祛除肤浅和庸常，而是为了填补灵魂，壮其“理”性，从而走上教育之“道”。

我们坚信：有了“道”的教育，才会让语文教育走得更深远、更自然，也让语文人及语文教师在社会上更具有尊严，让语文教育成为一种更有尊严的事业。

二、教育，不能不讲“理”

（一）教育，本是一项创造“理”的事业

教育的“理”性，起点可能不同，学科品质与人格教育，是学科教育的一项关键和必要内容，与那些知识和技能相比，更显示其生命力和发展性，因为任何学科都无法否认的是面向未来和走进未来的最终都是人的学科。只有具备高尚的学科品质与人格，才有可能真正掌握并正确用好那些知识和技能，也

才能适应各种各样的职业。注重教育的“理”性，学生便会自我接纳、自我管理和自我理解，有意识地关注知识的积累、应用和创新，获得源于学科且高于学科的大德、大智慧。

事实证明，用“理”性说话，说“理”性的话，才是教育的本质，才具有教育真正的规律和意义。学校一旦缺少“理”性，教育最终会成为一种不完全的教育、不健康的教育，一种缺少未来和缺乏生命力的教育，也是一种对教育、对孩子极不尊重和极不负责任的行为。教育坚持在“理”性中发展，多一点“理”性，是当今教育的发展方向和永恒主题。

这里的“理”性，常指超越表面、超越眼下急功近利的浮躁情绪和率性行为，代之以深远的大智慧、深层次思考、批判性思维和富于反思、辩证地促进学生的内涵发展和自由发展的深度教育，包括深度学习和深度教学等。概言之，教育的“理”性，着眼于发展战略，着力于精细品质，舍近求远，去粗取精，由表及里，抓大放小，直至深度与大气，不为浮华喧嚣而停止应该前行的道路。

（二）学校从来就是一个讲“理”的场所

学校，既然是一个施教育人的场所，那么就有一个“场域”的设计和实施的问题。根据哲学的“在场性”理论，我们认为：顾名思义，学校，即学之校，学的场域，那么“让学在场”便成为教育的首要之义，开展一种立足于“让学在场”——让学生学的“学程式”教学便成为基于哲学上所说的“在场”性理论的重要举措。

“在场性”（Anwesenheit）是德语哲学中的一个重要概念。在康德那里，“在场性”被理解为“物自体”；在黑格尔那里，指“绝对理念”；在海德格尔哲学中，指“存在”。到了法语世界，则被笛卡儿翻译为“对象的客观性”。“在场”（Anwesen）即显现的存在，或存在意义的显现。更具体地说，“在场”就是直接呈现在面前的事物，就是“面向事物本身”，就是经验的直接性、无遮蔽性和敞开性——而“澄明”是通往“在场性”的唯一可能之途——只有“澄明”才能使“在场性”本身的“在场”成为可能，而欲达到“无遮蔽状态”，只有通过“去蔽”，才能保证真正的实体本身得以“在场”。简单来说，语文教学的一切行为皆由于使用符号，而符号其实是一种幻象，因为符号是具有象征性的，这种象征性用B象征A，也就意味着用B遮蔽了A。象征是对真实的本体、实相、纯真的遮蔽，破除这种象征性的幻象得到被象征的本真，就是“去遮蔽”。语文教学中，看上去是教师在教，其实是学生在学，是教师教学生学，现在往往是用“教”遮蔽了“学生的学”，让学生不“在场”，失去了在场性，被教师包办教学而遮蔽了。所以，语文教育的“去遮蔽”，就是让学在场，让学生的学重返课堂，现在流行的“把课堂还给学生”口号就是如此。

“在场性”可以翻译为“在场主义”，对它的理解直截了当地说就是“面对事物本身”——当你想要A，就要看着A，不要移开目光去看B，不要去思考不是A的东西，任何以B去定义A的做法都是对A的遮蔽。所以，不要“用B替代A”或者“用B解释A”，因为这样，其实就是运用幻觉来产生“遮蔽”，使另一方失去了“在场性”，于是“去蔽”的语文教育就显得十分必要。语文教学中的“去遮蔽”还有一个问题就是如此：喊的是素质教育，行的却是应试教育；喊的是以学生为本，行的仍是教为中心，搞“师讲生听”的灌输教育，喊的是能力培养和创新精神，行的却是死记硬背和“刷题”练习，等等，这都是因“遮蔽”而失去“在场性”。

（三）教学：形在“讲”课，实在讲“理”传“道”

当下，许多人把教学要讲“理”误解为“讲”课，什么都是用“讲”来完成，于是成了“满堂讲”，最后变成了“满堂灌”。我们认为，“讲”课，只是一种凭借、平台、过程、手段，即通过“讲”课来实现讲“理”，否则就失去了“讲”课的必要性。而一旦缺了教学的“理”，你的“讲”课再如何精彩，也缺少了教育的合理性，也就缺少了它赖以存在的正当性与正常性。由此可见，讲“理”不等于“讲”课。也可以说，不讲“理”的“讲”课是一种少道、误人的行为。

当下，只见满堂在“讲”，满嘴在“讲”，“讲”课已成为一句习惯性用语或口头禅，如讲课文、讲作文、讲语法、讲习题、讲作业批改、讲试卷等。这里的“讲”，大多是讲知识点、讲解题、讲答案、讲要领、讲错误及改正等，即用“讲”替代了“教”，偏离了“道”。好像学生的能力和素养可以被“讲”出来，其实不然。讲，只是教学中的一个环节或者一种方式方法而已，其作用有限，并不是万能的。

许多优秀教师的成功案例无不表明：“讲”，是一门学问、一项艺术，尤需“精讲”“会讲”，“讲”中有道，“讲”中有导，“讲”出特有的质量和效果。那么，这种“讲”其实是在讲“理”传“道”，即不仅讲知识、讲考试题，还讲学生的学习兴趣、良好习惯、科学方法、创新精神及优秀的情感态度等，并在“讲”中注重精讲、巧练，注重养育、践行、习得和思辨等，以形成一种完整的、综合的、可操作的讲“理”传“道”体系。

三、“理”性，让语文教育更注重“思维”之道

（一）“理”性告诉我们：教学最不可缺的是问题思维

我们常说：教学就是解决问题。但是又可以进一步说，教学并不是为了解决问题，而是通过解决问题培养问题思维。这就揭示了教育的一种本质：教学最需要问题思维。

问题，呈现的是一种社会现象，是一种人的成长与发展的追求，有了追求就有了问题。但是，问题只是“症”，当下人大多只习惯于或热衷于对“症”下药，这是一种就事论事的“感”性行为，最终只是一种“头痛医头，脚痛医脚”的标治法。如果将其变为一种“理”性的问题思维，既冲着问题的解决而来，更在意对问题的发现与分析，了解问题的背景及原因等，即把问题的全貌弄清楚，就是基于“问题思维”而寻找问题的“因”，将对“症”下药改为对“因”下药，这才有真正解决问题的可能。“问题思维”的全过程：是什么、为什么、凭什么、怎么样等。事实表明，只有透过现象看本质，才能真正解决问题；只有把问题存在的原因及全貌弄清楚，再形成相对应的纠正的对策，才有可能让问题不再成为问题。

针对目前的教学，许多人都在宣扬以解决问题为出发点和着力点，并声称很有成效。但是，又被另外的人或自己在另外的场合说出还存在着些问题，甚至说问题越来越严重。为什么会这样呢？可能有以下三种原因：一是问题其实并没有真正解决，或者缺乏问题思维的全过程水平；二是树立了一种思维辩证法，呈现了一种教育“理”性，看到了问题的客观存在及其复杂性，否则便走进误区；三是就当时的评价标准的确是取得了成效，但又随着时代发展和进步，其要求和标准提高了，于是又发现了新的问题或者昨天的成绩反而成了阻碍新的发展和进步的问题。

所以，有些问题是随着时代发展和进步以及人的认知水平提高而成为问题。本来不是问题的问题成了问题，甚至还发现了更多的问题，这才是真正的辩证法和科学的问题思维。如果仍沉浸在原来功利的圈子里，就回避不了带着内心强烈的欲望与执着的教学心态，每天都活在对问题发泄的情绪里，而不是把功夫下在让学生把语文学好这一教育“理”性上。

为此，我们必须辩证地看待问题和解决问题，透过现象加以辩证审视，并及时调整功效观，把新的问题当作机会，走向解决问题的新路。语文教育麻烦的不是问题，而是天天忽略问题或埋怨问题，却不去做一次实际性的认真讨论

和解决问题的事！

(二) 重在培养有特色的十大“理”性型思维

1. 具有多“悟”特征的再悟性思维

什么是悟性？主要是指对事物的感知力、思考力、洞察力，指对事物的理解能力、分析能力、判断能力。悟性，是人的一种最重要的思维特征，是使人越来越走向理智、成熟及高尚的表现，如感悟、顿悟、醒悟、觉悟、悔悟，大彻大悟等。

什么是再悟性及再悟性思维？再悟性，是指再生性的悟性。即在悟性的本义上再产生悟性，让这种悟性产生再认识、再理解、再践行、再发展、再丰满和再创新，即再生性的悟性，简称再悟性。说到底，再悟性就是一种“理”性，有成就教育的特别内涵和重要动力。再悟性思维，是指具有再悟性的思维。

再悟性思维的主要步骤有以下六点：①能看到自己的问题、失误或者过错及缺陷；②认真反思并愿意改正自己的这些问题、失误或者过错及缺陷；③及时做出有关整改方案或者在脑中产生想法；④能从中发现影响或干扰整改的其他杂念并去除或者有效控制；⑤能在利害冲突中去除杂念以及别的欲望，一门心思努力下去；⑥在全过程中不断总结，追问自己是否对事物有了新的认识。

再悟性思维是一剂克服当前教育的随意、任性和浮躁的病态现象的良方。只有这样，我们才会少了浮躁、少了无奈，多了理智、多了远谋，让当前因随意、任性而带来的教育浮躁之病得到医治，让“假务实而失真”的教育现象得到克服，那么教育之“道”的回归也就指日可待。

2. 基于整体而系统的“结构化”思维

例如，上好“一堂课”，也应有它基于“理”性思考的基本含义和大体规范或标准，不能因搞什么课堂改革而变得不伦不类。什么是“一堂课”？它常指我们平时所上的一堂一堂的课，也叫一节一节的课。上好“一堂课”或“一节课”，一般应具有以下一些基本要素：①与整个学科课程教学所追求的意义和目标相匹配，承担一定的教学任务和具体使命，完成其所处的局部目标；②有以“一堂”或“一节”为其所形成的基本形态和完整的、系统的结构形式；③有其相应的客观评价标准，尽力为“一堂好课”创造条件，减少上“一团课”的随意与任性；④有体现为学生学习进程推进而采取的有机、有效的教学策略，且有与它相应的一套操作方法，等等。只有符合上述要求，才称得了上好“一堂课”或“一节课”。所以，我们一定要树立“一堂课”思维，不要随随便便地只为“一堂课”而白忙一番。

但是，现实中却并非如此，将“一堂课”上成“一团课”的现象已经越来越普遍。“一团课”指的是内容上的“一团糊”、过程上的“一团麻”和效果上的“一团糟”。

3. 坚持发展“扬弃式”思维

扬弃，哲学上指事物在新陈代谢过程中，发扬旧事物中的积极因素，抛弃旧事物中的消极因素。没有一种模式是长存的，没有一种竞争力是永恒的；我们所有的经验和积累，都随时可能被颠覆、被清零，所以，既要及时总结、整理、反思，又要善于放弃、调整陈旧和劣质的东西，并发扬和壮大其中优秀的成分，还要学会吸取后来发展起来且被证明是好的东西。这看上去像一些操作方法，但透过其表面体现出来的却是一种“扬弃式”的思维方式。它运用了“辩证法”和“生物进化论”及再生性思维的方法，是一种思维活动科学化、“理”性思维可视性的体现。

4. 注重“三度”思维

许多成功的案例表明：具有长度、宽度、高度的“三度”思维，是一种制胜法宝。长度是指思维的长远性，想得远、想得深入；宽度是指思维的广阔性，想得宽、想得全面；高度是指思维的高阶性，想得周密、想得厚重。同时，“三度”思维协同进行，然后再生出一种超越其任何一度思维的复合型思维。这种“三度”思维方法，能使我们的思维内容更为完整、思维活动更为科学、思维过程更具有“理”性。

5. 倡导“反向—非式”思维

联想集团创始人、著名企业家柳传志说过：要想富就要想到为什么会这样穷。这叫“反向—非式”思维，是一种正反面对应的辩证思维，而不是西方文化中那种非此即彼的两两对照思维。同理类推，任何事物都可以运用这一思维：要从正面入手，但要从其反面去思考。正如：朝最好处努力，但要从最坏处着想。

6. “形＋神”的一体化思维

事物总是以形与神相统一而存在和发展，但也因为人的视角不同而变得各不相同，产生不同的认知、感觉和结果。所以，有了“远近高低各不同”的名句，也有了对一件事物产生“形神兼备”的诗意理解和独特体会。将事物乃至世界，用一种“理”性的方法和力量，还原其真实情况，回归其本来面目，呈现其自然与常态，从而有规律地生活和学习，从事物的内涵、本源、相关要素、外延态势进行三位一体的有机整合，既有系统全面的反思，又有顺着逻辑的链条不停地追问，不断地跳出经验、超越个案、放弃短视，寻找一类事件共性的问题及解决思路；透过表面现象，追问背后的实质；放下当下功利，回到一门语文课程的层面，回到学好语文、用好语文的角度，在“理”性中开展语文学习和语文教育。

7. “实+虚”和“雅+俗”的兼备思维

针对目前的语文教学改革，我们要理智地坚持“实+虚”和“雅+俗”的兼备思维，一边要看清从表面上所见的貌似型的高雅和深度，一边要明白在现实早已将语文流于急功近利性的平庸和浅薄。尤其是如何扭转教育的目标在现实中已普降为“实惠而庸俗”的技术至上、工具化操练，甚至已变为应试教育上的“为分数、唯分数”的怪“胎型”教学的现象，这已经成为当今实现语文教育“理”性的一个关键问题，否则很难让“理”性回归课堂、回归正常的语文生活。

8. 在不缺乏合理共性下的个性化思维

我们一直以为，教育，一要坚守共性，二要关注个性；一要讲方法，二要讲缘分。同样一句话，有公共认知，但一定也有个体不同的意愿，对甲学生非常有教育作用，对乙学生却毫无作用，对丙学生还会起相反的作用。这就是教育的难点所在，也是教育的魅力所在。这也是“理”性的语文教育施展功夫的机会——正确处理个性化与全面发展的关系。

9. 从“量效”思维走向“质效”思维

目前的语文教学，一边在说有效，改革也很热闹；一边又被许多人骂，质量差，成效并不高。语文教学的这种“双重性”面孔的形成，是因为只注重“量效”思维，而忽略了“质效”思维。“量效”思维，是指对“症”下药而获得疗效的治标性思维，一般是凭“症状”消失的表面量化判断和自我感觉有效就算有效。语文教学上的“量效”思维，一是用提问、练习和教试上的答题次数、做题个数和考试分数及评选等级来获得“数量上的可视性效果；二是单一地听专家认为或评委听课者的反应及评估结果而认为有效就有效，这样，让他人评说有效，大多是隔靴抓痒，要么失实夸奖，要么牵强附会。“质效”思维，是指具有内在品质和发展性效益的思维，重在遵循客观事实和标准，重在学生的现场感受与真实体验及收获，重在看适合学生发展与进步的适度效果，从而促进学生发展与学科发展的有质量的“质效”教学，这才是真正意义上的“教学有效性”，而不是“有效性”教学。这种“质效”并不能一味体现在中考、高考成绩上，除非今后的中考、高考有了关于“质效”思维的考测标准及做法。

事实也一再证明：通过努力，教学可以实现“有效性”，但不能去刻意追求与开展“有效性”教学。所以，“有效教学”“高效课堂”之类的提法都是伪命题。

目前，我们发现所谓的“有效性”教学在实施中存在以下问题：一是在概念上难以自圆其说，凭主观的因素使“有效”成分处于混沌状态，说不清其“有效性”的学理依据，到底是哪里有效、为什么有效、是不是还有其他介入因素、如果换为另一个概念名称是否就变了等，最终都未解释清楚，经不起推敲与叩问，仍然只是一种笼统感觉，或者是一种自我规定性的描述；二是用“当堂训练当堂清”的苦练死磨法和高频率、高节奏的催人亢奋法；三是缺乏“质效”思维而充满“量效”思维。“量效”思维者，大凡就是打磨包装几节公开课，再拿出一份考试成绩表，安上一个“有效教学”模式，再开一个成果发布推介会，并在媒体上一炒作，便大功告成。须知，真正意义上的“教学有效性”，不是靠几个“有效教学”模式或几堂“高效课”就能实现的，而是涉及教育的方方面面，需要形成能实现“教学有效性”的整个系统工程，而不是随意翻用几个自诩有效实际却陈旧落后的策略和方法及手段，再自我冠名为“有效教学”的东西。

这里我想到了医生看病，医患双方追求的本来都是以“疗效”为中心，但缺乏“理”性和职业良心者则对症施治，强求“量效”和“标效”，常常过度采用抗生素药品，结果见效快且明显；而另一种富有职业“理”性的良医，不仅对症施治，更会对因施治，一般不用或少用抗生素药品，疗效有可能不快，但有持效性，负作用小，安全系数大，免疫力未被破坏，这就是一种务本求根的“质效”行为。可以说，前者带有感性和直接关联性，后者具有理性和内涵透视性。教育也是如此。只有对因施治教、务本求质的教学才具有真正的“理”性，而“对症下药”的教学，难免过于直观、单一、肤浅和感性，难以具有真正的教学质量及科学“理”性。

10. 坚持教学有特点但难以成流派的“风格”思维

文学创作、艺术呈现、文化活动等，既有一定的风格，也可以形成某种流派，但是，教学却不一样。由于面对教育对象的特定组成的一致性、教育目标和内容的相对统一性、教学班级制的特定形式的同一性、各自地方文化和经济背景的区别等，语文教学只能形成相应的区域或个体的风格和特色，不可能产生什么流派，或者说很难产生让人认可的真正意义上的流派。同时，这种流派即使形成，也对教育发展并无重大意义和实际上的发展价值，甚至会产生某些负作用。而由于受一定文化背景与个人性格的影响，加之各自教学理念及操作方法等的差异，教学出现有异趣、有特点、有特色的独特“风格”思维，才是最符合客观“理”性的。

四、有“道”的语文教育将走向深度

1. “深”与“深度”的区别

深，只是一种感觉，感觉比原来的“浅”加深了一点，很难比较，更难评价和量化，最多只让人产生了一些状态的变化而已。目前，有人提出的“深阅读”和“深写作”等，多半是与“浅”相对而言的一种感觉而已，但到底是不是深了，深了多少，要不要这种深，这种深到底有没有意义，对方能不能接受；这种深到底科不科学、合不合适和合不合理，与这种深相对应的浅到底是什么样的，都没有明确的概念和解答。

深度的含义，包括以下几个方面：①深浅的程度；②工作、认识）触及事物本质的程度；③事物向更高阶段发展的程度；④属性词，程度很深的；⑤表示一个人的学识、修养很高。

由此可知，“深度”与“深”不一样，它具有一定的内涵与确指意涵，也可以由此形成相应的操作策略及做出相应的指标体系的评价。其实，目前许多人进行的只是一种“深了”的学习、“深了”的教学和“深了”的研究而已，给人的只是一种“加深”了的感觉，而并非呈现一种真正具有“深度”的科学性，既具有或者程度上的一种科学表述，又必须给“深度”下一个科学的合理的定义，并构建具有深远意义的“深度”理念、内涵、状态、方法及操作上的科学体系。

所以，我们进行“深度学习”“深度融合”“深度教学”的时候，首先要与“深学习”“深融合”“深教学”相区分，否则就是偷换概念，因为二者是截然不同的两种概念内涵；然后做出界定：到底什么样的才是深度，即深度的标准是什么，是否对每一节课、每一个教学内容和每一个不同的学生及其需求都要有深度，深度与浅度之间的关系如何，怎样处理，由谁来判断与认可其深度的恰当、合理及效果等；再就是反思：我们的教学到底是不是都缺少深度，千万不需要跟风而起，动不动就冠之以“深度”；最后进一步分析：是教学理念的深度还是内容的深度，或者是效果的深度，是教得深度不够，或者学的深度不够，等等。

2. 深度，还要注重它的“度”

上文我们已讨论了“深度”不等于“深”，同样“深度”也要注重它的“度”。只有懂“深度”之“度”，才能真正知“深度”，这是把握深度的前提和关键，也是真正的深度学习、深度教学和深度研究。否则，就会变成一种“假深度”。

人们常说：办事要有个度。这里的“度”，首先指“事物所达到的境界，如程度、高度、风度”；再以取其哲学意义为主，即指“是质和量的统一的范畴，是事物保持其质的量的界限、幅度和范围”“是质和量的互相结合和相互规定”。如果不懂“深度”之“度”的真义与属性，又何谈了解与运用“深度”呢？

3. 深度之“度”，实为一种“界”的表现

我们还可以进一步理解，这里的“度”还有一种“界”的含义及其体现，是基于“界”的含义所形成的概念认知，实际上就是一种“知识边界”理论的实践性运用和具体性呈现，是对“界”的界限的准确把握，是对“界”的界面、界线的明确界定。也就是说，“度”是“界”的代名词。有度即知界，有界则可度。所以说，目前，各地盛行的“深度学习”“深度融合”“深度教学”和“深度研究”等，如果缺少“知识边界”理论的指导及运用，则是很难产生真实而具体的效果的。

现在，很多人说话做事乃至写文章，与其说是跨界，不如说还是不知界而自欺欺人的想法，在一种另类思维下使用的仍然是大众思维和自我经验与人为规定式描述。无论怎么掩饰，怎么描绘，都改变不了难以自圆其说的庸俗的窠臼。

例如，深度学习和深度教学是目前最流行的教学概念及方式方法，但是我们要理性地思考：一个新的概念出现，要首先看能否自圆其说，也就是说它的内涵和外延，即“知识边界”的界定。一个概念首先务必体现和表达其内在本质，这属于“原理”层次；然后才是外延的（拓展物、附加值等）和外在的（如色、香、味及“疗效”等）。当下往往是只用外延、外在的表现来给一个概念作界定，这就容易见形而忘神，用现象替代本质。

4. 要给“深度”以一个守“道”与合“理”的概念内涵体系

我们在探索中体会到：有“道”的语文教育，将走向深度，再转化成教育的“理”性。有“道”，就在于科学地、合理地、自然而然地认识深度，清

醒而理智地把握与解决关于“深度”过程中所发生的问题，而不是一哄而起，盲目跟风，给“深度学习”或“深度教学”贴一个标签就可以了。为此，我们要给“深度”以一个科学的内涵体系，使我们的教学和学习都在一个真正具有“深度”的标准下进行，否则又会被打着“深度”旗号而行“乱象”之实。

于是，我对“深度”的内涵和标准进行研究，获得以下初步认识：“深度”，是一种包含“走向本质、呈现发展性、程度深”等意义且具有一个相对完整和相对科学的“三深”（深刻性、深层次、深构造）一体化内容体系。为此，应倡导一种具有其规律和自身特点及操作体系的科学的“深度学习”与“深度教学”，在循“道”合“理”的前提下实现其真正意义上的“深度性”。下面，特对“深刻性、深层次、深构造”进一步探讨。

（1）深刻性，指思维活动的抽象和逻辑推理水平，表现为能深刻理解概念，分析问题周密，善于抓住事物的本质和规律。深刻，其意一是指达到事情或问题的本质，二是指内心感受程度很大，三是指透彻、深入。

（2）深层次，指某件事情具有两层及两层以上的含义，而这几层的含义具有一定的隐蔽性和递进式发展的特征。

（3）深构造，即基于生命科学由“功能构造”到“含义系统”的“生命深构造”学说而形成深度学习上的“深构造”之义，让学习在具有“含义系统”上的“深构造”。这是引入当代生物科学横断理论研究中的最新知识的积聚与理论综合的核心领域——“深构造生物学”。生命科学的功能实验方法告诉我们：生物学起源于两个研究传统，一是“解剖—生理”研究的功能性生物学传统，二是“博物—分类”研究的多样性生物学传统。前者是“功能构造”，后者是“含义系统”。为区别“功能构造”与“含义系统”，生命科学家们将前者形象化地称为“生命浅构造”，将后者形象化地称为“生命深构造”。其中，“含义系统”研究就是在生命含义构造理论上创建一套新的概念理论体系，完成对第二层次适应还原理论的模型体系的建立。我们所说的深度学习的含义，如果做出深度理解的话，就是基于生命科学由“功能构造”到“含义系统”的“生命深构造”学说，进而形成深度学习上的“深构造”含义。说到底，学习本是一种人的生命发展及认知心理科学，是一种脑神经活动，现在广泛出现的“类脑”人工智能和“神经深构造”网络等概念以及大致起源于20世纪50—60年代的“新适应主义”，实质上触及的都是生命含义构造理论中的中心课题。

总之，“深度”是一门科学，有其规律和自身特点及操作体系，无论是使学生眼前的学习成绩上升，还是为学生的未来发展而强化或优化，的确需要“深度学习”，但也不要动不动就把所作所为归为“深度学习”，否则就未免失之科学，反而影响学生成绩的提高，影响学生整体素质的提升。这是区分我们的教学和学习是不是走出肤浅、走出庸俗、走出急功近利的实务主义和实用主义的“工具化”时代的关键。

知识边界与语文教学的“理”性

一、因“知识的边界”而引发“知识边界”理论的构建

（一）由戴维·温伯格的《知识的边界》引发了大思考

近几年，有一本书让人们大开眼界，大开脑洞，那就是《知识的边界》。这是美国哈佛大学伯克曼互联网与社会中心的资深研究员戴维·温伯格所著（胡泳、高美，译，山西人民出版社，2014 年 12 月版）。这本书讨论的是，在网络时代，知识以及对其获取的方式是否发生了变化；知识从“三角形”到“网络化”框架的变化；当人们在互联网上，通过社交媒体讨论、沟通、分享、协作，旧有的知识生产体系已经被颠覆——在过去，知识来自书籍、来自课堂、来自专家，是相对确定和封闭的；但如今“所有确定性都被连根拔起，话题再无边界，没有人对任何事情能达成一致”。

有人认为：“这本书遵循一个独特的路径，探讨一个大到不可知的领域。用大到不可知来形容是贴切的，因为知识的新的提升和变化的核心，就是承认一个最基本的真理。”“曾经，我们知道怎么去获取知识。我们的答案来自书籍或者专家。我们会确定事实，继续前进。而在网络时代，知识已经进入了网络中，出现了更多的知识，但这些知识是不同的。“这本书就在于它提到专家不再是知识的唯一生产者，原有的知识边界要被打破，在人们看来，一切相通的时代已经到来，包容开放”，等等。

（二）由《知识的边界》所获传导性启发：凡事都要“边界”一下

由于对《知识的边界》产生了特别的理解，发生了一种特殊的传导性效应，让我从中思考并萌生了一种新的“知识边界”理论。

“传导”，本是一个物理学名词，即指“热从物体温度较高的部分沿着物

体传到温度较低的部分”。它是热传递的三种方式（传导、对流和辐射）之一。由于“各种物质都能够传导热”，所以也借对《知识的边界》的读后感传导及辐射出一种“知识边界”理论。其实，其传导过程本身就是一种再认识，既是对《知识的边界》的读后感，又是拓展延伸或借题发挥，再生了新见解。

“知识边界”理论与语文教学的“传导性”关系，使二者之间的“传导”成为现实。语文教学有“知识边界”的问题，但无“知识边界”理论的指引这一问题使当今语文教学的确发生了“知识边界”不清的问题，而如果通过谁对语文教学的“传导性”影响，那么语文教学就会因“知识边界”而越来越“理”性。

到底什么是语文教育的“理”性，什么是“知识边界”理论，什么是“知识边界”理论与语文教学的“传导性”关系，为什么谁又是对“知识的边界”的再认识，等等，都是我们所必需探讨的问题。

因此，我终于从获得的“传导性”启发中认定：凡事都要“边界”一下。凡事有了“边界”，就明白了事理，就懂了规矩。

（三）由“凡事都要边界一下”而生“知识边界”理论

边界，既是一个名字，指界定的边线和界限，又是一个动词，相当于“界定”和“划出边界”。这是最为基本的要义，但是从哲学角度来说，边界，既指其边界之内的内涵意义，也指边界之外的外延相关或者发展及引申之义，所以有人说：知识边界内的是知识，边界外的是见识。这话不无道理，主要是它具备了较为全面的、科学的“知识边界观”，客观真实地反映了“知识边界”的本质意涵和发展性特征。

更何况世间万事万物，都有其形、其型，并由形及神，而有形、有型就有边，那么边界就是必然之物，只有边界才能显示其独特的个体、个性，才可能显示其与其他事物之间的区分关系。对一件事物，我们要知其个性、差异、功能及特色，有一个重要条件就是要明确其“边界”。那么，关于这些事物“边界”的常识、概念、内容、规律等，则称为对“知识的边界”的再认识，我们特称之为“知识边界”理论。

二、“知识边界”理论的基本含义

（一）“知识边界”理论的初步形成

目前，“知识边界”理论的确还没形成一种概念内涵体系，连名字都是新起的，但也并非杜撰和臆造。首先，戴维·温伯格的《知识的边界》，为我们展示了一个全新的“知识边界”的认知世界，然后国内外由此引发了关于“知识边界”问题的各种讨论，产生了不少好观点及新想法，我借此并结合自己一向的再认识，突发联想——何不建立一种“知识边界”理论？

我所树立和实践的“知识边界”理论，主要是受《知识的边界》一书影响。根据其中的一些理论提出：知识有边界，“知识”是因“边界”而产生的，“知识边界”能让我们懂得“什么是知识”“什么不是知识”“怎么样学知识”，既有“知而应知”，也有“知而不知”。

当下，不少人动不动就提知识学习的“大”，如“大语文”“大阅读”“大写作”，我们不反对适当的大，因为它可以调动积极性超越一般和常态，但不能大到不知边，因为世间万事万物都不可能“无穷大”，而应是有其边界的，即具有其既有的一定内涵。为此，创建一种全新的“知识边界”理论，以使语文教学更具有“理”性，并形成语文教育“理”性观，以及语文教育的“理”性行为是有必要的。

这里可以运用“空杯心态”理论。“空杯心态”有以下两种：第一种心态是见一个杯子装满了一半——满足感；第二种心态是见一个杯子还空着一半——上进心。而语文教育的“理”性，则兼备这两种心态：既有满足感，更有上进心。这两种心态的兼备建立，也是一种全新的“知识边界”理论使然。

要实现语文教育的“理”性，首先就要有一种基于科学的理论来作为支撑基础。经研究发现，只有“知识边界”理论，方可让我们去追求与研究乃至实现语文教育的“理”性。于是，我们以戴维·温伯格《知识的边界》一书以及国内外由此引发的有关“知识边界”问题的讨论为契机，归纳整理并提出“知识边界”理论，并使“知识边界”理论与语文教学发生传导关系，进行了再认识性的拓展型探讨，由此形成了有关语文教育的“理”性的新观点，提出了由语文教学走向语文教育的一系列“理”性型的新思路、新做法。

所以，实现语文教育的“理”性，最为关键的任务就是迅速而科学地建立“知识边界”理论。

（二）“知识边界”理论，首先在于建立“知识边界”意识

之所以要对“知识边界”理论进行再认识，是因为“知识边界”理论强调事物所具有的“基因”，即内涵，然后形成一种回到“本位”的知识机制，改变曾经只对“知识”内容做随意、碎片、泛化的“无界”认知与“失界”处理的做法。

知识的边界，势必也与知识的内涵相关，如果没有其核心意涵的确立，何来边界可言。所以，与其说在确立知识的边界，不如说在确定知识的内涵；知识，既有其一定内涵，也有其应有的外延。只有将其一定内涵和应有的外延相加，形成完整的知识结构或知识体系，才会产生较为科学、合理的“知识边界”意识。

其实，“知识边界”理论是一种学知“双界”论，即“学无边界而知有边界”的产物。这是一种学习不可知和学习应可知的双重矛盾状态，这就决定了人的认知障碍症的自然产生并引发人们对这一矛盾的恰当处理和解决，这一过程就是学习和研究，而帮助师生科学处理和解决这一认知矛盾的活动，是基于学知“双界”论的“知识边界”理论所为。

（三）“知识边界”理论，更注重并在呈现一种“边界之内是知识，边界之外是见识”的新常态

有人说：边界之内是知识，边界之外是见识。这话很有道理，因为我们不仅生活在一个已知的世界里，所认知的知识是“知识边界”里边的，而且还面对“知识边界”之外的许多问题，真可谓“山外有山楼外有楼”，边界之外才是一个大世界，还可以“见”到许多新的事物，获得许多新的“见”解。如果我们打开边界，会发现已知世界只是一点点，未知世界才是遥不可及的。树立“大教研观”，就是为打开这个边界而创造可能性，有了“大教研观”，就会敢于和善于发现原有知识体系的局限、短板、缺漏和遗憾等。

知识的边界，不否定“知识的不确定性”这一观点，但正因为如此，才更需要提出“知识的边界”这一观点，使二者相辅相成。只有二者的有机结合，才能使知识的功能整体地发挥作用，形成一种知识力。

知识的边界，也是对“学海无涯”“学无止境”等名言警句的修正和扬弃。人的认知能力导致认知局限，认知局限必然导致知识的边界，即由认知的有限度引向对知识的有限度，也就是尚未完全认知的地方就是知识边界的外边，其依然是不可知的地方（未知），所以，科学研究就是一种对未知的发现，以形成新的知识边界，把对认知了的世界和客观的事物扩大到更远的边界。

三、“知识边界”理论的形成，将传导与激发语文教育的“理”性

（一）因“知识边界”而产生相应“边界的教育”

从教育的角度而言，我们既要把已知的知识教给学生，让学生走向知识的

边界；也要带领学生去发现知识边界外尚未认知的东西，这就需要用探究的、发现的、创新的意识和方法。所以，我们的教育就不能只教现成的经验和概念（已知），更要教前人获得这些经验和概念的过程与方法，从中得到启发和帮助，让学生拿着或借鉴那些方法和经过总结反思过的经验，去对知识边界外的东西进行认知，从而获得新的体验和突破，这就叫创新、发展。现在，由于受功利教育的干扰，只注重考核现成知识的掌握与应用，看不到或者忽略了对未知探究这一点的教学和考核，因为这些东西处于待知而不好考，考不出来，所以就没有人去教、去学。

十多年来，国家大力开展课程改革，深入推进素质教育，使应试教育向素质教育转轨，现在又进入“核心素养”年代，无非就是要在教育上注重内涵发展，注重转型、升级与提质，等等，这些想法固然很好，但如果不明白各自的“知识边界”即内涵界定，又怎么会产生相应的办法，开展有效的实施活动呢？所以，基于教育的“理”性，对不断推出的教育口号或概念做出一种客观而真实的“知识边界”界定，才有可能让这些教育口号或概念走向真实行动，也才有真实效果的产生。

可以说，作为教育所追求的“知识边界”，由于“知识的边界”而产生与之相应的“边界的知识”，便传导出相应的“边界的教育”与“教育的边界”，这既是一种客观存在，也是一种相辅相成的辩证统一观的体现。

由此可见，“知识边界”理论的形成，还有一层特定因素，就是一种知识边界的内涵发展与外延推进式变化的有机统一。

（二）有“度”是“知识边界”的界定的重要条件

1. 因“知识边界”理论而派生“有度”理论

在“知识边界”理论中，我还想推出一个新的说法，“有度”理论。即任何事物都有其度，包括“高度、深度、广度、宽度、程度”等，语文教育也是如此，既然有其“界”，那就有其“度”所以引进“知识边界”理论，使“语文教育”在“有度”中实现恰当的结果，则不会“任意”地变大变小，变宽变窄，变深变浅，最终导致“无度”发挥，“超界”教学。

度，在哲学上指“一定事物保持质的数量界限”；也常指“事物所达到的境界”，如程度、高度等。多维的“度”即多维度，多角的“度”即多角度。而这种多维度、多角度的语文教育，无疑是一种知识边界的界定表现，当然也成为“知识边界”理论的一种表现。

运用“知识边界”理论，就可从语文教育的“度”来弄清“语文教育”

这一概念的知识边界，即语文教育的界限是什么和有什么；弄明白语文教育的不是什么和没有什么，即为“语文教育”和“非语文教育”划清知识内涵上的界限，也就是常说的“概念界定”，以达到与其他相关、相似、相互概念的区别。但是，仅有“概念界定”还不够，对涉及语文教育的各个因素都有“度”或“界”的认知与操作，才会使目前那些处于模糊地步，凭感觉和意气行事的“语文教育”止步。

只有这样，才能判断你是否在搞真的语文教育，是否搞了真的语文教育，否则搞了不是语文教育的语文教育。因为不知其度、不明其界的语文教育，往往会被其他事物所遮蔽、干扰或替代掉，所以当今自以为是的语文教育越来越较多，而实事求是的语文教育越来越少。

2. 语文教育的“度”在哪里：不仅有多维的“度”，还有多角的“度”

一是语文教育的维度。

语文教育的内涵发展的广度、高度和深度，是语文教育最基本的度。例如，有人说：语文教育的高度，就是语文教育未来的高度；语文教育的深度，就是语文教育进步的深度；语文教育的广度，就是语文教育发展的广度。可见，语文教育有什么样的度，语文教育的成就会有什么样的程度；语文教育到哪里，语文教育的成就便出现在哪里。这就是语文教育的多个维度。

二是语文教育的角度。

角度，有一个义项即“比喻事情的出发点”，而语文教育的角度，就是指从语文教育的哪个出发点开展研究。例如，现在有人常说语文教育要从“是什么”“怎么样”和“凭什么”及“为什么”等角度或层面来展开。为此，弄清楚以上这些语文教育的角度，也是一种“知识边界”理论的运用。那么，让语文教育走向有度的“三角度观”则显得很重要。

(1) 语文教育“是什么”(本真，我是谁)。这是语文教育的“概念”角度，它是源于语文生活真实但又高于语文生活真实而形成的学科知识定义。

(2) 语文教育“干什么”(现实，问题及现象)。这是语文教育的“现象”角度，它是立足于语文生活真实而进行的科学描述或专业呈述。

(3) 语文教育“凭什么”(价值、背景、理想)。既要弄清楚语文教育的前提，或叫背景，否则就弄不清楚什么是语文教育，即“澄清前提”，又要明白语文教育的为什么（意义、功能)。

（三）因“知识边界”理论而实现语文教育的“理”性

1. 构建知识边界体系，让语文教育彰显“理”性

一是从整体上对语文学科和领域进行一次较为系统、扎实且厚重的专业知识的“边界”认定。主要以语文学科的自身特征和国家颁行的语文课程标准为依据，以学生的语文学情为基础，不要受当前“应试教育”和“过度课改”的干扰及影响。

二是要用深刻而新颖的眼光，既对语文课程边界以内的已有知识沉淀做出厘清，又要对语文课程边界以外的知识发展抓得准，有新的问题探讨，见解独到，既能言其然，又能言其所以然。

三是通过总结梳理知识和经验，从语文的过往实践经历中归纳经验和知识，形成必要的语文概念，并基于一些“知识边界”理论指导演绎其他事物的发展。在这个过程中注意知识不断变化，但其认知方法却相对稳定，也就是元认知——人对自己的认知过程的认知。

四是遵循一套科学的方法和逻辑，通过较为系统、扎实且厚重的语文专业知识的“边界”认知和实施，形成语文教育的“理”性。其方法主要是：归纳法和演绎法。逻辑学告诉我们，认知事物和思考有两个基本的逻辑法则：归纳法和演绎法。归纳法是从个别到一般，演绎法是从一般到个别。

2. 全面把握知识“边界”的基本内含及其逻辑步骤

其基本内涵主要包括以下五点：数据、信息、知识、才能和智慧。

其操作步骤是：数据经过整理变成信息，信息能解决某个问题就是知识，知识通过反复实践形成才能，才能融会贯通就是智慧。

3. 积极构建语文知识“边界”体系的操作机制（六个步骤）

（1）目标导向

知识“边界”架构是达成目标的一种路径，抛开目标谈构建知识“边界”体系无疑是一个伪命题，所以一定要有目标导向。为了实现目标，需要掌握哪些知识和技能，进军哪些专业领域，在这些专业领域里，怎么分门别类地学习，将相关内容纳入到自己的知识体系中来。怎么获取知识，怎么吸收知识，怎么吸收，怎么输出，一切围绕着目标就会非常清晰，避免做无用功。

（2）知识获取

目标确立后，就是如何快速地获取知识。其方法主要是网上搜索、查阅书刊、请教别人、自我体验和会议交流等。

（3）知识提炼

知识提炼主要是对获取的知识按照“边界”架构进行有关提炼，如删减那些非“边界”内的信息，理清知识的内在逻辑，进行知识模块化处理和类型化建构。对知识进行模块化，最好的方式是用思维导图把这些底层理论或方法论整理出来，形成一个又一个知识模块，这样面对类似现象层面的问题时就完全可以把对应知识模块搬出来解决，面对复杂问题时就用多个知识模块。

知识模块化实为建立学习类型，然后达到“举一反三，触类旁通”“先死后活，死去活来”“整体优化，系列操作”，等等，这都是当下广为认可及流行的“知识边界”体系构建的好方法。例如，我们在知识边界体系构建中，常常会遭遇：问题1、问题2、问题3、问题N，当今大部分人会针对每一个问题给出一个解决方案，其实有时可能问题1、问题2、问题3都在一个知识体系中，只要找到底层理论，就可以把所有现象层面的问题解决掉。

（4）知识输出

知识输出的过程是实践的过程，是把别人的知识变成自己的知识的过程，是知识从理论到实践的过程。知识输出即分享、交流和实践，不输出就是死知识，是没有任何用处的。这种知识输出主要是指强化认知、关联重构。强化认知，主要方法为记笔记、写文章、做产品、做分享、交流、实践等。这些输出，有助于强化原来的知识模块，而且在输出的过程中，会有很多人来提问或者交流，这同时也是对原有知识模块的一种重新思考和检验。关联重构不是知识的简单堆积，而是制造关联，不然无法构成体系。

（5）知识聚合

知识聚后即指分类、分解、再聚合、建立秩序和体系。想要完整地构建一套知识体系，一定要经历知识的分解和再聚合。知识的分解和再聚合是理论→实践→理论的循环迭代过程。同一领域的知识模块归类组合到一起会形成一套知识体系，而要将多个知识体系最终融会贯通起来则必须通过大量的实践。

（6）知识扩充

知识扩充即构建知识边界之外的系统思维，也是指拓展与创新。一般来说，以上“目标、获取、提炼、输出、聚合”五个步骤，已经建立了逻辑自洽的知识体系，但往往也会因此造成思维上的某些定式，带来思维上的自以为是的“狭边界”，这正是知识边界体系的漏洞或局限。

通过认知与运用，我们掌握了一批知识，构成了经验和技能，但如果停留下来便会产生知识老化或滞化，于是逼着或导引我们走向一个“熟悉而未知的世界”。如果此时有了“扩充”这一环节，并通过逻辑思维看到那个可能存在的“陌生而未知的世界”，在扩充或外延的“知识边界”之外再与“边界”之内的知识发生联系，从而构建一个更为完整的知识边界系统，那么，那个可能存在的“陌生而未知的世界”就又走进了新的“边界”之内。

（四）语文教育的“知识边界”

可以说，构建“知识边界”体系的本质是构建系统思维。纵观人类的思维实际，似乎一边是以“熟悉而已知的世界”的错觉存活在这个世上，误以为我们所遇见的都已经在掌控之中，一边又用这种错觉把我们锁定在一个狭小的知识区域，即知识的“狭边界”与“边界”之内，而对一个更为广阔的世界，即知识的“宽边界”与“边界”之外却视而不见，且不想去见。所以，构建“知识边界”或说系统思维，就是构建一个既掌握“边界”之内的“熟知”，又知晓“边界”之外的“新知”与“未知”，从而构成更为完整的知识边界的系统。

语文教育的“知识边界”，其实不是静态的既成描述，而是一个动态而生成的发展型思考。其主要包括：①语文的理念边界；②语文的内容边界；③语文的课程边界；④语文的教学边界；⑤语文的教材边界；⑥语文的考试边界；⑦语文的评价边界；⑧语文的教研边界；⑨语文的学习边界；⑩语文的作业边界；⑪语文的阅读教学边界；⑫语文的写作教学边界；等等。

现在，以“语文理念边界”为例。语文理念对于语文教学来说很重要，起着思想引领导向作用。为此，我们要运用“知识边界”理论，对其理念的正确与否做出厘清分析，加以科学区分，以免偏激、过时、滥用、低俗。

例如，“多读多写”，到底读什么、写什么、怎么读、怎么写，到底多到什么程度，等等，都应该有一个边界，有一种理智，不能任性，不能光凭感觉和原有的经验。

又如，“诗意语文”，到底是“诗的”语文，是“诗意”语文，还是“诗意的”语文教学？这三个概念科学与否，就有一个非常重要的“知识边界”问题值得讨论。

诗意，本是诗人用一种艺术的方式，对于现实或想象的描述与自我感受的表达，像诗里表达的那样给人以美感的意境，如富有诗意。诗意本是一种发现与体验，并不能以语言形式呈现，我们在捕捉灵感的时候，诗意其实已有所丧失，因此凡是过多修饰与刻意形容都是对诗意的一种拒绝。

其一，教“诗的”语文，是在教“诗歌”语文吗？实际上，即使教了“诗歌”，也不等于一定教出了“诗意”。只有用诗意的方法教诗歌，才能教出诗意，才能算作“诗意语文”。

其二，如果语文教学教出了诗意，无论是“诗歌”与否，都有了“诗意”语文的价值和效果，也可视作“诗意语文”。因为这样的语文教学，已对接了诗意的美、伦理的善和认知的真。

其三，“诗意语文”的提法不是很妥当，还不如“诗意”语文教学。因为“语文”是一门课程的名称，不可能全是“诗意”的，只是在教学中把语文教出诗意而已。其实，目前那些以“诗意语文”为标签的，大多也只是“诗意”的语文教学，即在语文教学中富有“诗意”。

其四，即使把语文教出了诗意，也只能说教出了一种诗意的氛围，使别人看了能从潜意识中浮出内心深处的一种美的感受，是用一些联系能感受到的诗意画面及意境以及超越这种诗意画面及意境的东西。诗意是不能用语言表达的，更是不可以用贴标签的方式来呈现的，否则就毁了诗意。

总之，正确把握语文“知识的边界”，树立语文“教学边界”意识，重构语文课程的边界体系，以实现作为基础教育层面上的语文课程的边界常识与常态，这是当今语文教学最大的“理”性。

基于语文哲学的语文教育“理”性
——对语文教育“理”性之说的再悟

关于语文教育的“理”性之说，我已有许多思考和阐释，但就基于语文哲学的语文教育“理”性而言，又产生了一些新的感悟，特再述如下，权称“再悟”。其实，人有“再悟”，人能“再悟”，也是一种“理”性的发展，是一种“理”性的高尚品质。

一、对语文哲学的再认识

（一）语文哲学的真正意涵是什么

语文哲学，有一个基本特点，就是不以语文具体的字、词、句、篇、语、修、逻、文及听说读写技能等来呈现语文专业科学，以不直接讲授知识点、不解读文本、不训练学生为出发点，但又为的是把语文学得更好、更深，把语文教得更有水平和质量。因为它告诉我们的是语文思想、语文智慧，由语文之术走向语文之道。也就是不仅是追求语文的“是什么”（呈现什么样的知识），而且是追问语文的“为什么”（目的、意义和价值功能）和语文的“凭什么”（理论根据和实践基础），即从一个维度的“是什么”走上二维度的“为什么”和三维度的“凭什么”，还有四维度的“怎么样”（做法及效果等）。

比如讲“古诗词鉴赏”，就不只是讲一些有关古诗词的体裁形式、分类、意象、意境、内容赏析及写作特征分析或者答题模型与技巧等，还要多问几个“为什么”和“凭什么”。如为什么讲、到底需要不需要讲、有没有价值和意义、凭什么讲这些而不讲那些、讲深了还是讲浅了、讲宽了还是讲窄了、讲对了还是讲错了等。

又如文本解读，不是拿着一个文本念一通说几句就叫解读，还要分析为什么解读、到底需要不需要解读、有没有价值和意义、凭什么讲这些而不讲那些、讲深了还是讲浅了、讲宽了还是讲窄了、讲对了还是讲错了，也就是文本解读对不对、该不该、行不行、当不当等，而不只拘泥于文本中的一个词或一个句子有没有七层意思之类的问题。如果你教会了学生运用语文哲学的思想和方法，他会去自我分析与揣摩文本内容，哪怕他只领会到一层或两三层意思，也比你灌输给他的那七层意思要成功得多，因为这是学生自己真正体验而学得的。这种成功包括三个方面：一是他直接获得了文本解读的某些语文知识，二是从体验中学会了某些方法和进行了相应的思维锻炼，三是体现了“有一千个读者就有一千个哈姆雷特”的文本解读个性化及文学上关于“这一个”典型创作所带来的典型化文本鉴赏的规律。不一定非让每一个学生都爬到“七层意思”的顶楼上去不可，因为有人体力不支爬不上，也有人可能爬出了更为惊喜的“七层意思”以外的东西与感悟。这就是语文哲学所能做的事情，语文教育最需要的就是这种系列化的阅读思考和阅读品质。语文哲学所做的是带根本性的问题，而不是死抠“七层意思”之类的“一地鸡毛”和“满目枝叶”。

当然，语文哲学也跟你较真，那就是寻求更具理智的语文教学之道，而不只是术。因为真正的、有品质的教学，要以克己的理性力量和理性智慧，让施教者居其人的最高境界的成长和进步，而尽量减少曾一度认为有用和一时之气的低端化效果，或者至少做到有术有道，术道结合。

概言之，语文哲学的真正意涵就是超越知识而学到见识，透过语文现象而看到语文本质，是在大量占有语文的具体知识和方法之中来获得语文智慧和发现语文规律。

（二）语文哲学，让语文教育具有“理”性

语文哲学的真正意涵，自然为语文的学科建设和课程发展提供了重要机会，而且使其朝着越来越具有“理”性的方向发展。于是，基于语文哲学的语文课程“理”性化便应运而生。

微信的创始人张小龙曾经说过一句非常有名的话：“因你看见，所以存在”。据说有80%的人看不懂其中的意思到底是是什么，他说这就对了。因为这句话可以从很多层面去理解，就像他在朋友圈里面发的一段王阳明的“心学”，也并不是只从一个维度而应该从很多维度来解释。因为，不想做一个解释，不但是为了保留一个神秘感，而且每个人也确实都有自己的解读，这才是一种特别好的感觉和颇具“理”性的做法。

同理，语文也是这样，如果避开作为一些特定规定的课程要素及价值不谈，我们希望语文是丰富多彩的且有多种、多角度意涵的，语文所给予我们的应该是有多维度、多角度的理解，因为世上每个人都有自己独特的视野和理解观，而具有“理”性的人就不会一叶障目，从多方面地听、多维度和多角度地看，再加上辩证地想，才可以把一个事物概念的含义表述得更加正确、完善、丰满，也更加成熟一点，同时进一步锻炼参与理解和表述的人的想象力、领悟力、研究力和“理”性之力。

二、基于语文哲学的语文教育，充满厚实的“肌理”

（一）剖析：语文教育具有科学寻真、人文讲善、艺术求美的“三维立体”肌理

肌理，是美术专业术语，指形象表面的纹理，又称质感。它主要是指一件作品通过点、线、面、色彩、肌理等基本构成元素组合而成的某种形式及形式关系，以求激起人们的审美情感。

肌理之所以又称质感，是由于物体的材料不同，表面的组织、排列、构造各不相同，因而产生粗糙感、光滑感、软硬感。肌理是理想的表面特征。同理类推，教育也具有一种“肌理”。教育的“肌理”也同样给人以各种感觉，并能加强形象的作用与感染力。

美术肌理，分为视觉肌理上的“二维平面”肌理和触觉肌理上的“三维立体”肌理。教育诚如许多名家所说，是“科学加人文又和艺术所形成的一个整体”，既有视觉肌理上的“二维平面”肌理又有触觉肌理上的“三维立体”肌理，所以教育具有科学之真、人文之善和艺术的美的“三维立体型”

的教育肌理，即一个真、善、美兼备的伟大的教育事业。为此，我们要将正在从事的“理”性教育赋予科学寻真、人文讲善、艺术求美的“三维立体”肌理的完整内涵和价值。

（二）语文教育的自身“肌理”观：让语文教育从“功能至上”走向“内涵意义”

1. 什么是语文教育的“肌理”观

说到底，它是指在追求从“功能至上”走向“内涵意义”，从形式上的眼前利益的“有用”教育走向本质上的着眼于未来的“品质”教育，也就是从经验的“感”性走向科学的“理”性。而引导学生获得并提高甄别真伪、明辨是非、提升智慧的能力，则成为教师需做的事情，这就是一种教育的“理”性。

为此，我们当前特别关注的，应该是树立教育从“功能主义”走向“内涵意义”的教育“肌理”观，再不用功能驱使的“外在感”方式来进行所谓的“有用”教育——凡是有用的才教才学，没用的就不教不学，而这里的有用就是一种忽视教育“肌理”的“功能至上”，认为目前最有用的就是“分数、考级和奖证”等。于是，教师出题、讲题，学生做题、刷题，也就自然成了目前教育“最正常”的事情了。

基于教育“肌理”观就会在教学活动中发现，“外在”感觉与“内涵”体验，是两种截然不同的“质感”状态。

2. 坚持语文教育的“肌理”观，将直抵教育的内涵与本质

当今的“语文”是何物，在学术上虽然还没有标准答案，但也没有太大地影响它在社会上的使用和学校教育的顺利进行。究其原因，其中之一是由于有其作为“课程”的一面，继而用一个“课程标准”统一大家的意志和行为，现在更厉害的是用一个“考纲”绑架大家进行统一行动——凡考的即语文，其余都不认。但是现在的语文，到底是不是我们真正需要的语文？不能真以为“存在的就是合理的”，因为这种存在的本身是不合理的。如果基于语文哲学的“理”性思考，寻求语文最为本质的属性和内涵，“考”的语文并非合“理”性语文，都必须进行有关的语文学习与教学的“理”性探究，先要求得在学术上有一种公正的研究，再在学术上做出一种公正的研究结论。

现在，作为课程的“语文”，都已被“考”试而使语文失去公认度：一边是个现实型的“考”的语文，一边是个理想型的“学”的语文，于是也就有了一个永远争吵不休的讨论话题：语文是什么。后来我想，对于“语文”的讨论，也要从主观感性走向客观“理”性，也就是少问语文是什么，多问语

文是谁。是什么，必有主观认知成分；是谁，才会呈现其客观属性。同时要从最根本的功能价值和作用上去叩问：语文到底是干什么的？我们真的认识语文吗？要从哪些方面去认识语文？从考的角度认识语文还是从人的角度认识语文？我们在语文上面还可以做些什么？等等。否则就是年复一年、代复一代地讨论下去，也无法改变对语文的非“理”性看法。

让语文成为大家都参与讨论过的东西，让人有一种特别的亲切感和可接受度。也许这是曾一度被人说“让我爱你不能，厌你又不忍”的语文留给人们最好的礼物：思考与讨论。因为它把想象空间与讨论机会留给了每个面对语文的人，也因为“语文”才让大家产生了各自的理解，引发了许多打动彼此的观点，又有没完没了的新问题。

3. 作为完整的语文教育的“内涵意义”到底是什么

我经过反复探索，认为语文教育最为基本的“内涵意义”是：“语理＋文辞”整体素养的体现与应用。为此，“语理”和“文辞”便成为语文教育“理”性的基本内涵和主要特征。语文属于人文学科，而并不等于人文；它是一种“母语”的呈现，是一种“语律”的体现，是一种“语识”和“语能”的综合性展现。

语文的课程本质是：“懂语理，练文辞”。语文的价值取向是：掌握语文，用好语文。从内涵要素的意义上说，语文是字、词、句、篇、语、修、逻、文；从功能意义上说：语文是读、写、说、听、书、赏、析、评。

通过“肌理”观，学理之源与实践做法相结合，是可从母语教育探索的新方向，也由此可以做出以下一些结论：

（1）作为课程的“语文”，将具有一定时期内的相对阶段性的稳定与可操作，并体现其教育上的绝对目标的实现和育人价值，以此进入学生的语文学习，促进学生的成长与发展，为学生的未来准备着丰富而深远的语文素养。

（2）作为学术的“语文”，即具有一定程度上的越来越趋于学理规律和发展需求而不断产生变化，故难以形成标准答案或统一说法，但将具有更好的创新概念内涵及可持续性的发展趋势，越来越接近客观真理和科学性，又反过来对课程的“语文”建设与发展产生了促进作用。

4. 要给语文教育的“内涵意义”以更科学合理的呈现

现在，是一个概念的时代，语文教育无不如此，新概念层出不穷，昨天产生一批，今天又出一批，但细究的话，大多是未能自圆其说，而且缺乏内涵界定。因为这都与缺乏“知识边界”理论有关，使所制造的新概念缺“界”，导致一个概念无限制地扩张，而更加削弱了其内涵的发展与正确表达。这就是“内涵不含，外延却延”，这就说明：你所创立的这个概念本身就是不太靠谱的，既然未能自圆其说，那就只好超越其原义而扩张，把自己所想到的或将别人的东西经过改造而拿来进行大杂糅，结果就是越来越不伦不类，反而失去了原来还可以说得过去的那个概念的真正意义。一个概念的真正意义，不是经常给它增加外加的内容负荷，把并不属于它内涵但自认为很好的东西硬塞进去，结果非驴非马，不要以为这样就显得有学问、有学理，其实反而更会让人觉得不是在做学问、搞研究，也表明其一开始所抛出概念的仓促性及非成熟性。如果真发现了一个新的好东西值得关注和研究，又并不能与原有概念真正融合，那就另外再造一个概念吧！如果只守着一个并不能发展和自圆其说的概念不放，其实就是一种“唯我独尊”“舍我其谁”的个人自私的特定表现。

诚如一句名言所言：“先做对一件事，再把这一件事做对。”你先抛出一个概念并没有错，但是，你要一边继续坚守，一边科学而合理地充实它和发展它才对，如果把它做出了“界”，失之“理”性，那就是“对而不对”了。

（三）学会从“肌理”中获得语文教育“理”性

人一旦有了“哲理”，就会掌握教育的“肌理”，更会从现在向未来发展，从而清醒地发现和科学地分析原来和现在“是如何的”，也会预知未来“是怎样的”，进一步明白今天的“质感”如何，并琢磨今后该“是什么”和“不是什么”的。于是，就会多了一份理智和沉稳，少了一些任性和稚嫩，就会自然而然地守住常识，遵循教育的“肌理”，做好具有品质和品位的事。只有这样，才有可能从当下走向未来，否则，你连现在都走不出，何谈“走向”未来，更不可能“走上”未来。须知，“走向”与“走上”，是两种截然不同的“质感”状态。从已知的现在走上未知的将来，如果没有足以与未来能对接的条件，是无法“走向”乃至“走上”未来的。同时，还要加上对未来的憧憬与把握及准备，为未来而创造，为未来而合理定位：真正明白自己要干什么、为什么干及怎么干等，而教育的“理”性，就是起这些作用的。

有人说：未来没有稳定的工作，只有稳定的能力。这句话实际上道出了教育“理”性与未来的关系。因为未来意味着发展，也就意味着难以稳定，但未来也有一种稳定：就是你对事物、事情永远充满理性、理智和理想。而面向未来充满理性、理智和理想的教育，一般是既立足于发展，又在安静的、从容的和深度的教育过程中发生的。坚持面向未来，又立足实际，但是在实际中走向未来，又从着眼于未来的视角下立足于现实。

网上有人介绍河北陈宝贵老师的一节作文课（严格来说，应该是读写课），被称为“三界”打通的读写课，让人深有感触，受益匪浅。陈老师以《城南旧事》为载体，一边和同学们交流，一边传授写作技能，时而分析《城南旧事》的情节，时而转入学生的亲身经历。这种读写巧妙结合，把阅读世界、生活世界、写作世界“三界”打通的课，实际已发展为一种“读写课”。这种“读写课”既不是原来意义上的阅读课，也不全是原来意义上的“写作教学”课，而是已经跨界而发展成了“第三种”课，即“读写课”。这里的跨界，有两种跨界的融合发展：一是将语文的四大学习方式即读写听说进行了有机的跨界结合，二是将“三个世界”进行有效的跨界打通。可以说，这也是一种“知识边界”理论运用的“理”性化成果。

当然，关于语文教学既有的过程，我们不能假设让它重来，但是可以从中进行总结和反思，获得启发和再认识，产生更为理智的新“跨界”行动，千万不要总在做“临界”甚至“越界”的非理性事情。现在许多人都在做“跨界”的教学探索，这无疑是一件很有意义的事情，但关键在于首先要对“跨界”之“界”把握好。否则，连“界”都不明白，又怎么去“跨界”呢?

我们提倡语文教育的“理”性，除了语文教育的自身特性和规律以及时代需求以外，还有一个背景，即当下中国教育，普遍地越来越缺失了理性与智慧，而只有越来越多的感性与小聪明。表面看去似乎也在讲“理”，但是讲的不是真“理”和大“理”，而是一种眼前的急功近利之“理”，是对教育的粗浅体会与感性之理，是小技术和小聪明给人带来的某种方便、实惠和近利的权宜之计（理）。当下许多所谓的教学改革和研究，看似轰轰烈烈，实际上是一些闹剧，刮浮躁风。我们如果摒弃教学的功利过度以及由此带来的有关细枝末节的教学和形式教研，重建以质疑、反思、求证、批判和创新为主体的“理”性教育精神，让教学不再只是在外延上做文章，而走向以直抵教育内涵与本质为己任的真正意义的教学之道。

语文教育的“理”性，说到底就是对人性中的任性及眼下利益的鼠目寸光的狭隘与无知的反对，注意面对不同现实情况、倾听不同意见，并且是因认为比我更有道理而随时愿意修正自己看法的一种理智。

语文教育，从讲授一篇课文、一道题、一个方法的微观操作上的战术行动到整体的语文学科发展、学生语文素养发展等宏观设计及战略规划，也就是说，从设计到成品，从意愿到行动，从思想内涵的深度到外力促进的广度，等等，都有一个非常适合的理智型的整体风格和系统集成水平。

三、语文哲学，让语文教育产生“哲理”及其“理”性

（一）教的“哲理”：体现品质，稳定情绪

真正的、有品质的教学，要以“克己”和“复礼”的理性力量及理性智慧，让施教者居其人的最高境界，着眼于人的成长和进步，尽量减少曾一度认为当场“有用”的低端化效果或一时之气的标新立异之作，做到有术有道，术中求道。

当下，教育的一个普遍问题就是：带着情绪上课。在教与学上的一大失败点，要归于经常性的负面情绪和由此带来的失控、失常的行为。于是，“跟着感觉走，围着考试转，分数定荣辱，题海里打转”，便成为很正常的事了。可以说，这是在感性冲动的“煽情”般的非理智教育下，让“理”性思维在充满负面“情绪”中严重损毁。带着情绪上课，除了一时的满腔热血，最后得到的是一辈子的思维混乱和行为上的理智缺失，其中的最大毒害是捣毁逻辑，扼杀真、善、美。

事实一再表明，教育缺了“理”性，实际上就缺了真理和正义，让教与学多了累和苦，多了困惑、迷茫、无奈和无聊，学生的课业负担无疑会越来越重，学生应有的素质、科学思维及能力却得不到有效培养，身心也得不到健康发展。

这几年，教育界有不少专家和老师都在高喊：“教什么比怎么教更重要。”

我认为，这句话并不科学，也缺乏“理”性，是用了一种非辩证的极端性思维，导致表述过于偏激与片面，至少不够完整与智慧。

事实表明：“教什么”与“怎么教”二者之间，是不可以这样两两对照、非此即彼的，没有谁比谁更重要的和不重要的。所以必须树立完整的语文教育的“理”性观，以减少这种非“理”性的说法。

我们发现，当二者一同作用于学生的学习的时候，“教什么”与“怎么教”则是彼此关联和紧密融合的，更是不可分割的，尤其是在怎么教中就自然包括了教什么，即“用什么去怎么教”。语文教育的“理”性，就是为解决这一类问题而产生的：第一，教什么固然重要，但它因为要“怎么教”才显得重要，要不然讨论教什么有何意义？第二，在讨论怎么教中其实就已经包含了教什么，因为完整的怎么教的含义是：用什么来进行怎样的教。这里的“用什么”其实与“教什么”中的“什么”基本上是一回事。从这层意义上说，怎么教比教什么其实更完整，更具有现实意义和可操作性。

另外，理性观也告诉我们，“教什么”还得问“教是什么”。

“教是什么”，有本义和引伸义之分。本义上的“教是什么”，主要是基于课程标准及其教科书，这就是“教”的基本材料，是本义上的“教什么”。尤其是现在又走向“部编”语文教材的统一教学内容的时代，“教是什么”已经是基本确定了的，是不需要探究和讨论的，下来要做的事情主要是理解、领会和把握，当然如何精准和到位也倒是值得讨论的。引伸义上的“教是什么”，基本上表现为两个方面，一是从整体把握与调控思路上来对“教是什么”进行如何“理解、领会、策划”，形成大趋势上的共识上的教学理念、教学主张和教学策略等，如目前盛行的有关课程培训、教材培训、课标专家解读及各种名目的研讨会、校本教研、集体备课活动等；二是如何将其体现和贯彻落实在每一个单元、每一篇文本、每一节课、每一项教学实践活动的“怎么的教”之中，这里的“怎么教”，并不是指教的过程、方法与技巧，而是“教些什么、教到什么程度、教到什么份量”等的教材处理、内容安排等。这倒是十分重要的“教是什么”的内容，但是，它并不与方法上的“怎么教”对立起来，而是已经融入“怎么教”这一个大范围之内的“教是什么”了，而且这种“教是什么”处于各自的微观上的具体环境之中及操作环节上。

我们常说的“怎么教”，其实就已经包含有“教什么”的问题，不知道教什么和为什么教又怎能进行“怎么教”，也就是说，要真正进行“怎么教”而不明白“教什么”是不可能教的。反过来说，如果讨论“教什么”而不与紧接而来的“怎么教”相联系在一起，不明白到底能不能实行“怎么教”，那又有什么意义呢？明白“教什么”其实是为了“怎么教”，否则为什么要去弄清楚“教什么”呢？

它的完整意义应该是：面对什么样的对象拿什么样的内容用什么样的理念、策略和方式方法来教。

有人问：你到底是写“教什么”还是“怎么教”，我的回答是：二者都不是。既不是写“教什么”，也不是写“怎么教”，而是写为什么要“教什么”和为什么要如此“怎么教”，并且将二者结合起来进行“究竟式”的思考、本源性的思考和整体性的思考。因为“教什么”和“怎么教”从来都不是能够分得开的，弄清楚它们彼此的相辅相成的关系及其道理才是最重要的。

（二）语文哲学，让语文教育形成诸“理”协同体系

由于学科自身特征的原因，每个学科都会有体现其自身特征的一些“理”性，语文有其“语理”“文理”“读理”等，数学有其“算理”“推理”等，

现先以数学课为例来讨论学科之“理”。

例如，《义务教育数学课程标准（2011年版）》，关于算理教学就有明确要求：“在基本技能的教学中，不仅要使学生掌握技能操作的程序和步骤，还要使学生理解程序和步骤的道理。”

又如，数学科曹培英老师在其专著《计算教学》中指出：“循理入法，以理驾法，提高学生计算能力的内涵，是靠理解原理而不是靠牢记算法来保证正确性，靠巧思活用而不是靠不费思索的自动化来达到一定的熟练程度。”

再如，林木兰老师也在有关论文中认为：算理是计算的理论依据，为计算提供正确可靠的思维依据，是正确运算的前提和保障。算理是计算教学的本质与核心。只有让学生知道计算中蕴含的“道理”，他们才能“知其然，并且知其所以然”，从而真切地体会到计算的真谛，这样才能学得深、学得透，用得活。

我们一线教师要强化运算意义的理解，孕育算理；重视口算教学，感悟算理；多元表征，理清算理；说清思路，内化算理；相机抽象，深化算理。从而深刻理解算理，使学生学深、学透、用活，揭示计算教学的本质，提高学生的运算能力，发展学生的思维，培养学生的数学核心素养。

（三）“语文哲理”，最终让语文教育从小聪明走向大智慧

陕西师大附中杨林柯等老师在网络上曾经发过一些对名师们的评论，说名师有他们自身的价值，呼吁教育民主，不断申述普及一些教育常识，在引领普通教师进步上做出了突出的贡献，让中国教育也许会多了一些世俗化的温存，却欠缺了一些理性化的智慧。因为一个教师不应该只是关心自己的粉丝有多少，自己在教师圈里的影响力有多大，今天阅读自己书籍文章的教师有多少，讲座时有多少人像追星一样找自己拍照……这种“自我中心”式的表演往往表现出一种自我封闭的小聪明，却缺少了超越自我的大智慧。

现在，不少教师都在戏说：中国教育的问题之一，就是有太多的名师。我也发现，当下不少有名气的教师，皆名在有几个“高分生”，上了几堂“公开课”，开了一些“精彩讲座”，等等。这些当然无可否定，但仅仅在为“应试教育”推波助澜，停留在宣讲自己的“备考策略”和训练的“雕虫小技”上，或者陶醉于自己的某一个观点、某一个教学法、某一次成功经验，进而吹得上了天而落不了地，其实缺乏真正能够守正务本、立德树人的大德大智型的良师之良知、良智，并非真正识大体、明大理的且形成独特的学术体系、有学术价值的理论型明师（这叫“名”师不“明”）。我们要的是良师、明师，因为良

师有良知、良智，明师教的是“明白之人使人明白”的大德大智。

无数事实表明：一个好观点、一种好教法、一项教学技巧、一次成功经验，绝对不能成就一位名师，当然也就不可能当作解决语文教学全部问题的武器，也不要以为你的东西（“法”）能“放之四海而皆通”，中国的语文教育就全靠你这个“法”了。不是的，教无定法，各式各法，贵在得法，当每一个中国语文教师都有自己的适合的“法”了，中国的语文教育也就自然会前进一大步了。

不管名师与否，如果走不出现实，走不出自我，被眼前的急功近利所绑架，凡事只从表面现象出发，从感性经验出发，大谈“考题”教学、“方法”点拨、“爱”的教育，那么，对中国教育似乎有了“常识”，但缺了“见识”，因为这样的“常识”好像也有理性，但它背弃了未来，是一种以失去未来为代价、以失去学生的身心健康为代价的“分数”教学，即使也有它理性的一面，但不是智慧之举，只是一种肤浅的理性，缺乏大理、远理、深理。所以，从某种意义上说，“理”性确实有层次之分，大小之分，优劣之分。

为此，我们应尽可能注重从自我封闭的小聪明走向超越自我的大智慧。切忌盲目跟风和一叶障目思维，减少“小作坊”生产意识和做法，尽力从碎片化和短平快的“地摊式”教学中走出来，朝着既诚于直面现实又善于超越现实，既接受传统又打破成见的“理”性化之路前行。

由思辨走向“思辩”

——倡导语文教学“辩”论

一、让哲学的“思辩”为语文教育增添“理”性

（一）语文教育自身最具有“思辩”的哲学性和哲理性

现实中的人，习惯于“多愁善感”和“有感而发”等，因此往往易于“感性”，多于“感性”，善于“感性”。于是就以为语文教育只有“感性”，而忽略了更为重要的也是其本然就有的关于“理”性的一面。

语文教育的“理”性，说到底就是语文的哲学性是语文课程的哲理性。而哲学性的方法之一就是辩证法，哲理性的基本特征就是“思辩”。我们说的是“思辩”，而不仅仅是“思辨”，因为“思辩”才最具有语文的哲学性和语

文课程的哲理性。“思辨”，在哲学上指运用逻辑推导而进行纯理论和纯概念的思考，也无客观坐标，有时候可以不与外界相关联，甚至可以不符合逻辑。而“思辩”，既有思辨的一面，也有辩论地思考和联系客观实际的双重思考等，从而使思考的内涵更为宽广而深刻，同时，既有常态性思维，也有批判性思维，还有反思性思维，等等。这样，用辩证的眼光和“思辩”的方法来整体地看待语文就会发现：语文是丰富多彩的，语文课如果缺乏了言语教学，就等于缺乏了语文的根基与本性；语文课如果缺乏了文学熏染，就等于缺乏了语文的诗意与灵性；语文课如果缺乏了哲学思维，就等于缺乏了语文的灵魂与理性。

语文教育的“理”性，来自语文教育自身所具有的“思辨”的哲学性和哲理性，那么怎样体现和落实这一理念呢？为此，我们相应提出一个特殊的“理”性型观点，即由“思辨”走向“思辩”——倡导语文教学“辩”论，让语文教学置于一种“辩”论状态与“辩”性实践之中，也就是让语文教学走进一种“辩”的状态，形成一种“思辩”机制。

什么是“思辩”？概言之，它是辩证性思考，有事实地和辩证地思辨，在思辨之上的有辩之思。

事实表明，语文教育达到一种“理”性水平，仅靠“思辨”还不行，还要靠“实事”求“是”，即“事”中知“理”，这里的“是”当然就是“理”了。所以，“理”从“事”出，“理”在“事”中，这是一种“思辩”的思路。而语文教育不仅仅在于“思辨”，而且要从“思辨”走向“思辩”。这既是认识规律，也是实践规律。

（二）有“思辩”的语文教学才是最大的“理”性之教

1. 基于“思辩”的语文知识最有价值

事实表明，我们的教育需要传授知识，但需要的不是工具化知识，而是道理性智识。这种道理性知识的一个重要特点就是具有“思辩”性。语文教育的“理”性，就在于明白并做到向学生传授“思辩”性知识。有了“思辩”，就会更多更好地寻找本理，不忘道理，追求真理。

可以说，上任何一节语文课，表面上是在传递一种知识，其实都是在表达一种思想，呈现一个“理”。其实一堂课下来，让学生最终获得的不只是字、词、句、篇、语、修、文，而是这些语文知识背后所渗透或体现的思想、方法和道理，以及学习这些语文知识所直接体验而获得的学习经验、学习能力及素养等。可以说，教语文知识只是手段和过程，而教学生获得语文文化、思想和道理及方法，超越“知识”而获得相应的能力与智慧，才是语文教育的“理”性，才会达到语文学科教学的终极目标。

2. 语文教育的“理”性，十分关注学生的语文心智发展

语文心智，是语文核心素养的核心，它是让学语文的人透过知识和学习过程而发现语文的真、善、美的广阔世界，从而获得一套套关于“语文”的理解，获得对语文认知的丰富体验及语文生活。这就是语文心智的发展与培养。它主要是用智慧去思维，既对纸质书面汉字和汉语口语产生兴趣、爱好，对思维和逻辑有一种较真，并形成阅读和写作表达的良好品质。

3. 从某种意义上说，任何课程和课堂，都在表达思想，呈现道理

古今中外所有的教育，为什么而设置课堂，设计课程？多是为了让学生来学“做人”的知识、见识、技能，来学“成人”的规矩、道德、智慧，这二者的结合都会显现一种“理”，这种“理”绝不是个人感觉或简单判断，而是客观规律和自然体悟。

有人说：我要坚持“用思想引领课堂，用课堂表达思想”。此语有理，在我看来，如果不能用课堂表达教学思想，其价值都值得怀疑。但这话还可说得更升华一些，不是“课堂”在表达思想，而是人在“课堂”上表达思想，是“课程”在表达思想，只有“课程”才承载与呈现教学思想。也就是说，课堂只是表达教学思想的重要场所，而只能通过“课程”来表达思想。同时，教学思想不一定都在课堂上表达，课外的所有相关教学活动及其教学者的一举一动、一言一语，都无不在表达教学思想。所以，务必超越那种狭隘的课堂表达思想的观念，让教师的教学思想在教育“理”性下形成合理的整体把握与多维表达。

二、因于教育“理”性而开展语文“思辨”教学

（一）用对“事与理”的“思辨”来教出语文教育的“理”性

1. 语文课：首先是合适的，当然务必是合理的

黑格尔在讲“存在的就是合理”这个问题时，是在回答他的学生提问时讲的。所以说，“存在即合理”。本意是说凡事都有其原因，不是说存在的事物是正确的。所以，我们要讲的“理”，既指其原因或者规律，更指其正当性和正确性。

合理与合适，显然不是意思相同的概念，但二者却相辅相成。合理是价值判断，合适是主体对物的功能作用的角度所进行的判断。从本质上看，合理与

合适具有一定关联性，可以作用于同一事物或同一载体。

我们的语文课就是这样：既要合适，又要合理。只有在合理中才可以走向合适，走向一种合理中的合适，更何况无合理则难以达到合适。

合理即符合教育“理”性，这里主要是指是否符合语文学科特点、学生认知规律、教育理想、教育标准及规范，强调的是课程价值。合适即符合实际，这里主要是指是否符合语文学习者的学情、学需、学境，强调的是课程价值实现的可能性、对学习者的作用。

语文教育的“理”性，就在于按照规律，富有理智地进行最合理的语文教学，并且能及时发现差错，适时调整研究过程，纠正不妥行为。当然，现实中的语文生活与运用也的确表明：只有感性的语文远远不够，因为生活也常在“理”性之中，甚至必需“理”性。人处于“理”性之中，更擅长用左脑从事逻辑思考，而非“理”性的人更习惯用右脑从事创造活动。人处在“理”性当中，往往头脑清明，条分缕析，对事情的原因、结果、好处、坏处全都了然于胸。想事做事都会体现正常、有序、应该，如有失控也会自我意识到并强力停止。这就是“理”性，也被称为理智、智慧。

2. 语文教育的“理”性，在于“事”与“理”的和谐

在目前的语文教育中，我们常常看到的一般有以下两类：一类是关于做“事”的实务应付型语文教育，一类是关于讲“理”的战略推进型语文教育，而语文教育的“理”性，需要的是“事”与“理”的和谐。

关于做“事”的实务应付型语文教育，无疑就是在“如何做事”中完成和做好语文教育教学活动的事情，即涉及“方法”“途径”，解决“应该做什么”“怎么做”和“用什么来做”“做到哪一步”以及“先做什么、后做什么”等问题。这种“事”的实务应体型语文教育教学其实属于一种“工程”问题，即从目的到内容，从条件到手段，从主体到环境，从人员到工具，从当前到往后，目标是要把工程“做成”，把语文教育当成教学的“工程”，重于“做事的策划”和“操作行为”。具体来说，就是分析教材、备课、上课、复习应考教学、布置和批改作业、课堂提问、考试与讲评等。

这些他们看来最为现实和直接的事情，能“吹糠见米”，拿来可以运用、效仿。诚然，做法很重要，但对做好一件件事的“前因”“后果”及“背景”等多元、多维的“理”性思考，是绝对不可少的。因为关于“理”性的语文教育，是要讲理的，需要系统地“认识事物”，解决“为什么”“是什么”和“应该是什么”等问题，应该是教的本务，即以理的认知与阐释为重，集中表

现在“有理、有序”地说明和阐释。这里的“有理”即有学术道理，包括教育学、哲学理论、文化理论、心理学、课程论与教学论等原理类；“有序”即有逻辑、秩序和方式，就是指如何阐释、说明、论证、实证，其目的是使教师达到对理论的认知、理解与掌握，以提升语文教育的“理”性水平。

3. 语文教育的“理”性：理性与感性的兼体

这种感性与理性兼具的“复合型”的语文教育，在感性直观的形象的认识中，通过感官经验而完成直观活动，获得明显的理性思维的过程和深思熟虑的过程，减少凭直观经验经历做出的主观（融入个人感情）的判断，减少因感性而带来的盲目性和些许冲动，或者是下意识的推理，改变只让习惯和经验把推理过程压缩到意识或灵感上的方法，因为这缺少固定的逻辑规范，容易变成一种只可意会不可言传的感觉。

这种“复合型”的语文教育“理”性，坚持一种“再认识论”，通过“经验+反思”“思辩+实证”“务实+务虚”而走出语文教育的“第三条路”。

教育研究的理性，就在于按照规律、富有理智地进行最合理的研究，并且能及时发现差错，适时调整研究过程，纠正不妥行为。

（二）用对“未来”的“思辩”而教出语文教育的“理”性

1. 语文教育的“理”性：不仅面对与适应现实的教学，更在于为未来的人而改变现实的教学

我们都知道，语文教育是多维的，有层次地发展的教学活动，但目前一线教师中大多只为知识“是什么”而教，而对知识后面的许多这样那样的“有什么”“为什么”“怎么办”等并未弄清楚，也不打算弄清楚。其实，真正形成知识结构，让知识转化为能力，必须通过对知识的“是什么”“为什么”“怎么办”等进行全方位的探究，得到严密而完整的“思维训练”。这也是语文教育所最需要做的事情。

每天，语文教育都在面对新的知识、新的问题、新的学情，面对每一个不同的学生的个性化成长。这“新”的，则意味着“不可知”。什么是“不可知”？实际是指未知，而语文教育是让学生对未知的发现、敲开未知的大门，让未知变已知，在未知中获得全新的学习成果。语文教育则是面对“不可知”的、“新”的而不断呈现新知识、新问题、新学情，弄清楚这一个个“不可知”，不断地、反复地问新、知新、探新、做新。所以，语文教育“理”性，就在于推陈出新，不懈创新，在创造中琢磨所“面对”的“每一个”，即“个性化”和“不同的”教育，最忌讳的是千人一面、千篇一律、年复一年的重

复、简单的再现式劳动，最需要的是进行多元、多维、差异性的、新颖生动的创造性劳动。

2. 语文教育的“理”性：不让教学只“活在当下”，更在于对教学“未知”的关注

我一直坚持这样的观点：语文教育，固然面对问题和解决问题，但是客观实际上绝对不只是包含问题，还有很重要的东西有待于解决。其实，真正的、理想的、深层次的教育，不只在于你了解和分析及解决了多少问题，而是对教育的本来面目和教育的未来进行了多少发现，形成了多少新的认知及愿景（理念、主张、方案等）。概言之，教育的本质是对教育未知的发现。基于此，如果我们让语文教学只“活在当下”，那就是缺少对教育的“未知”的探索。

大家也知道，对已摆在语文教学的“眼下”的利益极大地关注，也容易产生所谓的成果，但这是一种就事论事、急功近利的教学，缺乏长效和可持续发展。须知教育的“理”性，既面对问题和解决问题，又树立面对问题和解决问题的研究意识，掌握如何发现问题和解决问题的研究方法，对产生问题的背景和解决问题的“超现”思考，就会要改变现状，改变人，就会自然提高语文教育的品质与内涵发展水平。

3. 语文教育的“理”性：在于将近前性与未来性相统一

我们认为：立足于近前，着眼于未来，并且二者有机统一，这是语文教育的“理”性所具有的一种完整的教育。可以说，近前性，让教育是看得见的，未来性，让教育是看得远的，一近一远才让教育完整，才富有“理”性。

一般来说，未来是不可知的，所以未来也是不可教的，但是教孩子为走向未来而做准备是完全可以的，也是教育所必需担负的时代使命。语文教育的“理”性为未来培养新人，让人有一个美好、幸福的未来。我们经常发现教师问孩子：你长大了要做什么……即把长大后“要做什么”当成关于“未来”的教育内容或核心意涵。由此可见，教育本来就是一种看得远的即有远见的教育，教孩子准备理想，准备素质，准备才华。所以，语文教育的“理”性，在于不断克服看得近的教育即已充分暴露的当今太狭窄、太肤浅、太功利的现象，努力实施看得远的即有远见的教育，不拘泥于眼前，教学生准备理想，准备素质，准备才华。

三、基于“思辨”而让语文教育彰显“理”性

（一）关于“语文是什么”的“思辨”

1. 要“高”看语文，不要“俗”谈语文

关于“语文是什么”的讨论，这里主要应该是对语文课程及教学开展讨论，要多从上位的、理解的、实操的、发展性的层面，指向“语文不是什么”“语文可以是什么”“语文还能做些什么”等。关于语文教学的讨论，与其说是讨论“语文是什么”，还不如说是讨论“语文教学是什么”或者“语文怎么教”，等等，因为事实一再表明，人们在讨论“语文教学是什么”或者“语文怎么教”的时候，就已包括或离不开“语文是什么”的内容。讨论语文教学是什么或语文怎么教，哪有不涉及“语文是什么”的呢？

2. 要“满”看语文，不要“偏”谈语文

对于“语文是什么”，最好坚持以下四个基本原则或思路来“满”看它，“满”看，就是完整地看，全面地看，系统地看。如果单从某一个偏面的角度，就会把语文看歪了，谈糟了。

一是一定要从不同立场、不同出发点和不同角度来看语文，发现语文的课程本质和实际情况及教与学的真实问题。

二是一定要用历史的发展观和反思的、辩证的态度及方法来谈语文和做语文，尤其是语文课的文化优势、传统经验，当然也不要忽略那些与时代发展的确不相匹配的地方。

三是一定要用陌生的眼光和创新的视角来看熟悉的、司空见惯了的语文，让语文呈现常学常新的新面目。

四是一定要用发展的、富有建设性的思想和方法来解决语文问题，在现实中把“语文到底是什么”的问题回答好，把语文的事情做好。

3. 要“研”看语文，不要“随”谈语文

关于语文的讨论，有学术研究的，可以想象和预设，鼓励“百家争鸣”，产生不同的见解，提出独特的观点和主张。但是如果作为既有的学校教育的语文课程，作为已直接进入课程实施的一线教师，与其谈“语文是什么”，还不如多谈“语文教学是什么”，因为“语文教学是什么”中就自然包括了“语文是什么”，而“语文是什么”就不包括“语文教学是什么”，或者可以不谈“语文教学是什么”。

从理论上看，以上二者是不同的两个概念。从现实中的教学情况来看，教师大多也缺乏对“语文教学是什么”的讨论，即使谈一些被称为“语文是什

么”的讨论意见时，也只是对“语文教材是什么”或对“语文”进行反思的讨论。而事实表明，这种讨论的确很难，也确无意义及成果，不需要不停地讨论下去。须知，连一个最基本的牵涉语文教学一举一动即牵涉语文的课程、教材、教学、考试和应用及师资设备等的“是什么样的语文”，还要在已经进行中的语文教学活动中来讨论，这未免显得有些滑稽了。

4. 要“活”看语文，不要“死”谈语文

我常说：语文教学，是一种“先死后活，死去活来”的教学活动，其中的复杂性和辩证性，凡是经历过的人都明白。语文教育，不只在乎你教了什么，更在意你教好了什么；不只在乎你教什么，更在乎你没教什么、没有教错什么、不教不需要教的什么等。

这就是“知识的边界”理论在语文教育上的应用。

例如，语文教学上的“三个不如”：①教得好不如学得好；②教得完整不如学得充分；③教会了不如学会了。

又如，语文教学上的“三个不知”：①教好了，不知道到底是怎么样教好了的；②教完了，不知道到底是不是真正教完整了；③教过了，不知道到底让学生学会了没有，是怎样学会的。——因为教育面对的是人而不是物，面对的不是人的考试分数而是人的思维。

5. 要“范”看语文，不要“乱”谈语文

语文，虽然在教材知识呈现上好像无“序”，但作为一门课程及其教学，应该是有“范”的，它有课程标准、有教科书、有考试大纲、有其公认的范例和评价原则，所以要有规“范”地看语文，教有范的语文，不要乱教乱谈语文。现在，教有个性化特色的语文，教有味的语文，不是不可以，但不等于教脱离原质与内涵的语文。我们一定要先遵守语文之规“范”，坚持必要的语文“理”性，要教有模有样、有血有肉、有形有神的语文，而不是教无理、无物、无序、无根、无魂的语文。这是有范语文之“范”的基本要求。

（二）对当前语文课程“定位”讨论的再认识

这场讨论由于各自的出发点不同、方法不同，最终的结论也就大不相同，目前大体上可分为三类。

第一类：自论赋予型。

这是东方文化式的想象型，即用自我赋予的观点和方法等言论而给语文以定义，让语文成为自己想要的样子。这样并不是语文是什么，而是我想让语文是什么，于是给“语文”画出一个“是什么”的概念含义，然后按照这样的一个主观认知，把语文设计和规定为自己希望中的语文，认为这就是语文，并在“语文”一词的前面强行加上一个定语，形成一个“××语文”的新概念，于是，原来的语文就渐行渐远了，直至消失，而代之以不伦不类的某一人、某一家、某一派的语文。归言之，这是一种“主观确立型”认识语文的观点和方法。毋庸置疑，这种讨论以及所产生的后续行动，确有某一方面的特色或者优势，在某个方面促进了语文的发展，把客观存在的且并不太完善的语文，做了一定的改革、改善、改造，产生了某个方面的效果，以希望它能达到或者形成一个新的语文模样。无疑，这种主观愿望也许是好的，是对语文发展的关注和热情所呈现的一种理想。但是，现实并不买账，因为它并不现实。语文是什么的现实，需要另一种更接近现实的观点和方法去“看”语文，而不只是“想”语文。

第二类：客观呈现型。

这是西方文化式的实证型，即用客观发现的观点和方法对客观存在的语文和事实上的语文，进行“本来是什么和已经是什么样”的讨论，体现一种实事求是的态度和方法，尽量发现语文到底是什么，很少或尽量减少个人的主观意识和预设。

第三类：“经验+反思”的再认识型。

这是融东西方文化于一体且基于认知和发现相结合的复合型，即用“思辨+实证”的研究方法，以“1+1=3”和“一生二，二生三，三生万物”的一分为三或一分为多的哲学观点与思维方法而产生的再生型。也就是用既有主观愿望又有客观存在的统一起来的观点和方法去认识语文，最终重新界定语文，得到更合学理、合规律、合实情、合愿景的“四合一”的语文。

（三）对当今语文“教材式”教学的反思

目前，我国较为盛行的是“教材式”教学，这种“教材式”教学，是指按照预先编好的教科书即教材对学生进行教学。一般而言，这是必需的，无可厚非。虽然首先是必须依照课程标准或教学大纲而编写教科书即教材，但是如何认识和使用教材，发挥教材的“多元化”作用，以展开更创新、更合理的教学设计及其教学活动，由静态地依照教材进行教学转变为动态地运用教材进行教学，才是“教材式”教学的“深层次”意义。

1. 当前“教材式”教学的两种形式

一是“教教材”。

教教材，这是最常见的普遍运用的教学方式或教材处理方式。事实表明，这是广为流行的最为保守的、稳妥的教学方式，当然也是一种低浅层水平的教学。

二是“用教材教”。

用教材教，体现了人的主导性，从教材中心走向了人的中心，比教教材有了较大的进步，效果也有了一定的变化。但是，这里的“人”仍然是教师在发挥作用，因为教的人是教师而并不是学生，所以教学无疑是有了进步，但是还不彻底和到位。因为教的目的和出发点及方向尚不清楚明白，如果用教材去教的时候不是为了学生而教，不是从学生学习的立场出发，心目中不是以学生为本，即使是用教材教也不比教教材好多少，甚至有时可能产生新的副作用。

2. 最为接近客观规律和教育本质的当是“学材式”教学

为什么要弄出个“学”而倡导“学材式”教学字？主要是以下四点考虑——

一是任何教育的对象都是学生，其出发点、立足点和归宿点也都是学生，虽冠名为“教”，而实质为“学”，因为教学教学，教之以学，以学教之。

二是当今课程改革的最终目标是让学生学会学习，提升学习能力。纵观现有教材，已越来越从学生的学习与发展而编写，即按照学生之学来设置“学习”过程和环节及方法，我称之为“学程式”教材及“学程式”教学。

三是当今课程改革的具体转型方式就是让“教”于“学”，让“学”于“教”，即指“分门别类的系统知识”。将形成或者追求对某个问题、某种现象所做研究而得的知识成果，按照一定的专门系统而建构其知识体系。

四是现实中的课文并不只是文本，如果只做文本解读之用，那就是一种片面行为。课本实为学本，它本来就是为学而用，是学生的听说读写的所有载体或凭借。有些人在搞“向课文学作文”，这无疑是一个好做法，为怎样用好课文、发挥课文更多、更大的作用，闯出了一条非常实用且适用的路子。当然，这也是情理之中本该有的方法。课文本身就并不只是为阅读服务的，它理所当然地为学生阅读、作文、口语交际以及识字写字等一系列学习，提供资源、提供范本、提供凭借。

所以，我们一直倡导：让“学习学”改变语文教学，让语文走进“语文学习”之中，让“教材式”教学走向“学材式”教学，这将成为今后语文教育“理”性的重要发展方向。

让“理”性守住语文教学“本”位

——也谈“语文”的本位

一、在语文本性中认识“语文”本位

（一）认清本位与本性的关系

1. 事物都有其自身的本性

本性，即天性，固有的性质或个性。本性本是不分善恶的，遇善则善，遇恶则恶，善恶不可分割，相互制约。但是，有一点是明确的：善则顺理，恶则违理。孟子性善论是就人性的优点而言，遵循了宇宙本源之理；荀子性恶论是就人性的缺点而言，违背了宇宙本源之理。因此，善恶之本性皆与“理”性有关。本性是动物和人或一切生物遗传所既有的特性，指固有的性质或个性。可以说，本性的坚持，是基于某种“理”性所为，也是任何事物确保个体特性的本位。

2. 本位因本性而来

首先，要明白本位的一般含义。很多词典上释义为最先指“原来的官位”，后指“原来的座位”和“主体、中心”；《现代汉语词典》对“本位”的主要释义有二：一指“货币制度的基础或货币价值的计算标准”，如金本位、外汇本位、本位货币；二指“自己所在的单位，自己工作的岗位”。后来又指佛学词汇，本位即“本来的位子”，也就是“本来的身”。现在常用的意义是指“事物的根本或者源头”，这里主要是突出了“本”的意思；也有将其解释为“中心”或“主体”的，如“以学生为本”。

同时，我们对本位还要有更正确的理解。对此，我有以下几点新的认识，一是不仅指“重要的本部分”，还应该指“本体、本能、基本的”等义；二是不仅是指某“部分”或者“项目”，而主要是体现或表达了“本”的内容和事物都应视为本位，所以本位可以是一个“群”，即由几项相加或整合而组成。当前，语文界有不少关于“本位”的说法，如“阅读本位”“写作本位”“表达本位”“语感本位”“言语本位”，甚至直接提“读书本位”，等等。一个语文竟出现如此之多且观点迥然不同的“本位”概念，肯定是有问题的，说明语文的真实本位尚未找到，或者理解和解释不到位，甚至出了错。

当然，无可厚非，从某种角度上来看，上述所提的各种“本位”论都有一定的道理，但它们却忽略了一个重要问题，语文是一个客观存在的事物，那么它的本位也应该是客观存在的，不可能因各自不同的认识而使它的本位随便改变。所以，一般情况下，事物所立之本位，都因本性而来，都应该体现事物的本性。

3. 对本位的概括与表述

目前出现很多关于“本位”的说法，涌现了这样那样的“本位”名称，这主要是因为对其有多种角度、层面、领域的理解和表达，主要分从事物内容上、呈现形式上、功能性质上三类，如有专从内涵概念上的认知，有从功能意义上的表述，有整体综合性的认识，有局部点状性的体悟，有从学科特色来认识，有从课程开设角度来认识，也有从我们要打造某种特色出发，等等。所以，我们看到出现什么新的“本位”名字的时候，不必大惊小怪，也不必“多”视无睹，应首先冷静地面对和读懂、分析其要义以及它的指向性，再认定是否概括得有理、有据、有用。

对本位的概括，我们不反对百花齐放、百家竞说，但为了一门学科的发展及其规范，为了让人们获得更有价值的信息和最为接近事物本性的科学认知，我们还是要本分地、慎重地制造最为合理的“本位”概念。既然是概括和表达“本位”，就应该尊崇其事物的“本性—本位”这一发展规律及其轨迹，这是大本位，本本位。

（二）对语文本位的再认识

1. 有什么样的语文本性，就有什么样的语文本位

我认为，语文本位的确立，自然离不开语文本性，而且应是整体地、合理地认知语文本性以后而获得的科学结论。至于凭某种感觉或经验而主观认为的语文本位的确立，是站不住脚的，当然也难以被广泛认可。

当然，作为一门内容十分丰富而复杂的语文课程，其本位也的确难以正确而清晰地确立。例如，有的用某一点、某一个项目来概括出语文的本位，有的自我感觉或经验至上而过于主观认知，有的人云亦云，盲目跟风，等等。其实问题更大的是，目前连语文“是什么”的学科性质都还在争论不休，尚未取得公认的定论，也就是语文的本性尚不明确，谈语文本位就自然失去了意义。更何况，我们对语文的认知水平普遍不够，也可能导致目前所出现的“本位”滥化和欠妥的问题。

为此，不妨试着用一个整合的方法，提出一个多元组建的“本位群”观

点，即语文的本位，是集“言语、阅读、写作”于一体的大本位，不只是靠某一个东西在起本位作用。衡量是不是本位，一是看到底是否属于本位的部分，二是看是否体现了本位或者起到了本位的作用，三是尚未发现或概括不到位而让真正的本位失位。

最重要的是，如何树立本位的意识，发挥本位的实际性作用，而并非只是一种形式上的、概念上的本位表述，给语文贴上一个“××本位”的标签而已，那是一种只凑热闹而不真负责任的表现。

2. 不先明确“语文”到底是什么，就难以明确语文“本位”是什么

要让语文从“外延比喻性”定义走向“内涵发展性”定义。为此，要对“语文”进行基于哲学的逻辑思维和“常识性理解：

（1）语文到底是做什么的？你真正懂了语文吗？

（2）语文是从哪里来的？你说的那些是语文吗？你凭什么说那就是语文而要受到你议论乃至批评呢？如果别人说你所说的不是语文，那你能有理有据地驳斥或说服吗？

（3）语文到底要往哪里去？它的导向如何，发展趋势怎样？语文干什么？语文要怎么干？

……

以减少各自用各自的“语文”标准来对“语文”评头论足，做出表面的、片面的甚至偏激的评价结论，从而用自己的行动来改变对语文的不正确看法。

从语文目前所处的功能来说，我还以为：语文，是作为学校教育的语文→中小学基础教育的语文→中国中小学基础教育的语文。它不是专家眼中的“专业化”语文，而是面向社会与时代需要的“大众化”语文或“广谱性”语文；也不是一味的“文学性”语文、“文人”语文和“文化语文”，而是多元、多味、多态的“整体性”语文、“综合性”语文；更不是目前越来越多地被生产着的“××语文”，而应该是：语文就是语文。我们可以把语文教成是什么样的语文，把语文学成是什么样的语文，但不能因教（学）成怎样而使语文变成怎样，也错觉为这样的语文就是语文，其实语文还是在那里客观存在的，千万不能对语文主观化、近视化和肢解化。我们现在看到许多这样那样的“××语文”，应该说是在教语文中把语文“教”成了你认定的那样的“××语文”。语文不是标一个“××语文”的名字就改变得了的。

为什么一个语文名称，竟有如此之多之杂的理解？这主要是：

一个概念，一般涉及其内涵和外延两个方面的意义，而当今人们对概念的

理解，总喜欢后者而忽略了前者。因为“内涵”有深度，挖掘进去不容易；“外延”无边际、好发挥，于是随意界定、泛滥理解，甚至进行一些比喻义、含蓄义等的理解，便成为普遍现象了。严谨地说，这不是做学问、搞研究的态度和方法。只有对“内涵”进行深度理解和科学定义，才能抓住事物的本质。

所以如果能让“语文”也哲学起来，那么让教“语文”、学“语文”、研究“语文”的人也自然能哲学起来，所以，“语文”既是语言的“语文”、文学的“语文”、文化的“语文”，也是一种哲学的“语文”、理性的“语文”。

对“语文”进行研究的人需要读哲学，其实对“语文”进行教与学的人也同样需要读哲学，只有读哲学才能把“语文”教得更好，学得更好，才能走进真正的“语文”。

有人说：形象大于抽象是文学，抽象大于形象是哲学。语文当今已成为文学的代名词，以此类推，那么语文就只是形象而无抽象了，也进而没有哲学了，也难怪目前的语文教学，始终走不出“工具化”的纯技术主义、实务主义的歧途。

当然，不可忽略的是，语文还是具有很大的文学色彩。但是，我们透过文学看到的，不仅是形象，而且是抽象。语文课呈现的是“术”，即语文知识、能力、文化常识和文学经验，但最终收获的是“道”，即语文智慧、语文感悟、文化哲理和审美水平。为此，我一直有个心愿：将这二者相加，使“语文”成为形象与抽象相结合的“全语文”，在文学中领悟哲学，因哲学更知文学，这也许是语文学科核心素养的真正意涵。

（三）语文本位：实为坚守“语文”的常识

1. 我们的时代，需要常识

梁文道先生出了一本《常识》；白岩松也写有文章《常识、理性与信仰》，提出了“捍卫常识、建设理性、寻找信仰”的12字目标；腾讯评论之“今日话题”栏目，题头处显要标着“用常识解读新闻”，不久前还看到一篇文章《对教育常识负责》，看来常识已越来越被人们所重视，因为人们都感到了常识的力量，看到了它的地位——一种本位的体现。

学者周国平也在《周国平论教育》中说过：真正可惊的是，今天的教育已经多么严重地违背了常识。南京吴非老师的新书中有一辑“尊重常识”，他在《序言》中说：教育工作，就是依据常识并教会学生遵守常识，学会学习并养成好习惯。至于我们在教育中的发现和创造，最终也必然成为常识的一部分。

一个时代，有一个时代所呈现的基本常识及话语特色，一门课程也同样如此，有其必需遵守的常规和坚守的常识，但现在让人们觉得，这个时代仿佛是一个常识失落的时代，许多常识和观念都在剧烈变动中或失去或被破坏。所以，我们的时代太需要常识，需要由常识组成的教育基因的教学。

2. 坚守常识，就是在坚持一种语文教育的“理”性

什么是常识?《现代汉语词典》对其的解释是：“普通的知识”。后来广泛地指从事各项工作以及进行学术研究所需具备的相关领域内的基础知识。即一个生活在社会中的心智健全的成年人所应该具备的基本知识，包括生存技能(生活自理能力)、基本劳作技能、基础的自然科学以及人文社会科学知识等。

按照这个解释，“常识”应当是人所共知的东西和必备的基础知识和基本技能等。然而，随着时代发展和社会进步，人们却越来越感觉到“常识”的匮乏与旁落，转而呼唤和寻找“常识”，甚至要坚守与捍卫“常识”。

什么是语文常识？据查，没有统一的明确定论，但常被人说成是语文基础知识和基本技能，即传统意义上的“双基训练”。无疑这是不可否认的优秀的中华文化及传统教育经验，我们没有理由不传承与发扬，但还要有所发展与创新，让语文常识常学常新，常教常新，构建语文常识的新常态，这才是一种寓于“理”性的正确的常识观，也才是坚守语文“常识本位”的。

从某种意义上说，常识是大家不言而喻的共识，是大家必须共同遵守的东西，也是对常识的一种敬畏与坚守，理应成为语文课的“本位”之所需和所在。所以，我们强调，语文课的“本位”与坚守常识很有关系。

我们的教育多么需要回到常识，回到教育之为教育的最基本的道理。与其说回到常识，不如说是让教育回归本位，实现教育“理”性。在此，我郑重呼吁：坚持语文课的“常识本位”，树立正确的语文常识观，进行进行更加有“理”、合“理”、趋“理”的语文教育。

二、重新回到基于“常识本位”的语文本位

(一) 语文本位：实际上是指作为语文课程上的“语范”与“文辞”之质

范，本指一种出行时的祭祀，古代文献中多用来表示模子、法则。后指典范，榜样；一定的界限；限制。范轨：模范，法则；范型：典型，范例。

语范，语言的规范、模范、典范、示范、范用、风范、范围、范本（样本)。《尔雅》说：“范，法也。范，常也。”

文辞，措辞、修辞、辞章、文饰、文骨、文气、文脉、章法、典章、文

理。文辞之质，即文辞的本质，文辞的内涵。

语文教学的本位，从实际操作含义上来说，应是语范与文辞之质，即“语范＋文辞”，这才是之所以需要教的“语文”的本性。其路径为：建构“主题”，确立“边界”，坚守“范式”。

之所以要重提语范和文辞之质，主要是怕语文失范、失质，变味、变态，怕把语文变成不是语文的东西。

有人常在评课时说：某某教得有语文味，很精彩。我质疑：有语文味的东西未必是语文，教得有语文味，未必教好了语文。语文可以有语文味，因为语文的基因决定了语文的味。但是，如果尚未教出“语文性”或“语文质”，没教到语文的骨子里，那将是无本之教，无质之教。只有从“语文性”“语文质”的本位上教语文，才自然会冒出语文味。只有流出来的语文味，才是在真实的语文基因下所开展本位、本然的语文教学，才不是碰巧的，或者只是贴了一个标签的，甚至是曲解了语文本性的标新立异。

（二）语文本位：最终体现于“语文教学”上的本位

语文是一门课程，语文教学是用来实施语文课程的，那么“语文”的本位，最终还得体现在“语文教学”的本位上，否则“语文”本位的实现，将成为一句空话。那么，“语文教学”上的本位是什么？我们该怎样去把握和落实以至确保“语文教学”上的本位？这将成为一些不可回避的讨论问题。

其实，许多有识之士也已经看到了这个问题，提出了各种不同的见解。

当下，语文教学出现许多怪事：语文明明是高雅的，却教得如此低俗：做题、考评、训练；语文课程标准本来已经是不断趋向纯正、完善、科学的，却为应试而变成如此：一篇篇课文被“考什么教什么”而被讲解得化为一堆堆零部件，一个个知识点、一个个考点也被“考什么教什么”而训练为一地碎片，演变成一座座碉堡；一堂堂本是优雅、高尚、妙趣和富有语文性的语文课，也被“考什么教什么”而上得越来越显现出肤浅、枯燥、偏好、寡淡，陷入了一种“事务主义”“技术主义”和“单相思主义”的境地，导致了越来越严重的“非语文”和“非常识”教学状态。

由此不难看出：语文以“常识本位”立位，而语文教学则应以“常识本位”到位。

（三）为语文找回正确的思想，找回语文教学的本性、本能、本位

面对语文的现状，我深思而悟到：这看起来好像是“语文”和“语文教学行为”发生了错误，而其实是“语文思想”发生了错误。我们多么希望：

找回语文的正确思想，找回语文教学的本性、本能、本位。

那么，让语文及其教学立于一种哲学层面，则不失为一种“脱俗”“尚雅”的追求。让语文教学基于“语文哲学”而构建一种“整体、大气、素雅、实用”的语文教学观。对语文现象的观察与分析，对语文问题的发现与解决，对语文未来的期待与行动，语文教学，如何让通俗型走向优雅型，让“事务”和“技术”相杂乱型走向“战略”和“战术”相结合型，是我在运用与发展语文哲学方面的不懈追求。

针对当下语文教学的“本位”表述越来越乱的问题，为了让语文教学走进“理”性，应运用“知识边界”理论，理智地把握语文的“本位”意义，重构语文新的“本位”观，让语文课程置于一种“常识本位”体系之下，把语文课程教得有理、有序、有边界，最终富有“理”性。

三、为语文教育守住“常识本位”——语言、阅读、写作

为找回语文教学的本性、本能、本位，就要为语文教育守住“常识本位”，那么其“常识本位”是什么？我们在多年探索中发现，语文课程目前常见的三大主板即语言、阅读、写作，应该是充分体现了语文教学的本性，呈现了语文教学的本能，揭示了语文教学的“常识性本位”。而语文教学的这种“常识性本位”，在语言、阅读、写作上怎样“定位”与落实呢？下面分别展开讨论。

（一）语言：语文的绝对之本

1. 语言在语文中的绝对本位是语文课程的自身特征

任何一门课程学科，都具有一定的体系，语文作为一门课程学科，也具有一定的体系，指人们对语言进行科学认识而建立的课程体系。据研究成果表明，人们都认为这个体系的全部内容皆来自语言，并且体现了语言的客观性、逻辑性、必然性和应用性等特征。还表明，语言的表达形式主要是口头语言和书面语言，记录汉语的工具是汉字，语言的基本运动形式目前也分为理解和表达两种，而且分别以话语、文本、习作等形式来体现理解或表达，即读书、写作和口语交际等，于是出现了语文的本位就是读书本位、写作本位、表达本位等自以为是的一家之说，并非抓住承载和支撑读书、写作、表达的“语言”这一真正内涵本位，被一些外在的表现形式所掩盖或者替代，那些不到位的所谓语文本位，都是对语言本位的片面认识或随意曲解。解读课文的目的其实不是理解课文而是学习语言，写作的目的其实不是表达而是运用语言。所以，以

语言本位为主务的语文教学的目的，是在培养听、说、读、写等方面能力中学会语言。

由此可见，语言在核心素养中是具有绝对地位的，语言本位，也是语文的绝对之本。什么是绝对，指“没有任何条件限制，不受任何限制而言”。现在国家新提的“语文的核心素养”，分为“语言建构与创造、思维发展与提升、审美鉴赏与创造、文化理解与传承”四个方面。能把“语言”放在主要位置，其课程的地位之高就比较明确了。我们应当坚定语言本位的信念，从语言出发，围绕语言而建立符合语文教育逻辑的课程体系。目前，为了坚定语言本位，务必首先做好纯粹概念层次上的语言认识，牢固地抓住语言的定义和功能，然后才考虑作为概念上的语言与阅读写作等外显的或其他的关系定位，以从语言本位的角度再给阅读写作等做出一个统一体的语文本位的整体概念界定，以形成必要的层次上的次本位或延伸型本位。

2. 语言本位：决定了语言在语文教学上的绝对本位

既然语言是语文的绝对之本，那么也无疑是语文教学上的绝对本位。

众所周知，语文教学的第一大基本任务，就是让学生掌握与正确运用祖国的语言文字。概括地说，这就是言语能力。那么，加强语言教学，注重语言能力的培养，既是守住中华民族优秀传统文化的根，也是我们语文教学当仁不让的本位，如果失去了这个根、这个本位，那就等于失去了语文，后面所带来的读书、写作便成为一句空话。由此可见，语言教学，已经是事实上的语文教学本位，只是被所谓“读书本位”“作文本位”等人为地排斥了。如果硬要认为语文教学有“阅读本位”“写作本位”的话，那“语言本位”则应成为语文教学的第一本位，或者叫本位中的本位。

国家《义务教育语文课程标准》2015 修订版明确表明：

语文课程是一门学习语言文字运用的综合性、实践性课程。义务教育阶段的语文课程，应使学生初步学会运用祖国语言文字进行交流沟通，吸收古今中外优秀文化，提高思想文化修养，促进自身精神成长。语文课程致力于培养学生的语言文字运用能力，提升学生的综合素养。

以上文字已充分表明，国家语文课程虽然没有“语言本位”的明确说法，但对语言在语文课程中的重要地位有了充分肯定，确保让祖国语言文字永远成为语文教育的绝对本位。

3. 当前“语言本位”的缺失，反而让阅读和写作迷失

有人说，当今由于文本迷失的语文课堂存在着教学内容和教学方法的双面

迷失，课堂只是在思想内容上显得“深刻”，表面上显得“好看”，但实际上学生“运用语言文字的能力”并没有得到有效的提升。也有人大呼，近年高考作文套作多，假大空多，真情实感少。究其实，这都是近十多年来“语言本位”缺失所造成的问题，如果还不引起重视，让“语言本位”回归课堂，那将会毁了语文，毁了语文教育，更毁了学生。

4. 基于“理”性的语文教学观，让“语言本位”走进课标，走近教师

我们认为：语言是语文教学的本位，语言能力培养必须是一种完整的、最基本的语文教育，而不只是过去所普遍认为的“语言基础知识和语言应用”之类的简单做法，也不只是单纯的字、词、句知识。

纵观现行语文课程标准和当下无数优秀语文教师的实际，都无不体现了基于“语言本位”的以下内容：

（1）识字用字写字正确，文字量丰富，掌握汉字常识和认写方法，了解丰富的汉字文化。

（2）用词准确，合乎规范；词汇量丰富；构建体现个人身份且富有职业风格的“词汇场”和言语特色。

（3）用语简洁，文理贯通，语言平易、贴切，语义通解，能把客观概念表述得清晰、准确、连贯、得体，没有语病。

（4）构词正确、合理，语意确切、明白，合乎语言发展变化规律和汉字常理。

5. 语言本位的落实，主要是进行语文的语感教育

语言本位的落实，其中一个重要内容就是语感。

语感，其基本解释是：对语言的有效性或合适性的感觉，是指“比较直接、迅速地感悟语言文字的能力，是语文水平的重要组成部分。它是对语言文字分析、理解、体会、吸收全过程的高度浓缩。语感是一种经验色彩很浓的能力，其中牵涉到学习经验、生活经验、心理经验、情感经验，包含着理解能力、判断能力、联想能力等诸多因素”。

可以说，语感，是一种语文的基本现象，也是一种教育手段。我们不仅应将它作为一种目的来追求，还应有一些具体的操作内容及行为指向：首先是语形，即语言构造和运用的基本形式和状态；其次是语神，即语言所产生及表现的意义和精神；最后是语理，即语言形成的过程、背景、方法及规律。三者分别为：语言是什么、语言有什么、语言为什么。

为此，我们务必以语言本位为出发点，务实开展集“语形、语神、语理”

于一体的语感教育。

6. 语言本位的落实，要让其成为一种言语活动

言语是指人们掌握和使用语言的活动，具有交流功能、符号功能、概括功能。它的释义主要有：①说话，说。例如：老舍《骆驼祥子》十五：“以后出去，言语一声，别这么大咧咧的甩手一走!”②善于辞令，亦指善于辞令者。③言辞，话。④指口头语言。

言语通常分为外部言语和内部言语两类。外部言语包括口头言语和书面言语，其中口头言语又分为对话言语和独白言语。这里尤其要指出的是，演讲是独白言语，属于外部言语。

那么，怎样将语言转化为言语呢？务必认识和处理好以下几个关系：

第一，语言是交际工具，且是社会共有的和相对稳固的，具有相对静止状态。而言语是人们运用语言这种工具进行交际的过程和结果，是自由结合的，具有相对的运动状态。

第二，语言是个系统，在言语活动中有被约定俗成和共同使用的特点及共有的交际体系。人们必须遵守这个系统的规则。而言语往往在运用语言时具有某种个人特色，如嗓音、词汇、语句、修辞等，连口头禅、习惯语乃至方言俚语或职业语言等，都会体现个人特色或地方特色及行业特色，而且受场景气氛和特定需要的不同，产生不同的言语内容及言语方式，以体现各自不同的语言风格与内涵特质。

第三，语言系统的各个结构成分一般是静态的、有限的，但言语作为一个动态的行为过程，因人们表情达意的发展变化而产生无限的意义，任何一句话都可以追加成分而使它变得更为丰富多彩。

简单地说，语言是言语活动中同一社会群体共同掌握的，既形成一定的实践应用体系，有客观规律可循，也极其复杂地呈现于人的思想与文化及言语交际之中，使约定俗成的均质系统与必要的个人要素或风格相统一。这些便是当今语文的语言教育最需要加强认识和合理解决的问题。

综上所述，语言对识字写字、阅读、写作、口语交际和思维发展等方面所发挥的是绝对本位作用，而且是一种最大的语文“常识本位”。

（二）阅读：语文的核心之本

1. 阅读：为什么是语文的核心本位

我们说，语言是语文的绝对本位，那阅读呢？它是起到了另一种本位的作用，成为语文课程的另一本位，即语文的核心之本。核心，意思是中心，主要

部分（就事物之间的关系而言）。核心与绝对的区别在哪儿？绝对是本来的，不可撼动的；核心是形成的，是主要的。

之所以说阅读是语文的核心之本，正因为它在语言之本的实现中发挥了主要作用——通过阅读让语言成为言语，让语言服务于人的思想文化及交际活动等。阅读是语文的核心之本，还体现于阅读在语文课程设置、教科书编写、师生的教与学等方面，都呈现着面广、量多、线长、事杂的特点，无疑起到了核心的本位作用，也让人自然感觉到：语文就是读书，语文课就是教学生如何阅读。

2. 学语文，从某种意义上说的确是教学生“读书”

有人说，人是一种“读书”的动物。

英国佩内洛普·菲茨杰拉德说：你的一生有两次机会得到全世界的赞同：一次是你学会走路，一次是你学会读书。

我国当代教育家朱永新说：读书，让我们能够看到走路无法看到的风景。

读书是一种人生，也是一种教育活动。尤其是语文教育，世界上没有不读书的语文课，所以当今的语文课程，以阅读作为主打戏，并辐散到听、说、写、做、赏、析、评等各种语文活动之中，实现更有意义的阅读。更何况基础教育的阅读，是全民阅读的一个重要基础、奠基石，那么阅读教学成为语文课程的关键之本，便是顺理成章之事。

所以，教学生读书，教学生学会读书，而不是为书而教，才是语文教育最基本的“常识本位”。

例如，教学生走进“真实阅读”和“形象体会式阅读”，学会读“真正的书”，学会读“完整的书”；既读语文课本，又读课本以外的书；既有文本解读，又有文本研读、文本探读和文本精读；既有主题性阅读（文本内容上），又有文体型阅读（文本体裁及形式上）；既读教师或名人推介的书，又读自已喜欢或自认为需要必读的书；等等。

3. 阅读教育，才是语文教育的核心本位

我认为，阅读与阅读教育，是语文教学面对的两个不同概念，是语文走向“理”性教育的重要课题。所谓阅读教育，就是通过阅读提高学生阅读能力和语文素养乃至整体素质的一种教育。

仔细观察我们身边的学生，认真总结他们的发展规律，很容易得出一个共同的结论：学生的智力发展取决于良好的阅读能力。那些品学兼优的学生，无一不是书迷。

事实一再表明，通过阅读教育，可以扩大视野、丰富见识、获得文化、改变认识、升华情感、锻炼思想，实现人的价值的自我提质乃至飞跃，享受阅读所带来的语文体验。特别值得一提的是，学生时期的阅读，还具有一种“学读书”的特质。于是，“学习阅读”“学会阅读”，便成了语文课的一大特色及基本任务，主要是激发学生的学习动机和阅读兴趣，使其掌握相应的阅读方式方法，养成良好的阅读习惯和必需的阅读素养，在阅读中重视精读、批判和探索，在认知能力、理解能力、表达能力和语文文化等方面都得到充分发展。

4. 阅读教育，并不等于当下许多不伦不类的文本解读

第一，目前语文界阅读教学，有一个热词叫“文本解读”，把阅读教学炒得沸沸扬扬，好像非“文本解读”则非阅读教学。我认为，“文本解读”不过只是一种阅读教学方式而已，不能等同或取代真正的语文课程意义上的阅读教育，尤其是中小学基础教育的阅读教学，更不能套用大学的文学理论与批评中的“文本解读”。

第二，当前“文本解读”的过度阅读教学，已让人们陷入困境。“文本”来自英文 text，其另有“本文、正文、语篇和课文”等多种译法。该词广泛应用于语言学和文体学中，而且也在文学理论与批评中扮演活跃的角色。正由于它含义丰富而不易界定，给实际运用和理解带来一定困难，这给中小学基础教育层面上的语文教学开展“文本解读”的阅读教学，无疑带来困难和挑战：“文本解读”，一边的确丰富了阅读教学的内容和形式，一边又因唯“文本解读”而让全方位的阅读教育失位、失态、失效，还会使原来一直传承下来的符合中小学生实际需要的、优秀的有效阅读教育方式方法及成功经验等被削弱乃至丧失。

第三，文本并不等于课文或文章，它是泛指文字，所以文本解读或阅读，应该是超越“课文”所见的所有课本内容，即文字。而当下一般只是狭义的“文本”及其“文本解读”，未能构成一个基于“学习阅读”“学会阅读”的阅读教育系统。

第四，一般地说，文本是语言的一种实际运用形态，而在具体场合中，文本是根据一定的语言衔接和语义连贯规则而组成的整体语句或语句系统，有待于读者阅读，但是被人为地随意或刻意“解读”，那就不是语文阅读教育的初心和目的了。

（三）写作：语文的发展之本

1. 写作本位的基本含义

写作本位，实指写作表达的本体性价值取向，即以“表达”为目标过程的发展性写作，已经超越或区别于传统意义上的“作文”和“写东西”等。表达，即通过写作来表达自己的思想、情感、意愿和要求，可以是文章、话语、图片或者项目等。回顾历史，很多“出口成章，应对如流”的才思敏捷人才，大都是在童年时期阅读了大量的文章。“读书破万卷，下笔如有神”，这正是对大量阅读与思维敏捷的关系的精辟总结。

2. 为什么写作是语文的发展之本

发展，指“事物由小到大、由简单到复杂、由低级到高级的变化”，也指“变化的趋势”和“扩大、发挥、施展”。而写作在语文学习中正是处于这样一种发展的地位，并成为一种发展语言能力的实践性训练，让阅读更加发展，尤其能有效地发展逻辑思维、想象和创新能力。

可以说，写作出来的每一段话，每一篇文章，都是一种创作，都在做出一种语文发展。与其说是在写作，不如说是对阅读成果的表达性发展。因阅读而获得的写作动机、写作立意、写作素材、写作构思谋篇及语言运用则为写作提供直接的范型或借鉴思路等。大家常说的“以读带写”“读写结合”“写读后感”等都表明阅读不仅是写作的基础，也是训练写作的有效手段。从某种意义上说，这实际上是写作在对阅读的一种发展，是对语言应用的一次具有发展价值的创造性练习。

3. 正确理解“写作本位”的合理性含义

现在有不少教授和一些教师积极主张“写作本位”。他们认为，以写作为本位，语文教育中的阅读不同于生活中的阅读，在语文课堂里，阅读本身不是目的，而是提高言语表现素养、写作素养的手段与过程。在“写作本位”的读写观里：读“完”（就是读“懂”）一篇文章，阅读教学只完成一半。另一半更重要，即使学生学以致用，就是要让学生把从读中学到的用在文章写作中；让他们把对文本的理解、感想说出来，或者写出来。这才能算是真正完成了阅读教学的一个完整过程。学生将来走上工作岗位，需要考核的只有“说”或者“写”，笔试就是写，面试就是说，但绝对不会只问你读过哪些书，读“懂”没有，或者问你会不会读书消遣。

综上，这是一种以“写”及“写作”为绝对本位而为语文所概括出来的语文本位观，虽然他们只在表达一种语文“写作本位”的主张，但其实是在宣示使其成为语文“本位”。

我认为，在当下“阅读本位”普遍盛行的背景下提出“写作本位”，无疑是为我们打开“另一扇窗户”，让我们看到语文“本位”还有另一番风景，催人兴奋与反思，这是很有积极意义的。但是，语文毕竟是一个十分复杂丰富的事物，作为一门课程，更呈现了它不可改变的综合性、实践性的课程特点，国家《义务教育语文课程标准》2015 修订版也一再明确表明：

语文课程应特别关注汉语言文字的特点对学生识字写字、阅读、写作、口语交际和思维发展等方面的影响，在教学中尤其要重视培养良好的语感和整体把握的能力。

现在，如果仅用其中的某一方面如阅读、写作等来上升为或替代其语文本位的说法，作为一家之言进行学术探究诚然可以，但离现实操作或被认可还为时太远，既难以让社会及广大师生接受，在学理推导上也多少未能自圆其说，更何况语文课程标准已有规范性表述。

当然，我也发现目前因阅读而削弱写作地位的现象愈演愈烈，弄到写作只成了阅读的附加品，把写作教学变成了：要么是对阅读课练习若干题中某一道关于“写”的题进行诸如写大意、写读后感、仿写改写续写等，要么是在考试备考中冲着“满分”“高分”而做的所谓作文模式套作训练、不同题型训练、不同文体及素材训练、不同开头结尾的训练以及猜题押题训练等，要么就先讲讲作文要领，然后就让学生两周一篇大作文，再加一些课外练笔，写周记、日记等。由此可见，写作的应有地位和功能已逐渐失去，那些文章写得好的，据了解，大多不是老师教出来的，而是因为他们的写作爱好或文学天赋，是一种个体水平的独特发挥。但奇怪的是，每年高考一完，最先传扬的却是作文题，它也最为人们关注和热议，这时候的写作地位显得比阅读还重要，更何况那些阅读考试题与在课堂上的阅读教学究竟有多大关系谁也说不清。

另外，还有一个现象，一个人走向社会或参加工作以后，如果能写一手好文章，如对写计划、写方案、写总结、写报告、写论文及写诗歌、散文、小说等文学作品信手拈来，又快又好，人们都会夸赞他的语文水平高，那些读了很多书且阅读题考试得高分者最终竟成了不会说、不会写的人，还被说成是书呆子，语文水平不高。

以上两种情况，无不表明了写作在语文中真实的重要地位。如果我们的语文课程及教学，重新认识写作的地位，或者说让写作具有与阅读同等重要的地位，将写作融入与阅读相统一的另一种关于语文本位的表述体系之中，可能是一条既科学合理又切实可行的新思路。

（四）语文的本位，应是一种合“理”的综合性表述

1. 语文课程的综合性，让本位也成为综合性

综合，原意来源于纺织技术。“综”是指织机上使经线上下提放以接受纬线的机构，一综可提数千根经丝，故含有“总聚”“集合”之意。“综合”就是将几千根不同的经线通过“综丝”合并起来便于操作。因此，“综合”便引申为将不同部分、不同事物的属性合并成为一个整体来对待。

国家《义务教育语文课程标准》2011 修订版明确表明：

语文课程是一门学习语言文字运用的综合性、实践性课程。语文课程致力于培养学生的语言文字运用能力，提升学生的综合素养。

由此可见，语文的“综合性”是语文课程的主要性质之一，它将识字写字、阅读、写作、口语交际和思维发展等不同部分、不同事物的属性已合并成为一个综合的整体来处理。那么，其本位的综合性也就自然形成。

2. 让语言、阅读、写作各自的本位作用得以综合发挥

国家《义务教育语文课程标准》2011 修订版还表明：

语文课程应特别关注汉语言文字的特点对学生识字写字、阅读、写作、口语交际和思维发展等方面的影响，在教学中尤其要重视培养良好的语感和整体把握的能力。

由此可见，语言对识字写字、阅读、写作、口语交际和思维发展等方面所发挥的绝对本位作用，而当下所提的一些单一型的“阅读本位”“写作本位”等，的确有失完整性与科学性。

为了让语言、阅读、写作在语文教学中的本位得到合“理”体现，让语文课程得到更好的教育效果，我们特分别提出一些具有教育“理”性型的教学主张、教学策略和教学方式方法。

（1）为语言教学进行有边界的“理”性探究：加强“语言本位”的合“理”定位，开展“语言体系”的构建，注重语言的发展性、规范性、思想性，减少“工具化语言”“欠优化语言”。正确处理语言与阅读、写作之间的关系。坚持识字教学之“理”性——汉字识用教学法的科学性，据“理”识字，以“类”取法，“三理识字法”（语理、智理、集理）教学；坚持语言发展之“理”性——“新缩略语”的规范及教学；坚持语言修养之“理”性——“语变学”的学科建设及有理性教学；等等。

（2）为阅读教学进行有边界的“理”性探究：加强“阅读本位”的合“理”定位，开展“阅读体系”的构建，注重过程性阅读、探索性阅读、思辨性阅读，减少“工具化阅读”“浅表化阅读”。正确处理阅读与写作的关系，用“读写一体化”来既表达自己的阅读理解，又促进写作素养的发展，尤其需要进行“阅读本位”的合“理”定位。坚持阅读教学之“理”性——阅读教学“辩”论，阅读教学新“理”解。同时推出一种颇具合“理”性且系统化的“三阶制”阅读法“理”性指导，即初阶——基础型常识阅读法，进阶——特殊型发展阅读法，再进阶——文体型分类阅读法，等等。

（3）为写作教学进行有边界的“理”性探究：加强“写作本位”的合“理”定位，开展“写作体系”的构建，注重过程性写作、探索性写作、思辨性写作，减少“工具化写作”“成品化写作”。既充分利用写作，让学生展示自己的阅读思考，表达自己的阅读理解，促进语文素养的发展，又强化“写作本位”的合“理”定位。坚持写作教学之“理”性——写作教学“辩”论，写作教学之“理”性——从“工具化写作”走向“思辩性写作”，写作教学之“理”性——从“成品化写作”走向“过程性写作”，等等。

总之，讨论语文本位的问题，说来也是一件多余的事情。由语文学科课程的本性决定了的本位，还需要讨论吗？只不过是当下不少人把它弄得不伦不类，其本位也就自然失去了，甚至被别的东西替代了，或者就是连语文学科课程的本性都先没有弄清楚。本人在此呼吁：坚守语文的本位，而且是务必坚守语文的常识、常理、常态，即坚守语文课程上的语言、阅读、写作，并各有定位，再合成“整”位，以形成综合性的语文“大本位”体系。

第二单元

分述：语言教学的“理”性三探

【引言】

本单元属于对“语言本位”的定位及“理”性研究，主要是针对以下三个问题开展了一种学理性分析及思考。

一是汉字识用的教学研究，提出了让识字教学方法在科学分类中得到有效应用的主张，提出了据“理”识字，以“类”取法，总结了“三理识字法”教学。

二是缩略语及教学，主要是对当代汉语发展中的缩略语现象、合“理”性分类及构造法和缩略语教学进行研究。

三是提出了一个新概念——“语变学”，包括“语变学”的构建、教学意义及基于“语变学”的异变性语言分析。

这些，既为语文教学的“语言本位”做了定位，也为力求理证和实操相结合而创造寻找新的语文教学成果，寻找更有学术意义和实用价值的语文教学新概念、新途径和新方法。

Chapter 2
第二章

识字教学之“理”性
——汉字识用教学的科学性

【引言】

本章为“言语”研究之识字部分内容，曾列为国家语言文字工作委员会语言文字应用研究“十五”科研项目，即《小学识字教学方法的科学分类与运用的研究》，已通过国家级专家组的结题鉴定。这里共展示其课题成果论文六篇，研究报告一份，并附上课题结题鉴定书一份。

主要是以汉字识用教学为研究对象，抓住汉字是表意方块字这一特点，寻其“理”性，提出了让识字教学方法在科学分类中得到有效应用的主张，提出了据“理”识字，以“类”取法，总结了“三理识字法”教学。即汉字规律——字理和汉语言表达规律——语理识字法及教学，人们对汉字认知规律——智理识字法及教学，并整合二者而推出复合型的合“理”型的集理识字法及教学。

这样，为守住语文教学的“知识边界”而研究，为力求理证和实操相结合而做出新的语文教育“理”性探讨，从而寻找更有合“理”性的学术意义，发现更有价值的语文教学新概念、新途径和新方法。

小学识字教学方法的科学分类与运用的研究

（国家语言文字工作委员会语言文字应用研究“十五”科研项目）

课题简介：

本课题系国家语言文字应用“十五”科研项目，由国家语委科研办 2002 年 12 月批准立项［编号为 ZC105－37A］。课题负责人系广东省汕尾市教育局教研室主任、语文特级教师林惠生。参与研究者为马芳心、李汉儒、李翠华、姚淑华、林应铁等及 9 所实验学校。

本课题主要针对当前小学语文识字教学方法所存在的方法繁杂、概念与内涵相互交叉而导致师生“无法”运用及高耗低效的问题，进行了科学分类的理论探究及科学运用的实验研究。本课题立足于语文教学的“语言本位”，提出了“三理识字法”教学的科学分类理论。“三理识字法”教学，指按照“语言生成文字”规律而形成的“语理识字”，按照人们认知规律及其智趣手段而形成的“智理识字”，按照科学发展观的聚优集约的合“理”型的集理识字法及教学，还构建了识字教学“三理四型五途径”的操作机制。实验结果表明：运用“三理识字法”教学的科学分类理论，能够解决目前识字教学中因方法而造成的高耗、低效等问题，效果良好。

至 2006 年，本课题已历时 4 年，除了林惠生同志致力于理论研究以外，还有 9 所学校计 5000 多名师生投入实验或推广应用，现在已圆满完成研究任务，达到了预期目标，于 2006 年 12 月通过了国家语委科研办组织的课题结题鉴定。课题成果得到推广应用，广受好评，已有多篇论文先后在全国核心期刊发表，并荣获教育部课程教材研究中心小学语文课改实验成果一等奖，于 2010 年 6 月荣获广东省第七届普通教育教学成果二等奖。

试析识字教学方法的科学分类

识字教学方法在国内迄今为止已达上百种，但这些方法缺乏一种科学分类理论的指导，使许多方法概念与内涵模糊，在操作过程中也往往互为交叉或大同小异，致使师生用起来都感到困惑与麻烦。为此，我提出对现有的识字方法进行有意义的“科学分类”，以构建对识字教学方法的整体优化、系列操作的识字教学机制，让师生在科学分类中进行识字的意义性活动，提高识字教学效益。

一、从识字教学法的产生与运用来看科学分类的意义

由于汉语言文字历史悠久，使用繁杂，我国对汉字识写历来都十分重视，于是相应地产生了许多识字方法和识字教学方法，而且呈越来越多的态势。据统计，我国目前有书面表述的识字方法已有100多种（截至2006年），在国内形成一定影响的有40多种，在各地教师教案或口头述说中的识字方法就更多了，简直“无法”计算。例如，我国古代有《说文解字》，近代也有注音识字，等等。中华人民共和国成立后进行小学教育普及，识字教学便成为一种大规模的全民基础教育活动。在这种以识字为主的文化“扫盲”及后来的小学教育教学中，更出现了许多成功的识字方法，产生了许多识字教学研究的成果，如“注音识字，提前读写”“集中识字”“分散识字”“韵语识字”“部首识字”“字族文识字”“字理识字”“归类识字”等等。

这些方法，都是人们辛勤劳动的总结和创新研究的结晶，无疑对进行识字教学、提高识字效率产生了积极作用。但是方法一多，也就给师生的教与学带来许多麻烦与困惑：①方法繁多，均无从选择，导致师生不敢选而失去了对这些方法选用的机会；②许多师生在使用时，发现许多方法只是名称不同内涵竟大同小异或互相矛盾而导致不好选用或不便选用；③有些识字方法只是个体的或局部的经验之谈，一经引用便发现效果并不理想而悔恨选用；④还有相当一部分方法，其名称和含义表述欠科学，或者因缺乏实证而不能自圆其说等。为什么会产生这些问题呢？我们认为，这些识字方法的总结和方法名称的产生，并非是它们自身的过错，也并非总结者们刻意追求或主观臆断的标新立异之举，而是在中华民族文化的薄弱之处即非实证性文化背景下所形成的产物。总结者往往各自站在其局部经验的基础之上，凭着自己当时感性的归纳想象，或者从某些角度上的概括和分析出发而无限拔高，或者将自己一时一地的成功的识字教学实例随意地标上一个识字方法名称，在自己还未做出理论上或还不可能做出一种实证性的有关概念上的界定与科学的表述时就急于抛出，最终使这些识字教学法未能形成科学体系和达到理论高度。

怎样消除这一困惑与麻烦，让识字教学法更有意义地服务于师生？我们认为，必须对这些识字方法进行重新认识与概括，并用一种科学分类的观点与方

法形成识字方法类型，以让学生在科学总结与科学分类中去识别与选取对自己有用且操作方便的识字方法。基于此，为解决这一问题，我们特提出“科学分类”的观点与操作方法，努力提高识字方法的总结概括水平和运用效益，也就是将目前存在的各种识字教学方法通过“类推”达到“类分”，通过“类比”形成“类型”，让广大师生在科学分类后学会据理识字，以类取法，在类型识字教学中掌握识字方法与识字教学方法，从而提高识字质量，促进识字教学的发展。

二、从对识字教学法变“流派”为“类型”来看科学分类的特点

这里可从“原因”与“对策”两方面来分析。

首先，我们通过分析，发现目前识字教学法繁杂、误用、低效的原因可以归纳为以下三个方面：其一，因为缺乏对系统的、科学的识字教学方法的原理的分析，这些方法往往只立足于对某些自己局部经验的归纳或成功尝试的案例之后所总结出来的一种概念，因此导致方法之间相互交叉与重复，个性化不足；其二，由于缺乏系统科学原理指导的分析概括，这些方法如何有机结合与优势互补后的整合性、实效性也都无法形成，最终也就找不到适合自己实际的、恰当的识字教学方法，反而影响了识字教学质量的提高；其三，由于大家都说各自的方法是最好的，而且都说是首创的或发明的，后来还有了所谓的“四大流派”之说，导致各方法之间互不吸纳，更加脱离了师生的识字活动实际。总之，他们各自只抓住自己方法的某些方面或某个层次的内涵、特征或者优势，未能综合观察与整体辨析以及多元比较，于是便成了“盲人摸象”“井底之蛙”的各执一端的“一己之说”。

目前产生了如此之多的识字教学方法以及所带来的问题，那么对它们如何认识与处理，就成了识字教学的当务之急。尽管这些方法在全国有上百种，甚至还形成不少“流派”，但它们由于缺乏从科学角度形成的有理有据的“类型”而影响了识字教学。所以，识字教学方法不宜采用“流派”而只能适用“类型”。为什么？我们认为，流派不等于类型。在学术上可以形成流派，但在教学上首先应该形成类型，以便于师生科学认识与运用。这是我们首先提倡用“类型学”原理来看汉字和汉字教学方法，认为识字方法和识字教学法同样存在着类型的原因。大千世界变化无穷，但“人以群分，物以类聚”的规律却越变越明显，因为集群、集团、团队、模式、项目、系统等概念越来越多地被人们所发现与利用。识字教学方法也同样存在着分类，并形成各类自的内

涵和功能的特点。因此，利用“类析法”把识字教学方法进行科学分类的研究，即综合观察与多元思辨，就能把原来并不成熟或者有失科学的识字方法通过整合、优化，使其相互补充和不断完善，使我们在识字教学中将各种方法看得更清楚、更全面，以便更加自觉、科学、自如地使用恰当得体的方法，将过去各执一端或偏于一寓的识字教学经验与识字教学手段提高到理性的科学分类上来。实验结果表明，鲜明而稳定的“类型”，会使繁多的识字教学方法变得简单、清晰，避免杂乱与重复，让人按类取法和有法选用。

基于此，识字教学方法应该从当前众多方法中为了教与学的需要，根据科学规律并运用科学方法而进行“类分”与“类用”，以让我们进一步认识其方法的产生及其内涵、特征、功能、意义和利弊，掌握其适用范围等，并且通过“类聚”而科学选择与运用，提高其使用功能和效果。所以说，通过类聚之后，方法不在多，而在于适用、有效；方法不需多，而在于操作方便、有意义。要知道，任何没有上升为理性的个人经验都不宜推广，即使是被认为科学有效的方法也不宜作为唯一的方法，甚至形成什么“流派”，让大家硬性模仿。这就是识字教学法科学分类概念产生的理论基础和实践意义。

另外，识字教学也和其他教学一样，同样需要谋求自身的改革与发展，即用科学发展观来反思，让识字教学方法在科学发展中寻得高效优质。正基于此，教育部基础教育课程教材发展中心于2000年11月举行全国小学语文识字教学交流研讨会，强调“要树立科学观念，要在研究汉字的规律和学生的认知规律的基础上进行方法和手段的革新；要在继承优秀传统的基础上推陈出新”。对识字方法和识字教学方法的有意义性研究显而易见。后来，教育部还把识字写字第一次写进《语文课程标准》，作为语文教学内容中的“五个板块”（识字写字、阅读、写作、口语交际、综合性学习）之一，这充分表明它的地位十分重要。也就是说，随着形势发展，识字教学也成为推进素质教育的重要手段和主要载体，即在识字教学中讲求方法的科学性和有意义性，既识字又育人，既增加识字数量又提高识字质量，以实现识字教学的三维目标的有机整合，最终实现学生语文素养的提高。而且，现在识字教学方法的改革与发展，也往往是多元性、多维性的。有人说，识字的最后成功，并非是某一种方法在起作用，这话很有道理。过去，也许靠某一种方法能识字，识好字，但现在如果整合运用多种方法并将其进行科学分类，让学生在科学分类中以类取法，在“类”中识字，并注重感性与理性兼备，注重过程与效果统一，那么就能更快更好地识字，最终实现科学识字，高效识字。

三、从对识字教学方法的诸种关系处理来看科学分类的可能性

对识字教学方法的科学分类，其中一个重要前提就是对围绕识字教学方法这一概念而产生出的诸种关系做出科学处理，这样才能真正使识字教学方法的“科学分类”成为可能性。下面从三个方面做出探讨。

1. 识字方法与识字教学方法：实现有意义的二者整合，变识字教学法为识字法教学

本来，它们是两个不同的概念，既相对独立，又相互统一，而且由于操作主体的同一性和价值取向的一致性，两个不同的概念在功能上相互搅在一起而产生混淆对此其实我们应该做出区分，以利于科学分类与科学运用：①识字方法，是关于识字的方法，是一种学习方法，是属于人类对客观世界事物的一种认知方法，即关于识字的手段、途径、技巧、程序、方式的总和；②识字教学方法，是关于教师在识字教学中所使用的一切方式方法及手段、技巧、程序的教学活动的总和，是属于语文教学方法中的一部分，可以说是教师的一种教学工作的方法，是一种解决教与学问题的方法。现在，我们为了实施有意义识字教学，就要将二者整合起来，使学生学的方法和教师教的方法融于一体，全力发挥作用，于是产生了一种新的提法：变识字教学法为“识字法教学”，即关于学生识字方法的教学。也就是说，用学生识字的方法来教学生识字，这里既有学生识字方法，也包括教学生识字时所用的教学方法（教法）。这样，识字法教学则成为二者整合的最佳方式，发挥着以前单一教法或学法所不能发挥的多种作用。它可以包括以下几个方面：一是帮助学生了解什么是汉字和汉字产生的方法与汉字应用的功能以及认识汉字的意义等；二是教给学生如何认识汉字即认识方法；三是采用什么方法让学生认识汉字即用汉字认识法教学生识字。由此可见，汉字认识法可作为识字教学法的基础或借鉴（工具），有时也成为识字教学的目的，还可直接成为识字教学方法的活动过程与主体内容，于是就有人则把二者结合后将二者混同起来，如“集中识字”，既是一种识字方法（从识字角度看），同时也是一种不折不扣的识字教学方法（从教学角度看），但不能因此而忽视了二者相互区分的概念意义，特别是对操作起来以后由于主体的出发点和目的不同而有所不同的情况，一定要区分清楚。

弄清楚识字方法与识字教学方法是两个不同的概念，并将二者整合为识字法教学以后，我们才会在识字教学方法的研究中有的放矢地发现问题、分析问题、解决问题，也才会充分有效地发挥识字法教学的作用：①学生不仅要掌握

识字量，更要学会如何科学地识字（包括方法、技巧，也包括其他人文、情感、态度、能力等）；②教师不仅要让学生学会怎样识字，还要研究采用怎样的科学有效的方法去指导学生识字和掌握识字方法，即在学生提高识字素养的同时也提高自己的识字教学能力和识字教学效率。

可以说，识字法教学将成为一个“方法场”，成为融知识与方法于一体的新教学法、大教学法。它们不仅是作为一个个技巧、技能型的某种具体的方法的含义而存在，如“集中识字法”“分散识字法”等，而且已经形成一种方法的模式或固定操作的格式在发挥着“大方法”的作用了。不过，在操作过程中还有与二者相关的综合因素和配套性因素。这就如“修辞学”中的修辞一样，既有像“比喻、比拟、反复”等类的修辞格，也有其他如炼字、炼句、炼文采、炼情感等修饰、调整、润色等常用的修辞手段等。这里着重指三个方面：一是指识字和识字教学所要使用的方法的基本原则、基本策略和各种资源开发利用等主客观条件的提供与设置。二是指识字和识字教学方法的选择、整合、总结、创造等全程优化。事实说明，识字教学中往往是多种方法合作，或一法为主、多种方法配套，已分不清是哪种方法在起作用了。三是指从科学发展观出发，对识字与识字教学方法功能多元化，且运用多元化理念来促进识字行为的落实。例如识字与写字、识字与阅读及写作、识字与做人、识字与心智美育等，这里均不只是有技能技巧问题，也有通过识字教学来进行热爱祖国的语言文字教育，接受具有丰富意义的表意汉字的文化熏陶与人文教育。由此可见，随着新课程改革的深入实施，识字与识字教学方法的功能、作用也越来越大，这就是对识字教学法的科学分类的“意义性”。

2. 一种方法与其他方法的关系：一法带他法，融成一群法；法 + 法，大于法，优于法

现在，许多人在识字教学中喜欢过分强调一种或某几种识字方法的作用并且只一味使用它（们）。其实，这是与识字教学规律不相符合的。社会上任何活动的成功，都不会也不可能只有一种方法在起作用，而是一群法（或叫方法群）在共同发挥作用。既然是一群法，那怎样去选择，怎样去组合？如果不首先知道它们的类型，选择又从何谈起？这正如输血要先知道血型一样。尤其是在科技越趋发达和事物越加发展的今天，想用一种方法解决问题的可能性已越来越小，或者说效果不太理想，效益不够明显。识字教学也是如此，应该是一法带他法，融成一群法（方法群），这样“法 + 法”，则起到大于法、优于法的作用。例如，千百年一直盛行的“集中识字法”，在其具体操作中不难

看出已渗透或结合运用了其他识字法，如部件识字法、偏旁识字法、归类识字法、字族文识字法、字理识字法等，甚至连“分散识字法”也被运用于其中的一些过程与环节，这哪里还只是“集中识字法”呢？只不过是一种方法在其中起了主要作用或统摄作用而已，更何况在集中识字的过程中还结合或吸取其他方法开展了识字活动。这些识字方法特别是后来介入的一些操作方法，有可能取代了原有的方法，发挥着更大的作用，如“归类识字法”把同类型的字集中起来认识，就比“集中识字法”要好得多。“韵语识字”后来的发展也是如此，即通过一批韵语化了的文段来进行“集中识字”。我们还发现，连“分散识字”法也不分散了，也体现着一定的分段、分时的“集中”识字方法等。由此可见，目前识字教学中已经在“归类”了，我们还不对识字教学法进行科学分类，肯定是不可行的。

3. 识字数量与识字质量的关系：量与质的结合，使识字教学更有教育意义

根据《现代汉语词典》关于“数量、质量”释义义项，我们在这里给识字的“量”与“质”做出如下概念界定：①识字数量，表示识字多少的数量；②识字质量，表示识字优劣的程度。由此可知，我们认为，过去大家都注重识字数量任务的完成，无疑是对的，但是识字教学如果只一味追求识字数量这一目标，而不注重对其他如识字质量的追求，那么这种识字教学则缺少了完整的意义和教育的育人功能等。我们检讨过去之所以识字效益不好，也应与此有关。所以，我们呼吁：既注重识字数量，也注重识字质量。“识字质量”的内容是什么？虽然目前国内尚无专门的研究成果和确指的概念内涵，但是，有关这方面的论述和类似的观点以及教学实践成果已经不断产生，现在，我们结合这些做出整理界定。“识字质量”应包括四方面：①识字态度，包括识字兴趣和良好的识字习惯等；②识字准确度，包括读准字音，弄清字形和字义，不错读（无错别字）；③识字能力，包括识字方法的掌握、运用以及创新，识字速度快，掌握“四会”（会认、会读、会写、会用）字。④识字文化，即通过识字了解许多知识，拓宽知识视野，培养热爱祖国语言文字、用好祖国语言文字的高尚情感和审美情趣。这就是我们对“识字质量”的一般看法。只有当我们树立完整的“量与质”结合的识字效益观和识字教学评价观，才有可能对其进行科学分类，也才会可能完整而科学地发展识字教学方法，恰当而有效地选用识字教学方法。从某种意义上说，这就是语文学科中实施识字素质教育的手段，努力使识字教学与教书育人结合。

综上所述，识字教学方法的科学分类，既十分必要，也完全可行，它为纠正我国当前识字教学因方法混乱、低效的局面而做出了一种有创意的探索，是一种很有意义的语文教学活动。至于识字教学方法具体的“科学分类”，将另有深入的研究。

注：本文发表在湖南《当代教育论坛》2007 年第 8 期（全国教育核心期刊）

对“识字法教学”的科学探究

中国汉字承载着5000 多年的中华文明，是中华民族智慧的结晶和无价的瑰宝。几千年以来，它以顽强鲜活的生命力，在求变求新中始终保持着自己的表意文字特点。如何让这一瑰宝得以传承呢？我想，“识字方法科学化”的教学研究显得十分重要，据理识字、依类取法则是“识字方法科学化”的关键，而变“识字教学法”为“识字法教学”又是其突破口。

一、为什么“识字法教学”比“识字教学法”更值得研究

对于已识字的成人来说，谈起这个话题似乎不足为奇，而对于少儿来说，识字教学却显得极其重要。目前，全国的识字教学方法少算也有数百种，其效果也利弊兼有，但由于方法名目繁多，师生操作起来感到特别烦琐，也不知道到底这些方法的优劣、无从选择。当然，每种教学法都有它的优缺点，关键在于我们要用创新的精神和科学发展观的眼光，对它们加以分析研究和科学运用，做到不断完善，力求有所继承和突破。我认为，在识字教学上不是先讲求关于教识字时的方法，而是首先关注识字的方法。也就是说，要先知道这个字怎么识（识字法），然后才讲求怎么教学生用这个字的识字法去识这个字，这样，就把识字教学方法科学化，使枯燥无味、抽象、难以理解、难以认识的汉字，通过科学、有趣的方法和恰当的活动方式得到有效认识，让学生在轻松愉快的“生动识字”的环境中学习汉字，掌握汉字规律，减轻学生负担，培养识字能力，以保持学生们强烈的好奇心和旺盛的求知欲。

针对少儿天真活泼、好唱好跳、思维活跃的年龄特征，我们应该不失时机地利用儿童智力发展的最佳时期，积极挖掘教材本身所蕴含的智趣因素，把快乐引进课堂，让学生通过积极参与，深切感受到有趣游戏的快乐，思维灵活的快乐，互相帮助的快乐，获得成功的快乐……在教学实践中，为了让学生能在

短期内识记大量生字、扫清认读障碍、提前阅读写作，更为了让学生“人生识字聪明始”，我们必须借鉴和创造许多科学实用的识字方法，力争营造出一种自主、协作、创新的新型课堂教学情境，让学生不仅学会汉字，更获得语文素养和语文文化教育。

《语文课程标准》第一学段的识字目标中明确指出：让学生喜欢学习汉字，有主动识字的愿望，能借助汉语拼音认读汉字。如果孩子学得主动，肯动脑筋，那么，每个汉字都可以用多种好方法来识记。这一目标的成功实现与否牵涉到“教学结构”的问题。

“教学结构”是指在一定教育思想、教学理论、学习理论指导下的、在某种环境中展开的教学活动进程的稳定结构形式。在以教师为中心的传统教学结构中，教师是整个教学过程的主宰，是施教者，学生处于被动接受教师灌输知识的地位。（有人把一节课上大部分时间教师一个人讲，教师讲得一切都是对的这种课堂教学，称为2/3现象，称为教师的“话语霸权”。）这种教学结构严重地抑制了学生的个性发展，束缚了学生创新思维和实践能力的培养。专家认为，即使是成功的课堂教学，积极参与的学生至多也只占30%。因为“在现有的教育中，儿童获得意义的过程被拉得十分漫长，教学沿着一个一个局部线性地发展，儿童的学习在大多数情况下是非自觉的。这时，儿童不可能产生真正的学习积极性。也就是说，所学内容在儿童头脑中形成了‘意义单体’：有相对完整的意义的感悟。传统的离开意义单体的教学，始终使儿童处于被动地位，只调动了儿童的部分精力”。

二、用科学眼光发现适合少儿的识字法教学

由于识字方法越来越多，到底哪些适合少儿？这就需要我们用科学的眼光和分类的方法，遵循有理性原则，努力从众多的识字方法中发现、筛选和构建适合少儿身心特征与学习基础及认知水平等规律的识字方法和识字教学法。现将一些适合少儿识字的方法介绍如下。

（一）游戏识字法教学

弗洛伊德指出：“游戏是由愉快原则促动的，它是满足的源泉。”游戏是儿童的天堂，可以满足他们好动好玩的心理，不但使其注意力能持久、稳定，而且注意的紧张程度也较高。游戏识字法教学，是指经常采用“猜认生字”“组合生字”“叫字排队”“送字回家”“读词赏画”“读文找字”“孪生聚会”“玩玩字卡”“找找朋友”“选难认字”“眼明手快”“邮差送信”等游戏方法

进行教学。希望通过各种儿童喜闻乐见的玩乐方式帮助新入学的学生在不知不觉中识记汉字。

（二）引趣识字法教学

兴趣是最好的老师，有了兴趣，学生才能主动、愉快地学习，才能在课堂上发挥主体作用。引趣识字法教学是指引发学生识字兴趣，并用有兴趣的手段与方法识字，使识字活动过程兴趣盎然的识字方法。

儿童喜爱猜谜，如果能让儿童把某些识字内容编成谜语，通过猜谜来巩固所学知识，既可调动学生的学习积极性，又可通过对谜语的综合分析，培养学生的逻辑思维能力。而根据字形的特点用谜语识字，更能激发学生的情趣，活跃学生的思维。如教“坐”字时，教师边板书“坐”字边说：“两人在土上，这是什么字?”学生摇头。再问：“你们现在的动作是站着，还是怎么着?”学生齐声回答：“坐着。”“这就是要学的‘坐’字。”然后让学生再把上面的谜语说一两遍，字形和字义就自然而然地掌握和理解了。

“顺口溜”这种形象化的语言是比较受学生欢迎的一种形式，可以让学生在兴趣盎然、轻松愉快中掌握生字。例如，学习“力”字，先板书“刀”字，让学生读，再把“刀”的一撇写透变成“力”，并随口读出“‘刀’字出了头，‘力力力’”，让学生把顺口溜说一两遍。然后教师边做动作边问：“我把桌子推动了，用了什么?”“手。”“光有手，手上没一点儿力气能把桌子推动吗?”“不能。”“这就是‘力气’的‘力’。”最后启发学生组词造句。

（三）竞赛识字法教学

将竞争机制引入识字教学，特别是发挥有效表扬的促进作用，就是竞赛识字法教学。例如，学生在自学的基础上，以抢答记分或当场评分表扬等形式进行比赛，如“小兔跳高”“小燕飞到优秀组”“谁的红花多”等。如将分插在各组的学困生定为该组“识字代表”，让他们开火车比赛读字卡，让他们为自己组争光，既帮助他们克服了学习困难，又帮助他们增强了学习信心；教学偏旁相同的生字，如“树”“桥”“棉”“村”等，看谁识字的速度快，就评他为“识字小能手”；教学“眼、耳、鼻、脖、胸、手、腿、脚”等字时，先让学生比赛见字做动作，再让学生像接力赛跑一样，将字卡一边读，一边贴到黑板上贴图旁相应的位置。最后评议哪组表现最棒，奖励小红花。在激烈的竞争中，学生情绪高昂，学习主动，记得牢固。

（四）阅读中识字法教学

苏霍姆林斯基指出：“凡是没有学会流利地、有理解地阅读的人，是不可能顺利地掌握知识的。”这句话告诉我们，在阅读中学习和掌握知识（自然也包括识字知识在内）是十分必要的，也是一种有效的方法。“阅读中识字法教学”也是这样形成的。在学习过程中，如果强调学生多掌握会认、会读、会写、会用的“四会字”，那么方法之一就是要求学生会朗诵，强调阅读理解，这样学生会很快地做到会认、会读、会组词，还可更加顺利地朗读课文。

实际上它是一种语境识字法教学方式。因为汉字是表意文字，具有很强的形象联想的特点。不同于印欧语系中的英语而具有表意特性，使字形和意义之间有着密切的关联，最终以字不离词、词不离句、句不离段、段不离篇的语境含意来表达人的思想。汉字这种特点所折射出的汉民族思维方式，强调重领悟、重意会的审美习惯。因此，每看到一个汉字，就容易产生联想，推测它的意义。这样就使得儿童在阅读中遇到不认识的字，也可凭借字形猜测出词句的大意。汉字形声字占绝大多数的特点，又使得儿童在没有教的情况下也能对音和意揣摩个八九不离十，这就使儿童在阅读中实际使用的汉字远远不止课堂中所学得的多，他们在阅读中障碍越来越小，阅读兴趣也越来越高，一个生动鲜活、充满神奇的世界在他们面前延伸，使他们获得快乐，并不断产生认识未知的动力。

三、用“据理、聚学”策略开展有效的识字教学活动

“据理、聚学”策略指的是，在识字教学中要讲求方法的有理性，并根据其有理性，聚集各种方法中的优点来学习识字，从而综合形成相应的新的识字方法，以体现识字教学方法的科学性和实效性。

（一）正确领会《语文课程标准》关于识字教学的阐述

《语文课程标准》在第一学段识字学习目标中明确提出了“喜欢学习汉字，有主动识字的愿望”，教学建议中也提出“识字教学要将儿童熟识的语言因素作为主要材料，同时充分利用儿童的生活经验，注重教给识字方法，力求识用结合。运用多种形象直观的教学手段，创设丰富多彩的教学情境”。这就要语文教师去研究识字写字教学，优化识字写字教学的方法。

《语文课程标准》提出，认识常用汉字 3500 个，这样的认字量是比较大的，与以往相比大大增加。这就要求在教学过程中，教师首先要明确和掌握这 3500 个汉字的认识法，而且要从中挑选出适合少儿学习的识字法，并尽可能寻求这些识字法的有理性和合理性，然后再采取相应的教这些识字法的方法（教法），并结合会遇到的许多实际问题进行综合性的教学思考。例如，识字

量这么大，学生能接受吗？内容多、课时非常紧，如何提高学生的识字成效？如何调动学生的识字兴趣？如何让学生积极主动地识字等等。这些问题必须在教学过程中尝试运用各种形式与方法，进行科学而有效的教学来加以解决。

（二）创设情境，激发学生的识字欲望

图文结合，充分利用教材中的彩图，调动学生的积极性，让他们能尽快地投入到识字教学过程中。比如佛山市二十一小学的余小庭老师在教学象形字时，首先让学生看图，观察图中画了什么。学生边说余老师边出示要学习的生字，比较这些字与图中有什么联系。学生只要能看出它们在形状上相似并能简单说一说，会辨认即可。又如在教《自选商场》时，创设好购物环境，让学生当顾客去模拟购物。学生顿时兴趣盎然。此外，还可以把物品进行分类，让学生把语文运用到生活中去，提高学生的语文实践能力。

识字教学能充分利用并抓住音、形、义的联系，教给学生识字的方法及规律，使学生具有分析字形、自主识字的能力。在《两只鸟蛋》一文中，有很多形声字，如“捧”“投”“抬”，教师可以告诉学生声音表音、形旁表义的特点，学生就很容易记住它们了。学生还会用“加一加”“减一减”“换一换”“编字谜”等方法记忆生字，分辨形近字。例如，“李”是“木”加“子”；“合”就是“答”减去“竹”；又如“主”，王就是皇帝，头上一点就是大印，有大印才能做主人；“一口咬掉牛尾巴（告）”；等等。教师在课堂中让学生大胆运用这些方法，才能使学生的识字能力在实践中提高。

（三）及时巩固，防止回生

1. 打造识字展示台

小孩子都喜欢在别人面前充分展示自己的才能，希望得到同学和老师的认同、表扬。抓住这点，我想方设法为学生提供识字展示台，让他们充分展示，充分表现，相互交流。例如“娃娃超市”“花的世界”“我当小导游”“逛家电商场”“识字擂台”“识字乐园”“石头、剪刀、布”等等，激励学生不断地在生活中增加识字量，让学生逐步养成在各种场合学语文、用语文的习惯。

2. 引导学生在生活中识字

关于识字，除了激发兴趣外，还要让学生在生活中识字，增加识字量。例如，先让学生说说，“这些字中哪些是你认识的”“你是怎么认识的”“你在哪里见过”。并及时表扬鼓励：“你真会认真观察！”以鼓励他们通过自主阅读课外读物和通过广告、路标、商场商品名字等识字，并把自己喜欢的商标、图片进行收集，定期到班上展示，并把得意之作张贴出来，使学生在自主识字中感受乐趣。

总之，识字教学的方法有很多，如何从众多的方法中找到适合少儿个体、个性的方法呢？这需要我们，乃至更多的后继者不断地探索，让“识字方法科学化”的教学成为一种理念，让“据理识字、依类取法”成为一种基本策略，让变“识字教学法”为“识字法教学”成为一种流行的教学方式。那么，为汉字教学找到一批更为精彩和有效的科学方法则指日可待。

据“理”识字，以“类”取法

——关于“识字教学方法的科学分类与运用”的研究

对识字教学方法的科学分类，我们曾做过其意义与特征及如何处理其多种关系等方面的研究，尤其对其科学分类的必要性与可行性有了更加坚定与明确的认识。现在，我们就如何进行科学分类继续探讨如下。

一、用据理识字理念来科学分类

“理”，《现代汉语词典》释义为：①物质组织的条纹；②道理，事物的规律。由此可见，世间万事万物皆有其产生与运行的内在组织与规律。汉字也是如此，认识汉字以及认识汉字的教学也当然如此。我们认为，只有抓住其内在组织与运行规律来识字以及进行识字教学，才是抓住其根本，才会从根本上纠正当前识字教学中因方法繁杂而困惑与低效的现象，才会从根本上找到提高识字教学效益的方法，以促进学生识字质量的提升，乃至识字文化和语文素养的全面发展。所以，从事物的发展规律来说，对语文教学中的识字方法和识字教学法找到一种内在规律即“理”，并根据这种“理”形成“有理性识字”的科学分类机制，这才是识字教学科学化的体现。

诚如此，寻求这种识字过程中的“理”便成为科学识字研究的首要任务。英国著名科学家弗朗西斯·培根说过：“寻求和发现真理的道路有两条，一条是从感觉和特殊事物飞到最普遍的公理……这条路是现在流行的。另一条是从感觉与特殊事物把公理引申出来，不断上升，最后达到最普遍的公理。这是真正的道路，但是还没有试过。”我国所研究的识字教学也是如此。过去，许多有志之士所尝试与总结出来的识字方法和识字教学法，是“第一条路”的结晶，但是我们现在要通过走“另一条路”即把“公理引申出来”，“不断上升”，也就是把那些已总结出来的识字方法和识字教学法，给予引申与“上升”之后，“达到最普遍的公理”，也就成为是更加高效优质、更为大家所认可与方便操作的识字方法。那么这个“引申”与“上升”的过程便是“有理性”的据理识字的科学分类研究，即“寻求和发现真理”的道路。

另外，毛泽东同志在《实践论》结束语中说道：“实践、认识，再实践、再认识，这种形式，循环往复以至无穷，而实践和认识之每一循环的内容，都比较地进到了高一级的程度。”这段话告诉我们，事物是要通过多次实践与多次认识而不断地发展与进步，以至达到“高一级的程度”的。在这里，我们想特别强调的是“再认识”理论。再认识是在前一次实践与认识的基础上所进行的又一次认识活动，相比前一次认识有提升、拓展或者反思与创新的功能。构建具有一定意义指向与规范要求的“再认识”活动机制，是促进事物不断发展和人们对真理认识水平不断提高的重要手段与方法。因此，对识字教学和识字教学法进行有理性的据理识字的科学分类研究，实际上就是一种“再认识”活动，即对过去如此繁多的识字教学法进行“再认识”式的科学分类与科学运用的探究，使我们对当前识字教学中的方法及其引出的问题有一种新的认识，为新的识字教学活动实践而提供一些更加科学、有效的识字方法和识字教学法。

二、用“以类取法”理论，将识字教学法进行有理性的类比、类推、类聚，形成整体优化、系列操作的多元识字法教学机制

由于据理识字而产生以类取法理论，用以类取法理论来识字时，首先要“以类识法”和“以类分法”，这样才能指导学生科学识字，优化识字方法，给识字方法以正确理解与科学分类，并将识字法与教学法有机结合，变识字教学法为“识字法教学”，从而充分发挥识字教学的多元功能，实现识字教学的高效优质。下面是本次研究的研究成果即“科学分类”后所形成的“三理识字法”教学和三段、四型、五途径的识字教学法体系。

1. 根据识字教学法的有理性，构建“三理识字法”教学

“三理识字法”教学包括：语理识字法教学、智理识字法教学、集理识字法教学。三理识字法教学的提出，是根据汉字有理性特点和人们认知循理性特点，并着重抓住其中的“理”而进行归纳总结与科学分类。它可以做出如下具体而完整的解释：

（1）运用“语言生成文字理论”，即文字构造规律来进行语理识字（也以

字理识字为核心)；

(2) 用认知和智能技巧进行智理识字（也以心智识字为核心)；

(3) 将语理、智理结合后形成新的学习之理的集理识字（以聚理识字为核心)。

三理识字法教学的体系构建，可以解决以下问题：第一，每当一种新的识字方法（含教学法）出现的时候，即可做出判断，到底这是一种语理性（字理性)，或是智理性（心智性)，还是集理性（聚优集约性)。这种判断比以前更加明晰、科学，那么选用时也就清楚明白、有的放矢。第二，可以为自己总结、发展与创造新的识字教学法提供一种科学分类的理论武器及归类方法。第三，可以进一步明确三理识字法中各“理”的产生背景及方式。特别是“语理识字法”中的“语理”，即“语言生成文字理论”，则是对过去“文字构造法”的理论升华或者理论探究上的突破，这是本课题研究的又一成果。

2. 根据教学论，将教师识字教学过程的各环节因素之理，总结出“三段推进识字法教学”

(1) 初期基本字识字教学段：以积累识字为主，在小学低年级（一、二年级）实施，又分两个环节。

①基本字认识（321 个)，如人、天、地、山、水、上、中、下……

②熟字认识（500 个左右)，即把学生已认识的熟字作为基本字，再带动其他陌生字的认识，呈良性循环推进态势。

(2) 发展期常用字识字教学段：以扩大识字为主，在小学中年级（3 ~ 5 年级）实施，也分两个环节。

①发展常用字 1600 ~ 1800 字的识字量，并培养识字兴趣。

②发展第二类常用字 2500 ~ 3500 字的识字量（目前书报上常用的约 3000 个)，并结合阅读和写作，口语交际等方式进行。

(3) 多元实践期常用识字教学段：以巩固识字为主，在小学高年级（5 ~ 6 年级）实施，主要完成以下任务。

①会认、会读、会写、会用 3500 字；

②能阅读一般的书报，能写一般的文章和进行正常的口语交际。

③通过识字教学，培养学生喜欢识字、学会识字的兴趣与方法，并通过识字了解祖国文化和语言运用的丰富多彩等。

例如，初期基本字识字教学段有关积累识字方法，即分基础性初期识字和发展性积累识字两个阶段，如零起点识字、打基础识字等。在教学中，如何科学选好教好第一个汉字或第一批汉字，为后阶段发展性地积累识字、提供熟字十分重要。据研究成果表明，第一类汉字可以分成三种：①字形、笔画等结构简单的字。②充分反映与孩子生活贴近即发生在孩子身边熟悉的人和事物以及活动的字。③单体字，为后来的复杂字、形态字起偏旁、部首作用的字。④在汉语言中为说话、造句、写作创造服务条件的常用字或中心实词（字）及关键字或最活跃的虚词（字）。这类字也称使用“高频率字”，即在学生的学习、生活中以及我国文化书籍中使用（出现）率较高的字。例如虚词：“的、得、地”；如数字：一、二、三……十、百、千、万、亿……例如量词：个、支、本、里、条、只、款……例如方位字：上、中、下、左、右、前、后……例如名词“人”，又分老人、小孩、青年、男人、女人。另外还可通过认人名、物名、事名来教好基本字。据研究统计，这一类基本字共有 321 个。应该在小学一、二年级（低年级）的学习中尽早出现，让学生认识、理解与牢记。

3. 根据类型学理论，将识字法教学总结概括为“四型式识字法教学”

（1）规则型。规则型即在识字中所应遵守的基本原则、规范与策略。例如：法则、规范、要求、准则、策略等。其特点是：概括性、规范性、层次性、战略性和指导性。

（2）程序型。程序型指在识字活动或识字教学过程中所产生的先后顺序。如环节、步骤、阶段、次序等。其特点是：时空顺序性、具体明确性、事件层次性、行为熟练化、自动化。程序性的识字教学，有集约性和聚优性。

（3）工具型。工具型指在识字教学过程中（活动中）采用什么样的工具或物质手段，以及如何运用这些工具和物质手段等。例如，纸、笔、书、幻灯机、图片、实物、多媒体等。其特点是：物质性、多样性、工具性、可视性。

（4）技巧型。技巧型即在识字活动中或识字教学过程中采取的具体途径、具体方法和具体技能、技巧等。例如，形式、模式、手段、方法、技巧、技能等。其特点是：具体性、可行性、技术性、灵活性。

4. 根据学习论即学生认知过程规律之理，提出识字法教学的“五项途径”，即“五途径识字法教学”

（1）培养兴趣，喜欢识字（识字源、识字动力、识字动机）；

（2）创设情境，引导识字（认姓名、认器物、认学校，扩大识字量）；

（3）联系生活，扩大识字（无意识识字、有意识识字，扩大识字圈）；

（4）指导课内外阅读，加强读写，巩固识字（识字活动）；

（5）利用学习工具，自能识字（识字工具，指字、词典及一些道具等）。

三、从“学”的角度来看识字教学方法的科学分类与运用——变识字教学法为识字法教学

“识字教学方法”，顾名思义，是关于识字教学的方法，但由于缺乏科学分类理论的指导，许多方法的概念与内涵模糊、操作过程往往互为交叉或大同小异，致使师生用起来感到困惑与麻烦。为此，本课题从学生“学”即学识字的角度，提出变识字教学法为识字法教学的新观点，即对所有识字方法进行“科学分类”和“依类取法”的教学处理。为此，特提出了“三理四型五途径”的识字法教学的整体优化、系列操作的识字教学机制。这是运用我所创造的“法教学论”在识字教学领域的一种科学尝试。

我国从古到今都十分重视汉字识写，产生了许多识字方法和识字教学方法。这些方法无疑对我国汉字认及发展写都发挥了相应的作用，推进了识字文化的形成和识字教学的进步。但是也必须看到，目前识字教学方法过多过滥，产生了识字教学的许多误区。我们认为，这些识字方法的总结和方法名称的产生，并非是它们自身的过错，也并非总结者们刻意追求或主观臆断的标新立异之举，其实这是一种中华民族文化的薄弱之处，即非实证性文化背景下所形成的产物，他们往往各自站在其局部经验基础之上，凭着自己当时感性的归纳想象，或者从某些角度上的概括和分析出发而无限拔高，或者将自己一段时间上成功的识字教学实例随意地标上一个识字方法的名称，在理论自己还未作出或还不可能作出一种实证性的有关概念上的界定与科学的表述，于是最终使这些识字教学法未能形成科学体系和达到理论高度。使其结果倒变成让师生无所适从，无“法”选择与运用，久而久之就形成了识字教学方法的误区。

另外，识字教学也和其他教学一样，需要谋求自身的改革与发展，即用科学发展观来反思，让识字教学方法在科学发展中得到识字数量与识字质量的双赢发展。正是基于这种指导，教育部也把识字写字第一次写进《语文课程标准》，作为语文教学内容中的“五个板块”（识字、写字、阅读、写作、口语交际、综合性学习）之一，这充分表明对它的研究十分重要也十分必要。在新形势下，识字教学也成为推进素质教育的重要手段和主要过程，既识字又育人，既提高识字数量又提高识字质量，以实现识字教学的三维目标的有机整合并最终实现学生的语文素养的提高。而且，学生在识字中的方法往往是多元性、多维性的，识字的最后成功，并非是某一种方法在起作用，可以说是越来越趋向整合与多维。虽然过去也许靠某一种方法能识字、识好字，但现在如能

整合运用多种方法并将其进行科学分类，让学生以类取法，在“类”中识字，则能更快更好地识字。

教育部基础教育课程教材发展中心2000年11月举行的全国小学语文识字教学交流研讨会，也强调“要树立科学观念，要在研究汉字的规律和学生的认知规律的基础上进行方法和手段的革新；要在继承优秀传统的基础上推陈出新”。由此可见，从学生角度出发，注重学生认知规律十分重要，也说明识字方法的科学性和识字教学方法的优化，意义十分深远。

本课题运用语言学、文字学和教育学、心理学、教学论及系统科学等理论，对识字教学方法进行了科学分类与运用的研究。我们认为：在新课程理念下，必须坚持以学为本，指导学生科学识字，优化识字方法，给识字方法以正确理解与科学分类，并将识字法与教学法有机结合，变识字教学法为识字法教学，从而充分发挥识字教学的多元功能，实现识字教学的高效优质。

总之，随着我们对语理识字、智理识字和集理识字“三理识字法”和三理识字法教学的最后配套形成体系的认识不断明确与深入，识字教学方法有了较为科学与系统的发展。它首先让我国目前上百种识字法（或识字教学）都会对号入座，找到自己相应的位置，并可各自开始规范其具体的地位及功能，再不会只在原来认为的水平或效果上去评价，也不会因此而否认或拒绝用其他的以及新发展起来的更为科学有效的识字方法。这样，识字教学的科学性、人文性与信息化相统一的美好境界才能实现。这里的科学性即指以汉字学为基础的语理规律（构字规律），体现了其工具性特点；这里的人文性，即指智理和集理识字，包括艺术性、情趣性和文化价值等，体现了以人的认知规律、智趣规律等识字的人文特点；这里的信息化，则指科学分类与运用的效率与效益。由此可见，识字教学的科学性、人文性与信息化，是我们所构建的科学分类识字理论体系中的“三理识字法教学”的精髓与灵魂。在这里特别指出，“三理识字法教学”不只是一种手段或一类方法，更重要的是作为对识字方法进行科学分类和在科学分类理论指导下如何运用的识字教学法理论，这样将识字法与识字教学法融为一体后而形成的识字法教学，才是本课题研究成果的贡献。

注：本文发表在山西《小学语文教学》2008年第2期（全国中文核心期刊）

语理识字法教学

——“三理识字法教学”探究之一

“语理识字法教学”，它最能体现汉字（方块字与表意文字）识字的独特性和母语特点，也最能体现中华民族的优良传统，所以了解与掌握语理识字法教学，对于识字教学具有十分重要的意义。

一、从文字产生的背景来看语理识字法教学的产生

从人类所特有的用来表达意见、交流思想的工具即语言和语言产生的规律、要素、功能等方面来研究识字方法和识字教学法，这将是一条符合自然客观规律的途径之一。因此，从“语言产生文字”的规律来识字是值得我们研究的。

语言学理论告诉我们：语言，既靠文字来体现，又靠文字来作为语言的符号以表达语言意义。这就是具有表义特征汉字所形成的语言对文字所赋予的意义：与其说是字，不如说是有意义的“语”，所以我们应该从“语言生成文字”的语理规律来识字。语理规律，也叫字的构造原理。由于语言表达着人的思维，是充分体现着语言的外延的文字符号，因此语言则成为思维的外壳，但也靠语言自身的外壳来表示着语言的表现与运用，而这种外壳就是用文字来作为符号的。于是我们把这称为“语言生成文字规律”。现在，我们也就把这种按照语言生成文字规律来识字的方法称为“语理识字法”，在某种意义上也叫“字理识字法”，但是又不完全等同于它，因为“语理”比“字理”的内涵更完整、更深刻，也更能体现其汉字识字规律。

汉字的有理性，主要表现在不仅有音，还有形、有义、有序，且将“音、形、义”有序地组成一定的结构和笔顺（框架）。汉字的有理性主要来源于“语言生成文字”这一基本规律和造字原则。有人说，生活产生文字，不错，但对文字的产生来说显得太宽太泛了，因生活而产生语言，因语言而需要文字的产生，这才是本质的。有人说，用文字产生文字，也有一定道理，在汉字构造的普遍发展期（如会意字、形声字等）往往如此。但要明确，这也是因语言需要而采取的一种文字产生的具体形式或技巧而已。所以，“语言产生文字”才是文字产生和发展的本质规律，这也才成为我们认识文字和研究与使

用识字教学方法所必须遵守的规律。因之抓住汉字“有理性”的特点提出了“语理识字”和“语理识字教学法”。

按照“语言生成文字规律”来研究文字、研究识字方法、研究识字教学，进而创造和形成新的识字教学法，这是突破目前识字领域因经验型、盲目型、随意型和方法上单一化、唯我化与苦学低效化的误区而回归语言本质、体现语言规律和文字特点的科学识字法。这种新的识字法和识字教学法，所强调的是从语言自身规律寻找识字方法，即在语言因素和语言活动的情境（含语言段落等）中抓住语言生成文字的特点及其方法而进行识字和识字教学。

二、从文字类型的角度来看语理识字法教学的发展

在这里特别指出，语理识字法的产生，与语言生成文字规律的另一特征即“文字类型学”是分不开的。我国语言文字学专家周有光先生在《汉字性质和文字类型》中曾根据“文字类型学”把文字体系的“特征”分为“三相”（三个方面）：①符形相（符号形式），表明文字是一种“字符”；②语段相（语言段落），表明现代汉语体系中的文字应是一种“语词和音节文字”，又称“语素文字”；③表达相（表达方法），表明汉字体系从古到今都是既表意又表音的，故应是“表意和表音文字”。

由此可见，语言生成文字，文字表现语言，这就构成“语理”的内涵和特点。因此，对文字的认识也就应该遵循这一“语理”规律，于是“语理识字法”和“语理识字法教学”应运而生。这也就是我们为什么不直称“字理识字法”的原因，因为“字理识字法”只就一些“字理”形式来做出关于构造规律的解释，而文字表现语言的这种语理规律，既有直接用汉语体系“三相”特征作为规律的内核，又有语言意义，而产生了许多语境、语意和语感，那么，语理识字法便大大高于和宽于字理识字的层面。同时由于历史的演变，许多文字随着语言的不断发展、规范以及整合等长久的历史活动而发生着变化，一些本来靠字理能解决的识字问题，结果发生了障碍或陷入识字歧途。

现在，用这种既涵盖字理又因循语言发展变化而用字理规律所形成的方法来认识文字，也许在解决识字问题的方法上会有进步，这可能会让一种更新的、更高层次的即更科学的识字法教学应运而生，那么用更切入本质规律的“语理识字”法教学来开展识字活动，便是一种有益的尝试。

三、语理识字法教学的科学运用

我们依据“语言生成文字，文字表达语意”的汉字构造规律而科学识字

（语理识字教学法），努力寻求识字教学的科学化，即如何依据汉字的构造属性及其内在规律来分析、理解汉字，并且运用汉字构造的原理即字理来帮助、指导学生科学地认识汉字，这是语理识字教学中必须遵循的核心原理。

1. 正确理解汉字音形义的完整构造的规律

由于汉字是经构造组合而成的，每一个组成字的成字构件都已有确立的形、音、义。这种形、音、义的合理组成则形成了一种“字理”，这种字理也在表达着一种语理，那么，我们识字就应遵循这种语理规律来进行。否则，要么违背语理，造成理解错误，产生“歧认”；要么不懂其规律，使识字效果不理想，导致学得困苦。过去有一些只靠字的某一部分因素尤其是字形来识字的，结果产生了不少错误。例如，有人把韭菜的“韭”，讲成“不是（非）只有一根，而是一大片”，把“悲”讲成“心里像长了韭菜一样悲哀”，这就是对字理曲解而造成的。“韭菜”的“韭”上的构件表示韭菜丛生的形象，是不成字的，与“是非”的“非”无关。悲哀的“悲”上的构件是“是非”的“非”，与韭菜无关。

2. 正确理解汉字构造所体现的功能

汉字在构造中要通过一系列构件因素进入构字阶段后才成为有形、有音、有义的一个个汉字。也就是说，当汉字具有了或表形、或表音、或表义、或区别标示时才有其构造与表达的功能，即语理意义，解释与认识汉字也才有其客观功能与认知功能（这些功能也就是表达着语言意义）。那么，我们在识字过程中如果曲解了其构造功能，也自然会发生功能上的错误，也自然就会对整个字的理解发生错误而导致认识障碍或认识错误。例如，有人在识字时，把“骈”字只理解为形声字而读成“bìng”，但是按照完整的音、形、义的语理识字法来认，则知道这个字形声兼会意，从马，并声兼义。本义指两匹马并驾一车；“并”有合二为一之意，既做声旁又表语义，则引申为并列，成对，故读“pián”，组成词语有：骈句，骈体文。

3. 正确理解汉字构造中多元复合结构的特点

由于汉字的发展与衍变都遵循由单一到复杂、由偏旁到组合、由字到字（复杂）的多元型、集合型、逐加型而最后构成的规律，因此汉字大部分是依层次逐级组构的，构意是逐级生成的。所以对汉字的理解与认识，也要明确这个特点和规律，以形成一种“多元、集合”的语理型识字法。理解文字是认识文字的过程与手段。在理解汉字时，要懂得汉字绝大多数是复合字，是多层次复合构意而成。基于此，人们就不能不懂得汉字构造依层次生成的道理和最后形成合体字的道理，但对依层次整体生成的汉字，千万不可只做局部理解和某个层次上的理解或者某一要素的理解，这样会产生识字错误。例如，有人把“温”字讲成“太阳照在器皿里，使水变温”，这就显得有点儿“望文生义”。对“温”的正确理解应该是：首先由“日”与“皿”构成“昷”，得到了声符，再加“氵”构成最后整体上的“温”，而并不是由“日”“皿”“氵”三者平面的并列构成；另外，“日”是“囚”的变体，在这里也不能理解成太阳。

上述理解为什么产生错误？因为往往受违背语理规律而形成的错误构字方法的影响，只从人对“图形、符号”的现象感知中借助某种并非科学的含义理解来达到“识字”功能的目的。因此，我们教学生识字时要特别注意“语理”识字，切不可仅因共形体或其他性质而做出理解。当然汉字构形是成系统的。现代汉字90%以上是形声字，这是经过历史的规范和使用后逐渐发展而形成的，那么，我们在进行语理识字时，可能运用这一条件，即以形声字的构造特点和功能特点来进行识字和识字教学。其构造特点之一就是利用形声字的声符系统和义符系统且通过归纳和演绎而成批地产生形声字。这样便可通过形声字的声符、义符系统来识字。当然，既考虑字形，又考虑字的音义，还考虑字所处的语境等，这样既有字理构字法的运用，也有文字表达功能的语境、语用的结合，那么语理识字法所必备的条件和途径则更加完备与科学。那么，在语理识字中，依理操作则成为我们寻求科学识字、提高识字效率的方法和重要举措。由此可见，学会运用依理归纳、准确地理解语理，则是科学地学习汉字的一项基本功。

科学地进行汉字理解，还体现在不违背汉字在发展过程中的演变规律。所以特别需要经过推源以知其字理的真实性，再来理解汉字和认识汉字也显得十分重要。由于社会发展和人类进步，汉字也随之发生了演变，甚至有些字变异很大，再不能只按照过去所运用的一些字理形式或方法特征来理解与认识汉字，因为它已经不能反映汉字原有构意的形体。对那些构造演变大而明晰度不清楚的字，应采取不同的识字方法和完整的语理识字法。切忌望文生义，总之要让学生在一种科学的发展的文字学理念下来理解文字，认识文字。

智理识字法教学

——“三理识字法教学”探究之二

我们把从学生认知心理规律出发而开展认知性识字学习的活动及其方法称为知理识字法，教师运用知理识字法指导学生识字的教学活动，称为智理识字法教学。这是我们运用“据理识字”所创立的学理性“三理识字法教学”的第二“理”。现在探讨如下。

一、智理识字法教学的产生

语言学告诉我们，语言是人类思维的外壳，文字是人类语言的一种符号。换句话说，文字是“语言”的产物，也是思维的符号，那么认识文字也就需要人类思维这种心智活动（认知心理）的展开。由此可见，通过认知性心智活动来认识文字的方法是一种符合认知科学规律的心智之法，也就成了在心智之法基础上构建智理识字法的依据。智理，即学习上的认知心理与智慧行为。具体地说，是指人类在认识客观事物中所进行的一系列认知、理解、观察、比较、分析、综合等方面的心理行为和有兴趣、有技巧、有实效的智慧活动。这些心理行为和智慧活动融成一体后便形成一种心智规律，并体现着学习上的有理性，为此，我们用这种心智规律和循理性行为来识字，则称为智理识字法与智理识字法教学。概言之，即让学生运用智趣方法在一系列心智活动中识字，既符合人的认知规律，又增加了情趣，努力实现识字教学的艺术性与人文性相结合的最佳效果。

这种智理识字法教学，一般体现为一种智趣活动，且都是在学生的学习中实现的，既充分体现了知理性和智慧性，又体现了学习的有理性和循理性，所以才称智理识字法和智理识字法教学。

如果我们在识字活动中能积极运用智理识字法教学，相信其效果会更加理想。实践也证明了这一点：人们在不违背汉字构造的科学规律即充分运用语理识字法的前提下采用一些便于掌握、易于操作的识字手段或识字技巧、方法等，如编一些歌谣、字谜，打一些比方、增加一些道具、渗透一些故事等，或者创设一些“快乐识字法”“游戏识字法”“开火车识字法”“情境识字法”“集中识字法”“分散识字法”等具有认知程序或认知策略方面的识字方法。

这些方法既有语理性，更有知理性，即一边利用汉字构造及其形、音、义统一的语理规律，一边又发挥人的认知规律和学习因素等，为增强教学的智趣性和实效性而提供着足够的条件。

由于它符合认知规律，又满足方便、愉悦等要求，所以，不少教师在充分掌握了足够的汉字知识，又在汉字科学指导下进行着这样富有智趣性识字的教学活动，使识字教学更趋实效性和学律性（学习的规律）。可以说，采用这种智理识字法教学，既遵循了汉字科学，又体现了语文教学的客观性，将传统文化与语文教学有机整合，进一步提高了“识字文化”的品位，突出了人在识字活动中的主观能动性和学习因素的作用。

二、智理识字法教学的产生背景

为什么汉字识字与识字教学能产生“智理识字法”呢？可以从以下两个方面得到答案。

第一，与汉字自身的构造特点即语理性有关。

由于汉字是方块字，有结构性、顺序性、系统性和形象性特点，可以利用其特点来设计相应的识字方法和识字教学法。例如，我们在教那些独体象形字的时候，其形象就可以拿来帮助我们进行识别和记忆。如“日”“旦”“山”“水”。

第二，与汉字的可解释性和可联系性有关。例如，“捧、打、扛、控、描、授、捻、推、掺”等字都在左有边一个“扌”，这个“扌”表手的动作，因此可以理解为这些字与手有关，且表示“动作”之义，一般还可从右半部分得到字的读音，所以可结合这些字的形、义、音，将它们真正地认识和完整地掌握（记忆）。现在人们常用的部首（偏旁）分类（归类）识字教学法就缘于此。据有关研究成果表明：中国人学习汉字使用汉字、汉语时开发右脑并促进左右协调活动具有独特优势，发展了自己的左右脑协调活动能力。美国密苏里大学心理系教授大卫·加里（Dary. jialin）实验研究证明，说汉语对数学学习有利，因为汉语表数目的字词都能清晰地表达数量和空间的概念，如十二就是整十加二；且音素少（特别是 10 以后），发音的时间较短。日本川嘉教授研究证明，使用表音文字的人左脑功能损伤后产生语言障碍，而使用表义文字的人左脑功能损伤后仍可保持语言能力，因为表音文字是偏向于左脑的“单脑文字”，记忆存在于左脑中，而表义文字是与左右脑都有联系的“复脑文字”，记忆存在于左右脑相互联系的网络中。日本汉字教育振兴协会会长石井勋说：“没有哪一种文字能像汉字那样具有系统性和逻辑性。汉字是一种只需要用眼看就能思考，即使语音不同也能理解其意思的唯一一种文字（视觉符号）。”其优势在于能调动左右脑共同参与到认知过程中，使左右脑的功能均衡发展，从而提高人的智商，在发展语言的同时发展思维，所以为智理识字法奠定了重要的语理基础。

第三，与汉字文化的意义与内涵有关。

由于汉字是表意文字，所以汉字本身产生着意义，蕴含着智慧与道理，这也为智理识字法提供了科学依据。如“莽”字，分上中下三部分，上下两部分都是草，中间是犬，其本义是“犬”逐野兽在草丛中，既引申表明“草木繁茂”，又表明犬听到一点儿声响还未辨清何物在草丛中，这样又引申出另一层意思——“草率、莽撞”等。由此可见，汉字是一种文化内涵丰富的文化符号。如果我们掌握了汉字知识，又能恰当运用一些认知方法，调动学生兴趣，让学生既认识了汉字，又懂得了许多文化或者事理，即在有文化意义的情境中识字，其效果显然大不相同。如此丰富的汉字学知识，为我们进行识字教学提供了既科学又方便的基础。这样也为识字科学发展即智理识字法教学的产生，既提供了理论依据，又打下了科学的实践基础。

三、智理识字法教学的运用

智理识字法教学的操作运用，可以从以下“科学分类”中得到有效实施。

一是从系统科学理论出发，可分为四类识字法教学：①整体识字法教学；②结构识字法教学；③有序识字法教学；④最优化识字法教学。

二是从人的认知规律理论出发，可分为四种识字法教学：①形象识字；②情境识字；③意义识字；④形式（方式）识字。下面具体分述。

（1）形象识字法教学。形象识字法教学即指用一种直观的形象来帮助学生识字。常用的有“看图识字”“卡片识字”“实物识字”（如瓜果、树木）等。

（2）情境识字法教学。情境识字法教学即指创设一种相应的识字情境帮助学生识字。如布置“识字大观园”“识字园地”“识字展示台”“识字你我他”等，让学生走进一种与识字相关的情境，这样能唤起学生的识字意识，引起学生的识字兴趣和指导学生的识字途径与方法等，从而巩固识字和增加新的识字量，或者学会新的识字方法。

（3）意义识字法教学。意义识字法教学即指变枯燥、乏味的识字为有意义的识字活动，一般通过听、说、读、写、思考等可能的人生活动，让学生从中自觉地学会识字和喜欢识字。如比较识字法、联想识字法、推理识字法、迁移识字法、点拨识字法等，均可成为有意义的识字法教学方式。

(4) 形式（方式）识字法教学。形式（方式）识字法教学即指在直观性和情景性及活动性的基础上构建出具有一定载体和程式的识字活动方式，让学生有步骤地循序渐进地识字与学会识字。如发现式识字法［快速发现课文生字、在字典中快速发现读音、发现字义、发现字形（结构、部首、笔画等）］、歌谣识字和比赛识字等。

以上识字方法的特点就在于突出了人的认知能动性，突出了智力因素和非智力因素的整合，突出了在讲求科学性的同时尽可能有趣味性和可为性。所以我们在运用智理识字法进行教学时，一定要抓住这些特点，同时尽可能与语理识字法相结合。这样才能使智理识字法有更大的空间，发挥更好的作用。

总之，智理识字法与智理识字法教学的教学意义、功能范围与应用机制，要从更高的文化境界和智能策略来看。用科学观和科学方法激发学生的识字兴趣，以有规律的思维训练为前提，用具有智慧的手段以及有意义的方式方法来指导学生识字，那么，智理识字教学所追求的高效优质的目标就有可能实现。

集理识字法教学

——“三理识字法教学”探究之三

在识字法科学分类的“类理”研究中，我们不仅发现语理识字法、智理识字法，还因二者整合而构建了“集理识字法教学”，这就是用据理识字、依类取法理论而总结提出的“合”理型的“三理识字法教学”中的第三“理”。它更具有学习的综合性、集优性和多能性的特点，使用效果越来越好，因此其发展前景也越来越广阔。

一、集理识字法教学的产生

我们不难发现这样一种教学现实：在识字教学活动中所运用的方法，往往是通过一个个相对完整的既包含环节程序、又含有手段与技巧的“项目型”的识字教学法。例如“立体结构识字法”“四步循环识字法”“集中分散识字法”“训练组集中识字法”“四结合认知码识字法”“成群分级识字法”“大成识字法”等。如果对这些“项目式”识字教学法稍加分析，就不难发现其中既有关于字理因素的语理识字，又有关于认知规律和技能、技巧的智趣型的智理识字，它们相辅相成，十分吻合。而且这种现象已越来越呈现一种发展的态势。为什么它们能产生如此合作、和谐的识字机能和效果呢？这就是人们在识字活动中有意义地将相关的识字方法中的各自优势聚积而组合起来，以形成新的复合性的“合”理型的科学识字教学方法。

对于这种现象，我们认为，这是识字教学方法上的一次改革与发展，是人们在识字方法运用实践中不断总结、反思与创造后的一种必然结果。于是我们把它称为继语理识字和智理识字后的第三类更有“理”的识字法，即“集理识字法”和“集理识字法教学”，也叫“聚理识字法教学”或“‘合’理型识字法教学”。它主要是以学生学习汉语的需要和识字学习过程为出发点，将语理识字和智理识字的优点集合起来，或者将二者的相关因素经过重新组装或整合之后所形成的一种新的集约型识字法，即“多元聚优、多法集约”的“合”理的识字法教学。它的特点就在于突出学习过程的二理性，聚合并形成了学习之理。

二、集理识字法教学的特征

集理性识字法教学的特征主要体现在“四个结合”和“六种关系”上。

1. 四个结合

（1）学法与学需的结合。它是指学生学习的识字方法与学生学习需要及学习经验基础的结合。这种识字教学法完全是以学生学习汉字的经验基础和识字需要为出发点，为适应学生的识字而挑选或整合语理识字与智理识字中的有关积极因素，充分体现着学生的学习规律和文字构造规律之理的结合，所以自然成为一种“合”理的集理识字法教学。

（2）科学与人文的结合，也是指语理与智理的结合。它是指识字法的科学性与识字法的艺术性紧密结合，这样能增加识字的情感性和趣味性，从而降低学习与使用汉字的难度。目前，国内外一些专家学者认为：汉字的科学性、艺术性的特点已日益鲜明地显示出来，那么相应的学习汉字的融科学与艺术为一体的方法也自然会产生。有人说，“我们研究的汉字教学方法，就是科学化、艺术化和信息化”。所以，这种以集理为特征的“合”理型识字法，也就合乎这种汉字特点之“理”，合乎语理与智理相统一之“理”。

（3）继承与发展的结合。它是指既继承已有的语理识字与智理识字的原理、经验或相关积极因素，又大胆扬弃，发展创新，产生更为有效、更为方便的新的识字教学法。所以，这种“合”理型识字法也更合乎规律性，合乎常理性。

（4）聚优与集约的结合。它是指运用最优化理论，将各种识字法的优势聚积起来，并按照一定的操作目标、模式来进行一种集约性的组合，使之成为一种融多元为一体的有理性项目型识字教学法。所以这种以“合理”为标志的综合性识字法，则更加合乎优化组合之理，更体现着“有理性”。

以上的四个结合，均在有理性的基础上追求有意义的科学分类，并将语理和智理中的“理”进行整合，以形成既操作方便又显得十分“合”理的集理识字法教学体系。

2. 六种关系

（1）识字法与识字教学法：识字法 + 教学法 = 识字教学法（领属关系）；

（2）一种方法与多种方法：主体性方法与配套、辅助性方法（协调关系）；

（3）传统识字教学法与现代识字教学法（继承与发展的关系）；

（4）识字与写字：相辅相成，互为促进，互为手段（合作关系）；

（5）识字教学与阅读、写作等其他板块的教学关系：多维整合，综合性实践（学习一体化的关系）；

（6）识字与育人：文道统一，学理结合（整合关系）。

三、集理识字法教学的运用

1. 集理识字法教学的策略性运用

第一，从对语理识字和智理识字的科学总结与反思中引发的第三类识字法——集理识字法教学的概念及其含义的探究。完成集理识字法教学资源的开发工作，在获得对“三理识字法教学”完整掌握与科学配套地运用方法的同时来科学实施识字法教学。

第二，从汉字用字角度来研究识字活动中的有关字种、字量、字源、字序等问题，并通过解决这些问题所形成的方法来提高识字功能的“合理性”。识字的目的是用字，用字识字，用字进行阅读与写作，因为阅读是对着文章在用字（认字），写作是将文字进行一种有规律的排列组合，最终形成有意义的语句、文段乃至篇章。所以，只有在用字中识字，才会知道哪些是常用字、哪些是次常用或不常用字，才会知道常用字和非常用字等各种汉字的使用功能与范围，即如何在科学分类中加以运用与认识，也才会明确常用字和非常用字的来源，以及这些字应该出现的正常的科学的“认知次序”（如基本字带其他字，常用字带非常用字；易认字带难识字；身边生活中的字带生僻、抽象字等）。

第三，从识字文化的角度来研究如何不仅让学生识字，还要育人。培养学生既学会识字，掌握识字方法，又激发热爱祖国语言文字的感情，喜欢识字，形成良好的识字态度和识字习惯，提高识字兴趣，把识字作为一种识字文化来传承，即不仅是对生字的认读，更是对汉字的意义与其丰富的文化内涵的理解，实现“四会字”（会认、会读、会写、会用）的全面认识功能。

第四，从科学发展观出发，研究识字活动中与之相关的边缘条件和积极因素，使之同化为识字方法的合理性成分。例如，①把握符合识字者身心发展的识字规律；②选择儿童最容易接受与最喜欢的识字方法；③重视创设汉字学习的环境；④听说起步，阅读识字，在充分发展口头语言中学会识字，增加识字量等等。

2. 集理识字法教学的方法性运用

在集理识字法教学中，其方法的运用就是指以学为本，将语理识字法、智理识字法中的优势因素通过类型化和项目化后达到多元、多维的新的组合型识字法及其识字法教学。

“类型化”，主要有“类聚法”“类推法”和“类比法”三种。类聚法，即指将相关或相同类识字法中优势因素或具有一定类似性的识字法聚合起来形成新的识字法。如按字义类聚识字、按字形类聚识字、按字音类聚识字、按事物名称类聚识字等。类推法，也叫类知法，即指举一反三，以此类推知彼类。如“开火车识字”“组词识字”（前组、后组、词语开花……）、“长藤结瓜识字”“同类排除识字”等。类比法，即指通过辨析比较的方法，开展同类与不同类的异类识字，如同类中不同音、同类中不同义、同类中不同形、同类中不同用的异类识字等。

“项目化”，主要有“情境项目”“事况项目”“课题项目”三种。情境项目化，是指创设情境让学生识字，如斯霞老师在识字教学中十分注重生字义的情境创设，提倡在词中、句中和课文所创设的情境中进行生字教学，这样能使字不离词，词不离句，使生字在一种生动形象的语境中凸显出来，让学生直观地感受识字，这样的识字教学效果当然好，好就好在识字情境化，不空虚；识字育人化，将识字、读书结合起来。事况项目化，是指将识字教学化成一项项相对完整的活动形成事情状态来识字，如“漫游识字大观园”“菜园识菜”

“字谜大竞猜”“说说班上同学的名字”“识字找朋友”等。“课题项目化”，是指以主题（或问题）为中心，围绕主题（或问题）而展开的专题识字，如过去的《百家姓》《三字经》，现在流行的“错别字诊所”“给报刊和去街头找错字”，以及课本中的归类识字等。

3. 集理识字法的特殊性运用

集理识字法的特殊性运用主要是指对识字教学法寻求一些合理性的特殊做法，其基本理念是倡导多元识字、技巧识字、有意义识字。

第一，树立多元识字意识，做到见字就识，见字能识，要把识字作为生活中的一部分，为此构建并实施“识字教学新三步”：①认字，即念字，读字。通过汉语拼音、韵文课本、多媒体和其他形式来认读；②知字，即懂字。指通过释字或辨字如分辨字的形、音、义，分辨用字情况（在语境中的组词、造句等），巩固识字效果；③记字，即指通过书写、默记等方式来强化识字效果。书写时要求把字写对、写好、写熟（写快）等。这样才能做到对一个个要识之字会认、会读、会写、会用（“四会字”）——这才是真正意义上的识字。

第二，树立技巧识字意识，就是说汉字再怎么繁难，总是有办法、有技巧把它学会的。讲究识字的化难为易、化繁为简、化窄为宽、化滞为畅、化抽象为具象、化枯燥为趣味等。

第三，树立有意义识字意识，倡导识字不仅识生字，还要识熟字，从识熟字中进一步弥补过去只认不写而造成的识字缺陷，从而错别字增多、易认易忘的问题，并增加对其字义新的理解，对其字形所赋予的祖国丰富文化的传承，对其字音因音同、音近等而造成的误读的纠正等。所以，我们不妨在小学高年级或初中、高中阶段有意安排一些汉字熟字识写活动，用陌生的眼光来看熟字，用再认识的方法来识熟字。

目前，国内外一些汉字研究工作者和教学实践者认为，汉字的科学性、艺术性及易于接受的特点，日益鲜明地显示出来。如果我们能够实现识字教学的科学化、艺术化，那么识字教学就不再是一种负担，而是一种享受了。这就是对集理识字法及集理识字法教学的高度评价与肯定。实践证明，集理识字法教学已经成为识字教学现代化的必然趋势，已经成为科学分类识字成果的新的增长点。

“识字教学方法的科学分类与运用的研究”课题研究总报告

内容摘要： 识字教学方法在国内迄今为止已达上百种，但这些方法由于缺乏一种科学分类理论的指导而使许多方法概念与内涵模糊、操作过程往往互为交叉或大同小异，致使人们对这些方法无所适从与无法运用。为此，本课题特提出“三理识字教学法”的科学分类理论。“三理识字教学法”指按照“语言生成文字”规律而形成的“语理识字”、按照人们认知规律及其智趣手段而形成的“智理识字”、按照科学发展观的聚优集约的学理型的“集理识字”而整合的类型式识字教学法的科学体系及“三理四型五途径”的操作机制。实验结果表明：运用三理识字教学法的科学分类理论，能够解决目前识字教学中因方法而造成的高耗、低效等问题，效果良好。

关键词： 识字教学方法；科学分类；三理识字；操作机制

本课题系国家语言文字应用“十五”科研项目，由国家语委科研办于2002年12月批准立项（编号为ZC105－37A），课题负责人为广东省汕尾市教育局教研室主任、语文特级教师林惠生，参与研究与实验的有9所学校计5000余名师生。本课题开题研究至今已历时四年多，圆满完成了研究任务，达到了预期目标，取得了一定成果。

一、课题的提出

（一）识字教学自身的改革与发展也需要谋求科学性

由于汉语言文字历史悠久，使用繁杂，促使我国从古到今都十分重视汉字识写，并相因地产生了许多识字方法和识字教学方法。这些方法无疑对我国汉字发展和认写都发挥了相应的作用，推进了识字文化的形成和识字教学的进步。但是也必须看到，目前识字教学方法过多过滥，产生了识字教学的许多误区。据统计，我国迄今为止有书面表述的识字方法已达100多种，在国内形成一定影响的有40多种，而各地教师在教案中或口头述说中的识字方法那就更多了，简直无“法”计算。这些方法，都是人们辛勤劳动的总结和创新研究的结晶，但也有相当一部分，由于各自标新立异，其名称和含义往往表述欠科学，或者所提供的经验、操作方式与实例等均大同小异，或者相互交叉包容；或者不能自圆其说，名实不符，其效果并不看好等等。

为什么会产生这些问题呢？我们认为，这些识字方法的总结和方法名称的产生，并非是它们自身的过错，也并非总结者们刻意追求或主观臆断的标新立异之举，其实这是一种中华民族文化的薄弱之处，即非实证性文化背景下所形成的产物，他们往往各自站在其局部经验基础之上，凭着自己当时感性的归纳想象，或者从某些角度上的概括和分析出发而无限拔高，或者将自己一段时间上成功的识字教学实例随意地标上一个识字方法的名称，在理论自己还未作出或还不可能作出一种实证性的有关概念上的界定与科学的表述。于是最终使这些识字教学法未能形成科学体系和理论高度。使其越来越繁多，越多越乱，越乱就让教师陷入盲目使用之中，其结果倒变成无所适从，无“法”选择与运用，导致方法越多反而效果越不理想，久而久之就形成了识字教学方法的误区。

基于此，要对当前识字教学方法加以分析，加以区别，对它们的科学性、可行性加以研究已经势在必行。

另外，识字教学也和其他教学一样，同样需要谋求自身的改革与发展，即用科学发展观来反思，让识字教学方法在科学发展中得到识字数量与识字质量的双赢发展。

（二）课程改革也需要识字教学方法与时俱进而得到改革与发展

为了提升课改的全面性及整体效益，教育部把识字写字第一次写进《语文课程标准》，作为语文教学内容中的“五个板块”之一（即识字、写字、阅读、写作、口语交际、综合性学习），这充分表明对它的研究显得十分重要也十分必要。在新形势下，识字教学也成为推进素质教育的重要手段和主要过程，既识字又育人，既提高识字数量又提高识字质量，以实现识字教学的三维目标的有机整合以最终提高学生的语文素养。而且，实践证明，识字教学法是一个整体性的综合概念，是多元性、多维性的聚优、发展型的识字教学的“全方法”，许多研究成果表明，识字教学的最后成功，并非是某一种方法在起作用，而且现在越来越趋向整合、多维创新。虽然过去也许靠某一种方法能识字，识好字，但现在如能整合运用多种方法则更能更快更好地识字，通过科学分类识字后运用识字教学法会更加注重感性与理性并重，过程与效果统一，最终实现高效识字，科学识字。

教育部基础教育课程教材发展中心2000年11月举行的全国小学语文识字

教学交流研讨会，也强调“要树立科学观念，要在研究汉字的规律和学生的认知规律的基础上进行方法和手段的革新；要在继承优秀传统的基础上推陈出新”。由此可见，识字教学的科学性和识字教学方法的优化，已经越来越被官方与民间所认同。所以，课题研究的意义很大。要研究它们，首先就要研究其科学分类，然后就是如何科学地运用，在科学运用中就首先碰到的就是如何选择，所以研究识字教学方法，选用方法又成为一个关键。

(三) 提出关于“识字教学方法的科学分类与运用的研究”很有必要

基于此，我们特提出这样一个研究课题：识字教学方法的科学分类与运用的研究。本课题研究的具体内涵是：对当前识字教学方法的状况调查分析，然后在教育学、心理学、教学法和分类学理论指导下，作出一种实证性研究，寻求一种科学分类识字理论，并在科学分类识字理论和科学识字操作体系构建中形成一些新的识字教学方法的理念与操作模式，以进行相应的科学运用的实验，促使识字教学走出误区，摆脱困惑，从而掌握识字教学的规律，提高识字教学的效果，发展识字教学的教育功能。

二、课题研究的主要内容与研究过程

(一) 对识字教学方法进行了科学分类及操作模式、方法的理论研究

本课题集中研究了识字教学方法的科学分类的理论和科学应用的操作模式、方法与技巧等，并在实验推广中获得许多有效的实例和经验。概括起来有三个方面。

1. 用调查分析法和文献资料法，针对当前我国所常见的识字教学方法现象进行调查分析，在收集、整理和分析的研究工作中，首先从收集到的100余种方法进行了筛选与组拼，还留下50余种方法进行其内涵、特征与功能等，再对其中20余种在国内产生一定影响的方法进行多元比较与客观评价，以从中找出一些规律，以形成对“科学分类”理论的基础资料和丰富案例。

2. 用理论探究法集中研究了三个方面的理论问题：一是关于识字教学方法科学分类的必要性和可行性；二是对识字教学方法中若干关系处理的科学思考；三是对科学分类的“类”的构建探讨。例如：系统论文《让识字教学方法在科学分类中得到有效应用》等，开展了关于识字教学法的科学分类的研究，以充分发挥识字的多元功能，克服为识字而识字、单纯追求识字速度和数量的错误倾向，不断总结与创造一批高效优质的识字教学法的操作模式及范例等。同时，对科学认识与处理识字教学中的几种关系的研究，也取得了一批理

论成果。本文着重在以下几个方面做出了探讨。

（1）识字法与识字教学法：识字法 + 教学法 = 识字教学法（领属关系）；

（2）一种方法与多种方法：主体性方法与配套、辅助性方法（协调关系）；

（3）传统识字教学法与现代识字教学法（继承与发展的关系）；

（4）识字与写字：相辅相成，互为促进，互为手段（合作关系）；

（5）识字教学与阅读、写作等其他板块教学关系：多维整合，综合性实践（学习一体化的关系）；

（6）识字与育人：文道统一，学理结合（整合关系）。

3. 用实验和行动研究法，组织 9 所学校 5000 多名学生参与了实验活动，旨在改革与整合现有的识字教学方法，为科学高效地使用识字方法提供范例与模式、方法等，提高识字教学方法的新分类理论以及相应的科学分类的形式等。

（二）对识字教学方法开展了有意义、有效率的分段分点的实验研究

几年来，通过开展有意义、有效率的分段分点的实验研究活动，如调查分析、方案讨论、项目实验、综合实践、研讨交流、总结反思和理论概括等全程研究活动，并且在实验与推广应用的课例教学中，使用了许多科学识字的方式方法。比如，建立识字库和识字方法长廊，又如建立错别字会诊站、识字儿歌、讲识字故事与典故等等，从而推动了科学分类识字研究的发展。

三、本课题研究形成的一些基本观点和成果

本课题运用语言学、文字学和教育学、心理学、教学论及系统科学等理论，对识字教学方法进行了科学分类与运用的研究。我们认为：在新课程理念下，必须坚持用科学识字，用文化识字，优化识字教学方法，给识字教学方法以正确理解与分类并科学运用，从而使研究成果充分发挥了识字教学的多元功能，实现了识字教学的高效优质。

（一）通过研究，创立了关于科学分类的“三理识字教学法”和运用三理识字教学法总结出来的识字教学方法“三理四型五途径”的操作机制

1. 识字教学法的“三理规律”

即“三理识字教学法”。包括：一是“语理”识字和语理识字教学法；二是“智理”识字（也叫心智识字）和智理识字教学法；三是“集理”识字（也叫多元聚优集理识字）和集理识字教学法。这是本课题给识字教学方法的科学分类后所提出的“三理识字教学法”，即识字教学方法的“三理”分类律

或称科学分类识字的“三理论”。关于“三理识字教学法”的科学分类理论在9所小学的实验与推广应用中被证明是成功的、科学的与适用的，其效果良好。

三理识字教学法的提出，是基于汉字有理性特点和人们认知循理性特点，并着重抓住其中的“理”而进行归纳总结与科学分类。它可以作出这样具体而完整的解释：（1）运用“语言生成文字理论”即文字构造规律来进行语理识字（也叫字理识字）；（2）用认知和智能技巧进行智理识字（也叫心智识字）；（3）将语理、智理结合后形成合理性元素进行聚优、多维识字即集理性识字（也叫“合”理识字）。

三理识字教学法的体系构建，可以解决以下问题：第一，每当一种新的识字方法（含教学法）出现的时候，即可作出判断，到底这是一种语理性（字理性），或是智理性（学理性），还是集理性（聚优集约性）。这种判断而且比以前更加明晰、科学，那么选用时也就清楚明白、有的放矢；第二，可以为自己总结与发展、创造新的识字教学法提供了一种科学分类的理论武器及归类方法；第三，可以进一步明确了“三理”识字法中各“理”的背景及产生方式。特别是“语理识字法”中的“语理”，即“语言生成文字理论”，则是对过去“文字构造法”的理论升华或者理论探究上的突破，这是本课题研究的又一成果。

2. 识字与识字教学方法中的“四种类型”

即规则型、程序型、工具型、技巧型。

①规则型。即在识字中所应遵守的基本原则、规范与策略。如：法则、规范、要求、准则、策略等。其特点是：概括性、规范性、层次性、战略性和指导性。

②程序型。指在识字活动或识字教学过程中所产生的先后顺序。如环节、步骤、阶段、次序等。其特点是：时空顺序性、具体明确性、事件层次性、行为熟练化、自动化。程序性的识字教学，有集约性、有聚优性。

③工具型。指在识字教学过程中（活动中）所采用什么样的工具或物质手段，以及如何运用这些工具和物质手段等。如：纸、笔、书、幻灯机、图片、实物、多媒体等。其特点是：物质性、多样性、工具性、可视性。

④技巧型。即在识字活动中或识字教学过程中的采取的具体途径、具体方法和具体的技能、技巧等。如：途径、渠道、形式、模式、类型、方法、技巧、技能等。特点有：具体性、可行性、技术性。

3. 识字与识字教学方法的“五项途径”：

①培养兴趣，喜欢识字（识字源、识字动力、识字动机）；

②创设情境，引导识字（认姓名、认器物、认学校，扩大识字量）；

③联系生活，扩大识字（无意识、有意识识字，扩大识字圈）；

④指导课内外阅读，加强读写，巩固识字（识字活动）；

⑤利用学习工具，自能识字（识字工具，指字、词典及一些道具等）。

（二）在科学识字教学方法的应用上总结出了“三段推进识字法”

1. 初期基本字识字教学段

以积累识字为主，在小学低年级（小学一、二年级）实施，又分两个环节：

第一，基本字认识（321 个），如：人、天、地、山、水、上、中、下……

第二，熟字认识（500 左右），即把学生已认识的熟字作为基本字，再带动其他陌生字的认识，呈良性循环推进态势。

2. 发展期常用字识字教学段

以扩大识字为主；在小学中年级（3—5 年级）实施，也分两个环节。

第一，发展常用字 1600—1800 字的识字量，并培养识字兴趣。

第二，发展第二类常用字 2500—3500 字的识字量（目前书报上常用的约 3000 个），并结合阅读和写作，口语交际等方式进行。

3. 多元实践期常用识字教学段

以巩固识字为主，在小学高年级（5—6 年级）实施，主要完成以下任务：

A. 会认、会读、会写、会用 3500 字；

B. 能阅读一般的书报，能写一般的文章和进行正常的口语交际。

C. 通过识字教学，培养学生喜欢识字、学会识字的兴趣与方法，并通过识字了解祖国文化和语言运用的丰富多彩等。

例如，初期基本字识字教学段有关积累识字方法，即分基础性初期识字和发展性积累识字两个阶段，如零起点识字、打基础识字等。在教学中，首先如何科学选好教好第一个汉字或第一批汉字，为后阶段发展性积累识字提供熟字则十分重要。据研究成果表明，第一类汉字可以分成三种：①字型、笔画等结构简单的字；②充分反映与孩子生活贴近即发生在孩子身边熟悉的人和事物以及活动的字。③单体字，在后来的复杂字、形态字起偏旁、部首作用的字。④在汉语言中为说话、造句、写作创造服务条件的常用字或中心实词（字）

和关键字或最活跃的虚词（字）。这类字也称使用上的“高频率字”，即在学生的学习、生活中以及我国文化书籍中使用（出现）率较高的字。如虚词：“的、得、地”；如数字：一、二、三……十、百、千、万、亿……；量字：个、支、本、里、条、只、款……；也如方位字：上、中、下、左、右、前、后……,还如名词“人”，又分老人、小孩、青年、男人、女人。另外还可通过认人名、物名、事名来教好基本字。据研究统计，这一类基本字共有 321 个。应该在小学一、二年级（低年部）的学习中尽早出现，让学生认识、理解与牢记。

（三）实验教学效果

在科学分类识字理论指导的应用实验中，有 9 所小学 5000 多名学生参与了实验，实验均取得了明显的识字教学效果，深受师生好评。

这 9 所学校及其所承担的实验项目为：广东省清远市清师附小开展了《粤北山区小学识字教学方法现状与提高效率的研究》，佛山市第二十五小学开展了《在读写实践活动中提高识字能力》的研究，佛山市玫瑰小学开展了《快乐识字法成功案例》的研究，佛山市第二十一小学开展了《识字与语文素养的关系》的研究，佛山市第九小学开展了《科学认读，开放识字》的研究，佛山市第二十七小学开展了《对当前识字教学法改革与运用的反思与实践》，汕尾市城区新港街道中心小学开展了《新课标指引下的识字教学方法的多元、多维的发展性研究》，汕尾市城区渔村小学开展了《汉字三要素识字教学》的研究，汕尾市小风帆艺术学校开展了《合理性识字教学法的科学运用》的研究。

这些实验项目基本涵盖了本课题所提出的“科学分类识字”及“三理识字教学法”的应用研究，其实验成果均在当地产生较大的影响，有的还被评为市科研成果一等奖。可以说，这些实验成果的意义就在于：既改变了过去因识字教学方法繁杂而混乱的局面，对识字教学方法有了较为清晰、完整的归类认识，又为以后自觉、自主、有的放矢地科学运用识字教学方法打下了基础且提供了方便。总之，这些实验均达到了预期目标，已充分证明了本课题成果所提出的科学分类识字理论的正确性和操作技术层面的实效性。现例述其中三项实验成果。

（1）汕尾市城区新港街道中心小学所进行的“识字教学方法多元、多维的发展性研究”，体现了“科学分类理论”的先进性和可行性，并构建了一个识字教学法“多维、多元流程模式”，即“一个模式三个流程”。

①一个模式：即多元、多维的识字教学方法的课堂教学活动流程模式图

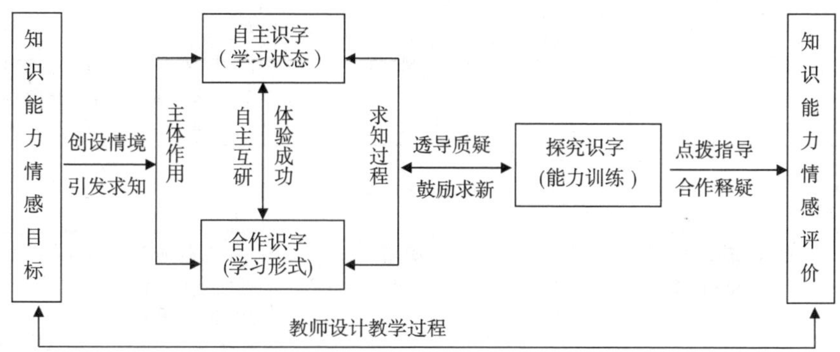

▲ 流程图之一：用三级三维评价法来分类识字，形成科学识字方案

②三个流程：即多元、多维识字法教学的科学分类流程图。

项目 / 年段	评价具体指标		
	识字数量与写字能力	兴趣情感态度	习惯
低年级	1. 认识常用汉字 1600 ~ 1800 个，其中 800 ~ 1000 个会写。 2. 掌握汉字的基本笔画和常用偏旁部首，能按笔顺写硬笔字，注意间架结构。 3. 能借助汉语拼音识字，能用音序和部首检字法查字典，学习独立识字。 4. 运用所认生字，进行阅读表达。	1. 喜欢学习汉字，有主动识字的愿望。 2. 初步感受到汉字的形体美。	养成正确的写字姿势和良好的写字习惯，书写规范、端正、整洁。
中年级	1. 累计认识常用汉字 2500 个，其中 2000 个左右会写。能理解在语言环境中的意思。 2. 会使用字典、词典，有初步的独立识字能力。 3. 能用硬笔熟练地书写正楷字，做到规范、端正、整洁，用毛笔临摹正楷字帖。 4. 熟练灵活运用所认生字，进行阅读表达。 5. 利用已有条件，学习用键盘输入汉字。	对学习汉字有浓厚的兴趣，感受汉字的形体美。	养成主动识字的习惯和良好的写字习惯。
高年级	1. 累计认识常用汉字 3000 个，其中 2500 个左右会写。并能在阅读和习作中正确地理解和运用。 2. 能根据需要比较熟练地查字典、词典。有较强的独立识字能力。 3. 能用硬笔书写楷书，行款整齐，有一定的速度。较熟练地用键盘输入汉字。 4. 能用毛笔书写楷书，字写的匀称，纸面干净。	对学习汉字有浓厚的兴趣；感受体会汉字的优美，对祖国语言文字有较深厚的感情。	有主动识字的习惯和良好的写字习惯。

▲ 流程图之二：用“三元九步”法来分类识字，提高识字质量

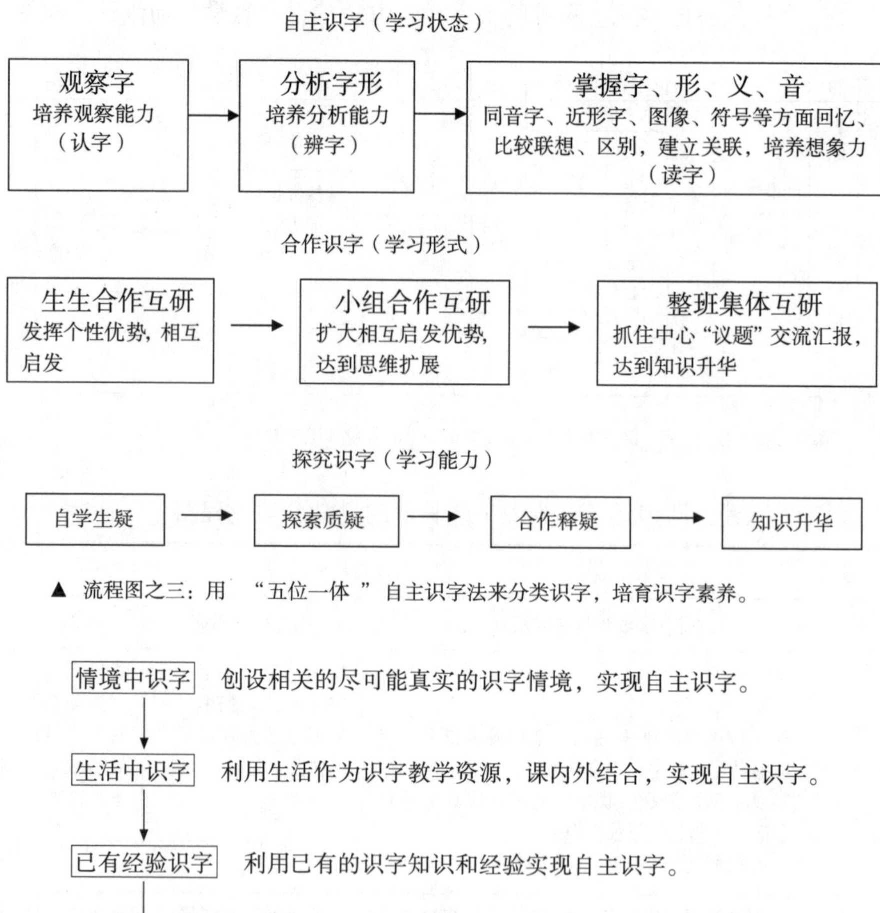

▲ 流程图之三：用 “五位一体 ” 自主识字法来分类识字，培育识字素养。

情境中识字　创设相关的尽可能真实的识字情境，实现自主识字。

生活中识字　利用生活作为识字教学资源，课内外结合，实现自主识字。

已有经验识字　利用已有的识字知识和经验实现自主识字。

阅读中识字　边阅读边识字，在阅读活动中形成识字愿望，实现自主识字。

写作中识字　在写作过程中掌握生字和运用生字，实现自主识字。

（2）广东清远市教研室和清师附小课题组在“开展深入调查，掌握识字现状”以后，着重做了如下实验研究：“开发识字资源，提高识字效率”。主要从三个方面开发识字资源：一是由教材开发识字资源，让学生根据字理规律识字；二是由学生生活开发资源，让学生在认知活动中识字；三是用其他人文方法开发识字资源，让学生多元有效识字。其实验效果很好。实验班学生经过识字教学实验，大部分对识字、写字产生了浓厚的兴趣，且识字量、识字能力、识字方法较前都有明显提高。下面是清师附小实验班二（1）班和二（5）班实验前、后的对比表。

识字教学方法实验情况对比表（1）

实验教师：黄雪雁　　　　　　　　　　　班级：二（1）　　　　　人数：63

序号	项目		实验前				实验后				备注
			A	B	C	D	A	B	C	D	
1	识字量	会认	40	16	7		51	8	4		
		会写	41	12	10		50	8	5		
2	识字方法	常用方法	45	14	4		53	10			
		创新方法	20	30	8	5	40	17	5	1	
		综合方法	30	25	8		45	17	1		
3	识字能力	速认（快）	39	15	9		58	5			
		辨认（准）	42	20	3		57	7	1		
		运用（熟）	35	18	10		48	12	3		
4	识字教育	识字态度	32	20	11		54	9			
		识字规范	40	19	4		56	7			
		增知益智	45	17	1		60	3			

识字教学方法实验情况对比表（2）

实验教师：陈莲花　　　　班级：二（5）　　　　人数：59

序号	项目		实验前				实验后				备注
			A	B	C	D	A	B	C	D	
1	识字量	会认	35	13	11		45	10	4		
		会写	30	18	10	1	42	10	6	1	
2	识字方法	常用方法	36	18	4	1	48	9	2		
		创新方法	17	24	15	3	35	15	7	2	
		综合方法	27	20	11	1	41	16	2		
3	识字能力	速认（快）	33	16	7	3	55	2	1	1	
		辨认（准）	32	22	4	1	50	7	1	1	
		运用（熟）	28	19	11	1	43	13	2	1	
4	识字教育	识字态度	27	17	12	3	50	7	2		
		识字规范	38	15	6		53	6			
		增知益智	42	14	3		54	4			

（3）佛山市第二十一小学课题组梁妹女老师在执教《水果识字歌》中，用“我会读”→“我会认”→“我会写”→“我会用”为线索，精选并整合

运用“儿歌识字法”“拼音识字法”“图片识字法”“游戏识字法”“竞赛识字法”等，形成“聚优·集约型”教学法，让学生学有兴趣，学有方法，学有效果，充分证明将识字教学方法融“语理、智理、学理”于一体的“合理识字法”的科学性与可行性。

四、讨论

（一）对本课题取得成果的讨论

由于综合运用了调查分析法、理论探究法、行动研究法和实验法等，且研究过程严密而有序，所以取得的一些理论成果和实验运用的成果是真实可信的，是实实在在地为识字教学方法的改进、发展，即对识字教学法科学分类与运用做出了富有针对性与学术性的研究，尤其是把我国目前众多的识字方法做出了科学分类的研究与科学应用的探索，这是具有现实意义和科学发展观价值的。因此一投入研究便得到了学校师生的广泛支持，最终才取得如此丰富的研究（实验）成果。

当然，由于相关的原因，本课题研究仍然存在着不足和值得改进的地方。例如，个别实验项目与总课题的主旨吻合度还不够，特别是在“科学分类识字”的实验中，对具有自我特色的新识字教学方法体系的构建以及操作模式的创造等，仍需我们做出进一步的探究。在下一轮研究中，我们将按照“三理识字教学法”的科学分类识字理论，对国内已经产生或今后还将继续出现的新的识字法和识字教学法做出进一步的科学分类，包括其概念、特征、内涵、意义、功能和适用范围及使用要求等，只有对它们做出科学分类式的分析与研究，才能推出更为科学的识字教学方案和识字教学评价体系。

（二）本课题研究留给了我们更多的思考与启发

第一，在研究中要加强学习，增加知识储备。随着学生学习的深入，学生的知识面也会越来越宽广，提出的问题越来越复杂，同时由于人们认知规律的不断发展，对识字教学研究的不断深入，要求实验教师有较丰富的知识，只有知识储备丰富的教师才能得心应手地解决学生提出的问题，才能使自己的研究不断拓展和深入，在不断丰富自己的知识之中提高自信心和教学教研能力。

第二，教师要克服自身的心理定式，合理设计课堂活动。有的教师从事教学多年，已积累了一定的课堂教学的设计思路，形成了定式，要按研究方案进行实验一时改不过来，即使想改也往往因受到干扰改不彻底或改了样，这就要求教师克服心理定式，始终树立课题意识和实验思路，尽量回顾与反思教学设计上的得失，纠正不合理行为，尽快设计符合课题实验要求的课堂活动。

第三，注意改进教师的教学方法和技巧，为了配合课题实验所提出的问题，我们要积极倡导既有自主探究又有合作攻关的教学策略，积极改进与之不相适应的教学方法和技巧。特别要坚持“课前三思”和“课后三想”。“课前三思”：①本堂课学生应该学些什么；②我要用什么方法使学生学会；③有什么方法让学生实现个性发展，特别是后进生（或称学习困难生）怎么办等。“课后三想”：①学生到底学到了什么？②我是用什么方法使他们学到的？③还有没有更好的方法让学生学得更好。这就是由本次课题研究所得出的另一个附加成果，即构建了“从教语文教学走向学语文教学”的一种全新的“学习型语文教学”理论及操作模式。

第四，在教学中要注意给学生创设空间和提出体现差异的问题，让学生在实验中获得各自的发展。因此在教学中教师要根据学生心理个性特征，照顾学生情绪、兴趣、注意、思维等多个方面的差异，在实施教学过程中注重传授多种学习方法，允许学生用自己喜欢的方法来学习，让他们把不同的看法和见解都表述出来，从而使每个学生获得最大限度的发展，充分提供让学生展示个性的空间，由学生说自己的发现和成就、体现个性差异的闪光点，最终形成既具有科学性、发展性又具有个性化的特色课堂教学，这也许是通过“识字教学方法”这一课题研究所获得的教育科学素养的缘故。

第五，本课题最后成果，已经是超出本课题研究目标而形成又一个新的成果，即由“识字教学法”发展为“识字法教学”的“法教学论”的正式推出及科学运用。

【附录】

国家语委科研办组织课题结题专家鉴定组
鉴 定 意 见 书

该课题有鲜明的针对性，即主要针对我国识字教学法流派林立、识字教学方法繁多且彼此封闭，单一运用某种教法受到一定局限等问题，开展识字教学方法科学分类及其运用的研究，希望通过“以类取法”，寻求到优于目前各种识字教学方法的“法”，以指导识字教学，实现识字教学的优质高效。

经过四年的研究与实践，取得如下主要成果：

1. 运用语言学、文字学和教育学、心理学、教学论以及系统科学的理论，在对原有各种识字教学方法进行分析研究的基础上，创立了“三理识字教学法”体系：即以汉字学等理论为基础的“字理（鉴定人加上的）、语理识字教学法”，以学生认知规律和识字规律为理论基础的“智趣、学理识字教学法”（结题报告中为“智理识字教学法”），以系统论和整合教学观为理论基础的“综合识字教学法”（结题报告总为“集理识字教学法”），对识字教学的分类研究作出贡献。

2. 以“学生主体观”和“大语文教育观”为指导，探索识字教学的途径：包括培养兴趣（此为识字动力）、创设情境（识字环境）、联系生活（课外自主识字）、指导阅读（在阅读中识字）、利用学习工具（自能识字），操作性强，对教学有指导作用。

3. 从学习态度、兴趣、习惯，识字精确度，识字能力，识字文化诸方面，进行识字质量的评价研究，有助于从量与质的结合上树立科学的识字效率观和教学评价观。

综上所述，课题研究基本上达到预期目的，同意结题。

专家组组长（签字）：崔峦　2006 年 4 月 16 日

（崔峦系人民教育出版社小语编辑室原主任，编审、研究员，全国小学语文教学研究会理事长。）

Chapter 3
第三章

语言发展之“理”性

——缩略语的“理”性规范及教学

【引言】

随着改革开放和网络语言的兴起，当今人们步入快节奏、高频率的“速生活”时代，人类语言缩略化已成为一种潮流和发展趋势。于是，缩略语将成为当代汉语的一种“缩略语现象”。它已经让汉语言发展更为新颖、多元与丰富多彩，并且通过缩略语使人们更加丰富、深刻、整体地认识世界，用缩略语进一步促进和发展了人的语言修养与语文能力的提升。

缩略语，是一种以词语的缩略形式变化即字数缩略为特征的词语变异行为。当代汉语缩略语，由于受改革开放和网络语言兴起的影响，也更趋多元化和复合性，其产生方式和构造方法也在不断发展变化，当下大多数人只用其“缩略”而并不知晓这是一种“缩略语”的语言形式，往往缺乏缩略语常识，导致越来越多的不科学的、非正常的缩略语产生。例如，乱造、异变、盲跟、滥用、欠规范等。

现在看来，的确需要引发一场缩略语的规范化建设和缩略语的科普活动，十分需要形成一套相应的缩略语产生的原则，以便于人们正确运用缩略语和构造新的缩略语。要求更为完整、多元、精准和实用，以尽可能符合和体现缩略语构造的“理性”规律与“习性”规律，为此我们特提出缩略语的“理”性规范，如什么是缩略语，什么是缩略语现象，怎样认识缩略语的功能意义及特征，怎样正确创造和合理使用缩略语，等等。此外，我们对缩略语分类的合理性和构造方法的最优化等方面，也总结并推广应用了当代缩略语的“四分式”分类法、缩略语构造的“六构法”等。

在此，我们呼吁：要立足于语文教学的“语言本位”，树立正确的、科学的缩略语意识、概念，坚持良好的、规范的缩略语语用行为，纠正因缩略不当而带来的歧义或者生造过分而产生的负面作用，以强化缩略语的科学性，将成为当代汉语建设的一大发展点。有效处理缩略语社会“热用”与语文课程“冷视”之间的矛盾，将成为当今语文教学不可回避的问题。让缩略语教学进课标、进教材、进课堂，确有意义。

论当代汉语发展中的缩略语现象

一、缩略语的兴盛：让当代汉语有了全新的发展

随着改革开放和网络语言的兴起，当今人们步入快节奏、高频率的“速生活”时代，人类语言缩略化已成为一种潮流和发展趋势。缩略语让汉语言发展更为新鲜与多彩，人们可以利用缩略语更加丰富、深刻、整体地认识世界，进一步促进人的语言修养和能力提升。

1. 语文发展：走进了“当代汉语”时代

在当今“语文是什么”的概念讨论中，语文是“语言+（文字、文学、文章、文化）”的说法较为普遍。从这里可以发现：有一个公共项也是基本项，那就是语言，而且准确地说，这里实际上是指“汉语言”（汉民族语言）。那么，关于“语言”的学习也就无疑成为语文的主体内容。现实又告诉我们：在汉语言学习中，让大家接触较多的是古代汉语、现代汉语，而处于当代的人们却很少关注和专门研究当代汉语，可以说，这是一种语言学习与教学及研究上的“滞后现象”，当然难免成为目前被社会批评“语文水平越来越低下”的重要原因之一。所以，加强对当代汉语的发展变化尤其是有关现象与问题的研究，已成为一个不可回避的课题。

2. 缩略语：让汉语言发展更为新颖和丰富多彩

近几十年来，当代汉语进入了最为活跃的时期，产生了许多重要的语言变化现象，其中缩略语的发展、创造与普遍运用尤为明显。现在，我们稍微留意一下当代汉语，就会发现有这种特别发达的缩略语语言现象。在当今语言发展变化极快的过程中，缩略语已越来越丰富多彩，在人类语言学中已成为一种重要而普遍的语言词汇，并逐渐形成一种“缩略语现象”。

我们稍作观察就会发现，缩略语在当今汉语言的发展变化过程中，以其无

比丰富、多元、活跃的姿态和特色走进语言大家庭，成为当今汉语发展的一个重要亮点与发展途径，不断呈现在人们的日常生活之中。例如：“语文”“汉语”本身就是缩略语，“中国”是缩略语，“西方国家”和“西方”也是缩略语，“中学”“初中部”是缩略语，“课改”“高效课堂”是缩略语，“三部一体”办学格局、“双主双线”培训模式、“创五新”教育体系、督导、发言、评课、选修课、应试、填志愿、划线、一本线、二本 B 类、招录等也是缩略语，还有如打的、购物、超市、AA 制、“亲”或“亲们”等也是缩略语，连“缩略语”也是一个缩略语（简缩和省略的词语）。

可以说，缩略语已经成为我们日常生活中一种成熟的、普遍的语言现象，成为语言词汇运用及其进一步产生发展的重要组成部分，真可谓无处不在、无时不有。当今社会已经越来越离不开缩略语的应用与交流，尤其是网络缩略语，其无论在形式上还是内容上都大大超过传统的书面缩略语。缩略语，作为人类语言的一种特殊方式，已成为一种促进社会发展的重要语言词汇和通用性语言，是促进人们表达交流的不可或缺的工具，在创造新的社会进步与人类文明、时代文化的过程中发挥着不可替代的作用。缩略语现象，也将成为当代汉语发展与研究的新方向。

3. 缩略语研究：缘于产生“非典”的故事

我对缩略语的研究产生兴趣，始于“非典”时期。

2002 年 11 月 16 日，广东省佛山市张槎镇弼唐乡一位乡干部突然发烧，住进了医院。随后，在广东的河源市、中山市也相继出现了类似病人，当时医疗卫生部门称这些人患的病为“不明原因肺炎”，又称为“非典型性肺炎”，后来的研究成果正式定为“传染性非典型肺炎”（严重急性呼吸综合征，SARS），是由 SARS 冠状病毒（SARS）引起的一种具有明显传染性、可累及多个脏器系统的特殊肺炎，世界卫生组织（WHO）将其命名为严重急性呼吸综合征（severe acute respiratory syndr）。当时，人们为了述说方便就纷纷把“非典型性肺炎”简称为“非典”。于是，“非典”这个名字也广为传播开来，并未引起歧义或误解，尽管有了后来世界卫生组织的正式命名，但无须纠正，只在医疗卫生专业界用语里存在。“非典”成为“非典型性肺炎”的缩略语，引发了我这个语文工作者的专业敏感性，突然生发了对缩略语的研究兴趣。这个既熟悉又陌生的语言现象，便成为我一直不弃不懈的探究课题。

随着缩略语的蓬勃出现，我们碰到了许多新情况、新问题，这就需要加以研究并解决。例如，认识缩略语的概念、内涵、特征和意义，掌握缩略语的缩略方式方法，科学而准确地使用缩略语，可以进一步提高学生的语言运用水平和表达能力，也能全面促进社会公民对母语的科学掌握及运用语言能力的提升。这就成为我国汉语言教学质量提高的重要标志与载体，当然也不失为我国当代汉语发展和改革的新方向。

二、汉语缩略语的发展背景、过程及发展特征

1. 汉语成熟的过程，实际上就是不断地简化的过程

汉语，有许多自身的特点，在世界上被认为“是智慧的语言”，仅“靠”几千个单字和若干条效率极高的排字规则，竟使汉语言词序多变，词汇竞生，使人们的语意表达越来越丰富，越来越准确、简练、生动。一句话，汉语越来越成熟。概言之，越简化就使汉语越深刻、越成熟与越丰富。为什么这种越深刻、越成熟、越丰富都来自“越简化”呢？这里就揭示了一种汉语发展过程的基本规律，即简化律。汉语的“简化律”不仅表现在整个汉语言发展过程中的一切方面，包括语音、汉字、词汇、语法等，更重要的还有一类被人们称为“简称”的词，其实这是汉语中的一种特定的“缩略”，这种缩略语，是指用简缩的方式或手段，将一些字数较多、结构较复杂的词或词语甚至句子等简化为较简单、明了的词或词组，形成一种“特定语”，与原来的词或词语、句子并存使用。

2. 汉语在简化的过程中逐渐形成了缩略语

现在，我们从古至今的汉语言发展变化及使用情况来看缩略语的形成。

古代汉语，一般是指五四运动前汉族人民使用的语言。古代汉语，使用的是文言文，单音节字词较多，已经是高度缩略了，但还是有句子成分的直接省略，如《曹刿论战》中有一名句叫“一鼓作气，再而衰，三而竭”，后两句就分别承前而省略了“鼓”字：再（鼓）而衰，三（鼓）而竭。（注：这里的“鼓”意为“击鼓”）这里虽然是一种句子用法上的省略，但可见古代汉语中也有“追简而略”的语言词语的出现。

现代汉语，是指五四运动以后汉民族使用的语言。广义的现代汉语包括汉语的各种方言，即不同地区的汉族人所使用的语言。这些语言都是汉语，只是在语音、词汇、语法等方面存在一定差异。而狭义的现代汉语则是指“普通话”，即“以北京语音为标准音，以北方话为基础方言，以典范的现代白话文著作为语法规范的现代汉民族共同语”。

现代汉语，使用的是白话文，文字篇幅变长，单音节字词减少，双音节词逐渐增多，词汇量也明显增加，于是人们为了表达交流的快捷方便，渐渐地把

一些长句长词语进行简缩，便自然而然地出现了一批较为标准的缩略语。例如：“五四运动”即为“1919 年 5 月 4 日发生在北京的一场以青年学生为主，广大群众、市民、工商人士等中下阶层共同参与的，通过示威游行、请愿、罢工、暴力对抗政府等多种形式进行的爱国运动，是中国人民彻底的反对帝国主义、封建主义的爱国运动”这一长句的一个缩略语，后来还有“反帝、反封建”的口号，“反帝、反封建”也就是“反对帝国主义、封建主义”的一个缩略语。五四运动还提出了“德先生、赛先生”，这虽然是指对民主和科学的一个形象的称呼，是五四运动重要的两面旗帜，但也是运用了缩略语的语言方式。Democracy（德先生）意为“民主”，“民主”是指民主思想和民主政治；Science（赛先生）意为“科学”，“科学”是指近代自然科学法则和科学精神。用“德先生、赛先生”这么简约、形象的缩略语，就表达了如此丰富的内容，可见缩略语的作用和生命力了。

当代汉语，从时段上一般指 1949 年以后的汉语言，这里又有两种说法：一是 20 世纪 50 年代至 70 年代末，二是 80 年代以后。我主张真正的当代汉语应该是指 80 年代以后的当代汉语。它使用的仍是白话文，但是多了几层语言意义及特征：一是有了普通话且与当地方言、本民族语言并存的“华语”时代，二是因改革开放与国际化而让大量的外来语言（尤其是英语），走进了当代国民语言的实际应用之中，于是形成了一个“大汉语”时代。各地方言、少数民族语言和外国语言，都有丰富多彩的缩略语，这无疑给人们表达交流带来了巨大的信息量，虽然快捷方便，但往往“消化”不良，渐渐地产生“被简缩”和“滥简缩”现象，于是一些欠规范、标准甚至产义歧义的缩略语便随之出现。

3. 汉语由单音词走向复音词的主体特征也引发了缩略语的发展

在汉语词汇发展的长期历史过程中，由单音词走向复音词，是其发展的一大趋势与特色。即上古汉语以单音词为主，现代汉语以复音词为主。据对《现代汉语词典》的统计分析（商务印书馆，1983 年版），该词典共收词目 56147 条，其中单音节词目 10540 条，占 18.77%，多音节词目 45607 条，占 81.23%。1983 年以后，我国随着改革开放，使汉语词汇系统又发生了很大变化，出现了大量的新词语，并直接产生了更多以双音节为主的复音词，这说明了当代汉语新词语仍是以双音节为主，这当然也就为当代汉语缩略语的产生提供了前提条件，促进了缩略语的发展。

4. 缩略语已成为一种重要的生命力很强的语言现象

在汉语中，缩略语在社会生活、生产中无处不在，发挥的作用越来越大，越来越被广泛应用。我们在表达和交流中，常常发现缩略语的妙用功能，感觉到缩略语更加便利、精彩与简约，充分认识到缩略语已成为一种重要的、生命力很强的语言现象。例如，在生活或工作中，当一个人发言啰唆、冗长、不着边际的时候，人们就不免催促：快些，短些，简单明了些，此时如果能马上改用一些缩略语来概括陈述，或者先前做好准备，运用缩略语来压缩篇幅，概括内容，那么表达效果就大不一样。

5. 缩略语让当代汉语的语义内涵有了突破性发展

其主要体现在以下几个方面：①正义词（正面意义）与反义词的换位运用（反其意而用）；②褒义词、贬义词、中性词的角色互换（主要从感情色彩来区分表达：褒义贬用、贬义褒用、中性两边走）；③原义词不断走向引申、发展、变化……单义词走向多义词；④缩略语的字简而意不减；⑤从字面意义读隐含意义、弦外之音；⑥既有确定义（定指向意义、能言传之义），又有模糊义（多为非确指意义，可以附加主观性意义等，或指只可意会而不能言传之义）。

如“三期叠加”，其实就是“增长速度换挡期，是由经济发展的客观规律所决定的；结构调整阵痛期，是加快经济发展方式转变的主动选择；前期刺激政策消化期，是化解多年来积累的深层次矛盾的必经阶段”的缩略语，高度概括了当前中国经济的阶段性特征。还有一个词叫“互联网＋”，即“互联网＋各个传统行业”的缩略语，但这并不是简单的两者相加，而是利用信息通信技术以及互联网平台，让互联网与传统行业进行深度融合，创造新的发展生态。

6. 缩略语已悄然成为当代汉语的缩略语现象

随着当代汉语的丰富实践，我们发现：一种缩略语现象已越来越明显地体现在人们的日常生活之中，大家一交谈、一读书报、一看影视、一上网，直面而来和充耳的总有几个缩略语，看来缩略语的应用交流越来越普遍、越流行，已经成为一种发展趋势，确实让人越来越不可离开了。我将其归纳为当代汉语的“缩略语现象”。

什么是缩略语现象？首先回答现象是什么，现象是指“事物在发生、发展、变化过程中所表现的内在联系性和客观形式”。它既是客观事物的表象，也包括客观存在的经验事实或“感觉材料”。那么，缩略语现象，则是指缩略语在当代汉语中已经悄然形成和表现为一种具有内在联系性和客观存在的语言形式。也就是说，缩略语已普遍地走进当今人们的生活、学习和工作之中，不仅成为人们表达交流的重要语言形式，而且影响人们的思维与生活方式，并形成一种语言文化乃至社会文化。

三、缩略语将越来越成为当代汉语的当家语言产品

1. 缩略语因高使用率而担纲当代汉语

我们通过调查发现，目前没有不用缩略语的地方和时候，缩略语已越来越多地把原有较复杂的词（或词语）给忘放或者替代，渐渐地从使用的高频率和活跃性走向了稳定性和主体性。

例如，“汉语”，本来是“汉族语言”的缩略语，而现在除了做学术研究等特殊情况以外，恐怕没有人再将“汉语”说成是“汉族语言”了。当然不知道“汉语”是一个缩略语的就大有人在了。有的在表达交流时一开始就制造一个缩略语，然后才述说原本义的长句子。

又如，手机，又名移动电话，可以握在手上的移动电话机，是便携式电话终端。本是指在较广范围内由手来使用的便携式移动电话终端，按常规简化方式则为“移机”，但偏偏取它的“手拿着使用的电话机”这一特定现象而简缩为“手机”，所以“手机”无疑也是一个缩略语。原来还有“大哥大”“手提”等名称，现在大家公认的是“手机”（拿在手上使用的电话机）。不过，现在手机又发展成为拿在手上使用的一部具有多种网络功能的微型机器。

2. 人们可以利用缩略语来更加丰富、深刻、整体地认识世界

在汉语中，缩略语运用越来越多，已成为一种重要的生命力很强的语言现象。例如，“改革开放”“一国两制”“三个代表”“‘十三五’规划”“中国梦”“两个一百年”“两会”“一带一路”“两个务必”“五讲四美”“四化”或“四个现代化”“亚投行”等。

现在出现一种很有趣的现象，在做词语解释时，人们通常把尚未缩略时的较长词语作为缩略语的解释。例如，什么是“十三五”规划？答：中华人民共和国国民经济和社会发展第十三个五年规划纲要，简称“十三五”规划（2016—2020年）。这种搬用缩略前的原话做解释（有的稍作修饰），无可厚非，表明了缩略语的内涵丰富、深刻与精练，同时还为缩略语解释找到了一个妙方法。这种解释，从表面上看是一种下定义的方法，其实是一种“寻根”还原释义法。寻根还原，即寻找它原来的未被缩略的较为复杂的词语（词组）。例如，“中华人民共和国”→“中国”，后者是缩略语中的“简称”词，但它仍与原有的“词”——结构较复杂、字数较多的全称“中华人民共和国”并存使用（并非同时使用），只是因语言环境需要使用者的不

同选择而已。

3. 缩略语应用将进一步促进人的语言修养和能力提升

实践表明，人们在缩略语应用中，均不同程度地锻炼了观察发现能力、快速反应能力、敏捷思维能力、创新发展能力和语言概括能力等。一个人如果对缩略语用得多、用得好，对一件事情、一个道理，能用自己的话、精简的话概括出来，就说明真正内化了、入心了，有了独特的感悟和看法，这里就有可能是运用特具功力的缩略语，将其表达交流出来。人们常说“浓缩的才是精华”，看来语言的精华也因于浓缩——缩略语，让你提升组织语言和驾驭语言的能力，体现较高的语言修养，让人感受到你是一位语言高手。

据了解，目前各种行业、部门和单位也都有缩略语应用的习惯，有的还编写了行业缩略语词典。据统计，目前出版的缩略语词典已有20多部，这些词典收录缩略语有的在8000个以上，最少的也有2000个以上。这足以说明汉语缩略语的数量之大、运用之广。现在，从政府工作报告到各种计划、总结、教师教案、考试试题、医师病历记录、专家学术论文、文学作品、个人日记乃至短信、微信、QQ聊天以及平时谈话等，都出现了大量的缩略语。现在有不少领导干部开会做报告，缩略语。例如，我今天讲“三点意见”，第一是传达纪委会议精神，第二是反“四风”，第三是“建章立制”，等等。其中的“纪委、四风、建章立制”，哪一个不是缩略语？更何况“第一、第二、第三”也是“第一点意见、第二点意见、第三点意见”的缩略语。

作为我国的国民语言——汉语，其缩略语显然已成为一种重要的语言形式。现在，从某种意义上说，缩略语成为当代汉语重要的当家语言产品的时代已经到来。为此，我们务必正确面对这种全新的缩略语现象，积极了解与研究缩略语现象的形成，探讨有关缩略语建设的发展性策略。

论缩略语的功能定位及产生原则

一、当代汉语缩略语：需要更加丰富而准确的功能定位

（一）当代汉语缩略语发生了功能的发展性变化

总体来说，缩略语现象的加速形成，无疑给人们的表达交流带来便利、简约。由于社会发展走进了快节奏时代，人类语言交流也产生了变化，如加速、

就简、概括，于是缩略语便大量地应运而生，但是，当今普遍与缩略语打交道的人在过去的学校教育中并没有学过缩略语，所以大多缺乏对缩略语的常识了解和使用能力的锻炼，这就难免会导致一些不科学的、非正常的缩略语悄然产生。例如，乱造、异变、盲跟、滥用、欠规范，等等。所以，现在的确需要引发一场缩略语的规范化建设和缩略语的科普活动，也十分需要形成一套相应的缩略语产生的原则，以便于人们正确运用缩略语和构造新的缩略语。

当代汉语缩略语的功能，因处于改革开放后所带来的外来语言和新兴的网络语言的特殊阶段，不仅从总体上体现了“语言表达的经济性原则”和“汉语词汇的双音化倾向”，显现了简洁明了、色彩鲜明、节奏明快的功能特点，还从内容、形式、效果等方面发展而形成了更为完整型、创新性、多元化的功能特色。所以，我们要给当代汉语缩略语的功能进行再定位。

（二）当代汉语缩略语发展的五大变化

1. 内含更加丰富 + 多彩

例如，“教改”“教研”“教科研”“德智体美劳”“高中部”“中考”“级组”“科组”“招生”“招聘会”“科技节”“CCA 课程”“微课”“微阅读”“人机对话”“读研”“硕博连读”“校外”“课外活动”“游学”等，都包含了很丰富的内容，有的还是由一段较长的话缩略而成的。例如，“两个务必”“三个面向”“四化”“五讲四美”等。

2. 形式更趋简明 + 活跃

例如，“南粤”“北上广深”“中大”“华工”“省厅”“市委”“区政府”“区教育局”“四校联盟”“野炊”“烧烤”“美食”“体检”“老爸”“阿妹”“师生”“教工”“工会”“教代会”“开发区”“自贸区”。有的还多级、多次、多元缩略。例如，中国共产主义青年团→“中国共青团”→“共青团”→“团”，“科学技术”→“科技”，“科技教育”→“科教”，“联合国教科文组织”→“教科文组织”等。又如，“中央电视台”，本就是一个缩略语，即中国中央电视台的简缩，但这还缩得不够，便又有了“央视”，后来还有了与国际接轨的英汉结合的缩略语——“CCTV1 综合”，其实全称是“中国中央电视台第一套节目综合频道”。

3. 表达更为便利 + 实用

例如，“人民教育出版社”→“人教社”，“人民教育出版社出版”→“人教版”，“全日制义务教育课程标准”→“新课标”→“课标”，“大一”，即指大学一年级，由此类推，便有“大二、大三、大四”等，均由“大学二年级、大学三年级、大学四年级”等词汇缩略而来；“中国中央电视台春节联欢晚会”→“春晚”，“中国中央电视台青年歌手大奖赛”→“青歌赛”。

4. 信息量更大+更新

人们在每天、每事、每处中只要交流与表达，就要碰到、用到缩略语，真可谓当今已进入一个缩略语时代。为了让大家在较快的时间里听得明白、看得清楚，表达者往往用一个缩略语来压缩其信息量。

例如，有一个地方政府就专以相关缩略语来解读2016年《政府工作报告》，让人一目了然，很好地把握了内容重点和精神实质。例如，

▲“四个全面”战略布局：指党的十八大以来，党中央从坚持和发展中国特色社会主义全局出发，提出并形成的全面建成小康社会、全面深化改革、全面依法治国、全面从严治党的战略布局。

▲供给侧结构性改革：即“供给侧+结构性+改革”，即从提高供给质量出发，用改革的办法推进结构调整，矫正要素配置扭曲，扩大有效供给，提高供给结构对需求变化的适应性和灵活性，提高全要素生产率，更好地满足广大人民群众的需要，促进经济社会持续健康发展。

▲“五位一体”总体布局：即经济建设、政治建设、文化建设、社会建设、生态文明建设五位一体总体布局。

▲脱贫攻坚“五个一批”工程：即发展生产脱贫一批，易地搬迁脱贫一批，生态补偿脱贫一批，发展教育脱贫一批，社会保障兜底一批。

▲教育质量提升“五大工程”：中小学教学质量提升工程、现代职业教育质量提升工程、高等教育质量提升计划、研究生教育创新工程、双语教育质量提升工程。

▲全面实现“五化”：新型工业化、农牧业现代化、新型城镇化、信息化和基础设施现代化。

二、缩略语产生原则：务必形成“双观+N项”体系

缩略语的产生，总体上会体现一定的规律和要求，这实际上就是人们常说的游戏规则。为了让缩略语的构造与使用更加科学和规范，就务必遵守缩略语的产生原则。对此，国内许多学者做出了可喜的研究，其中南开大学王吉辉、焦妮娜在《汉语缩略语规范原则（草案）》（载《术语标准化与信息技术》2009年第1期）中所提出的一些观点，以及所提出的有关缩略语的生成分项原则，均给我以很大启发，总体上赞同这类说法。于是，我参考其有关内容，

并加上自己的拓展研究和整体性构建思考，特提出了“双观 + N 项”的缩略语产生原则体系。“双观”：即指宏观上的缩略语基本性产生原则，是必达条件，起把握方向性的导向作用；微观上的缩略语特殊性产生原则，是自选条件，属于缩略语产生时所采用的各不相同的具体性技巧、方法和手段。“N 项”：即指在“双观”下各自所形成的若干项具体的缩略语产生原则。在这里，经过研究，我们已将前者总结了四项，将后者总结了九项。

（一）基本性原则：宏观上把握缩略语的合情合理

基本性原则，是指所有缩略语产生所体现的基本规律和要求，也是缩略语创造和使用都必须遵守的一般性原则，也就是务必遵守的刚性原则，以理性为主，兼之以习性。关于缩略语产生的基本性原则的制定，主要是从以下三个方面来考量：①现代汉语双音节化的整体趋势；②缩略语新特、多样化的构词方式促进了缩略语发展；③缩略语与原词语的关系，既保持对应性（理性意义的一致性，语言上的相关性），又体现再生性（多项缩略而生新词语，缩略语再生能力强）。

缩略语构造的基本性原则，目前已形成以下四条：

（1）必要性原则。必要性是相对于选择性而言的一种事物倾向，是达到一定目标所需要的条件、因素。具体来说，构造这个缩略语有没有必要，此时此处用这个缩略语有没有必要，等等，否则就舍弃。

（2）可行性原则。可行性是要求以全面、系统的分析为主要方法，围绕影响其的各种因素，论证其是否可行，主要是体现缩略语构造的合理性和条件可能性，以及可靠性、科学性等特点。具体来说，构造这个缩略语有没有可能、合不合理、科不科学，等等，否则就舍弃。

（3）经济性原则。经济性原则也叫最小性原则、最优化原则。经济性是指组织经营活动过程中获得一定数量和质量的产品与服务及其他成果时所耗费的资源最少。经济性主要关注的是资源投入和使用过程中成本节约的水平与程度及资源使用的合理性。具体来说，构造这个缩略语有没有达到最简化，是否用了最少字，等等，否则就舍弃。

（4）等义性原则。等义性原则也叫无歧义原则。等义性是指两个或以上的词的意义具有相同的特性。正是因为意义的所有方面都相同，所以缩略语和缩略前的原词语，在一般的语境中都能代替使用，或者还原使用，不会产生歧义，不被误解或闹出笑话，等等，否则就舍弃。

（二）特殊性原则：微观上调控缩略语的像模像样

特殊性原则，是指具体的缩略语构造过程中因不同的语言需要、语义环境、语言表达方式及风格特征的区别，而采用符合各自特点的不一样方法的具体原则，以实现各种缩略语产生过程的个性化和相对性。特殊性原则也可以称为技术性原则、微观性处理问题的原则。也就是务必遵守的柔性原则，以习性为主，但必须立之以理性。根据目前所出现的缩略语现象，缩略语构造的特殊性原则，可以归纳为以下九条。

（1）词义关联度及与原词语等义原则。该原则即从词语是否具有关联意义的角度去缩略新词语。因为汉语具有表意性特点以及缩略语的等义性要求，所以缩略语的构造要坚持词义关联度原则。例如，东莞市，它并不采用像广州、深圳那样用首音节缩略的“广、深”而非“州、圳”的方法——取“莞”去“东”，为什么？因为“东”早有“东方”之意，旁边还有“东江”之名，不足以表明其地方特点，同时东莞市区叫莞城，所以用“莞”来缩略，正好能体现有区分度的地域性和词义的关联性，于是“莞惠城轨”“潮莞高速”“莞香”（中国唯一以东莞地方命名的树木，又叫牙香树、女儿香）。

（2）首音节优先、双音节主导原则。这是从音节排序的形式上来进行缩略的较为普遍的做法，且约定俗成，以至成为一个原则。中国文化里有首者为大、首者优先的惯例，同时汉语有朗朗上口的音乐性特点，其中一个重要原因就是双音节字多，所以，现在大多数缩略语都是首音节和双音节。例如：非典（非典型性肺炎）、长途（电话）、哈佛（哈佛大学）、格力（格力电器股份有限公司）、北约（北大西洋公约组织）、高考（高等学校招生考试）、招生（招收学生）。我从广东省21个地级以上市的缩略语中发现，除东莞市以外，其他20个均取了首音节字，如广（州）、深（圳）、佛（山）、中（山）、珠（海）、惠（州）、梅（州）、河（源）、揭（阳）、潮（州）、韶（关）、清（远）、肇（庆）、云（浮）、江（门）、阳（江）、湛（江）、茂（名），即使是汕头、汕尾，宁肯相互重叠也还是各自缩为“汕”，谁也不愿意去做“头”和“尾”。

（3）中心词或主体特征词优先原则。例如，高等学校招生考试办公室，缩略时则抓住“高”“招”“办”这三个具有主体特征及体现中心内容的词而依序组合为一个新词语“高招办”，如果在校内还可进一步缩略为“招办”。又如，男童（男性儿童），抓住了“男”和“童”；女孩（女性小孩），抓住了“女”和“孩”；招工（招收工人），抓住了“招”和“工”，而不是“人”，（这里的“人”太空泛，缺乏主体特征）。

（4）多级递减缩略的有层次性趋简原则。例如：高等学校招生考试办公室→高校招生办→高招办→招办，这是一个四级递减而缩略的缩略语例子。又如，发改委→国家发改委→国家发展与改革委员会→中华人民共和国国家发展与改革委员会。可见“发改委”也是由四级有序递减缩略而成的缩略语。

（5）注意社会习俗、伦理和用语习惯的大众化接受原则，即“从众、从俗、从简、入流”的“三从一入”缩略原则。例如：港姐（香港小姐），即香港举行以“香港小姐”为主题的大型选美活动所评选出来的香港小姐的缩略，不能缩略为“香姐”“香小”“小姐”（内地也有把“小姐”视为不雅之称的习俗，所以不能随便叫）。

（6）表义明确、无念读障碍的语言得体原则。例如：我国农村曾有一句话叫“维护广大农村的稳定”，要变成缩略语，如果按照语序来依次缩略，就是“维农村稳”“维农稳”，但念读不畅，这就要调整一下词序而缩略为“农村维稳”，这样既好读，又使语义更为清楚明白、不含糊。又如：“广东省第二中医院”，为了表义明确、无障碍念读，在缩略时就要调整词序，按照“广东省中医第二院”的句式缩略为“广东中医二院”，否则就会产生歧义而变成“广东二中医院”（第二中学的医院）。再如：第一刑事审判庭，缩略时就要调序为“刑一庭”，而不叫“一刑庭”，这样才会语义明白，念读通畅。

（7）主次有别、先后切勿重复原则。例如：中国电信、中国移动、中国联通，均为中国电信集团公司、中国移动通信有限公司、中国联合通信有限公司的缩略语，但缩略原则都以其关联义为主：第一个是“电信”，第二个是“移动”，第三个却用前取主体词 + 挑取关键词而缩略为“联通”。

（8）数据式缩略语中“共同成分优先保留原则”。例如：三钱（专指中国导弹之父钱学森、中国力学之父钱伟长、中国原子弹之父钱三强，并称中国“三钱”，最初是由毛泽东主席喊出的“别号”，后被周恩来总理称为中国科技界的“三钱”）。又如：“创五新”教育，指的是基于教育综合改革的学校管理创新、德育创新、课程创新、课堂创新、校园文化创新的系列化教育创新工程，那么在将这一长句缩略时，就以“创”来领头，用“五”来概括，抓住“新”这一共同成分，于是一个新的缩略语“创五新”教育便诞生了。

（9）特定缩略语的特定使用原则。例如：有些缩略语外形一样，但在不同的时期和不同的语境中所指的含义是不同的。又如：“三个面向”，如果是教育，指面向现代化、面向世界、面向未来；如果指党风，是指面向群众、面向基层、面向生产。“三风”，可指学风、党风、文风，也可指官僚主义、宗派主义、主观主义。因此，缩略语的构造、理解及使用务必注意它所处的特殊时代背景和特定语言环境。再如：据我所知，目前我国有四所“南大”，天津南开大学、江苏南京大学、江西南昌大学、湖南南华大学，在各自特定的所在地方使用一般不会引发歧义，但是在国内表达交流时就需要调整了：天津南开大学和湖南南华大学就可以自动退出“南大”而分别缩略为“南开”“南华”，至于其他两所大学，那就看谁是最先缩略为“南大”，或者由它们协商而定。

在这里要特别指出的是，以上缩略语原则在操作中要视其具体实际需要而用，即基本原则要坚持，特殊性原则要灵活选用，与当时的缩略语构造实际相符合，一般情况下不能违反，但不等于条条都得得到运用或落实。

论缩略语分类的合“理”性及最优构造法

在我国当代汉语中，缩略语实际上已成为一种非常重要的语言方式和特殊语言现象，其特点就是把较长的或复杂的词语或句子通过缩略而简化成字数减少、意思更加明了的新词语，这是在特殊背景下和特殊语境下的简化语言的用法，是压缩固定短语或事物名称后而形成的语言结构，当然也就形成其自身特定的一套产生方式和构造方法，而且其产生方式与相应的构造方法往往是相匹配的。俞理明先生认为：以词语的形式和意义关系可变为基点，缩略是古今普遍存在的语言现象，口语中比书面语更多，语用性强。缩略是词语的形式的个别变异（以意义不变为前提），其变化以形式变化特征为基础，结构和意义的作用通过形式特征表现出来，力图通过形式特征来解释缩略的形成，并寻找缩略的一般规则。可以说，缩略语是一种以词语的缩略形式变化即字数缩略为特征的词语变异行为。现在，由于受改革开放和网络语言的兴起的影响，汉语缩略语更趋多元化和复合性，其产生方式和构造方法也在不断发展变化，要求更为完整、多元、精准和实用，以尽可能符合和体现缩略语构造的“理性”与“习性”原则及规律。因此，缩略语分类应讲求合理性，构造方法也应讲求最优化，现特提出缩略语分类的“四分式”和缩略语构造的“六构法”。

一、缩略语的分类形式应更趋合“理”性

目前，有学者把缩略语构造分成“理”性原则和“习性”原则，我觉得

颇有道理。而在实际构造过程中人们却多以“习性”为主，缺乏必要的学术道理的规范和导引，导致目前缩略语构造分类也往往“习性”化，如较多的人将缩略语构造分为“简称、非名词性缩略语、数词缩略语”三种。本人经过研究认为，这种分类形式让三者之间含义交叉、重叠，难以自圆其说，又加之对外开放和网络语言的兴起，当代汉语已越来越趋向速变性、多元化和复合性，已经呈现了更多的缩略语类型，使汉语缩略语的产生方式在不断发展变化，如果缺乏合“理”性的构造分类，反而会伤害缩略语的发展和正确运用。基于缩略语构造更趋合“理”性原则，笔者现对缩略语构造分类做出初步探讨，提出以下缩略语分类的“四分法”。

1. 名词性简称缩略语

据《现代汉语词典》的解释，“简称”是指“较复杂的名称的简化形式”，也就是把原词语的全称简化而成一个新的简语。简称，大都是选取名称中有代表性的语素或词。这是基于语言的经济性原则，以更简练、更经济的形式，凝聚起比原词语更丰富的信息含量，有效地增强了现代汉语词汇的表现力，跟上了现代社会快节奏的步伐。

简称是语言的经济原则、汉语的双音化趋势等原因造成的。例如：沧海桑田——沧桑、环境保护——环保、外交部长——外长、保证价值——保值、高等院校——高校。亚太地区（Asia & Pacific），是亚洲地区和太平洋沿岸地区的简称。亚太地区的地域概念有广义和狭义的区分，现多指亚洲东部、东南部及太平洋西南部，包括中国、日本、朝鲜、菲律宾、马来西亚、新加坡、印度尼西亚、泰国、越南、老挝、柬埔寨、澳大利亚等。中华人民共和国人力资源和社会保障部——人社部。

简称本来是全称的临时替代，在正式场合往往要用全称，但是有些简称经过长期使用，形式和内容固定了，便转化为词，全称反而很少使用了。例如：地铁——地下铁路、空调——空气调节器、广东卫视——广东省卫星转播电视频道，高考、中考——高等院校招生考试、中等学校招生考试（有时还专指高中招生考试或初中毕业考试等）。这些词在本行业中常用，也随之因考试涉及社会面广（千家万户），逐渐被学生家长、政府官员和新闻媒体所接受使用而流行。

简称有些还形成了系列化、常态化。例如：中高、小高——中小学教师职称中的高级教师即“中学高级教师”和“小学高级教师”，并由此产生一连串职称词汇中的同类缩略词，如中一（中学一级教师），中二（中学二级教师），中三（中学三级教师），小一、小二（小学一级教师、小学二级教师），等等。

2. 非名词性缩略语

非名词性缩略语即对一些表复杂事物或复杂事件的非名词性的复杂词语（如动宾结构短语、修饰性结构短语等）进行简单述说。例如：非公党建——"非公有制企业单位党的建设"。这是缩略语的典型形式，要知道它的特定含义和缩略方式，才不会引起歧义，所以这样的缩略语，刚开始出现时往往会引起歧义或不理解，见得多了且知道其特定语境了方可避免。入世——"加入世界贸易组织"，迎新晚会——"欢迎新生联欢晚会"。

由于非名词性缩略语不能取得词的资格，只能算作短语一类，所以这一类缩略语中有不少后来渐渐地形成固定的一类，可以直接使用，不必也不好还原回去。例如：反腐倡廉——反对腐败、倡行廉洁。游学——旅游学习、旅游中学习、旅游式学习、游动式学习；课改——"课程改革"，现在一般专指从2001年开始启动的我国新一轮课程改革活动；经济社会发展——经济发展与社会发展在、"经济社会发展"现在在一些政府文体、报告和新闻中几乎成为一个常态词语，但如果未知其内涵就往往引起歧义，产生模糊理解：是"经济与社会两方面发展"，还是"经济的社会发展"，显然目前是对前者意义的表述。

还有一种侧重于"蒙后"式的缩略语（承蒙后面已有的重复字而省略）。例如：好不好看（好看不好看），五六十年代（五十年代、六十年代），回不回去（回去不回去），房地产（房产地产），等等。

3. 数括式缩略语

数括式缩略语即以数字再加上相关关键词，将丰富的语意加以简化概括而成的新词语。包括三种类型：

（1）以计量数词概括具有某些相同特征的人、物、事以及意识、精神等。

例如：三好学生——在"德、智、体"三方面都很好的学生，也指"全面发展"的优秀学生。三好学生最先是由团中央对学生授予的一种荣誉，后来被各级教育行政部门和学校广泛采用；四有新人——有理想、有道德、有知识、有纪律的人的简称。

又如：一个中心两个基本点——一个中心是坚持以经济建设为中心，两个基本点是坚持四项基本原则、坚持改革开放。三个面向——教育要面向现代化，面向世界，面向未来。这是1983年9月，邓小平同志为北京景山学校的题词，1985年5月27日《中共中央关于教育体制改革的决定》再一次提到，"教育必须面向现代化，面向世界，面向未来"。这是根据中国社会主义现代化建设新时期的总线路、总任务，对教育战线提出的战略方针和教育发展方向。亚洲四小龙——20世纪60年代以来亚洲新兴工业化而经济高速增长的四个国家和地区：新加坡、韩国、中国香港、中国台湾。

还有，古人总结的二十四节气——二十四时节和气候：立春、雨水、惊蛰、春分、清明、谷雨、立夏、小满、芒种、夏至、小暑、大暑、立秋、处暑、白露、秋分、寒露、霜降、立冬、小雪、大雪、冬至、小寒、大寒。它是中国古代制定的一种用来指导农事的补充历法，是汉族劳动人民长期经验的积累和智慧的结晶。由于中国古代是一个农业社会，需要严格了解太阳运行情况，农事完全根据太阳进行，所以在历法中又加入单独反映太阳运行周期的“二十四节气”，用作确定闰月的标准。中国正统的二十四节气以河南为本。中国农历是一种阴阳合历，即根据太阳也根据月亮的运行制定的，因此加入二十四节气能较好地反映出太阳运行的周期。

（2）以时间数词简化记录在特定时间发生的特定事件。

例如：五四运动、六十大庆、九三大阅兵、十一届三中全会、十八大、两会、十一黄金周、两伊战争、一二·九运动；一国两制——一个国家两种制度（社会主义制度和资本主义制度），它是邓小平同志提出来的解决中国统一问题的构想，并且已经成为中国政府的一项长期不变的基本国策，而绝不是权宜之计。

又如：普九——“普及九年义务教育”，是我国基础教育中的一项重要教育政策或行动措施（指在一定时间内对我国公民普及实施由小学至初中共九年的义务教育）。高考3 + x方案——广东省原高考模式:“3”为考语文、数学、英语,“x”为文科综合/理科综合中任选一类。

3 + x + 1模式——“3”指语文、数学和外语三个科目,是所有考生的必考科目;“x”指文科综合或理科综合。文科综合包括政治、历史、地理三个科目的必修内容和部分选修内容；理科综合包括物理、化学、生物三个科目的必修内容和部分选修内容。报考文史类、文科艺术类的考生须参加文科综合的考试，报考理工农医类、理科艺术类、体育类的考生须参加理科综合的考试。“1”指基本能力测试项目，内容涉及高中课程的技术、体育与健康、艺术、综合实践等以及运用所学知识解决生活和社会实际问题的能力。所有考生都参加基本能力测试。

4. *以序数词说明某种有时间或空间关系的事物或情形*

例如：“一慢二看三通过”，这里的“一、二、三”，则分别是指“首先”“接着”“然后”这一系列的序数转义的缩略；又如：“四、三、二、一，开始”，则分别是对数多少下的量词“下”的“四下”“三下”“二下”“一下”

的缩略；再如：“讲三个问题：一是、二是、三是”，则分别是对“第一个问题”“第二个问题”“第三个问题”的缩略。

5. 号码图案式缩略语

常用的是将标点符号、字母、图案及其他特殊记号等充作一种具有语言意义而形成的缩略性词语，使词义发生更宽、更多或者更含蓄的意思，充分表明号码语的使用功能。

例如：有人问对方：? 对方回：! 这里的“?”和“!”就是“来了没有”和“已来”的缩略语。又如：篮球赛场上“8号上、5号下”中的8号、5号则是此时运动员的特定称谓的缩略语。再如：餐厅里“A来了，B走了，A、B没碰上”，其中的A、B也是特定称谓的缩略语。

下面就是目前网络上流行的一些有关微信及聊天的图案式缩略语：

	/呲牙	/::D		/咒骂	/::-s
	/惊讶	/::O		/疑问	/:?
	/难过	/::(		/嘘	/:,@x
	/酷	/::+		/晕	/:,@@
	/冷汗	/:..b		/疯了	/::8
	/衰	/:,@!		/篮球	/:basketb
	/骷髅	/:!!!		/乒乓	/:oo
	/敲打	/:xx		/咖啡	/:coffee
	/再见	/:bye		/饭	/:eat
	/擦汗	/:wipe		/猪头	/:pig
	/抠鼻	/:dig		/玫瑰	/:rose
	/鼓掌	/:handclap		/凋谢	/:fade
	/糗大了	/:&.(		/嘴唇	/:showlove

二、缩略语的发展需要最优化的缩略语构造法

我经过研究认为，汉语缩略语的产生方式是不断发展变化的。尤其是受改革开放和网络语言的兴起的影响，当代汉语的产生方式更趋多元化和复合性，使缩略语的构造方法也更为精准、实用、完整。现在，我做出初步总结和整理，归纳为缩略语最优化构造的“六构法”。

1. 略取法

略取法，即节略与摘取之法。节略指“概要、摘要、省略”之义；摘取指“选摘采取”。略取即用节略与摘取的方法将原语句中的某些字词去掉，从而简缩成一个新的词语。它有以下几种具体的节略方式：

一是取前去后。例如：清华（清华大学）、新疆（维吾尔自治区），新疆还有二次缩略即简称“新”；又如自上而下的“流水式”缩略：中国（中华人民共和国）广东（省）佛山（市）顺德（区）大良（街道）嘉信（城市广场）等。

二是取后略前。例如：国务院（中华人民共和国国务院）、教育部（中华人民共和国教育部）、党校或中央党校（中共中央党校）、共和国（中华人民共和国）、民国（中华民国）等。

三是隔字拈取。例如：北大（北京大学）、国企（国营企业）、民企（民营企业）、私企（私营企业）、央企（中央企业）、海归（海外归来）、职高（职业高中）、邮编（邮政编码）、推介（推荐介绍）、航母（航空母舰）、苏杭（苏州杭州）、明令（明确命令）、电商（电子商务）、副高（副高级职称）、高讲（高级讲师）高工（高级工程师）等。

四是去同取异。例如：司局级（司级、局级）、硕博连读（硕士学位和博士学位连续攻读）、专升本（大学专科升读大学本科）、中小学（中学小学）、中小企业（中型小型企业）等。

五是留首字+关键字、要素字等，这一类最多。例如：贩私（贩卖走私物品）、改制（改革企业所有制形式）、博导（博士生导师）。又如：微时代（以微博作为传播媒介代表且以短小精练作为文化传播特征的时代）、微创（微创手术→微小创口创伤的医学外科手术治疗），还有微信、微电影、微调、微课程等。

2. 另缩法

另缩法指将原语句的意思在不违背原语境之下而重新缩略出一个既简约又

等义的新词语。例如：将“中国人民银行”另缩为“央行”，既不叫“中行”，也不叫“中银”，它实际上隐含了“中央人民政府的银行”之义。这种用另一个词替换而缩略成的新缩词，完全与原句的意思保持一样，甚至还表达了一层更为精准的内涵之义。这种另缩法现在也广为用之。例如：“中华人民共和国”，通常缩略为中国，但也有另缩为“国家”“祖国”，而“国家”和“祖国”也同样能精准地表述与“中华人民共和国”同样的意思，甚至还赋有更深远的情感含义，而不仅具有字面意义。又如：“养心”，其原本词语为“保护心脏”，但并不缩略为“保心”或“护心”，而是用了另缩法。表明心脏不仅需要保护，还需要保养，这里的“养”据说还有心理平衡的重要方法的意思。再如：上海市，很少看到缩为“上”或“海”的，而是另用它的别称“沪”来产生缩略语——京沪高速、沪昆高铁、沪港通等。

3. 数括法

数括法指用数字或数量词再加上一个相关词的方法，将一个较长的词语乃至一个句子、一段话概括成一个新词（语）。例如：党的“一大”，全国“两会”；“一带一路”；“两弹一星”；和平共处“五项原则”；等等。又如：“一日三餐”，即指一天中的早餐、中餐、晚餐；“三好学生”，是中国的学校给予被评选出来的优秀学生的一种荣誉称号，“三好”即指思想品德好、学习好、身体好。“三好”最早是由毛泽东主席提出，1954 年北京各地相继开始评选“三好”学生，最终于 1955 年 2 月和 5 月，由教育部以“身体好、功课好、品行好”而分别正式写进《小学生守则》和《中学生守则》，于是 1955 年开始出现“三好学生”概念。

数括法中有一种数列式缩略语，即将两个本不相同的语义成分通过用两个数字间开并列，构成一个新的表达方式的缩略性词语。例如：“三教九流”“四书五经”“三从四德”“三纲五常”“三吏三别”“三皇五帝”“三言二拍”“三严三实”等。它在汉语缩略语中生命力最强、使用频率最高，其中有一个重要原因是发展变化而成为一种“转义型”的缩略语，不仅有其本义的缩略，而且有了引申义、比喻义，后来发展到对本义无从也无须解释，直接理解其引申义、比喻义。

▲三教九流：三教，原指先秦时期三大传统宗教：儒、墨、道；西汉末年，佛教传入中国，加之墨教消亡，故三教逐渐改称儒教、道教、佛教。所谓的九流，实际上是指上、中、下三等。三教之中三等人，自然三三得九。至于上中下九流之说，则是源于《汉书·艺文志》，此中将天下学说分为九流十

家，分别指：儒家、道家、墨家、法家、名家、杂家、农家、纵横家、阴阳家，再加上小说家。旧指宗教或学术上的各种流派，后来也泛指社会上各行各业的人。

▲三皇五帝，有两种含义：一是指历史人物。三皇，指燧人氏（燧皇）、伏羲氏（羲皇）、神农氏（农皇）；五帝，指黄帝、颛顼、帝喾、尧、舜。其实三皇五帝并不是真正的帝王，指的是原始社会中后期出现的为人类做出卓越贡献的部落首领或部落联盟首领，后人尊称他们为“皇”或“帝”。道教把他们奉为神灵，以各种美丽的神话传说来宣扬他们的伟大业绩。二是指历史时期，即“三皇五帝时代”，又称“上古时代”“远古时代”或“神话时代”。

▲四书五经：四书亦称四子书，即《大学》《中庸》《论语》《孟子》；五经指《诗》《书》《礼》《易》《春秋》。后来统指儒家经典。

4. 字母法

字母法指用字母替代的方法来表示被缩略的词语。例如：A 单元即第一单元，B 座即第二座（房子），C 门即第 3 号门；WC 即厕所；MBA 即工商管理硕士、MPA 即公共管理硕士学位、EMBA 即高级管理人员工商管理硕士、JM 即法律硕士；CEO 即首席执行官；UN 即联合国；UNESCO 即联合国教育科学文化组织（也叫国际文教组织）等。

5. 英译法

英译法指直接来自英语的缩略语（英语由于是拼音文字，缩略语较多）。例如：WTO 即 World Trade Organization（世界贸易组织）的缩略语，NBA 即 National Basketball Associalion（美国男子职业篮球联赛）的缩略语。这是受外来拼音文字的缩略语的直接影响，将有关语词的缩略语词移植而译成汉语缩略语。

例如：WTO 即世界贸易组织的缩略语，后来又将“世界贸易组织”进行二次缩略和三次缩略，分别称“世贸组织”和“世贸”；在拼音文字中，缩略语运用较多。在英语中一个英文缩写词可以用任何方法缩短，再将其通过一些字母部件绘制在一起。在英语中，缩略词通常指一个多音节的词扔掉一个或几个音节变成的词语，如 PHOTO 就是 PHOTOgraph 的缩略词。缩略词也可以是省略后面几个音节，只保留前面，这种方法是最常见的，如 intro 是 introduction 的缩略词。也可以省略前面的单词，如 chute 是 parachute 的缩略词。除此之外，还有一些其他的保留中间音节的缩略词，如 flu 是 influenza 的缩略。还有中选取某个词条中各个单词的首字母，组成的大写词，如 WTO（World

Trade Organization)。

6. 复合法

复合法有两种方式，分别如下：

一是将字母或数字和汉语字混合起来形成新的简缩词语。例如：3 + x 高考模式、3 +3 新高考模式、恒大 VS 德胜、9 +2 泛珠三角、GDP 指标、PM2. 5 指标、G7 峰会、G20 峰会、CCTV2 财政、CCTV4 国际、CCTV5 体育、IT 人才、IP 课程、CCA 课程、中国制造 2025、德国制造 4. 0 等。

二是借其他的缩略语进行类推，进而造出一个新的简缩词语。例如：超女——本是湖南卫视 2004 年开始举办的《超级女声》的娱乐赛事活动中对“超级女声”的简称，后来成为参加“超级女声”赛事获奖的歌手的俗称。有趣的是，有人仿照“超女”而新造了缩略语。例如：文化“超男”——文化上“不一般的超常男人”。

以上缩略语的六种缩略方法也并不一定完整，但表明当代汉语缩略语，受改革开放和网络语言兴起的影响，产生方式方法的确在不断发展变化，已越来越趋向多元化和复合性，这样也使缩略语的构造更有生命力，更有广阔的发展和应用前景。

论缩略语规范化及缩略语教学

过去，我们在汉语知识的研究和教学中忽略了缩略语，这是一种失误和偏见。随着汉语世界化和现代化的进程加快，缩略语现象给当代汉语带来了许多研究内容与发展机会。目前，最要紧的是加强缩略语规范化建设和开展缩略语教学。

当前的缩略语现象，虽然让缩略语为人们的表达交流提供了方便，但是也让缩略语自身遇到了许多难以自圆其说的问题，常常处于尴尬的地位。为此，倡导立足于语文教学的“语言本位”，有必要从缩略语的发展性理论角度来分析有关“现象”，解决有关“问题”，寻找有关“策略”。

一、社会发展变化促进了缩略语现象的产生

1. 当代中外文化交流频繁使我国语言生活中缩略语被大量使用

过去，由于中华文化的传承和汉语文言语汇的精练及使用习惯和汉语的表

意性方块字特征等，我国汉语言缩略语一般是处于含义明确、缩略形式相对规范、使用相对正确和数量较少的境况。但是，近几十年来，基于我国改革开放和全球一体化的语言背景，以及诸如英语语言（缩略语等）普及对汉语冲击和渗透吸收的力度加大，汉语言缩略语也因此大量地出现和被使用。由此可见，缩略语，作为全称或原型词的简化变体和词汇系统的特殊聚合现象，已经成为新时代各民族语言的一大特征，成为新时代一大新的语汇现象。所以，缩略语的发展变化碰上了新的宏观背景和适宜土壤。

近年来，英语缩略语的强劲输入，无疑对汉语言地区产生了较大的冲击波。由于两种语言的缩略方法不太一样，又加之英语缩略语数量巨大，且还在不断地生成之中，出现不少尚欠规范的缩略语，使汉语言地区的人们在使用时产生误导、误用等，客观上造成了使用效果欠佳的问题。为此，2010 年，中央电视台明令禁止在电视节目中使用英语缩略语，如先前被广泛使用的“NBA”被改称“美国男子职业篮球联赛”。当然，我们不排弃外文缩略语的输入，反对的是不加翻译直接混入汉语中的外文缩略语，要鼓励对外文缩略语进行恰当的翻译后再使其进入汉语词汇，对外文缩略语进行限制与规范，维护汉语纯洁性。

2. 网络语言与网络文化促进了缩略语的蓬勃发展

随着网络的发展，人们的语言行为发生了短平快的变化，网络与语言的结合带来了网络语言与网络文化的兴盛，其中最明显的就是缩略语越来越广为应用，于是形成了一种缩略语现象。从网络语言看汉语缩略语现象，不仅发现了许多新的缩略语，而且发现了新的缩略特点和新的产生方式，让缩略语在人类生活或事物发展变化中所表现出来的言语形态，已成为一种新常态。例如：软件、接收、信号/噪声、服务区、射频、脉冲幅度等。

3. 汉语自身特点让缩略语出现了“速变现象”

由于汉语言是融音、形、义于一体的表意文字，它以“表意”而形成世界其他语言种类所无法具有的显著优势与特点。例如：同音字、多音字、形似字，再加上同形异义、同字多义、古今词义变化、地域性词义异解等。这表明汉语丰富多彩，给汉语词的表意（义）带来多元功能与多元形式，对人们表达各种思想、交流各种意见起到了很好的作用，甚至使人们一些意外的收获。

4. 汉语言地区人们对缩略语的过度追捧导致缩略语出现了“异变现象”

时空变迁和社会发展以及各种文化彼此交替或融合，使缩略语到了一个高速发展变化的时期，再加上人们运用和创造缩略语言受当时文化水平、专业限制和语言传统习惯等的影响，使缩略语出现了一些“异变现象”。这种缩略语的“异变现象”，可以说是一种语言发展的表现，一般没有对错之分，只有可否之分。这启发我们对缩略语提出了新的定义。有人认为“语言表达的经济性原则”和“汉语词汇的双音化趋势”是产生缩略语的主要原因；也有人认为：“压缩”“节略”“统括”不完全是产生缩略语的主要方式，还有更多、更复杂的多种缩略语的产生特点及相应产生方式。

二、目前缩略语的非规范现象及其带来的危害

（一）目前缩略语的非规范现象

目前缩略语非规范现象呈蔓延趋势，应该引起反思，并加以克服。这一现象主要有以下五种情况：

（1）任意生造。任意生造虽然符合缩略方法，但因任性造而产生歧义。例如：由“京剧迷”而任意生造缩略为“京迷”“剧迷”，由“发生困难”而任意生造缩略为“发困”“发难”，由“中山大学”而任意生造缩略为“山大”“中山”。还有公交（公巴）、流动性盲人（流盲）等。

（2）洋化过重。洋化过重即过分受西洋文化或网络语言的影响而让汉语缩略语变得不伦不类。例如：美媚（漂亮女生）、BT（变态）、PMP（拍马屁）、GF（女朋友）、菜鸟（差劲的新手）、PK（竞赛），以及派对、3C购物节、超级秒（杀）、三波抢、下单立减、京东闪购等。

（3）误用类推。误用类推即根据已有的缩略语的缩略方式类推所造成的新词语让人理解失误。例如：大巴、中巴→小巴；小车、大车→中车；爸爸（老爸）、妈妈（老妈）→外公（老外、老公）；中学小学（中小学）→大学中学（大中学）；幼儿园与小学衔接（幼小衔接）→小学与初中衔接（小初衔接）→初中与高中衔接（初高衔接）→高中与大学衔接（高大衔接）。可见这几个词语中的类推缩略语明显有歧义。

（4）滥变语义。滥变语义不遵守汉语的语义原义而胡编滥造出一个新词语，让人费解。例如：年轻人（小P孩）、蟑螂（小强）、喜欢（稀饭）、悲剧（杯具）、本姑娘（本菇凉）、V587（威武霸气）等。

（5）超范围使用。超范围使用指对一些本地域、本行业、本部门、本圈内的特定性缩略语，进行超出所在范围的使用而导致错误或引发歧义。例如：中大（中山大学）、华工（华南理工大学）、广外（广东外语外贸大学）、暨大（暨南大学），都为广东省内大家所熟知而非歧义的大学校名，但前两个如果

超出广东、放在国内使用就会与其他以“中”字、“华”字开头且如此缩略的大学校名而重复，以致产生歧义。

（二）缩略语非规范现象带来不可忽略的危害

可见，这些问题给正常的缩略语使用带来不利，影响了人们的表达交流，也削弱了汉语言的健康发展和应用价值，导致了许多表达欠准、失误问题的出现，影响了语言的表达和交流，还搞乱了思维，影响了整体语文学科素养的培育。因此必须引起重视并加以解决。据调查了解，其错因归纳起来至少有以下几种：

一是人们对缩略语真正有所了解的很少，更不要说对缩略语有规范与科学的运用素养和能力，所以就谈不上如何正确应用，于是给人们带来了许多认知、理解与应用上的困难和麻烦。纵观我国长期的语文教学，基本上是对这种司空见惯的语言现象形成了一个“失教、失学”的不管地带，导致了缩略语非正常现象的产生。由于中小学语文课长期没有设置“缩略语”这一语言知识点，使“缩略语”教学被忽略，使汉语“缩略语”常识未能得到普及。

二是汉语自身特点给人们在缩略语学习、运用上带来一定的难度。这种难度难就难在音多、形似、义杂，特别是语义的复杂性，给理解、解释与运用及生产新词语带来极大的不确定性，以致产生诸如用错含义、引发歧义、望文生义、望字生义的错误。

三是盲目跟风，过分时髦，以编撰一些“雷人”的怪异缩略语为爽。

以上问题与原因，最终造成缩略语现象的基本局面是：一边是对缩略语的“热用”与“追捧”，一边是对缩略语知识的“冷视”“冷漠”与“不知”。

以上问题表明：加强缩略语的规范化建设势在必行。对非正常的缩略语加以认识与纠正，提高缩略语使用的规范化水平，是加强缩略语规范化建设的当务之急。首先，提高全民认识，靠全社会的高度重视，共同自觉地维护祖国语言文字的健康纯洁发展；其次，建立有关缩略语的规矩和范式，不仅将其看成一个纯语言的学术问题，而且要与人的语言伦理道德、社会言语风范氛围等问题联系起来；最后，加强缩略语教育，普及缩略语的规范化常识。

不能不引起我们思考：一是语文课应适当地开展关于“缩略语”教学，以切实解决语文学科长期对缩略语的“失教、失学”问题，让缩略语成为学生正确理解、运用和科学发展语言的新的语文学习内容，从而学会语言规范，进一步提升语文学科素养；二是要加强对缩略语的学术研究，以提高对当代汉语缩略语的新情况、新问题主动研究和科学应对及有效解决的能力。

三、开展缩略语教学的初步建议

据调查，目前中学生接触和运用及创造缩略语的现象很普遍。语文以及其他教材中的缩略语均大量增加，在课外读物及网络作品中更是随处可以碰到缩略语，而且学生也自觉不自觉地在运用或创作缩略语，学生的作文、微信、QQ、学习笔记及个人日记等，都有缩略语，连大多数的高考、中考优秀习作中也同样出现了一批用得很好的缩略语。学生用好了缩略语，的确能使说话和文章出彩不少，能显示语言简洁、内涵丰富、信息量大、概括力强的特点；有的还由于掌握了缩略语的知识及使用方法，在阅读理解方面也比一般人要准确、到位、深刻些；有些学生在组织答案时，由于学会用缩略语的方式来撰写答案，既节省时间，又对准答题要求，做到用最简缩的关键语或中心词及主体语来一一对应“采分点”，这样就显得快速、简约、精准、大气。

鉴于此，我们应开展并加强缩略语教学：

（1）加强缩略语知识的普及教学。首先，在语文学科教学中，结合语言教学积极引进缩略语概念，树立缩略语教学意识；然后，在涉及缩略语成分的文本解读和习作讲评时，向学生加强有关缩略语常识的教学，让学生了解和用好缩略语，学会如何正确、规范地创造缩略语。

（2）开设关于缩略语的校本课程。为进一步系统地推行缩略语，激发更多的人对缩略语产生更深入的学习兴趣，可以创造条件，将缩略语拓展开发为一种具有独特特色的校本课程，开展既有理论又有实践的课程化的缩略语学习活动，让学生享受更加全面、系统、规范、深入的缩略语教育，让其中优秀者争取成为缩略语专门人才。

（3）举办有关缩略语的竞赛活动。与汉字听写、成语、谜语、对联、诗词、习作等一样，将缩略语也列入学科竞赛活动，或者开展有关缩略语的收集、整理、解释、纠错及创用的评优活动。

（4）创造有关缩略语的良好环境。建议整个社会，特别是学校各种教育教学活动及学科教学，都为加强缩略语的科学创造和规范运用出力，为学生创造一个良好的缩略语运用环境，提高缩略语的运用质量。

总之，当代汉语的缩略语现象已经悄然形成，缩略语已毫不犹豫地走进人们的生活、学习和工作之中，不仅影响人们的表达交流，而且影响人们的思维与生活方式乃至社会文化。我们必须面对，除了欢迎以外，还要树立正确的科学的缩略语意识、概念，坚持良好的、规范的缩略语语用行为，以发挥缩略语简便、快速、包含性强的积极作用，也要纠正它因缩略不当而带来的歧义或者生造过分而产生的负面作用。如何看待缩略语和发挥它的正能量，以强化缩略语的科学性，将成为当代汉语建设的一大发展点。有效处理缩略语社会“热用”与语文课程“冷视”之间的矛盾，将成为当今语文教学不可回避的问题。让缩略语教学进课标、进教材、进课堂，确有意义。为此，要继续开展对它的研究。

语言修养之“理”性
——“语变学”的学科建设及教学

【引言】

人类语言都在发展变化，而发展变化所产生的新词语，有的因为新锐、陌生而一时并不被认为正确，有的虽不恰当但因为约定俗成而渐渐地被接受且广为传播，即为语言特殊变化现象的“语变词”。

为此，坚持语文教学的“语言本位”观，基于语言修养的“理”性，让语言变化符合一定的科学性及规律，有必要构建一门“语变学”，开展关于“语变学”的调查、论证和评价、异变语言分析与矫正的研究，全面而科学地了解其产生的背景、内涵特性、功能作用、使用情况、评判优劣和合理性以及提出建设性意见，使其走向辩证性、合理性、可行性的常态语。

“语变学”，是指对语言特殊变化现象及其应用情况进行合理性分析，做出可行性判断和完善，以致实现合乎规律的规范性发展的学问。其特征就是“语变”的科学和科学的“语变”，所以也叫“语变论”。“语变学”的未来是“语辩学”。

基于语言修养“理”性的语言异变问题研究

一、问题的提出

国家最新发布的《语文学科核心素养》，第一项就是“语言建构与运用”，明确指出：

"语言建构与运用是语文核心素养的重要组成部分，也是语文素养整体结构的基础层面"。"学生语言建构与运用的水平是其语文素养的重要表征之一"。"语言建构与运用是指学生在丰富的语言实践中，通过主动的积累、梳理和整合，逐步掌握祖国语言文字特点及其运用规律，形成个体的言语经验，在具体的语言情境中正确有效地运用祖国语言文字进行交流沟通的能力"。"并能在语言实践中自觉地运用"。

由此可见，"语言建构与运用"就是一种语言修养，更是一种语言修养的"理"性活动。为此，在语文教学中务必坚持"语言本位"观，让语言在语文教学中形成本该有的绝对本位，再由此辐射或发展到阅读和写作之中。这才是最为全面、科学而正确的语文本位论。

可以说，语文教学首先离不开的是语言教学，尤其是我国以汉语为标志的语文教学，是以一种音、形、义、统一的表意文字的言语学习的教育，更具有言语发展变化和言语生命的意义，也就更加自然地体现了一种"语言本位"的特征。也许有人要说，语文课不就是读书、写作吗？这话的确没错。但是，靠什么去读书和写作呢？其答案是非常明确的，那就是语言。是语言产生了读书和写作，让读书和写作成为可能。语文课，与其说是读书，不如说是一种言语活动：见语知意，因言解义；语文课与其说是作文，不如说是另一种言语活动：用语表意，据言达义。读书和写作，其实就是语言活动，也在进行"语言建构与运用"。

所以说，语言的运用以及言语活动，才是读书和写作的根本，进而也就是语文教学的根本。概言之，从表面看去，语文课是在读书和写作，但实际上是在教学生如何理解语言、运用语言、发展语言。所以，学阅读、学写作，实际上是学语言，学语言的力量，学语言所体现的思想感情和语言应用方式，学语言在为人们交流和表达中的发展变化与真情实感。也就是学会"在丰富的语言实践中，通过主动的积累、梳理和整合"，掌握语言运用规律，形成言语经验和语言文字能力。如果连一些有关语言发展变化的现象和规律都不知道，连最基本的言语经验和语言运用能力都不具备，又何谈读书和写作呢？这就是我关注和研究当代汉语言的发展变化及规律的主要动因。

那么，基于语文核心素养的语文教学及其语言教学，为此而提供一些恰当的切入口就显得很重要。据初步研究，我认为，当前所出现的异变语言现象并由此引发的语言异变问题，便是一个不可忽略而需要加强认识和解决的切入点。

二、当前异变语言的表现类型及例析

（一）错就语

有一个成语叫“将错就错”，意即“既然已经做错了，索性顺着错的做下去”。“错就语”这一概念就取其意而新用之。错就语，看起来是有某种语法错误，但大家一交流也并无多大妨碍与歧义，而且说得多了，广泛流传开了，也就习惯成自然，久而久之便被认可。当然，起初说出来时，听着有些别扭、不习惯，但逐渐地也就被接受了。因为这种错误是相对某种语言规范而言的，特别是对一些方域性语言、行业性语言，以及欠规范的个人的“口头禅”和习惯性用语，甚至某些人的个性化语言等，则是很难评判为欠语言规范或正确的，只有先去“将就”地听，听多了，听惯了，也就听懂了，懂了就等于交流无碍，沟通顺畅，无歧义，那么语言的功能也就实现了。而且这一类语言，在某种特定情况下又往往很难用其他较为正确的语言来替代，或者一一对应，所以也就自然成了“错就语”。

我们对错误要树立新的错误观。错误其实也是在一种相对评判标准下而存在的，昨天可能是错的，但今天可能就没错了，或者是认知水平高了、认知角度变了或评判标准改了。还有一种情况是，只要不是原则性错误，能够改过来，由错变对，固然是常理之中的事，但是如果去包容、去适应，久而久之就接受了，理解了，能交流和沟通了，当然也就无所谓错误了。

▲“改卷工作是否严谨”……（见《南京时报》2007 年 7 月 14 日 A07 版《作文错字扣分比往年严格》一文第一段 2 行）

从文中可以看得出来，这里的“改卷”，并非“批改试卷”或“试卷评改”，而是指“考试评卷”，即对高考、中考等的试卷进行评判给分。“改卷”一词，当初可能是口头语，而这里发生两种异变：一是由口头语异变发展为书面语，二是由平时教学中的“批改试卷”或“试卷评改”而异变发展为考试评卷场用语，产生了新的含义。因为作为考试性质意义上的“改卷”，实为“评卷”，即评判试卷，不容许任何人作“改”卷的事情。

从目前所能查阅得到的词典看来，并未收录“改卷”一词。我们如果要给它下定义，就只能“就字释义”和“联字组义”。“改”，常用义有：①变更；更改；②指更换；③改正；纠正；④修改；修订；⑤重新，再，另。“卷”，作为名词的卷，本是指“帛、纸的合拢形态”，这里实为“试卷”的缩略语，即指“考试的试卷”。综合而见，“改卷”在最初用于口头语的时候则指“批改试卷或评改试卷”。而目前“对高考、中考等的试卷进行评判给分”工作一般缩略为“评卷”。如果上述解释都能被公认的话，那么“改卷工作是否严谨”一句中的“改卷”是欠妥的，用“评卷”才对。但是，在这里又的确能让读者明白其意，不会产生歧义，渐渐地约定俗成，形成一个正常交流的词语。这是不是由“评卷”异变而成“改卷”呢？本人认为，这可以算作一种“错就语”之用，没有引起歧义。

▲“我是老胃病”“我是恐高症”等

“我是老胃病”，即指患胃病很久的人，也指老患胃病（指治好了后又复发）的人。“我是恐高症”，即指我是一个有恐高症的人。如果从字面上分析，按照一般的语法规则，其语意是欠妥的，“我”是一种“病”，显然是主谓宾搭配不当，很可能让一些还不太懂汉语的外国人歧义，闹出笑话，从语法上看搭配不当，但听多了、听习惯了便不会产生歧义。

▲“看医生”

“看医生”本指去医院找医生看病治病，为了简化语意而变成了去“看医生”，这常常用于口头语。

▲“养病”

“养病”指因病休息调治，但如从字面上解释就会误解为“把病养起来”，是休养身体，并非“保养疾病”，实际上也是“病休”（因病休养）的意思。

▲“打三折”

“打三折”本来是指“把折扣打到三成”“只交三成（30%）”。但从字面义会理解为“打折扣三成”，或“打三成的折扣”“给你三成的回扣”等。如果脱离具体语境就产生极大的歧义。

▲“广东省一级学校”“××市一级学校”

这里有两点歧义：一是说明这个学校是属于省、市一级的学校而不是国家级或地市一级的学校，则可以表明学校的存在或属性层次；二是从广东来看，它并非还有或以后计划有广东省或某市的二级学校、三级学校等，而作为一个表序数的“一级”来说，失去了表序数上的“一”级的意义，要么就叫省级、市级“达标”学校等，用这类表达某种具体确指意思的名称则更为准确、恰当。

▲“吉林禁止无薪试用大学毕业生”

这是《中国教育报》2007年6月17日第2版“媒体集萃”专栏中的第2篇短文的标题。由这句话与正文联系起来看可知：是指记者从吉林省人力资源和社会保障厅”获得的消息，那么这里的“吉林”便成了无定指却又无歧义的“非常词”。它既可指“吉林省人力资源和社会保障厅”，又可指“吉林省”这一行为措施的主体及实施范围等。这样的词语一般是“新闻”标题语，也是一些单位“公文”“报告”乃至“外交词令”中的常用语，往往起到简练、庄重，概括性强的语言表述作用。

▲“讲课”“听讲”“名师讲语文”“昨天我们讲了课文第二段”“你们讲到了哪一节”，等等

这几个语句中的“讲”，虽然还含有原本意义的一部分：“说”或“谈”，但是都已因“异变”而扩大了它们的意义，即都具有“教”或“学”的意思，实指“上课”这一类事情了。

这里的异变原因主要有两点：一是由于受传统的以“讲”为主的课堂教学态势的影响而形成了习惯说法，这可以归纳为是用“局部代整体”的方法进行了语言的发展变化。例如，老师上课时一般会说：同学们，我们昨天讲了《木兰诗》的前两段，我们今天就来接着讲后面几段吧！这里用“我们”而不是“我”，就显然是指“师”与“生”这一个课堂共同体，这里的“讲”，也显然是指包括老师的“讲”和学生的“听”或“学”等融为一体的课堂教学活动，但是大家又明白意思，并不会由此产生歧义。二是作为教师职业的专业术语中，有一个重要的教学法叫“讲述法”或“讲授法”，而且至今仍是广大教师主要运用的传统的教学方法，所以也容易把这种职业语言无限扩大而使其意义产生“异变”。

▲“中央一台”或“央视一台”

从字面理解，其义是“中央第一电视台”或“中央电视台一台”，但我国目前电视机构中并无此种建制。实际上，此词是“中国中央电视台第一套节目”的简称。但是人们口头上用“中央一台”或“央视一台”来表述，本来不确切，但渐渐地因被广为传播而让人们听懂并接受了这一概念。

▲“高考升学重本率”

这是目前许多地方的一种习惯性说法，其实是欠妥的，但仍被广为传用，甚至在非官方的喜报、广告、总结材料中也常常见到。尽管此说法欠准确，但大家心知肚明：那是“一本率”，较为规范的说法应是“高考升学第一批本科上线率”或“高考第一批本科录取率”。“重本率”，顾名思义，是重点本科大学上线率。

由此可见，语言的规范应用，不仅是语言专业工作者和语文教学上的事

情，还需要全社会的共同参与，共负其责。

（二）暂拟语

暂拟语即一时想不好一个较为理想的缩略语而临时拿来将就的一种词语，人们一开始简缩出来虽然不很规范，但也许会因产生新鲜感而流传，也有些要靠各自下注脚做出特定解释，结果渐渐地约定俗成，便得到认可而不会产生歧义。

▲“新基础教育”

“新基础教育”即指华东师范大学叶澜教授等所进行的一项教研课题，现在还在进行。但从语言学角度看，“新基础教育”仍有歧义，如从字面上理解：“新”与“旧”相对，有“新基础教育”，那么也就应有“旧基础教育”，而“旧基础教育”从概念、内涵、特征、功能等如何，以及与之相应的“新基础教育”的“新”在何处，怎样“新”，有何“新”的意义与作用，等等，如果这些问题未解决，那么这些新词语当然会引起歧义。

▲“手感”

“手感”原为纺织上的专业术语，即用手摸的感觉来评定织物的物理特性，现在引申为任何物体给予手的感觉。如用于把“手机”握在手心里时所形成的感觉，也叫“手感”；当一个人的手触摸别的人或物的表皮、表面等所获得的感觉，也叫“手感”。

▲“假酒”“假烟”等

凡与“假”组成的一批词语，其实并不“假”，还是烟和酒，只是其质量低劣，尚未达到某品种的具体内涵本质而称之。但这是大家约定俗成的习惯说法，也就不会引起歧义。就像有人咨询古董是否假的时候，有专家幽默地回答：这不是假的，但它是“新”的。用年深日久来表明其特征的古董如果是“新”的，还不假吗？所以后来就出现了“赝品”（假的、伪造的）这一新的准确的科学说法，但“假古董”仍然在人们口语中有所流行。

▲“收入”

“收入”本指“收进”，或“收进的财物”，但现在流行意义指“整个的获取”或专指“工资、钱财”等。

（三）变序语

变序语即指将词语中的字序进行改变而产生了另一个意义，表达着更新更多或更准确、更丰富的内容。例如：“北京”与“京北”（表地名与方位）。又如：“辣不怕、不怕辣、怕不辣”：都是表达“能吃辣椒”的意思，但词序发生变化就表达着各自不一样的含义。“辣不怕”，就是“辣了也不怕，能吃”，有了“能吃辣椒”的经历和体验；“不怕辣”，则指既有对经历过的，也包括主观意愿的表达，表示“不会害怕辣味”的意思；“怕不辣”，则表示在这三种人中属于特别能吃辣椒、特别能接受辣的人，再辣也不怕，担心的不是吃辣椒，而是找不到或吃不到真正“辣”的辣椒。用变序语则可把三种不同的意思既形象又准确地表达出来，显得幽默和谐、清晰完整。

（四）号码语

号码语常用的是将标点符号、数字、字母、图案、绰号、别名、艺名、笔名及地方名等充作一种具有语言意义而形成的缩略性词语，使词义发生更宽、更多或者更含蓄的意思。

例如，学生在班级学习都有一个座位号，于是这个座位号便成了学生称的号码语：“1 号同学，2 号同学，10 号同学，等等”。又如：用“……”（省略号）表示有许多话不说了，让你去思考，也表示一时语塞而无语，不便应答；用“?”（问号）表示疑惑不解，缩略疑惑不解的话语；等等。可见，在一种不便言说或意犹未尽的情况下用号码语来缩略，确是一种绝妙的言语处理方法，更能使语言发生奇妙无穷的变化，产生别样的作用。2009 年广州市第一次高考模拟试题的作文题：在“一叶落而知秋”后加上“?”，即变为“一叶落而知秋?”，其含义就大大不同了：前者是一种肯定的说法，从一叶落下便知道秋天来了或已是秋天，后者用了问号，则表明一种质疑的看法，一片叶子落下便能预示秋天来了或已是秋天了吗？不一定。

（五）方域语

顾名思义，这是指带有地域特点、为一定的地域服务的异变性语言。它包括以下两类：一是指限于一定地域内使用而未引发歧义的缩略语，二是指当地“方言”和“土语”。

第一类方域语。地方名称。例如：华师或华师大，就有上海的华东师范大学、湖北的华中师范大学、广东的华南师范大学等，这些方域性的缩略语，在当地使用可能没有歧义，但如果走出当地应使用二级缩略，即华东师大、华中师大、华南师大。

第二类方域语。当地“方言”“土语”。

方言，即地方语言，指一种语言中跟标准语有区别的，只在一个地区使用的语言，如汉语中的粤方言、吴方言、闽方言、客家方言、湘方言、川方言和北方方言等。它有相对完整的语言形式，如发音、语序、词汇等，均有不同而又已形成比较独立的地方语言特点。虽然方言之间的文字相一致或相通，但读音和语义却发生了变化（音、义的地方性特征十分明显）。

土语，许多工具书将它释为“小地区使用的方言”，也叫土话。另义：一个地区或地方所说的土话。土语应有三层意思：一是小方言，即一种在小地区内使用的方言，方言中的方言。二是土方言，即本土语言。更加接近乡土的未加工而不规范的和自然、原始性的方言，也叫地方话。这种土话往往古汉语成分较多，也就是原生态语言特色较重，更加接近当地人民的生活，表达人们的思想和情感，也因此与歌唱、图画联系起来。另外，它还可以超越方言地域，而成为一种流行的目标，这种土话不仅有方言形式，更有地方语言词汇与运用上的特点及功能变化，即生动有趣的民间用语和民间词汇。如“踩一脚”，即“踩刹车停车”。

（六）特定语

特定语即指为了某种语言表达需要，将原有的一个较为复杂的语句或词语，通过缩略等方式而发展变化为一个更为简约的新的语言词汇，这已经成为一种客观存在的“特定语”。但是，只能在某种特定领域及某种行业、某个项目所运用，如果让它们走出这个特定环境，就有可能产生歧义或含糊不清。

▲“小语”“中语”“小数”“中数”等

这里是指用缩略语方法，将“小学语文、中学语文”“小学数学、中学数学”进行异变而成的缩略词，只能在中小学语文、数学等学科领域方可流通，一离开从事中小学语文专业工作的人这个圈子，就有可能让人不明白其意义。但是，这些词语却成为一种语言交流的客观现象。

▲“李队”“张校”“王局”等

这里也是用缩略语方法，将“李队长”“张校长”“王局长”等分别异变为缩略词，也只能在特定的工作圈子里进行交流，而且是彼此熟悉、关系紧密的人之间直呼此名称，既简单又亲切。但是，这些词语换到其他地方，面对彼此并不熟悉、关系并不紧密的人，就有可能产生“异常之义”的欠妥效果。

▲“中央政府”“地方政府”

“中央政府”，在我国现在是“中华人民共和国最高人民政府机构”的缩略语，即最高国家行政机关。1949 年成立“中央人民政府”，1954 年宪法规定中华人民共和国国务院即中央人民政府，与“地方政府”相对；“地方政府”是指所有地方行政机关，即省、直辖市、县、市、市辖市、乡、民族乡、镇等各级地方政府。

▲“听课”“评课”等

这两个都是与“课”有关系的词语，即分别为“到课堂听老师上课”“对课堂老师上课做点评”的缩略语。但是，现在这两个词的含义，都分别发展扩大或有了异变性意义。

“听课”，已经从是学生以及学习者的传统意义上的“听讲”性的“听课”，发展到教师教研意义上的“听课”，如教研、检查、考核、比赛、观摩及公开课、示范课等，这时候的“听课”就已经变为“观课”“看课”“视课”了；后来又发展到学校及上级行政部门进行教学检查、评估考核的一种重要手段；随着课程改革的展开，现在也将“听课”发展为一种以“听课”为平台的综合性的“课堂学习”活动和“课程教育”，在这样的“课堂学习”中，学生不仅有“听”，还有“读、说、写、思、做”，涵盖了所有的学习活动，“听课”成了一个习惯性用语，根本上就不只有原来的意思了。基于此，“听课”就有三重甚至更多的意义，充分体现了其异变性特点。

“评课”也是如此。过去，是指“对课堂老师上课做点评”，现在已发展变化，产生了“评议、讨论、研讨交流、教学反思”等意义，有“他评”也有“自评”，有“总体评”也有“专项评”，等等。

后来，国内还产生了“观课议课”这一专门的新的教研方式。从某种意义上说，它也是“听课”“评课”的异变性语言的成果。

▲“命题作文”

命题作文，传统上有两重意思：一是在平时的写作活动中先命定一个题目再进行写作，如教师的命题作文教学；二是在考试中由命题者给出一个既定的题目，要求应试者根据这个给定题目在考场进行现场限时写作，如高考作文、中考作文及比赛作文等的命题作文。

但是，近年来作文的命题内容呈现出丰富多彩的倾向：或贴近考生生活、关注个体成长，或启迪考生思考人生哲理，或引导考生聚焦社会热点……丰富多样的命题，给考生作文的选材提供了更为广阔的空间。于是命题形式也发生了发展变化，使“命题作文”这一词语的含义有了异变：

首先，它的传统形式，是单纯以“命一个题目”出现，前后没有提示或导语，这种形式，从字面上看没有附加语，见题写题，因题思文，有一定的局限性。后来对此做了改革与发展，为拓宽写作的范围和角度，让每个写作者都有话可写、有写作的空间，而出现了新的作文考试的命题形式，即不直接命出一个标题，而以“提示语 + 命题”的形式出现，通过导语或提示语，为考生在审题和选材上做出了一定的引导，同样有较大的开放性和自由度。如 2005 年中考作文命题“充满活力的岁月”，在题目之前，加上了一段导语：“在成长的愉悦中，在探求的欣喜中，我们每一个人都积极进取，充满活力；在丰富多彩的校园活动中，我们朝气蓬勃，充满活力。和谐温馨的家庭，洋溢欢乐，充满活力；日新月异的社区、家乡、祖国……蒸蒸日上，充满活力。”这段话对写作材料的选择、对“活力”的判断有着明显的暗示作用。

在考试作文题目尚未发展到当今如此丰富的时候，称“命题作文”，未尝不可。但现在还出现了许多新的题型，有了更多的写作要求与形式，如材料作文、话题作文、新材料作文，命题作文里还有半命题作文等，也就是说，过去只出现一种单命题作文的形式，即命一个文章标题的命题作文，如果要与后来所出现的那么多的“命题作文”相区别的话，过去那种“命题作文”就要改称为“标题作文”，再沿用“命题作文”的说法就有欠科学之嫌。现在，也有专家发出矫正之言，但人们仍把“标题作文”称为“命题作文”，似乎目前还未产生什么词义混乱而影响语言表达的情况。

▲“国家级骨干教师”等

“骨干教师”一词在我国官方文件中出现始于 1962 年 12 月，即教育部《关于有重点地办好一批全日制中小学校的通知》。但据考证，迄今为止，我国并未评选过国家级骨干教师。目前，“国家级骨干教师”，一般是指参加“骨干教师的国家级培训”的培训对象，严格地说，参加了“骨干教师的国家级培训”，不等于取得“国家级骨干教师”这种荣誉称号，即使参加培训结业，取得合格证书甚至优秀学员证书，也只能算作一种培训经历。目前较为正式的说法有“骨干教师国培对象”等，而“国家级骨干教师”确是一种表达欠当却被流行性错用。当然，参加“骨干教师的国家级培训”的培训对象也是从优秀教师中选拔出来的，也可视作一种荣誉称号，即“骨干教师国家级培训”结业者，取得优秀学员证书的还可称作“骨干教师国家级培训”优秀学员。现在，不少省、市、县和学校，也在开展评选并表彰骨干教师的活动，只有这样正式评选并被表彰过的骨干教师（颁发“骨干教师”证书，而不是那种“骨干教师培训结业证书”），才可真正称为省级、市级、县级和校级骨干教师。

我们从以上叙述中了解了当代汉语的异变现象的类型及一些具体例子，而它究竟包括有哪些产生形式及具体运用方法，为什么会产生异变，且引起的

“异变”意义究竟如何，等等，又将成为进一步探究的内容。因为人类语言的发展变化是永恒的，而发展变化中的“异变词”，也往往是良莠兼之的。所以，建立一门“语言异变学”很有必要。而作为以“语言”为主体的语文教学，的确需要从基于“语言异变学”的角度出发，将当代汉语言的异变现象纳入语文教学之中，积极开展相关调查、梳理、论证和评价，对其异变语言进行“语变学”分析与行为异变矫正的研究，从而使这些“异变词”能够更符合学理性、辩证性、可行性。我们坚信：在语文教学中掌握当代汉语言的发展变化及规律，可为当今提升学生的语文学科核心素养，促进语文学科建设和语文学科教学而开辟一条新的途径。

论语言异变现象与“语变学”构建

一、语言异变：是当代汉语发展变化的客观现象

（一）问题的提出

英国语言学家杰弗里·利奇（Geoffrey Leech），在他的《语义学》中将所谓最广义的语言符号的意义，划分为七种不同的类型，即概念意义（conceptual meaning）、内涵意义（connotative meaning）、社会意义（social meaning）、情感意义（affective meaning）、联想意义（reflective meaning）、搭配意义（collective meaning）、主题意义（thematic meaning）。他还认为语言共有八种变体，即变异形式：词汇变异、语法变异、语音变异、书写变异、语义变异、方言变异、语域变异和历史时代变异。

他关于“语言变体”的说法，同样适用于人类其他语种，看来人类语言的发展变化确是一种共同的趋势。我国当代汉语的发展变化也是如此，也有许多变体。尤其是当今随着网络语言的迅猛发展和因“全球化”而带来的国内外各语种之间的互相渗透，我国当代汉语的发展变化已出现了新的特点和规律，这从目前许多陌生的、异常的语言现象大量出现、从大量的新词语纷纷涌向人们的口头、报刊、影视作品中完全可以看到。

（二）当代汉语的一个变化标志：是异变而不是变异

英国语言学家杰弗里·利奇将“语言变体”中的变法说成是“变异”，在此我不做评议，但是从目前汉语的词汇发展变化过程中发现，汉语的词汇之变

是：变异者少，异变者多。基于此，我提出：“语言异变”，是当代汉语言发展中的一种不可忽略的现象。

“异变”与“变异”，是两个不同的概念。它们都有“变化、不同”的意思，但是又有根本的区别：

异变，一是指“变化不同”。汉·贾谊《过秦论上》：“然而成败异变，功业相反，何也?”二是指奇妙的变化。《三国志·魏志·杜夔传》：“其好古存正莫及夔。”晋·傅玄《赠扶风马钧序》：“其奇文异变，因感而作者，犹自然之成形，阴阳之无穷。”

变异，谓“变化差异”。生物学用语，指同种生物后代与前代、同代生物不同个体之间在形体特征、生理特征等方面所表现出来的差别。亲子之间以及子代个体之间性状表现存在差异的现象称为变异。可分为基因重组、基因突变与染色体畸变。可解释为“同种生物间的性状差异”。常指生物突变，也指标新立异。

从以上两词的含义可知：异变是因变化而产生不同的语词，但作为汉语的基因不变，汉语的属性特征不变；而变异是因变化而产生有差异的东西，包括“特征”“性状”的差异，甚至产生“基因重组、基因突变与染色体畸变”的“生物突变”。而当前汉语发展变化的真实情况，还是以异变为主，所形成的是一种“语言异变”现象。

（三）要正确对待与研究当代汉语的“语言异变”问题

在这里，我们明确提出当代汉语的“语言异变”问题，这是基于留住汉语言“只可异变而不能变异”的这个中华文化的根的根而提出的；也是基于我们坚守“母语教育”和“中国文辞”而提出的，因为“准确、优雅使用祖国语言文字很重要”。

可以说，“语言异变”已经对流传几千年的汉民族共同语构成了较为强大的冲击，是汉语当代化的一个显著特征及重要标志，当然也随之产生新情况和新问题。为此，开展对其方式和语义变化等的研究，发现其种种变化的语法现象及成因，探讨其规律，做到正确处理和应用，并让其走进学校语文教育课程，使学生更为正确地了解和完整地掌握这种语词变化，更为规范而科学地及运用新变词，已经成为当前语文教学中的一个十分重要的新课题。

二、因语言异变现象而引发“语变学”的构建

（一）“语变学”的构建背景

从上面的分析中我们已得出结论：语言异变现象值得研究。那么，如何使这种研究更为科学、更有学术价值和实践意义，更有助于语文教学，等等，将有待于建立一门新的学科，以对语言异变现象开展研究提供专业支撑。“语变学”应运而生。

人类语言都是在不断地发展变化的，而语言的发展变化即产生的新词语，有的因为新锐、陌生而一时并不被认为正确，有的虽不恰当但因约定俗成而渐渐地被接受且广为传播，即为一种语言特殊变化现象，权且冠名为“语变词”。这里有一个核心标志，就是“变”。

据了解，医疗行业有一门“流行病学”以及流行病学调查活动，意即当社会上新出现一种病症的时候，就要开展流行病学调查，以全面而科学地开展了解病情、查清病因、作出评判和研究治疗方案等一系活动。同理，当社会上出现一些新词语的时候，也要开展基于语言学的“语变学”调查，以全面而科学地开展了解其产生的背景、内涵特性、功能作用、使用情况、评判优劣和合理性以及提出建设性意见等一系列研究活动。

（二）“语变学”的概念及构建意义

1. “语变学”的概念

“语变学”，是指对语言特殊变化现象及其应用情况进行合理性分析，做出可行性判断和完善，以致实现合乎规律的规范性发展的学问。它是语言学的一个分支学科，以专门针对因语义的非正常变化而产生的新词汇为对象开展调查、论证分析和评价研究，着力研究在发展和运用这些“语变词”的时候如何做到辩证性、合理性及合规律性、可行性。说到底，“语变学”的基本特征就是“语变”的科学和科学地“语变”，所以也叫“语变论”。

2. “语变学”的构建意义

为什么要建立一门基于语言学的分支学科——“语变学”？

（1）因为现行的语言学没有担当开展上述完整系列化的专业活动的能力，为促成语言的健康发展和规范使用，对既往词语尤其是新词语做出一种专业的“语变学”分析是很有必要的，也是可行的。这样可促进当今语言更加丰富多彩，即更加宽广、准确、清晰和幽默风趣，从而促进人们流畅表达和交流。

（2）对在日常生活语言中所发现的特殊语言现象做出一些“语变”探究，

可用辩证的眼光与辩证思维方法来看待这些语言的特殊性，并从特殊性中寻找具有普遍性的地方，让非正常的语言变为能自圆其说的合理性常态语言，从而产生辩证性功能，形成语义的正确产生、语用的合理发展的科学语汇，使人们能够树立正常、正确地使用或发展祖国语言文字的意识，既利用汉语言丰富多彩且与时俱进的变化发展的规律、原则、形式，又学会辩证地理解与运用那些“语变”色彩或特征明显的“语变性词语”。

（3）面对“语变词”，既然不可回避，那就应该好好研究它。因此，要看待和用好这些“语变词”，务必需要我们通过建立一门“语变学”，并积极为此开展研究及其教学与运用，以实现对语言的产生和运用进行辨证思考和科学性的辨析，以达到更合理、更适用和更方便的要求，减少因歧义和非科学性而造成的“言语意义障碍”和“言语形式失范”，促进人类的“言语生命”的正常而健康发展，将有利于人们的言语交际和思想情感的表达。

由此看来，为“语变学”的构建和应用开展研究十分重要。对其进行异变分析，探究其产生的方式及其规律，是一件很有意义的事情。

（三）“语变学”构建对于语文教学的价值取向

语文教学最为基础、最为重要的内容是语言教学，而语言教学最为基础、最为重要的内容，不仅是现成的语言词汇和语言规范（词法、语法等），更应关注包括语言的发展变化，即语言发展变化的新情况、新问题，以及新词汇和新的语言规律及特点，尤其是一些异变语言现象，等等，如果在语文教学中不及时调整思路，以更新和增加或引入这些内容，无疑会给当代人在当代语言交流中造成缺陷，甚至形成一些不必要的语言盲区或者语言误区。可以说，构建“语变学”并开展基于“语变学”的有关语言发展的语文教学，将是当代语文教学一个新的价值取向点。

如果我们的语文教学能够关注“语变学”，加强对有关当前汉语的“语言异变”问题及异变语言现象的研究及教学，既能够让学生了解语言发展变化的情况和新问题，及时掌握异变后的新词汇、构词新规律及用语新特点，又能够帮助他们在今后的语言发展变化过程中，树立正确的语言异变观，培养更强的语言表达交流能力和语言创造能力，为社会产生更为规范、合理且好懂、好用的新语言词汇，这样的语言教学才会更加接地气，更为学生走向社会、跟上时代，学好发展的新鲜的语文知识创造条件，从而使目前过于传统、老化了的语文教学焕发新机，充满生命力，走向现代化，更加贴近生活，贴近时代发展步伐。

三、“语变学”分析及“语变学”分析的六种主要方法

(一)什么是“语变学”分析

顾名思义，“语变学”分析，就是运用“语变学”理论对语言现实现象进行科学分析。这主要是针对因语义变化而产生的新词汇，开展基于“语变学”的调查、论证和评价，进行异变语言分析与矫正，全面而科学地了解其产生的背景、内涵特性、功能作用、使用情况、评判优劣和合理性以及提出建设性意见，可以使这些“语变词”能完全走向辩证性、合理性、可行性的常态语之中。

(二)“语变学”分析的六种主要方法

1. 语源性分析

语源性分析即基于语源学的语言变化的分析。语源学是语言学的一个部门，它通过判断语词的基本要素，研究语词声音和意义的演变，推求语词的最初的声音和意义，以及在其他语言中的同源词并且重构语词的原始形态。主要是揭示印欧语系语音的相互关联和意思的变化。“语源学”一词本身源自έτυμος（etumen，真实）与λόγος（logos，字、理性、学问）两字。我们现在所用的语言一部分是从古语言演变而来，一部分是由几种古语言混合形成的，这些古代语言称为语源。语源学致力于揭示词语的历史，通过解读一些古代文本以及比较其他种类的语言，研究一种语言的产生、变化和消亡。

2. 语法性分析

语法性分析即基于语法的语言变化的分析。语法是语言学的一个分支，研究按确定用法来运用的词类、词的屈折变化或表示相互关系的其他手段以及词在句中的功能和关系。包含词的构词、构形的规则和组词成句的规则。语法有两个含义：一是指语法结构规律本身，即语法事实。二是指语法学，是探索并描写语法结构的科学，是语法学者对客观存在的语法体系的认识和说明。语法事实本身没有分歧，但由于语法学者占有的材料，观察角度、分析方法不一致，语法学体系是有分歧的。语法包括词法和句法两部分：词法主要是指词的构成、变化和分类规律。句法主要是指短语和句子等语法单位的构成和变化规则。

3. 逻辑性分析

逻辑性分析即基于逻辑的语言变化的分析。在这里主要是对语言变化进行以下四种不同层次和角度的逻辑分析：①表示客观事物发展的规律，如这不符

合生活逻辑；②表示思维的规律性或规则，无论说话或写文章都要符合逻辑；③符合某种特殊的理论、观点或说法，如伦理、道德、文化等；④研究其语言思维形式及其规律的科学性或可行性。

4. 辩证性分析

辩证性分析即基于辩证的语言变化的分析，是指基于唯物主义辩证法的“辩证统一”理论，在认识事物的时候进行对立统一的辩证分析，以求有机统一，实现和谐发展。辩证思维最基本的特点是将对象作为一个整体，从其内在矛盾的运动、变化及各个方面的相互联系中进行考察，以便从本质上系统地、完整地认识对象。也就是说，对语言变化现象及其应用，将遵循辩证法规律，开展合理、合律的思维活动，以全面地、本质地、发展地分析语言变化现象及其应用规律。这样，不仅能促使语言创造性的变化更具科学性，让人们掌握更多的“语变”性词汇；而且能将创造性的科学变化引向更加合理的“语变”实践应用之中，正确发展词汇，培养辩证思维素质。

5. 习俗性分析

习俗性分析即基于习俗的语言变化的分析。习俗是指凡有一定流行范围、一定流行时间或流行区域的意识行为，即地区社会文化中长期形成的风尚、礼节、习惯以及禁忌等的总和，民间的风俗又称作民俗，可以包括食、衣、住、行、生育、婚嫁、丧葬、娱乐、宗教、岁时、艺术等。

6. 地缘性分析

地缘性分析即基于地缘特色的语言变化的分析。地缘是指由地理位置上的联系而形成的关系。它是指在一定区域内人们生活及表达交流发展的内部因素与外部条件相互作用而产生的语言综合体，反映该地区内发展的客观规律以及内涵和外延的相互关系。方言、土语便是这种产物。

四、目前语言异变现象出现的类型及异变的直接因素

（一）目前语言异变现象出现的类型

1. 构词的随意性异变

目前在网络或口头上流行的一些语言，已形成随意性的异变语言构词。例如：把东西说成“东东”，把“害怕”说成“怕怕”，把“难受”说成“蓝瘦”，把“想哭”说成“香菇”，把“打”说成“修理”；对对方说的话有点儿不可思议、不能理解的时候竟说成“晕”；把初涉网络的人说成“菜鸟”；把非法闯入网络系统的网民说成“黑客”；把沉溺于网络的人说成“网虫”。

这些词语在普通话中是没有的，构成了一种异变的新词语，最先出现在网络上，后来进入人们的口头交流中。词素大多是语言中固有的，它们利用仿拟、飞白、比喻、谐音、拟人等手法构成新词。

2. 语句中的语序异变

目前出现了许多新锐语言或另类语言，即与常规的现代汉语不符的语序，使语句中的语序产生异变现象。

（1）省略。例如：“楼主，说你也太吧！”——省略了“说”的主语“我”和“太”后面的一串语词如“那个了”。又如：“我今天下午你那里。”“你这个人太实在，为什么真话呀！”这两个句子分别缺少了谓语“去”和“说”，将其中必要成分一省略就产生句法错误，出现谓语残缺，但是对方并不因为缺少谓语而不懂意思。

（2）倒述。为了强调某些句子成分而将其前置。例如：“郁闷呀，我现在”。“什么呀你”。“我都急哭了快！”“你饭吃了吗？”有的倒装甚至还形成了约定俗成的句式。例如：“你走先！”“签个名先！”“难过死了都！”“这么一会儿就完了都。”

（3）尾缀。在句末添加一个并无实在意义的尾缀词。例如：“今天晚上谁去散步的说？”“我还真有点儿舍不得的说。”这种句式叫“……的说”，现在颇为流行。把“的说”放在句子末尾，其实并不表达某种具体含义，仅为一种尾缀词。

3. 语法形态异变

词性误用，名词直接用作动词、形容词。例如：“我这个人反应很慢，你要耐心我了！”“耐心”是名词，不带宾语，“你QQ吗？”“QQ”是聊天软件OICQ的简称，这里将名词换成动词；“他很阳光”是说他很有活力；以一个人的姓氏，加上其职位的首字，构成其称谓，如张科（张姓科长）、陈处（陈姓处长）。英语正借助网络语言的快速传播对汉语进行解构和同化，英语字母缩写这种“快捷方式”更是倍受青睐，英语字母在中国网上遍地开花，是网民为了快速交流随意编写的，当然也是一种变异现象。

以上有关语句中的语序产生异变现象，主要原因有三个方面：一是想追求标新立异，二是受到英语语序的干扰，三是为了语言表达的短平快等其他因素。

4. 语义异变

网络语素的自由组合，随意粘连，或者采用仿拟、飞白、比喻、谐音、拟人、联想等修辞方法，导致了语义的变异，因此根本不能用现代汉语的语法规则来分析它的含义，它也就成了标新一族的“异类”语言。

这些词有些是对传统词汇词义的窜改，有些属于生造词，即自己编造的生疏词，也有很多是为提高速度而一时产生的个人错误，然后流传开来成为将错就错的产物等。

用音同或音近，或相关、相近的字换掉原成语的词或语素。在此还是举一些网络中的广告语：①默默无蚊（灭蚊片，原：默默无闻）、随心所浴（热水器，原：随心所欲）；②一丝不垢，排油解难（清洁剂，原：一丝不苟，排忧解难）；③触幕惊新（大洋字幕机广告，原：触目惊心）；④终生无汗（空调广告，原：终生无憾）。

上述广告语中用谐音或相关的字眼，易于让读者产生相关的联想，所以能够达到广告的目的。

5. 异变词的妙用

异变词的妙用就是指将一个词的原本义，通过异变而生出若干妙趣横生的新义，用出不同的表达效果。例如：“买一送一”，其本义是“买一件再送一件”，以表商业购物上的优惠之意，其中前后两个“一”的意义本是相同的，表“同物、等值”相送；但是，后来却被异变为：买一件大的送一件小的，买一件这样的却送一件那样的，异变为并不“同物、等值”相送的另类意义的词。又如：“搞”，原义以贬义为主，现在异变为既有贬义也有中性意义，甚至褒义，已发展为一个高频率词，被广泛应用，增加了“干”“做”“开展”“进行”“实施”“行动”等许多意义，如今人们说事一般会说“搞”，如把“完成了”“做好了”说成“搞定”“搞掂”。

（二）目前语言异变的直接因素

研究表明，造成语言异变的因素有很多，其中有一个直接因素，就是由于语言的社会性特点所致：第一，语言既有自身的语言科学系统，又是一项与社会紧密联系的社会活动产物，这就必然会通过语言使人们与不同的人进行交流，那么就很有可能用各自文化及生活背景或职业性语言进行表达，从而产生不同的异变性语言；第二，不同的社会成员，其社会因素如性别、年龄、角色、个性等也不同，这也影响着彼此的语言交流，但为了交流不受阻碍或者产生歧义，需要在已经发生异变且丰富了的语言中进行说明、诠释乃至规范，这样才能正确彰显语言的社会性特点。所以，在创造和使用语言的“异变”过程中，务必充分考虑和把握以下两种直接因素：话语环境、话语方式。

1. 话语环境

网络是一个虚拟的空间，人们可以根据自己的兴趣爱好进入不同的板块、讨论区或论坛，这一特定的环境为年轻人展示个性、释放压力、发泄不满，乃至轻松搞笑提供了自由的空间环境。在网上，所有用户都是匿名地进行交往，撇开了各自的年龄、性别、隐私、身份、社会地位、道德、宗教信仰等因素的影响，没有上级与下级、长辈与晚辈之间的关系，是一种相对单纯的、非功利性的交流。网上的交流与现实社会中的交流有着很大的不同：首先在网络交流中，人们很有可能将平时鲜有机会表现的“本我”表现出来，如现在很多人特别是女性渴望年轻的心理很强烈，所以网上经常出现“一般般”“东东”等充满童趣的语言。其次，网上用户们的关系比较单纯，即用户之间的关系是平等的，虽然不少语言都有“你/您”的区别，但在网上，用户们很少用“您”来称呼对方，当然谦词在网上的使用频率也很低。

2. 话语方式

话语方式指话语是通过书面语言还是口头语言来实现，一方面，人们在网上的交流不同于日常生活中的面对面交流或者电话交流。

语言异变现象是社会的一种自然现象，是不以人的意志为转移的。它有健康、积极的一面，也有不健康、消极的一面，但这个变化过程是客观存在的，只有经过时代的过滤，让那些具有积极成分的“异变语”自然被规范而科学的汉语言体系所吸收，丰富并发展汉语言，而消极的成分将被丢进历史的垃圾堆里。网络是个发展非常迅速的新生事物，在中国，将会有越来越多的人成为网络用户，而且现在人们正努力实现通过语音而不是键盘来输入信息，因此今后网络语言还会发生许多令人难以想象的变化。所以，对于网络语言是否会破坏语言的纯洁，我们没必要担心，我们应该做的是对它进行更加深入的研究，发现其发展的规律，然后再对网络语言的发展进行客观的指导。

五、基于“语变学”的汉语成语异变现象

（一）目前成语中的异变现象

在当代汉语的异变现象中，还有一种情况，那就是成语、俗语在广告用语中的异变，这已经成为一种不可忽略的异变语言现象，而且呈越来越火热的趋势。

成语、俗语，本来是“一种相沿习用含义丰富具有书面语色彩的固定短语”，有其意义上的完整性，结构上的凝固性，一般不能随意颠倒顺序，也不

能随意替换其中的字词和更改词义，但是，现在往往被人们抓住“其丰富的内涵是其他语言形式所难以比拟”的特点，根据表意和修辞需要，临时改变成语的固有结构形式，或者打破成语的常规用法，赋予其新的含义和新的用法，从而使成语产生了异变。

网络成语异变，意义或格式上的变式，都与修辞手法不可分割。例如：飞白（故意使用错别字或白字）、白字、双关、引用、别解等。正是这些修辞的成功运用，给了我们化腐朽为神奇的惊艳。网络是瞬息万变的地方，但也是一个充满创新求异的地方。通过网络成语，我们可以透视当今社会的形形色色的现象，如果变形合情合理，不仅能满足人们的求新求异的心理需求，使人过目不忘，有时还能带来经济效应，特别是广告。此外，其更深远的意义，即让我们的传统文化能与时俱进，注入新时代的血液。

（二）目前成语异变现象的三种类型

目前成语异变现象，大致可分为以下三类：同形异义、谐音异义、变形异义。

1. 同形异义

例如以下成语在广告中的所指，高枕无忧：枕头；快马加鞭：变速器；无奇不有：游戏机；不打不相识：打字机；日理万机：手机批发商。一网打尽：通信设备。无中生有：专治不孕症的医家。神机妙算：计算机。

2. 谐音异义

在成语意义理解上巧妙地“望文生义”而形成新的表达意义，让该成语又有了一种语义变异的异变语言现象。这个在广告用语中表现最多。例如：中意空调的广告——“中意空调，终生无汗的选择”，字面意义是说使用中意空调，一生也不用出汗，但实际强调中意空调你值得拥有，一生不会感到遗憾。达到了言内意外、别有洞天的修辞效果。成语中变换的字词是有意而为之，而不是所谓的别字，即修辞中的飞白。

3. 变形异义

目前又出现一种别开生面的成语变异，即借助标点来变异的，不过主要体现在书面语上，借助标点改变成语的书面形式。例如：对！牛弹琴；不！甘寂寞；不，足为训！通过加标点，这些成语变成了两个句子，形式改变了，意义也与成语原意相去甚远。这种加标点的变异形式所见不多，但用好了也可以有很好的修辞效果，值得关注。

总之，人类语言的发展变化是永恒的，而发展变化中的“语变词”，也往往是良莠兼之的。这些“语变词”，的确需要从基于“语变学”的角度，开展相关调查、论证和评价、异变语言分析与矫正的研究，使这些“语变词”能够更符合辩证性、合理性、可行性。我们还可以预测：从某种意义上说，“语变学”的未来，就是更具科学活力的“语辩学”。

第三单元

分述：阅读教学的“理”性三探

【引言】

阅读，是语文学习中的重头戏。因为它与人们的生活、工作联系得太紧密了。从某种意义上说，阅读是人的一种生活方式乃至生活内容。人在生活中，不可没有阅读；人在工作中，更不能离开阅读。那么，学生的阅读便成了学习的头等大事和最日常的活动。

有人说：得阅读者得语文。阅读已越来越引起社会的广泛关注与重视。于是，无论对否，当下语文教学将“阅读”理所当然地视为一种主务，或者叫本体之一，也已经成为一种共识。所以，教学生读书，教学生学会阅读，应该是语文教育的“理”性所趋。于是，强化学生的阅读积累，提高学生的阅读能力和阅读素质，促进学生整体语文核心素养的形成，便自然成了语文教育“理”性的主要内涵之一。

那么，基于语文教育“理”性和语文“常识本位”下的阅读及阅读教学，到底是怎样的一种状态与特点，如何理解语文“常识本位”下的“阅读本位”，如何从阅读教学走向阅读教育，什么样的阅读才是有质量、有水平的、等等，都值得我们展开研究。

Chapter 5
第五章

常规性“三阶制”阅读法指导

【引言】

由于人们在阅读上的不断实践和总结，目前所出现的阅读方法有很多，也发挥了重要作用，但是，实践又告诉我们，方法不是万能的，也不是普适的，就是说不一定每个方法都适合每一个人，尤其是学生“阅”历还不很丰富，对“读”书方法还未完全掌握与正确区分、选择，需要有人给予指导。因此，我们经过研究、尝试，特为中学生总结、优化了一套“三维阅读法”，希望能使中学生在阅读方面有一个清醒的新认识，为他们提供一种操作方法上的有效帮助。

“三阶制”阅读法指导，就是针对中学生阅读能力的实际，将中学生应该了解和掌握的阅读方法，分别形成一个系统化的“三阶梯”动态结构。“三阶梯”即三个梯度，包括三个层面、三个角度；制，是指构成一个有机的阅读机制及秩序，即先基础后发展再文体特色。具体地说就是：

(1) 初阶：基础型常识性阅读——最常用的基本的阅读方法和阅读型要领，甚至是常规的阅读程序等。

(2) 进阶：特殊型发展性阅读——带有一定特殊方式和技巧性较强的最优化的阅读方式与手段，一般是已经形成一个个的“方法”，有比较固定的操作模式和步骤，并且经过验证是行之有效的科学的读书方法。

(3) 再进阶：文体型分类性拓展阅读——按照目前惯用的文体分类形式进行分类，抓住文体特点和要素形成有文体特色的阅读方法。

这类方法更具有面临实际和对象的文体特殊性。只有这三个阶梯一环扣一环，循序渐进，有秩序地操作，才能使学生的阅读能力得到全面的、有序的、高效的发展，下面特做出具体介绍。

初阶——基础型常识性阅读法

初阶：基础型常识性阅读——指最常用的基本的阅读方法和阅读型要领，甚至是常规的阅读程序等。

一、放声阅读，读出感受

1. 朗读法

朗读法指以理解文字作品的意义为目的的一种出声阅读法，一般应使用普通话。它是一种历史悠久的传统读书法，其意义在于：①有利于读透弄懂。朗读过程中对内容能逐步融会贯通，并不断发现书中的言外之意、弦外之音。②有利于增强记忆和背诵。朗读时眼、脑、口、耳一起活动，特别是声音的抑扬顿挫，是构成持久记忆的必要条件。③有利于提高创作水平。通过朗读，大脑中积蓄的材料不断增多，积累储备量也越来越大，在写作或讲话时就能信手拈来，脱口而出。

总之，作为一种阅读方法，朗读的过程实际上是探寻文字语言的意蕴过程。运用朗读法，可以感受文字作品中准确的词语概念、生动的语法修辞、巧妙的构思布局、感人的情景描写、严谨的逻辑序列、优美的韵律配置，帮助阅读者以声解义，并领略文章的精妙之处。

那么，怎样运用朗读法呢？

很多学生，把朗读单纯地看成读课文，认为只要读出声音的，就是朗读。其实这是对“朗读”二字望文生义的理解，是不正确的。

（1）朗读先要根据书面文字读出声音（语音），再通过这声音（语音）在头脑中想起意思来，也就是理解文字的意义。对意义理解得越准确，出声朗读时才可能领会得越深刻。运用普通话朗读时，要注意“语音的标准”。

（2）无论朗读什么时代、什么文体的文章，都必须忠实于原作，特别是声、韵、调、轻重读音，儿化音节以及句子的语气都应合乎普通话的语音规范。朗读时做到一定不漏字、不添字、不错字、不颠倒字序，读得字字响亮，而不要把注意力仅仅集中在“出声”这种形式中。平时，还要多听读、仿读电台播音，朗读示范录音带，这有利于我们掌握朗读标准。

（3）朗读课文时，还要注意掌握一些有声语言的表现技巧。

有声语言的表现技巧指的是适当的停顿、读音的轻重、合适的速度、语调的抑扬、音色的处理以及各种文体的朗读处理等，这些表现技巧都可以作为理解课文的手段。准确而恰当地运用这些表现技巧可以导引我们进入课文的意韵深处。

例如，鲁迅的《社戏》中：

真的，一直到现在，我实在再没有吃到那夜似的好豆，——也不再看到那夜似的好戏了。

朗读这段话时，我们可以运用语音表现技巧“重音轻读”的形式，表达深沉凝重、含蓄内向的细腻感情，听起来轻柔深挚，真切感人。作者在写这段话时，记忆仿佛飘荡着河流两岸豆田的芳香，脑际还闪现着儿时友伴敦厚质朴的面容，这些形象是美好的，然而如梦境般远去了。“再没有吃到……也不再看到……”表现了作者深情追念而又不无惆怅的心情，所以“再没有”“不再有”“那夜似的”这几个词语应处理成重音轻读，我们朗读时就能体验到作者那种对那段童年生活的眷念之情，也就是文章的意韵之处。

所以，运用朗读法阅读课文不能脱离理解内容这一目的去追求形式上的“有声语言”，朗读过程中要有思维的参与，自始至终都要保持“因声求义”的意向。

2. 诵读法

诵读法是一种通过多种形式的诵读来加深理解和接受的读书方法。

它有三种形式：①细吟慢读。挑选最精彩的作品慢慢地、细细地低声吟诵，悉心领会其意义、气势、节奏和韵味。通过细吟慢读，与作品达到心灵上的交往，加深对文意的掌握。②高声诵读。在对作品理解、熟悉的基础上，放声诵读，并进行有感情的背诵，可以对优秀的作品领会得更加深透，记忆得更加牢固。书中佳句，在需要时，能信手拈来，运用自如。③ 读给别人听。不但自己地低声吟诵或阔声高读，还可以把最好的片段有声有色地读给别人听。读时，全身心地进入作品的美妙境界，读得抑扬顿挫，极富感情。这样不但能很快地吸收书中的精华，而且能训练思维，积蓄词汇，提高口才水平。

二、细心阅读，读有思考

1. 默读法

默读法是一种不出声的读书方法，是阅读的主要方式之一。其特点是不出声，忌指读，可时常伴随跳读、猜读。因此默读花时少，速度快。

默读运用的过程是：①粗线条默读，快速浏览全文，了解情况。②分析默读，进一步剖析具体的内容和形式。③记忆默读，边读边写边记忆，同步进行。④反复默读，以求理解的深化，能举一反三，变他人的知识为自己的。经过默读应达到五个要求：①记忆。记住主要内容或需吸收的信息。②理解。不仅了解内容、形式，还要掌握精神实质。③思考。在理解的基础上，要有独立见解，能提出问题，解决问题，甚至发展原文的思想。④运用。把读到的知识用于实践，这是读的根本目的。⑤速度。在默读过程中逐渐加速，提高默读能力。

2. 品读法

品读法也叫鉴赏阅读法，是指一种对文章阅读时认真地、仔细地品味，以达到真正吸收的读书方法。

品读法可以出声读，也可以不出声读，一般是小声地读。世上的书正如调味品一样，酸甜苦辣咸，五味俱全，而且每种书都有特殊的味道，因此在阅读时，要仔细地去品一品，做到既知其好在哪里，妙在何处，以便吸收其营养；又知其瑕疵之所出，败笔之所在，以便引以为戒。经过这样的品读，该书的风格及其成败得失便可尽收胸中。对作品的品读，包括两层意思：①从容阅读。从容阅读即要慢读、细读、反复阅读，好像吃饭一样，匆匆吃下不行，一口气吃下更不行。②深入思考。深入思考即边读边思、反复琢磨中的深层次思读与读思，读出自己的独特体会和“真知灼见”。

总之，只有把从容阅读和深入思考很好地结合起来，才能品出书中的味道。这种品读越有味道就越愿从容去读；越从容去读，味道就越浓，也就越觉得读书乐趣无穷，也就越有读书的品质和品位。

三、强化阅读，读中积累

1. 通读法

通读法也叫“整读法”“全读法”，是指一种从头到尾地贯通阅读的方法。

它通常是对一篇文章、一本书或一类作品进行一遍全面的浏览式的阅读，阅读速度较快，阅读要求比较大概与笼统，对阅读的材料也没有明显的主次详略之分。它的阅读特点就是不停顿地从头到尾连贯地读，不分主次地全面泛读，通常在以下情况下可用：①当自己需要对某一方面、某一时期、某类型的状况做出了解，需要阅读，又不能拿出很多时间的时候，要尽量用通读法。②因为特殊需要必须了解某一作品、文章的全貌时。③为了深入学习某一篇课文之前的预习性的阅读，往往采用通读的方法。通读时虽然不是很详细、深入，但必要的勾画批注、摘记笔记还是需要的。通读时要合理安排时间，把握进度，不要太快。

2. 背诵阅读法

背诵阅读法指通过对文章用反复诵读的方式来准确记忆文章内容的一种阅读方法。

它的主要目的是：理解文章内容，记住文章的文字形式。

背诵阅读法作为一种基本的阅读方法，在语文学习中有着重要的作用，是我国传统的语文学习方法。在语文学习过程中，根据不同的阅读内容，我们可以采用不同的背诵方法阅读课文。背诵阅读法通常有以下几种：

（1）朗读式背诵。朗读式背诵即在背诵过程中采用朗读法。通过朗读的形式来以声解义，以声促忆，以更好、更牢固地记忆课文。在朗读时，不要一味地看着材料读，可随时进行尝试性的回忆，尝试回忆的过程，是思考内容的过程，既有助于理解，又有助于记忆。运用朗读式背诵法阅读课文，应根据所读课文的特点，灵活运用恰当的记忆方法。①根据课文的段落层次的内容列出提纲；②根据语句、段落之间的逻辑联系设计思考的线索；③抓住重点词语和特殊的句式作为联想的媒介。例如，背诵《桃花源记》一文，就可以抓住渔人的行踪这根线索，总体上掌握文章的结构特点，在桃花源外，入桃花源中，出桃花源后。这样，抓课文的特点去朗读背诵课文，就会收到事半功倍的效果。

（2）默读式背诵。默读式背诵即默诵，指在心里默默记诵，是背诵的一种特殊类型。这种背诵方法实用性很强，尤其是对于回忆已经成诵的课文、段落，默诵比背诵费时少，如复习、答试卷中的记忆型试题时，采用默诵，让需要回忆的材料很快地在脑海中闪过，进一步理解材料的内容，使阅读的效果很好地得到巩固。

（3）分读式背诵。分读式背诵指将课文分成几个部分，一部分一部分地熟读成诵的阅读方法。具体方法是“将大段分作小段，字字句句不可轻易放过，时常暗诵默记，反复钻研。未上口时，须教上口；未通透时，须教通透；已经通透，便要纯熟，直待不思索时，此意常在心胸之间，驱遣不去，才是。此一段了，又换一段看”（清李光地《先正读书诀》）。对一些篇幅比较长，内容难度大的材料进行背诵时，可采用此法。此法的操作方式可分为逐段式读、渐进式读、反复式读三种。

①逐段式读，即一段一段地顺序背诵读下去，在分段背熟的基础上，最后连贯起来背诵。如下图：

A→B→C→D

（图中字母代表段与段的起止；阿拉伯数字代表熟记的顺序。下同）

②渐进式读。背熟第一段，接着背熟第二段，连背以上两段；然后背第三段，随后连背以上三段；再单独背第四段，又把第一、二、三、四段合起来熟背。依次类推，背完全篇。如下图：

A→A、B→A、B、C→A·B·C·D

③反复式读。先读完第一段，再将一、二段连读；然后一、二、三段连读，依次类推，背完全篇。如下图：

AA→BB→CC→DD

例如，要背诵《春》这篇课文的“绘春”部分，就可以采用“反复式”分读背诵法。“绘春”部分描绘了五幅画面，每幅画集中描绘春天的一景一物，围绕中心景物，又以多种手法扩展开去旁及他物，钩连映衬，借他物的烘托渲染，使画面春色更浓，春意更深。理解了文意然后背诵，就可这样进行：

春草图 → 春花图 → 春风图 → 春雨图 → 迎春图
（第二段）→（第三段）→（第五段）→（第六段）→（第七段）

运用分读式背诵法，可以减少每次熟记的文字数量，从而减轻了记忆的心理负担，容易看到熟记的效果。并且，在分读时，先熟记的部分不待遗忘就能及时得到复习巩固，这样可以减少反复诵读的次数。分读法这种循序渐进的背诵方法符合记忆规律，比仅用全读法背诵省时、省力而功效高。

(4)“三抓”背诵法。“三抓”背诵法是指抓住课文的领头句、领头字、过渡句的一种有效的背诵法。领头句指段、层中起领头作用的句子，领头字指句子与句子之间起领头作用的字（词），过渡句指段与段之间的承上启下的句子。以字带句，以句带段，反复试背，直到熟练。例如：背诵孟浩然的《过故人庄》一诗，抓住每句诗开头两个字背诵。“故人”“邀我”“绿树”“青山”“开轩”“把酒”“待到”“还来”。然后按意义去理解、理清节奏，很快就会背诵。

进阶——特殊型发展性阅读法

一、整体推进型阅读

整体推进型阅读法，是一种按照一定的程序从整体上进行推进理解的阅读方法。所谓整体推进，是指通过初读了解文章全貌，粗知大意及其梗概，即“整体感知课文的大概内容”。此法的程序是根据文本并结合阅读目的而设计一套阅读步骤。

1. 整体推进型阅读法的阅读程序

整体推进型阅读法的阅读程序通常有两种类型：一种是常规式程序，一种是变换式程序。各类文章的通用阅读程序是常规式程序，包括以下项目：

(1) 了解书名（文章标题）；

(2) 了解作者（或材料来源、出处）；

(3) 了解写作时间；

(4) 感知基本内容；

(5) 评价（读者对作者陈述的事实、观点或陈述方式的看法）；

(6) 根据阅读的目的将材料中有价值的内容加以提炼，梳理、储存有用信息，使之条理化。

2. 变换式程序是常规式程序的变阅读形式

它是根据自己阅读的特殊需要而针对某一具体文体而设计的阅读步骤，如我们阅读议论文时可用这样的变换式程序：①文章标题。②文体（议论文）。

③作者。④写作时间。⑤主要内容：a. 中心论点；b. 论据；c. 论证方法。⑥评价：a. 表达方面；b. 语言方面。

运用整体推进阅读法一定要按程序编定的序号阅读，完成了前一个项目才能进入下一个项目，阅读时，不要随便改换每一步中的阅读目的。在整个阅读过程中，每一步都要注意信息的筛选。例如：按常规式程序进行第二个项目阅读时，重点是了解文章的作者是谁（或材料的来源、出处）。这时，视觉尽管已接收到正文的文字，但大脑对这些文字蕴含的意义暂且不做深究，应将之排除在这一步阅读之外。又如：按变式程序进行第五项目的第一点“中心论点”的阅读时，大脑只致力于将能反映中心论点的语句从文中筛选出来，无关的材料应排除在阅读之外。

采用整体推进阅读法，能使阅读的过程变得井然有序，大大提高阅读的效率。例如读鲁迅《社戏》中的一段：

……两岸的豆麦和河底的水草所散发出来的清香，夹杂在水气中扑面吹来；月色朦胧在这水气里，淡黑的起伏连山，仿佛是踊跃的铁的兽脊似的，都远远地向船尾跑去了，但我还以为是船慢。他们换了四回手，渐望见依稀的赵庄，而且似乎听到歌声了，还有几点火，料想便是戏台，但或者也许是渔火。

假如在阅读前，不提任何阅读要求，读了后，才要求回答“本段文章作者从视觉、听觉、触觉、嗅觉等多方面着笔铺开记叙，使得景物富有立体感，很好地烘托了‘我’急于看到社戏的迫切心情”，那么一般都要重读一遍才能正确回答有关阅读问题。如果采用整体推进阅读法，在阅读前就可以明确这个要求，那么只需阅读一遍就能回答。

运用整体推进阅读法去阅读课文好比是带着索书单进书库取书，根据索书单上填的书名、号码，就能从排列有序的众多的图书中准确而迅速地找到所需的图书。如果没有索书单，进了书库后，只能漫无目的地选择，既费时又费力。

3. 比较阅读法在整体发展阅读中显得十分重要

比较阅读法，是一种体现整体发展的阅读方法，因为在比较中使阅读能力得到整体发展；是一种在相互比较的阅读过程中获得和巩固知识的读书方法。其基本类型有纵比阅读法、横比阅读法、类比阅读法、综合比较阅读法。比较的角度很多，可从理论观点上、研究方法上、结构上、艺术特色上、语言文字上等方面进行比较。

具体可以从以下方面进行比较阅读：①正反文章的对比分析，以显美丑；

②同一题材不同作者作品的比较分析，以辨高下；③同一作家的数篇文章的比较分析，以明风格；④同一作品的先后两稿的比较分析，以知其改动的真谛；⑤不同作家的作品的比较分析，以见其各自创作的个性；⑥评论家跟作者的或作品有关的其他言论做比较分析，以理解作品。注意问题：①要有一个统一的、相对准确的比较标准；②要注意事物内在逻辑的合理性，在同一关系下进行互比；③比较要注意对象的实质，不应因表面的异同而忽略本质的异同，更不要在枝节问题上纠缠不清；④比较要注意反复。

二、重心拓展型阅读法

重心拓展型阅读法，简单地说，就是在文本内容上抓重心地读，在形式上抓住中心，突出重点地读的方法。具体地说，通过阅读，读出文本的重点内容，读出文章的中心思想和中心线索，读出重点段；读出中心句，读出中心词和重点。在中小学语文课本中，许多文章都具有一个像焦点一样的东西，如题眼、文眼、思路、线索、中心句、重点段、中心思想等。阅读时，如果我们能进入文章的“聚焦点”进行阅读思考，突破一点，并以此为“窗口”，去窥探课文内容，领会文章重心，便可产生“以一当十，以少胜多”“牵一发而动全身”的阅读功效。所以也有人说，重心阅读法是“窗口”阅读法，这不无道理。

那么，怎样用重心拓展型阅读法进行阅读呢？下面便是重心拓展型阅读法的几种方式。

1. 找重点段落——“窗口”阅读法

重点段落，往往是文章的基本内容，体现出全文的中心思想，把它作为“窗口”，就能“一叶知秋”。例如《鲁提辖拳打镇关西》，文中有“拳打镇关西”重点段落的描写。阅读时，如果我们能重点地边读边思考：“鲁提辖为什么拳打镇关西？”“文章安排父女诉说经过这一情节与鲁提辖拳打镇关西有何关系？”便能很快掌握文章的脉胳，弄清本文的主题。

2. 抓中心句——突破点阅读法

课文中有的句子言简意赅、言尽意远，统领全文（段）。阅读时可以将这些中心句作为突破点，以此层层推进，串联全篇，使阅读势如破竹，思路清晰，重点突出。例如《向沙漠进军》这篇事理说明文，根据大量事实和科学原理对为什么要向沙漠进军、怎样进军、进军的前途如何等重大问题，做了深入浅出的说明，把科学道理讲得有声有色。那么，我们怎样才能读懂课文、透彻地理解课文呢？可采用“中心析句法”，即抓住一些含义深刻又与课文中心思想关系密切的重点句子，一句一句地读，尽力读懂每个词、每句话的意思，再以这些句子为窗口，由句看文，就能透彻、深刻地理解全篇。如第四、五、六段的中心句分别是：“沙漠逞强施威，所用的武器是风和沙。”“抵御风沙袭击的方法是培植防护林”。“抵御沙丘进攻的方法是植树种草”。阅读这三段时，如果抓住这些中心句，边读边议，理解其义，就会理解文段，领会文章的中心。

3. 抓关键字词——文眼阅读法

课文中的关键字词，往往牵一发而动全身，堪称“文眼”，更值得细读慢品。阅读时可从关键字词入手，先深入剖析，后集中升华，以收到“一花引来万花开”的效果。例如布丰的《松鼠》一文，是围绕松鼠“讨人喜欢”展开说明的，对它可分三步进行阅读：①初读课文，捕捉文眼——你见过松鼠吗？课文是怎样描写松鼠的？哪个词最能概括松鼠的特点？②细读课文，扩展文眼——“讨人喜欢”是什么意思，从课文哪些地方能看出松鼠讨人喜欢？作者是从哪几个方面说明松鼠讨人喜欢的？哪些词句写得好？为什么？这样便能紧扣文眼，层层深入地阅读下去，读懂课文。③品读课文，深化文眼——找出课文中“松鼠这种小动物漂亮的外貌、驯良的习性和乖巧的性格”这一文眼性的词句来品读，从而更加突出了松鼠的令人喜爱的特点。

三、“解牛式”切入阅读法

这种方法，就是从古代“庖丁解牛”的寓言故事受到启发，用庖丁那样抓住规律，找准“切入口”，轻松自如地把“全牛”一步步地解下来的方法，来学会阅读一篇“全文”，形成“解牛”式的切入阅读法。具体有四种切入方法。

1. 从题目切入

题目是文章的“眼睛”，内涵极为丰富，具有统摄全文的作用。阅读时，我们可以从剖析题目入手，去了解课文内容，领会文章的中心。例如《俭以养德》一文，题目就是本文的中心论点“俭以养德”四个字，课文从三个方面来批驳奢侈浪费的风气，深刻地揭示了节俭对于品德修养的意义，内涵丰富，文字典雅，精警动人，给人深刻印象。在课文的结尾赋予“德”以新的时代内容：“在当今社会主义时期，我们谈的‘俭以养德’也是美德。艰苦朴素是我们的光荣传统，应该发扬光大。”以号召来收束全篇，感染力强。

从文题入手，抓住题眼，在感知课文大意的基础上，对表现题眼的内容进行由表及里的分析阅读，抓住文章的实质，这是符合认识规律的阅读方法。

2. 从有关“提示”或“说明”切入

新编中小学语文课本新增设了“预习提示”或“自读提示”的内容，它可以帮助我们分析读懂课文，把握重点难点。“提示”导向，阅读效果显著。

“提示”的内容大致有：一是学习内容。诸如写作时代背景、写作特点、段落层次结构、中心思想以及对一些重点语段的理解等。二是学习的具体要求。阅读时可从“提示”入手，或根据“提示”的内容读课文，边读、边分析、归纳、领会、消化。或按照“提示”的要求进行学习。如九年制义务教育初中二年级语文课文《记一辆纺车》的预习提示要求是：“阅读课文要注意作者不是为介绍自己那辆纺车而写纺车，而是以怀念纺车为线索，记叙延安当年生产自救的革命战斗生活，从一个侧面反映出当时延安军民‘崇高的理想、豪迈的气概、乐观的志趣’。即‘跟困难作斗争，其乐无穷’的精神境界。文中没有描写具体事件、情境，而是运用记叙、抒情、议论相结合的方法，着重写出自己深切的感受和体验。”如果我们按这一提示去学习，不仅能读懂文章的内容，而且能学到自读课文的基本方法。

阅读时抓住“提示”，就等于掌握了解决课文问题的钥匙，就等于抓住瓜藤，可顺藤摸瓜，避免从头到尾、面面俱到地读，从而又快又好地完成学习任务。

3. 从思路切入

思路，是人们的认识过程和方法，文章的结构是思路的体现。我们在阅读课文时，如能认真揣摩作者的思路，梳理课文的结构，对学习作者观察、理解、表现客观事物的方法、提高布局谋篇的能力将很有帮助。

常见的寻找思路的方法有：

（1）抓提示词句。有些课文在段落中有明显的提示性的词语，表达作者的思路及段落转换。抓住这些词语，有利于梳理文章的思路和结构。

例如：马铁丁的《俭以养德》一文中有“其一”“其二”“其三”这样的词语，根据这些提示语导引思路，可把课文分三部分。

（2）抓概括句。

概括句是指那些处于文章特殊位置的句子，它们能够概括文章及段落的主要内容，直接体现文章行文的句子。抓住这些句子，对梳理文章结构，把握思路，掌握内容，也是很有帮助的。如叶圣陶的《苏州园林》一文，在课文开篇写道：“苏州园林是我国各地园林的标本，各地园林多少受到苏州园林的影响。”说明了苏州园林的地位，总领全文。紧接着在课文第二段写道：“务必使游览者无论站在哪个点上，眼前总是一幅完美的图画。”说明苏州园林这个群体特征是总说，然后分说；苏州园林的四个“讲究”，即讲究亭台轩榭的布局，讲究假山池沼的配合，讲究花草树木的映衬，讲究近景远景的层次。阅读时，围绕这些句子，可归纳出全文“总说—分说”的结构特点，文章的思路就清楚了。

由此可见，从文章的思路切入，梳理文章的结构，作为理解课文的一种方法，是行之有效的。

4. 从线索切入

文章的材料一般围绕主线组织。主线是贯穿全文的线索，抓住它能收到牵一发而动全身的效果。阅读时可以从主线入手，抓纲举目，沿线索展开，合并思考，化难为易。例如：《枣核》这篇课文的线索是“枣核”，它把相距万里的人连在一起，把朋友的心和故土连在一起。枣核是一条叙事线索，更是一条凝聚着乡情的感情线索。抓住这些线索进行学习，可使我们对课文有更加深刻的理解。阅读时先读一遍课文，思考下列问题，朋友为什么要索要枣核？“朋友的心总像是缺点什么”，他缺的是什么？为什么会有这种心境？依次引出事情的起因、经过和结果。即全文的线索（既是叙事线索，又感情线索）——朋友索要枣核起笔，开篇设个悬念：“东西倒不占分量，可是用途却很蹊跷。”索要枣核是什么用途，朋友得到枣核“托在掌心，像比珍珠玛瑙还贵重”，仍秘而不宣，直到踏访后花园谈话中才说明索要枣核的原因：“近来，我老是想总布胡同里那棵枣树。所以才托你带几颗种子，试种一下。”美籍华人朋友领“我”踏访后花园时的谈话，作者以“实录”的笔法记叙谈话的经过，不加修饰，朴朴实实，却把这位海外游子的思乡之情表现得深切感人，如“家庭和事业都如意，各种新式设备都有了，可是心上总像是缺点什么。也许是没出息，怎么年纪越大，思乡越切。我现在可充分体会出游子的心境了”。

这“心上总像是缺点什么”是对游子心境最朴实的描述，表达了最深沉的感情，身在异乡，心系故土，“都如意”“都有了”也无法替代故乡的温暖，无法弥补心上的缺憾。总想总布胡同里那棵枣树。作者写朋友的思枣树（要枣核）表明他思乡真切，思乡深切，更有其更深刻的含义，赞叹炎黄子孙是有民族心的，表达了身在异国，心系故土的思想感情。

再进阶——文体型分类性拓展阅读法

一、记叙文阅读法

记叙文阅读法，即阅读和分析理解记叙文的一般方法。

记叙文，是指以记叙、描写为主要表达方式，写人、写事、写景、写物的各类文章。它通过具体生动的形象反映社会生活，表达作者的思想感情。阅读记叙文要根据记叙文的文体特点去读，去体会文章的思想内容，可抓住记叙文的要素、线索、记叙顺序、描写的作用等特点去读。

1. *要素阅读法*

要素阅读法即抓住要素进行阅读的方法。

记叙文有六个要素，即人物、时间、地点、事件、起因和结果。记叙文，不管是记人叙事的还是写景状物的，都离不开人和事，而人的活动总是在一定的时间和地点内，事情也总有它的起因和结果。如果我们在阅读记叙文时连其“六要素”都未搞清楚、把握好，怎能去全面正确理解文章的内容呢？如读《一件珍贵的衬衫》时，就应先把握要素：时间：1972 年 8 月 3 日夜晚；地点：北京某街道；起因：“我”骑车插进了快行线，被总理乘坐的车擦了一下，擦破了衬衫和肩上的一点皮；经过：总理派车送我上医院检查，关心询问，并派人与我到交通大队说情况；结果：总理派人送来新的衬衫。

2. *线索阅读法*

线索阅读法即抓住作品的发展线索进行阅读的方法。

记叙文的线索，是贯穿全文的脉络，它把所有材料联结成一个有机的整体。它有时表现在人、事、景、物的轴心作用上，有时以作者的思想感情的贯串作为转移，也是作者的思路。一篇记叙文一般只有一条线索。有的以人物为线索，有的以人物思想感情的变化为线索，有的以某一实物为线索等。例如：《孔乙己》以人物“我”为线索；《我的老师》以“爱戴—依恋—思考”的感情为线索；《记一辆纺车》以“纺车”为线索。此外，少数记叙文存在两条或两条以上的线索。

3. *抓住记叙顺序阅读法*

记叙的顺序主要有三种：顺叙、倒叙、插叙。

顺叙是按事件、人物发展变化的时间顺序来记叙。这样使文章层次清楚，容易反映情节发展的连惯性。如《一面》：先写见面时的时代背景，再按时间先后写与鲁迅见面的情景。

倒叙是把事件的结局或某一种突出的片段，提到文章的开头记叙。如《第二次考试》：先写复试的结果，再来按时间顺序写初试、复试，复试后苏林教授亲访，决定录取陈伊玲。由于倒叙改变了记叙的自然程序，阅读时应特别注意“倒”“顺”之间的起讫点，认清那些关键作用的词句和段落。

在叙述中心事件的过程中，由于某种需要暂时把叙述的线索中断一下，插进有关的另一件事情的叙述叫插叙。如鲁迅的《故乡》中写到“我”和母亲等闰土的到来时，插入一段关于杨二嫂的叙述。插叙有两种情况：一种是插入的内容跟时间有关联，在叙述过程中插入了一段从前发生的事情。在阅读此类文段时，我们必须抓住起讫点。另一种插叙对人物或情况做一些说明介绍，跟叙述的时间顺序没有什么关系，插叙的前后也不一定需要说一些过渡衔接的话。对这些，阅读时都应予以相当的注意。

4. 抓住记叙人称阅读法

记叙的人称一般有第一人称和第三人称。

第一人称，是以“我”的口吻或角度展开叙述的。“我”在文章中可以是主要人物；也可以是次要人物，只是做陪衬，甚至只起穿针引线的作用。采用第一人称来写，便于直抒胸意，读起来有一种亲切感和真实感。

第三人称，是以第三者的地位来叙述文章中的人物、事件、场景等。它的优点在于不受空间和时间的限制，能从更多的方面自由地叙述，但它不如用第一人称那样容易使读者感到亲切。因此阅读时要同作者站在同一角度去理解文章。

有的文章中运用了第二人称代词，一般多是出现在用第一人称或第二人称的叙述里，实际上仍是站在第一人称或第三人称的角度写的。阅读时要注意有时是作者在同读者讲话，有时是作者在同作品中的人或物讲话。

一篇文章，或者只用第一人称，或者只用第三人称。也有少数文章第一、三人称交错使用，这样可以扬长避短，发挥第一人称和第三人称各自的长处。阅读时遇到这种情况，就要注意人称的转换，体味作者对所写的人物、事件的态度，以更好地理解文章的内容和结构。

5. 抓住写作特色阅读法

（1）注意记叙文中的表达方式——记叙、描写、议论和抒情。

一般说来，记叙文的主要表达方式是叙述，但常常辅之以描写、议论和抒情。

描写是作者用生动形象的、渗透感情的语言，对人物、事件和环境等所做的绘声绘色、细致入微的描绘与刻画。阅读记叙文时要充分注意这些，体会它对于刻画人物和表现中心思想的作用。

记叙文中的议论，是为了揭示所记叙事物包含的思想意义，起到画龙点睛的作用，因它带有强烈的抒情色彩。记叙文中的议论有两种情形：一种是夹叙夹议，一种是先叙后议或先议后叙。

记叙文中的抒情，也是在叙述和描写的基础上，为更好地表达中心思想所运用的一种辅助方法。其方式有两种：一种是直接抒发思想感情，还有一种是寄情于人、寄情于事、寄情于物，在叙述、描写的字里行间，渗透着作者的感情。阅读时要注意在情景交融、情事结合的内容中去接受感染和美的熏陶。例如：《谁是最可爱的人》在记叙描写三个典型事例中含有作者的赞扬之情。

（2）注意记叙文中的表现手法，如象征、对比、映衬等。

表现手法，常指作者在行文措辞中为表达思想感情所使用的一种特殊的语言组织方式或手法。阅读作品时，关注和分析这种特殊的语言组织方式的表现手法，对文本内容的理解将起到深化与感化及升华的作用。

二、说明文阅读法

阅读说明文，重点在掌握文章所要说明事物的特征。只有掌握特征，才能把该事物同其他事物区别开来，真正认识事物，获得知识，达到预期的阅读目的。

在阅读说明文时，为更好地掌握文章所要说明的事物的特征，可以从以下几个方面入手。

1. 理清说明顺序

阅读说明文，要理清说明顺序，了解各个说明点，从整体及其联系上把握文章的中心思想。

例如《故宫博物院》是按照空间顺序来说明的，也就是作者的参观路线，即故宫的建筑顺序。又如《从甲骨文到缩微图书》，文章中介绍书籍演变发展，从刻着文字的甲骨到缩微图书经历了很长的时间，在这条时间长河里，书籍的发展显示出若干个阶段，每一个阶段的书籍都有它的特征，这些特征都是从说明的时间顺序中体现出来的。

2. 分析说明方法

阅读说明文，要看文章是怎样具体说明事物特征和本质的，就是分析说明方法。说明方法有：下定义法、举例法、列数字法、引用法、解释法、比较法等。

此外，阅读说明文还要根据文章所使用的说明方法，注意阅读说明文的目的，准确有效地阅读。如《苏州园林》，作者说明苏州园林的特点（包括园林的布局、假山的堆叠、树木的栽种和修剪等），分别采用了做比较、举例子、摹状貌等说明方法。作者拿“苏州园林和北京园林的色彩”做比较，苏州园林极少彩绘，而北京园林则相反；以古代宫殿和近代住房大部分是对称的与苏州园林绝不讲究对称相比较。

说明文常用分析和综合的方法，阅读时要分清哪是分说，哪是总说，先总后分还是先分后总，这样才有助于搞清局部与整体的关系，准确把握特征。如《苏州园林》是先总说后分说。首先提出总纲“苏州园林是我国各地园林的标本”，接着说明总体上的特色，阐发总纲的思想，然后形成这个总体上的特色的四项设计原则（布局、配合、映衬、层次），分别做出具体介绍，并谈到其他的一些次要特色（门、窗、梁、柱的特殊风格）。

3. 注意说明文的语言

说明文的语言一般都准确简洁，浅易通俗，但它却准确地揭示了事物的特征，表现出科学性。阅读时要加以重视，通过语言更好地认识客观事物。一般说来，可从词语、句子及句子的某个成分等方面注意它们所反映的性质、状态、程度、范围、主次等，从中领会事物的特征。如《苏州园林》中描写性词语的准确运用。全文只用了有限的几个描写性的词语和形容词，它们都表现出景物特有的状貌，很难用其他词语来替换。如“重峦叠嶂”一词，写出了假山在玲珑小巧的园林中，从平地突兀而起，层层叠叠的景象。“高低屈曲”状写了池沼道的边沿很少有砌得整齐的石岸，总是任其自然的特色。“俯仰生姿”又写出了高树与低树种植在一起，上下相望的风姿，描绘出对各类树木错落有致的精心安排。“盘曲嶙峋”形容古老藤萝枝条的弯曲枯干，满眼“珠光宝气”又写出藤萝花的典雅风韵，构成了生意盎然的画面。

要准确把握文章说明了哪些特征或问题，把握中心思想，还可从文章的标题、开头、结尾或每段的开头得到启示。

三、议论文的阅读法

1. 把握中心论点

阅读议论文，目的在于把握作者所要表明的基本观点与主张，即把握文章中心论点。把握中心论点，不是仅仅记住一个结论，还要紧抠住议论文的论点、论据、论证三要素，对于“证明什么”“用什么证明”“怎样证明”做较深入的研究分析。只有这样，才是把握了中心论点；也只有这样，才能把握中心论点。

具体应怎样把握文章的中心论点呢？议论文的中心论点，常常在开头或篇末鲜明地点出，读时应加以注意。有些文章，标题就是中心论点，如“继续保持艰苦奋斗的作风”。有些文章开头就提出论点，如《谈骨气》一开头就提出“我们中国人是有骨气的”。有些文章的中心论点出现在篇末。有些文章则是在论述过程中提出中心论点，如《想和做》。也有些文章对论点的表述不很集中，这就要用明确的语句把它概括出来。

2. 分析论据

阅读议论文要把握论据，即“用什么来证明”论点的。事实和道理是论据的两种基本形式，事实在议论文中的论据作用是十分明显的，也正因为这样，它们与分论点之间的逻辑联系也十分重要。阅读议论文，应首先分析作者所提供的事实，从事实中看出道理，再检验它与文章的论点在逻辑上是否一致，如《理想的阶梯》一文中用论据的事例有很多。能够用来作为论据的道理总是我们比较熟悉的，或者是为社会普遍承认的，能够从作者提供的道理中联系相应的事实，并以此来检验这些道理是不是能够证明论点。

3. 关注论证

议论文的论点、论据不是互相游离、孤立存在的，它们按一定的论证方法有机地组织在论证过程中。阅读议论文，必须了解文章的议论过程及论证方法。例如《俭以养德》一文，在论证过程中采用了例证、引证、诠释和比拟、比喻等方法，而在总体上是用反证法，因为本文是篇驳论、立论相结合的文章。

4. 揣摩议论语言

阅读议论文的过程中要重视文章语言的阅读、理解。议论文的语言是具有准确、生动、富有概括力和分辨力的特点的。对用语准确、判断精当的语句，对结构复杂、逻辑严密的语句，对形象生动、富于表现力的词句，都应细加体味揣摩，加深对文章所议论的道理的理解。例如《俭以养德》中的“俭以养德”，意思是生活节俭，以此来培养品德。它内涵丰富，警策动人，只有联系作品背景和全文内容，才能有较深理解。这篇文章中还有一句话：“由俭入奢易，由奢入俭难。”含义十分深刻，应该怎样理解？只有通读全文，认真思考，才能得出答案。阅读议论文，就要抓住这些关键性的词语，反复琢磨。

四、文学类作品的阅读法

1. 小说的阅读法

小说的阅读法，即阅读和分析理解小说的基本方法。小说以塑造人物形象为中心，通过故事情节的叙述和环境的描写反映社会生活。生动的人物形象、完整的故事情节和典型的环境构成了小说的三个要素。所以阅读小说时，应该紧扣小说的这些特点，实行“要素三抓”阅读法。

第一，抓住故事情节读。

情节是人物活动的一个个事件，是人物性格成长的历史，是表现小说主题（中心思想）的重要手段。所以阅读小说要注意把握它的情节。小说情节的展开，也是有段落、有过程的。这个过程一般分开端、发展、高潮、结局四个部分。在作品中，情节的安排决定于作者的构思，并不一定按照现实生活中的事件发生、发展的自然顺序，有时可省略某一部分，有时也可颠倒或交错。例如《变色龙》是按照自然顺序即事件发生的先后顺序写的。而《杨修之死》用的则是“颠倒”的写法，故事一开头先写杨修被斩首示众，然后用一句话交代杨修致死的原因，逐渐引出曹操和杨修之间便是矛盾的发生、发展、高潮，杨修之死便是矛盾的结束。不论故事情节如何安排，情节的发展总是为塑造人物服务的。

阅读小说时，一定要把握住故事情节，逐一分析，挖掘出情节的意义。

第二，抓住小说人物读。

小说主要靠塑造人物的形象来表达主题（中心思想），所以阅读小说首先就要抓住人物来分析其思想性格和思想意义。任何一部优秀的小说，总有使人难忘的典型人物。如老舍的《骆驼祥子》中的祥子，在他的身上，集中了因农村经济破产不得不流亡到城市来寻找出路的中国农民的特点。《变色龙》中的奥楚蔑洛夫，也是一个典型形象。他代表了亚历山大三世时代横行无忌的沙皇忠实走狗的形象，趋炎附势、媚上压下、见风使舵、不知羞耻。

小说塑造人物的方法有很多，有概括介绍，也有形象描绘；有外貌和内心描写，也有行动和对话描写；有正面描写，也有侧面描写。但不管怎样，我们抓住小说的人物来阅读小说，从“这一个”反映出“那一群”中去揭示社会生活的本质。

第三，抓住环境描写读。

人物的塑造，不但要通过故事情节的安排，还要通过环境的描写。因为现实中的人，不是生活在真空里，而是生活在一定的环境里。可见，环境描写在小说中是不可缺少的重要部分。阅读小说，就要通过分析环境描写的作用，更好地理解人物性格和作品的思想意义。

环境，包括社会环境和自然环境。描写社会环境，是为了交代时代背景，《最后一课》中的场景描写（一处是锯木场后边草地上，一处是镇公所旁的布告牌前）就是一例。这两处场景描写，虽然只有寥寥数行，但反映了故事的时代背景。描写自然环境（包括人物活动的地点、季节、气候、时间以及场景）是为了表现人物的身份、地位、性格，表达人物的思想感情，渲染气氛等。如《在烈日和暴雨下》一文中，写烈日，按天气变化描写了由闷热到暴雨的景物特征，使人真切地体会到主人公祥子拉车生活的艰难和痛苦；写暴雨，也根据天气变化，抓住由热到凉，由起风到下暴雨的景物特征进行描写，渲染了人物活动的环境气氛，间接地写出了祥子被暴雨倾淋的悲惨境遇。祥子在烈日和暴雨下一天的拉车情形，是祥子苦难生活的写照，也是旧中国广大劳动人民痛苦生活的一个缩影。

阅读小说时，并不是对每篇（部）小说的三要素面面俱到，而是根据所读小说的特点和自己的具体情况（阅读目的、时间、水平等），有所侧重。

2. 诗歌的阅读法

诗歌的阅读法，即阅读和欣赏诗歌的方法。诗歌是文学中的一大品类，偏重于抒情言志，即便是叙事诗或意在说明科学现象和阐明哲理的诗，也必须饱含诗情，才能生动感人。情绪和感情是诗的基础。诗与其他文体相比，能更为充分地显示诗人的品格和情怀。优秀的诗篇承担着丰富和美化精神生活的使命，并启示真理。但它不直接告诉读者应当如何如何，而是以默默的持久的力量，改造并提高人们的精神境界，净化人们的灵魂。也就是说，诗歌这种文学体裁具有“高度集中、想象丰富、感情强烈、语言精练、音韵和谐”的特点。因此，在阅读诗歌时应根据诗歌的特点来阅读。

第一，通过朗读吟诵，整体感受诗情。读诗必须从整体感受开始，而整体感受最好的办法就是反复朗读、吟诵。只有在朗读、吟诵的基础上，读者的情感、经验和想象才能得到迅速反应，从而真切体味诗的音律美、情思和境界。如公刘的《致黄浦江》，诗中蕴含的是正义的、崇高的感情，单是“看诗”，是很难体味出本诗的诗情、诗意、诗味和诗美的，这首诗写于黄浦江的血泪史结束之后，末尾说“今天我有权写这骄傲的诗行”，这一股爱国豪情只有在反复朗读的基础上才能感受得到。

第二，剖析诗情，展现意境。朗读吟诵，整体感受诗情是读诗的第一步，但仅做到这一步还是不够的，还必须进一步研读、剖析，揭示诗中情思的深沉含蕴和境界的更多层次。例如：贾岛的《寻隐者不遇》：“松下问童子，言师采药去。”此间是一问一答，问什么呢？没有说，但从答语中，可知是“师在何处”之类的话语。此下省略了“去何处采药”的又一问。这一问藏在“只在此山中”的童子答话里，是由“只在此山中”暗示出来的。既然“只在此山中”，不就可以找回来吗？不难见问者转忧为喜的情态，于是又有下问“在此山中何处？”这才又引出童子的另一答话“云深不知处”。这一剖析，便把全诗情思起伏变化的层次展开了，意境也展现出来了。

第三，领略音韵、探讨写法。领略诗歌音韵之美，首先要注意它的节奏。如郭沫若《炉中煤》：“啊，我年青的女郎/我不辜负你的殷勤/你也不要辜负了我的思量/我为我心爱的人儿/燃烧到了这般模样”，不仅构思新颖、炼字入神，而且音调优美、节奏动人。此外，领略诗歌音律的美，还要注意韵律回环的美，应仔细品读和研究。

探讨诗歌的写法，要注意其独特的构思，研究它的修辞方式，如比喻、象征的内涵及意象的选取与组合等。

3. 散文的阅读法

散文的阅读法，即阅读和理解、赏析散文的基本方法。散文是指与诗歌、小说、戏剧并称的一种文学样式，指一种在真人真事基础上，以叙事记人、咏物、写景、抒情为主的文艺性记叙文。是一种自由、灵活的抒写见闻感受的文体。它的独特的美质就在于：能够让我们通过一个十分精粹、亲切的形式，读到作者对于人生或自然的感悟。阅读和欣赏散文，既要细心领会作者对于人生或自然的感悟，又要认真分析作者用以表达这种感悟的形式。

第一，扣住文眼，把握文章脉络。文章的脉络，就是线索。散文的一个根本特点是形散而神不散。所谓“形散”，就是前面所说的“自由、灵活”，或写景状物，或记人叙事，或议论抒情，皆如行云流水，或谈天说地，或道古论今等，能让读者产生云里雾里、捉摸不透文意的感觉。“神不散”，就是文章的中心思想，因为每一篇散文必定有一个中心思想，正如著名散文家秦牧所说：“散文虽‘散’而不乱，全靠思想把一切材料统一起来，用一根思想的线串起生活的珍珠，珍珠才不会遍地乱滚，这才成为整齐的串珠。”而中心思想又往往靠一个“文眼”来体现或暗示，“文眼”不仅是文章的窗口，有时还是文章结构的枢纽。

文眼通常是一些说明性、议论性、抒情性或象征性的文句，或者写在文题中，或者出现在篇首，或者嵌于篇中或篇末。或者文题照应、前后照应，阅读时只要细心揣摩，一般不难发现。如《白杨礼赞》，文章开头就写道“白杨树实在是不平凡的，我赞美白杨树！”“不平凡”，点明礼赞的原因，起笔峻拔有力，赞美之情破空而来，给人深刻的印象。只有真正扣住了文眼，把握了文章的脉络，就为进一步理解散文的“形”，读懂散文的“神”奠定了基础。

第二，感悟情意，展现意境。凡是优秀的散文，都情真意挚，意境优美。所以，阅读散文时，了解了文章的内容，把握了文章的主题之后，一定要反复诵读、品味、感悟文章的情意，展现它的意境。例如萧乾《枣核》中的几颗枣核，它们虽是平凡微小的，但是，由于作者感悟到其中蕴藏的“依恋故土”的民族感情，写成了如此感人的文章。所以说，一篇散文，就是一杯作者用自己的人生经验酿成的酒，我们读散文，也就是在饮这杯“酒”，越是细细品尝，越能够体会出其中丰富而复杂的滋味，得到启迪和美感。所谓展现意境，就是要在头脑中根据文中提示，想象出作品中一幅幅生动的生活画面，品味作品表达的撩人心魄的情趣。情中景，景中情，象外象，味外味，都是展现散文意境所必须体验到并给予理性评价的。

第三，分析语言，研究写法。阅读散文，还要从感受和理解语言入手，读懂了内容之后，回过头分析语言怎样贴切地表达了内容，创造了意境美。散文的语言不但具有生动性和抒情性，而且具有很强的哲理性。这些我们都应该品味、分析，包括如何遣词造句，如何运用修辞手法来表情达意。

散文的写作方法，不只是用记叙、议论等叙述方式，而是融合着作者的感情，常常是将抒情、记叙、议论熔为一炉，形成一种夹叙夹议的笔法，读起来使人倍觉舒服。

在艺术表现上，主要体现在两个方面：

一是细处落笔，小中见大。读散文，我们常常看到作者对事物的体察与描写总是那么精细入微。作者善于抓住最富特色、足以寄寓自己思想感情的事物，寥寥几笔，便写出十分丰富与复杂的内容，或个人情思，或人物风貌，或山水美景，或环境气氛，让人“能于极小中独见其大”。例如朱自清的《背影》，其中对父亲过铁道，上下月台买橘子情景的描写，如同展现在我们眼前的电影特写镜头的慢动作，那么细致、那么清晰，无限的父爱以及作者对这父爱的深刻感悟，尽在其中了。

二是侧面暗示。短小的散文，采取侧面的、暗示的写法，往往要比采取正面的平铺直叙，艺术效果更佳。在行文结构上，散文所追求的是一种“自然之节奏”。就结构而言，有的比较讲求章法、精心布局，形式显得缜密、谨严，读者容易掌握其脉络、层次。如朱自清的《春》，茅盾的《白杨礼赞》，等等。

4. 戏剧的阅读法

戏剧的阅读法，即阅读和分析戏剧（剧本）的基本方法。戏剧文学，即剧本，是舞台演出的基础，是戏剧的主要组成部分，直接决定着戏剧的思想性和艺术性。戏剧文学具有两重性，即剧本的二重品格。一方面，它作为文学作品，应当具备一般叙事性作品共同的要求，诸如塑造典型形象，揭示深刻的主题，以及结构的完整性等。另一方面，它作为戏剧演出的基础，只有通过演出，才能表现出它的全部价值，因此，它又要受舞台演出的制约，必须符合舞台艺术的要求。这就决定了阅读必须有自己区别于其他文学作品的方法。无论是为演出而读，为评论而读，还是为鉴赏而读，都必须考虑到这一点。进行戏剧阅读通常可以从以下几个方面进行。

第一，抓住矛盾冲突。抓住戏剧文学的矛盾冲突，主要是抓住戏剧作品中的故事的情节发展过程，也就是剧中人物与人物之间、人物与环境之间各种因素此消彼长的过程，通俗地说就是“矛盾冲突”。《白毛女》第一幕就是这样展开佃户杨白劳和恶霸地主黄世仁之间的矛盾冲突的。戏剧冲突是现实生活中的矛盾冲突的反映，总有它发生、发展直至解决的过程。这种过程，剧本通常以“序幕、开端、发展、高潮、结局、尾声”这样的结构方式来表现。分析戏剧冲突，就要抓住这些结构要素，首先分析冲突是怎样发生，怎样发展，又怎样形成高潮，如何获得解决的。序幕是事件发生的背景，尾声是事件冲突获得解决后的效应，注意序幕和尾声，可以帮助理解事件的意义和剧本作者的倾向。

一般说来，冲突就是戏，没有冲突也就没有戏，没有表现力，当然也就没有鲜明的人物性格。因而，没有矛盾冲突的戏剧是没有的。没有人物性格的冲突或差异，就无法通过人物自己的言行来表现他们的性格，构成情节纠葛，揭示社会生活的本质。阅读时要十分注意这一点。

第二，把握人物形象。人物形象是小说、戏剧作品中最为重要的组成部分，通常称为典型人物。它是从现实生活里概括、创造出来的。在戏剧作品中，人物形象往往有着鲜明的、独特的个性，同时又表现一定阶级、阶层或某些社会关系的本质。如《白毛女》通过一个富有传奇色彩的故事，深刻反映了半殖民地半封建社会农村的基本矛盾，强烈表现了人民群众报仇雪恨、翻身求解放的愿望和理想。剧本成功地塑造了喜儿、杨白劳以及恶霸地主黄世仁、狗腿子穆仁志等艺术形象。所以，把握人物形象来读剧本，是理解并鉴赏分析剧本的前提。

第三，赏析台词。剧本主要靠人物用自己的语言和动作来表现自己的性格。因为戏剧是要在舞台上演出的，所以，戏剧文学中一般都没有叙述人的语言，只有人物对话和独白，通过对话和独白来完成整个剧情的演进。也就是通过台词来达到增加戏剧冲突的目的。观众就是通过台词看到现实般的对立与冲突情境，看到人物的性格与命运遭遇，看到技巧，获得对戏剧的理解的满足和快乐，并由此进入情境去体验与参与的。所以，只有读懂了台词，即通过人物说的话，能够准确了解他丰富的内心世界，听出他话中之话，话外之话，体味出他的感情，他的思想，看得出他行动的可能趋向，才算真正读懂了台词。

五、文言文阅读法

阅读文言文，必须勤于实践。在阅读实践中，运用有关的科学的读书方法，能收到事半功倍的效果。如文言串读法、文言朗读法、文言读注法、文言译读法等方法，都可根据不同的阅读情况采用。以下简单介绍两种。

1. 文言串读法

文言串读法，是以精读为目的，对文言文的字音、词义、语法现象、修辞特点、结构特点均要做细致的分析的阅读方法。分析的程序是从字到词，从词到句，从句到段，从段到篇，循序渐进。这是阅读文言文最常用的方法。

运用串读法，先应通览全文，了解文章的大意，然后再串读。

第一，串词成句。文言串读法中最重要的一步是串词成句。每一个字的字音必须认准，每一个词的意义必须非常确实。对词的意思的理解应该放到具体的语言环境中去，词不离句，句不离篇，不但要了解它通常表达几种意思，而且要了解它在该句中应理解为什么意思，千万不要脱离原文做孤立的词语解释。如：“顾野有麦场，场主积薪其中，苫蔽成丘。”（《狼三则・其二》）课文下注：“薪，柴”，这里“柴”是指“薪”的本义，而不是“薪”在例文中的意义。因前文有“野有麦场”，后文有狼“洞其中”，据语境条件，“薪”在文中的意义应是“用作柴烧的麦草”。

第二，从词义入手。弄清了句中每个词的意义后，再将全句串联起来直译。如“持就火炀之”，首先要分析揣摩：“持”是“用手拿”的意思；“就火”，不能理解为“完成火”，只能说“靠近火”；“炀”是“烘烤”的意思。疏通文意后直译为：拿着（印版）靠近火烘烤它。串读时应从局部到整体，再从整体到局部。从局部到整体，不是各个词义简单的叠加，而是要顾及整体的协调组合。

第三，全文串读完后，再回头将全文通译一遍。

2. 文言译读法

文言译读法是通过把文言文翻译成现代白话文的方式来阅读文言文的方法。把文言文译为白话文，一般方法是“以直译为主，意译为辅”。翻译时，首先要忠实于原文，力求在译文中逐字落实原文；其次要根据具体语言环境，“词不离句，句不离篇”，用畅通的白话把文言句意准确地翻译出来。

（1）文言直译法

文言直译法，是文言文阅读方法之一。即用规范的现代汉语词句直接译读文言文，译读中偏重于照顾原文字句，做到古今对照，文白对照，字字都要翻译，并且译文的语序、句式、语言风格都尽可能与原文保持一致的翻译方法。

（2）文言意译法

文言文与现代汉语有许多不同之处，有些词语如果一味直译，译文有可能会拗口难读，甚至不符合现代汉语的表达习惯，从而造成理解上的困难。对于这类词语可采用意译的方法翻译。

文言意译法就是根据原文的大意来翻译，不做逐字逐句的翻译，具体地说，就是不拘泥于原文的词句，适当改换句子的词语或句法结构，不求译文的字句与原文的字句一一对应，只求在整体上，使译文的内容和原文保持一致的一种阅读方法。

运用意译法，一定要注意译文的整体意思不能脱离原文，要与原文的内容完全相同。例如翻译“千里莺啼绿映红，水村山郭酒旗风”（杜牧《江南春》）。可意译为：“到处是黄莺婉转的啼鸣，到处是绿叶红花相互映衬；依山临水的城乡，迎风招展着酒旗。”由此可见，运用意译法可在遣词造句上有更大的灵活性，但绝不等于离开原意自由发挥。

翻译文言文一般是以“直译为主，意译为辅”，也就是，能用直译翻译的地方，一般不用意译，非用不可，如不用则不能体现“信、达、雅”的才用意译。

对于一些用了互文、合叙、倒装、省略的修辞手法的语句、古代的诗歌可用意译法。

Chapter 6
第六章

阅读教学之“理”性

——阅读教学“辩”论

【引言】

这是一种事实，人每天都在“看”东西，如看书、看报、看电视、看广告、看文件、看资料、看风景等。这个“看”，其实就是阅读，而且是广义的阅读。为此，展开关于到底什么是阅读及阅读教学，到底怎样进行阅读及阅读教学的讨论，将具有全新的意义。

如果我们用辩证法来看待阅读教学，探索阅读教学，就会发现许多奇妙而又可产生奇效的阅读辩证现象。而这些阅读辩证现象，理所当然地应该成为我们目前突破阅读教学高耗低效问题的重要思路。我们必须经常开展一些“辩”论——辩证法的讨论，从而使阅读教学更加成熟、更具理智、更有效果，最终也更富有意义。为此，对阅读教学开展“辩”论，不失为促进阅读教学研究向纵深发展的重要方法之一。

下面所展示的几篇文章，便是我的一些可能不太成熟但的确出于一种教育“理”性的“辩”论。

阅读教学：是见“人”还是见“物”

——阅读教学“辩”论（一）

一、阅读教学：是教“语”的文还是教“人”的文

语文新课程倡导工具性与人文性的高度统一和有机统一，这是理念上的新

亮点，也是实施操作上的大难点。怎样统一？即从“语”文阅读教学走向“人”文阅读教学，坚持“人”“语”并重，“学文”与“育人”相结合，切实提升学生的语文素养。因为“语”往往体现工具性，“人”往往体现人文性，只有二者并重与结合，才能使之真正统一。

语文素养必须建立在具体的语文学科能力这种可实性和可指性的基础上，才能得以培养和达成。

什么是语文学科能力？它有多种不同的表述，但是最基本的就是立足于语文学科特点，且不能被其他学科功能所替代的符合人们学习语文和运用语文的语文能力。例如：听说读写能力、感悟和审美能力、概括能力、修饰能力等。这些能力带有较高程度的认知普遍性和语文特殊性（也叫语文性）。

人们一般认为，语文能力是听、说、读、写这四种能力。其实这种说法尚欠精准。一是语文能力必须有一个自我内涵的本位定义，而不是因为包括或涵盖听说读写这样一些语文学习内容，或者四种学习途径，就被认为是语文的四种能力。二是语文能力是由很多方面组成的，听、说、读、写即使可以认作为语文能力，但也不能说成是四种能力，而只能是语文能力的四个方面或四种能力类型。

其实，我们更多地认为，听、说、读、写是学习和运用语文、培养语文能力的四种内容属性，或者是指四种基本的语文学习手段、途径与形式，正如数理化和政史地等课程也需要听、说、读、写等作为其学习手段、途径与形式一样。如果硬要把听、说、读、写看成语文能力，那么数、理、化、政、史、地等课程的学科能力不也要换成听、说、读、写能力了？

因此，这种以语文学科基础能力为核心所形成的语文素养，也必须通过阅读教学这一语文教学的主体平台来实施，这也成了阅读教学追求的主体目标和终极目标，这样反过来也促进了阅读教学更好更快地发展其语文学科基本能力。从某种意义上说，“阅读”教学只是一个平台，在进行一种对听说读写等全能力培养的教学。

由于中国传统语文课程均采用“文选型”教材，即由一篇篇文章（或著作的片段）组编成教科书，人们便以为语文教材就是课文，教课文就等于教语文，教了课文就是教了语文。当然，这样想、这样做，从表面上看也无可厚非。语文的确是通过课文这个例子来体现教学内容与展开教学活动的。

但是，由于阅读是一种人的活动，阅读教学也是一种特定的人群（师生互动）活动，所以，对阅读教学进行研究时一定离不开对“人”的研究。因此，我们认为阅读教学不仅要重视“阅读”的教学，还要重视“阅读”的人。为此我提出了另一个思辨话题：阅读教学不仅教“语”的文，也在教“人”的文。即让学生不仅学到关于“语文”的知识和获得对文本的享受，还要学会做人的常识、道理，培养学生高尚的人格和“现代人”的素质。

二、阅读教学的凭借：是“文本”还是“课本”

当今的阅读教学，其凭借主要还是一种“文选型”教材，但是我们不能因“文选型”教材就真的只是教“课文”，更应是从教“阅读”出发，因为课文只是阅读教学的一项主要教学内容；阅读教学不仅教“语”文，更是教“人”文；阅读教学，表面在教“文”，其实在教“本”（教课本），因为“文”出于“本”，文在“本”中。所以，阅读教学应着眼于“读”本而不是“文本”，更不是“文”。

阅读教学，由于在学校语文教学中占了主流地位，而越来越被人们所重视。也由于被重视的缘故，人们对“阅读”和“阅读教学”产生了许多不同的言论与做法，甚至都认为自己的言论和做法是最好的成果与经验。其实，这些个体经验和零散的或局部的研究成果，因为“阅读”本身是一种人类的个体认知、理解和体验的活动，各有各的阅读兴趣和阅读目的——阅读价值取向，为此也就自然产生不同的阅读内容、阅读方式方法，那么其效果也就各不相同了。现在，由于用“自我感觉”或打着“改革创新”旗号来开展阅读教学，的确人为地制造了许多阅读教学误区，产生这样那样的“伪阅读”教学问题。这些误区和问题，目前还并不被人们所认识到，其原因在于缺乏语文教育的“理”性，在阅读教学缺乏一种“辩”性方法，于是就引发了非此即彼的思维方式，在阅读教学行为上难免出现极端化、表面化、停滞化。

三、阅读教学：到底是教“课文”还是教“阅读”

由于中国传统语文课程均采用“文选型”教材，即由一篇篇文章（或著作的片段）组编成教科书，人们便以为语文教材就是课文，教语文就等于教课文，教了课文就等于教了语文。当然，这样想与这样做也无可厚非。语文的确是通过课文这个例子来体现教学内容与展开教学活动的。但是，这绝不等于“阅读”教学，更不等于以学生为本的“阅读”教学。如果教课文一定要走向“文本解读”的话，那也是“教文本解读”，而不是“在文本解读”，而且无疑要走向一种“文本导读”型的阅读教学。“文本解读”与“文本导读”有着质的区别：解读即“阅读解释的意思”，导读即“引领指导阅读”，作为中小学教师的“阅读”教学，显然采用后者，开展有“教”的指导意义的“文本导读”，而不是一味地就文而解的“文本解读”。

置于以人为本的新课程理念下的“阅读”教学，是教学生阅读，即对学生指导阅读而进行的“课文”教学。为学而教，才是当今教学改革与发展的基本理念，也就是说，从“教语文”走向“用课文教”。除了用课文这个例子来对学生进行有关阅读上的文本解读和人文体验及言语知识传授以外，还要对学生进行“阅读”方面的学习规律、学习规则与学习方法的指导，让学生最终学会阅读。语文教学，应该是关于语文知识教学、语文能力教学和语文文化教学三大板块的整合，这些教学必经“课文”这个例子、“阅读”这个途径与手段来完成，那么我们就要依照《语文课程标准》关于“阅读”的教学要求，结合学生阅读实际需要，进行“全语文”阅读教学。这就是语文教学发展的突破口——“辩”性施教。可以说，这样与其说是教“课文”，不如说是教“阅读”。

课文是为“阅读”教学服务的，即借助课文来进行关于文本内容的理解、感悟与体验，但是这些必须是对课文阅读所带来的相应过程与方法的有效实施，即对课文到底“怎么读”（方法与过程）、“读的效果到底如何（评价与总结以及迁移）”等一系列阅读问题的解决，这才是最完整的、真正意义上的“阅读”教学。如果是“课文”教学，那么就只对“课文”自身进行解读和理解，如课文中“有什么”就读什么，只对课文内容做大致“读懂”要求的教学，是一种只教其然而不教其所以然，教其现象而不教其本质、规律和方法的“平面型”教学，如果教了“是什么、为什么、怎么样”等多维、多元的全阅读，那才是“立体型”教学，也是以人的学习为本的“学本型”教学。

说到底，这种只教课文的教学，就等于数学课只教了“例题”而未教数学公式、概念、定理以及数学思想、数学方法等，而实际上数学老师十分看重关于数学公式、概念、定理以及数学思想、数学方法的教学，“例题”只作为他们进行数学公式、概念、定理以及数学思想、数学方法的教学的一种手段而已。同理，语文课也应该如此：把课文作为“教阅读”的例子来教，也就是站在“阅读”的角度来教课文。那么现在又出现了新的问题：教阅读到底要教些什么？现在，大多是对“文本”进行解读，教学生掌握文本内容，学会考试，能够“刷”阅读题就是教阅读。但是，不应该只是这些，而应该借助“文本”既读解又探究，学会阅读，提升阅读能力；这才是真正的教阅读。

由此可知，阅读教学确实只能把“文章”作为例子以实施属于“阅读”的教学任务及活动内容，以进行含有阅读能力培养和阅读教学三维目标整合的阅读教学。这样，才让课文在培养学生的阅读能力中真正起到举一反三、触类旁通的“例子”的作用。例如，我们在教杜甫的《茅屋为秋风所破歌》时，不仅让学生读懂诗的内容：全诗抓住“忧”字而忧风→忧雨→忧屋忧人，通过自身凄惨的生活状况来表现天下寒士的痛苦和自己忧国忧民的感情。如果只教到这个层次，那就只教了“课文”（文本），如果是教“阅读”，则还要教“读”的背景，诗的写作过程与方法以及艺术特色，读者的体验及鉴赏评价，以及由此类推来阅读同类诗或作者的其他作品的规律、要领和方法等。这就是“阅读”教学与课文教学的区别。

我们认为，阅读教学的意义不只是一种短视化的“有效”，真正意义上的有效阅读教学的价值取向之一，就是教阅读而并非只教课文。这样关于“阅读”的教学，不仅借助“课文”，还要通过如读、写、听、说、思、评、赏等多种手段或多种途径来实现；不仅教文本，积累语文知识，还要丰富人文内容，感悟文本写作过程与方法，学会阅读文本的技能与方法等。这是阅读教学中的阅读能力培养，可促进整体语文素养的提高，而语文素养的整体提高又反过来促进阅读能力的提高。

四、阅读教学：是呈现阅读一己之得的经验还是鼓励学生的自我体验

目前，因“一己之得”或“一己之见”而形成的阅读教学成果或经验，已经越来越丰富多彩，当然，也就往往鱼龙混杂，或者是“水土不服”，所以要特别慎重，认真加以辩证思考，以免产生阅读教学上人为的误区和问题。

为此，阅读教学要开展如下“辩”论：阅读教学不仅教“课文”，更是教“阅读”，阅读教学不仅教“语文”，更是教“人”文；阅读教学要学会与抓住“三文两位”的辩证现象来教，要从“不”的方面来思考与提高阅读教学效果。对目前因“一己之得”或“一己之见”而形成的阅读教学成果或经验，不能视为经典，要认真加以辩证分析，以免产生阅读教学上人为的误区和问题。

五、阅读教学：坚持“语境”与“文境”相统一

语境，即文本通过字里行间所构成的语言环境和语言情境，也指文本语言所表达出来的语意和特定性语感态势。文境，即通过文本语言或字里行间的内

容所凝结的或隐含的精神环境，包括文化修养和思想情感格致化的想象物。以上“两境”，均在文本中出现，前者是呈现，后者是体现，均需学生通过阅读来体验与感受。“两境”缺一不可。如果缺一，学生所得到的体会就会有所缺失。所以，这也是阅读教学中的一种“人”语结合的教学。

这种统一，应该说是新课程理念下阅读教学的一种“全境界”。有了阅读上的“语境”“文境”之说，那么，我们在阅读教学中就既要认真地教好“语境”，也要相适应地教好“文境”。

六、正确处理“死”与“活”的教学关系：先死后活，死去活来

1. 读书：需要先死后活，死去活来

一般地说，文本内容是“死”的，但是读文本的人是“活”的，所以，要把书先读“死”后读“活”，我们把它归纳为“先死后活，死去活来”。“死”的是对文本内容的认知与积累，“活的”是读者感悟与个体体验，以及读书后的素养和能力等。

2. 怎样运用“先死后活，死去活来”的读书方法

这种“先死后活，死去活来”的读书方法，主要包括以下几方面：

（1）严格地按阅读程序进行规范阅读。扫除生字词障碍，积累词汇；读通文本，读懂文意，读熟名句，读解章法。不仅要读懂这篇文章是什么，还要思考怎样写出来的，这样写有什么好处和特色。

（2）帮助学生深读课文。不仅有“形读”，更有“神读”，读出超字面、超文本的深层含义。与作品对话，与作者对话，研讨课文所透射出来的人文精神，特别是情感态度价值观方向的内容。

（3）鼓励学生进行创造性阅读，个性化阅读。根据阅读感受、感悟与鉴赏、评价等最后形成语文阅读素养和相应的语文能力等。这种阅读也可以叫“立体性多元多维阅读”。因为它可以多角度调动学生的积极思维，使学生这一主体能真正“主体能动”起来。否则，如果只教“文章”里的“是什么”和“怎么样”，那就是单一的纯技术型“语”文教学，是一种见物不见人（学生）的“唯语”教学法，很容易被滑到教师和教参的包办教学之中，滑到教师的“单方主体”的灌输之中。

可见，这样的“死→活”教学法，既使阅读教学突出与体现了语文教育的育人功能，又促进了语文教学的辩证法发展，揭示了语文学科教学“不仅在于积累知识，也应注重探究，敢于推陈出新”的新思路。

关于阅读教学的“主体介入”

——阅读教学“辩”论（二）

一、对目前阅读教学的反思

阅读能力是学生整个语文能力中的关键性能力。提高学生阅读能力，是提高学生阅读素质的基本途径，通过对阅读素质中的阅读能力的考查、分析，我们发现学生阅读能力不高主要以下三个原因：①懵懵懂懂地读，不知道阅读的规律和方法；②糊糊涂涂地读，没掌握阅读的基本技能；③随随便便地读，未养成良好的阅读习惯。这些问题，固然有他们自身的原因，但有一条不可忽视的原因，就是阅读教学缺少学生的“主体介入”。其具体表现在以下三个方面：一是“主体介入”的意识淡薄，谁是主体介入者，为什么要强调阅读“主体介入”，既不懂得也懒于去懂得；二是怎样去实现阅读的“主体介入”，没有认真去想过，更谈不上建立一整套有利于充分发挥“主体介入”作用的操作体系；三是“主体介入”不到位，效果不理想。

因“主体介入”不佳而导致学生阅读能力不高，阅读教学效果不好，应通过反思和探索，找到一些有效的解决方法。

二、准确理解与把握阅读教学中的“主体介入”

1. 什么是“主体介入”

“主体介入”，主要是指阅读教学中的主体对阅读实施如何进入和如何进行干预等。它既包括“主体内涵”“主体结构”和“主体责任”，又呈现如何介入的一系列“主体策略”及“主体活动”等。

“主体”的释义是“事物的主要部分”和“哲学上指对客体有认识和实践能力的人”等。“介入”的释义是“进入事件之中进行干预”。

《阅读学》告诉我们，阅读的三要素是读物、阅读环境、读者。语文课本是一种特殊的读物，它既是一种普通阅读物，又是学校进行语文阅读教学的载体，有它特定的教学目的和特定的构成要素。作者、教材编者、教师、学生、教学参考资料编写者等都向语文课本读物注入了主体意识。

为此，我更深入地提出一个新观点，即阅读教学的“多主体介入”和

“多元主体介入”。“多主体介入”即多个主体介入，“多元主体介入”即多元素、多渠道的主体介入。这样，就为阅读教学的“主体介入”找到了走出困境与创新的重要路径。

2. 关于“主体介入”的几点辩证思考

为了真正提高阅读效果，我们务必围绕“主体意识”这一概念，着重解决以下三个认识问题。

（1）阅读教学中的主体介入不同于阅读中的主体介入，二者之间有联系，但仍然是两个不同的概念。

阅读中的主体介入者主要是指读者，即阅读读物的人，可以是学生，也可以是学生以外的其他人。而阅读教学中的主体介入者，正如前面所讲的是一个多层次参与、复合型的“主体群”。

这主要是因为：①在阅读教学系统中，教师和学生都是读者；②在阅读教学中，教师处于教材（课本）与学生之间的中介地位，对于课本来说，教师也同样是读者，对于学生来说，教师又是“活的课本”，又变成学生阅读活动的主导者；③学生是阅读的双重接受主体，既要接受来自课本自身（教材）的信息，又要接受教师对课本（教材）的解释。以前的语文阅读教学之所以效果不好，其中一个原因就是没有处理好这两个“主体介入”的有机关系，要么是忽视了教师也是课本的读者（主体介入者）这一要素，一味强调学生怎么读，教师读得怎么样似乎与学生阅读无关；要么就是教师包办代替，强行灌输给学生，这样，学生这一主体介入权就被剥夺了。

（2）阅读教学中的真实情境，不是一个主体介入而是多个主体的共同介入，或者在不同时间和空间都先后发挥着不一样的主体介入作用。

（3）阅读教学中的主体介入，表面上是教师的主体性很明显，但实质上是学生这个主体在起着决定性作用，而教师的主体性则体现在主导上，学生的主体性不仅有“形式”上的读书的直接投入，更有让教师以学生为主体来确定其阅读教学的立足点和出发点，也就是说，因学定教，为学而教。所以，这种学生的主体性不是由学生自己来呈现，而是通过教师“因学定教，为学而教”的理念指引而走向手头有课本、心中有学生、行动有导学的阅读教学，这是一种深层次的阅读教学的“主体介入”——学生主体性在起着决定性作用。

3. 要完整落实对阅读“主体介入”活动体系的构建与指导

教师阅读教学的基本任务，也是教师这一主体与学生这个主体共同介入的有机结合。教师必须要求自己首先是个成功的“主体介入”者，然后才能正确指导学生去实施阅读中的“主体介入”行为，帮助学生提高阅读效率。

从心理机制看，阅读主体参与活动的有机过程体系是：感知→理解→表述和评价→巩固和记忆→应用。

从语文课本的编排体系看，阅读主体参与活动的有机体系是：如何读好一册课文→如何读好一个单元课文→如何读好一篇课文→如何读好一段课文。在一个单元内，又包括：如何读好课内讲读课文→如何读好课内阅读课文→如何读好课外自读课文→如何读好单元提示或单元知识短文→如何读好每一个注释或每道练习题。

4. 要把握阅读主体参与活动的正确走向

阅读主体参与活动的走向一般是两种：一是以作者文本为中心的“恢复过时”的阅读，这是一种以继承为宗旨，具体表现为寻章摘句、追寻微言大义的保持型阅读走向。二是以读者为中心，着眼于实用意义的阅读。如果上述两种阅读都各执一端，则不利于学生阅读水平的整体提高。我们需要的是将两者融为一体，尤其是目前受“应试教育”的影响，阅读教学大多强调学习继承，对学生理解的要求与训练失度，严重忽视主体的能动自主性，谈不上创造能力的培养。

三、抓住学生这个“主体介入”的主体进行导读，提高学生的阅读素质

尽管阅读教学中的“主体介入”是一个多要素的群体，但其组合形式不是一种简单的相加，而是多层面、有主次的组合，而学生应是这个“主体介入”组合体中的主体。因此，我们务必抓住这个阅读主体，充分发挥其他几个介入主体的协同作用，特别是教师的主导作用，来共同实现阅读教学的最佳效果。教师的主导方式很多，我一直在倡导“导读式教学”。

1. 导兴趣，让学生树立主动参与阅读的强烈意识

首先，教师用自己阅读参与的饱满热情来感染学生，引发学生积极而主动地参与阅读、走进阅读，改变过去学生被教师牵着读或为完成练习作业而被逼着读的被动状态。

其次，教师要想方设法，有层次、有针对性地引发学生的阅读兴奋点和阅读动机，让每个学生都在不同层次上获得阅读成功的体验，从而激发和保持阅读兴趣，更加坚定主体参与阅读的意识。

2. 导方法，让学生掌握主体介入的基本模式和阅读技能

阅读方法的指导，一定要通过教师这一主体的参与后所获得的经验，并结合学生的实际才有效果。它包括以下两类：

一类是全程式的常见阅读程序、阅读模式的构建与指导，如“五步阅读法”“四读一贯式阅读法”（粗读—细读—精读—创读）、“五到读书法”（眼到、口到、身到、心到、手到）、“四结合阅读法”（学与思、学与问、学与习、学与行相结合）。

另一类是阅读中带技巧性的小点子、巧法子。例如：“问题导读法”（用设计一个个问题来引导学生学会阅读、获取知识）、“三点阅读法”（对阅读内容进行把握特点、突出重点、突破难点的整体推进阅读的程式与方法）、“中心阅读法”（抓课文的中心词、中心句、中心段和中心问题进行阅读的方法）、“演读法”（对剧本、寓言、小说等情节性和动作性较强的作品，让学生改编或扮成各种角色进行表演的阅读法）。

3. 导习得，让学生逐步养成阅读中主体介入的良好习惯，直至提高阅读素质

习得，其基本解释是“学习和掌握，因学习、练习而掌握”。它还作为教育学名词即指“借助学习增大反应强度，增添新的反应方式”，即知识的掌握。而学生主体介入，是一个不断实践的过程，其间充满“学习和掌握，因学习、练习而掌握”的习得活动，那么教师的主体性导读，就在于把这种实践活动通过习得来加以强化，以致不断规范化、理性化和优势化，最后形成良好的阅读习惯，而良好的阅读习惯正是阅读素质的一种体现。

导习得，主要是语感、语义、语用和阅读速度的习得指导。

语感习得，主要是指对学生语言感知能力的习得，包括诵读、揣摩、讨论等。

语义习得，主要是指对语言意义的深层理解能力的习得，包括分析、评价、鉴赏等。

语用习得，主要是指对语言运用能力的习得，包括思维、迁移以及形成技能的习得训练等。

阅读速度习得，主要是指在培养学生阅读的良好的心理素质、高效的阅读技巧的基础上，全面提高阅读速度。

以上，就是我一直倡导的“导读式教学”。它的基本含义就是指导学生阅

读，使学生获得知识，掌握技能，养成习惯，促进学生阅读素质的整体提高。它的主要做法是“导兴趣—导方法—导习得”。多年尝试已证明，“导读式教学”不失为一种促进学生阅读“主体介入”的成功方式。

坚持“三文”“两读”教学

——阅读教学“辩”论（三）

为了体现和落实“以人为本”的阅读教学，就要把眼光投向目前阅读教学的具体措施，关注和解决影响阅读育人中的问题，在更大的空间与层面上审视阅读教学，开展为阅读教学寻找意义、使阅读教学充满意义的讨论。

一、什么是“三文”“两读”现象

1. 三文现象

三文现象即阅读教学关注“文本→文脉→文意”的相互依存、相互渗透、相互发展的现象，这是语文阅读教学一种最基本的辩证现象。因此，我们在阅读教学中既要注重文本，读好文本；也要把握文脉，理清结构；还要理解文意，强化读者的个体体验和对文本所获取的人文意义上的感悟。

2. 两读现象

两读现象即指阅读教学中坚持两两相对但又有机统一的两种阅读方式方法、两次阅读活动，并读出两种意义和两种互动统一的效果的“两读”现象。这是让学生把文本“两读”融进阅读教学之中，倡导语文阅读教学中的辩证统一行为和一些辩证型“两读”学习方法，以进一步提高阅读教学效益。

二、学会辩证的“两读”教学观

1. 从“标读”走向“本读”，标本兼读

这是“现象”与“本质”的关系。“标读”，即指从表面上读，找一些标志性东西读，为我所需地读；“本读”即从培养阅读习惯和阅读能力、提高阅读品质和阅读素质的根本上来读，读文本中的基本内容和核心意义。

2. 从“形读”走向“神读”，形神兼读

“形读”，即读文本的外形，这里着重指字、词、句、篇等形式的东西，着重于认知与理解；“神读”，即读出精神、读懂内容；并且有感悟地读，想象性地读，最终读出要领、读出意义。特别要把那些文本中“只可意会而不能言传”的东西教给学生——让学生“意读”（神读），正确处理二者虚实统一的关系。

3. 从“读懂”到“懂读”，既要读懂，也要懂读

“读懂”，指对文本内容的理解和文本意义的明确；“懂读”，指懂得与掌握关于“读”的过程方法及效果。应该说，这二者统一的阅读教学才是最好的。

4. 从“平面读”到“立体读”，实现多元多维性阅读

平面读，指只对文本内容“是什么”或“有什么”的认知性、解释性阅读。立体读，指对文本内容的多维度、多角度阅读，即不仅读文本内容“有什么”，还进行“为什么”和“怎么样”等拓展性、探究性阅读等，力求读出自己的独特体会与感受来。

5. 从“读其然”到“读其所以然”

读其然，用接受式即可，不假思索即可，“点到为止”；“读其所以然”，则指多问“为什么”的阅读，不仅到点，还到位，从而读出背景，读出深层含义和弦外之意，并读出规律。

三、在教学策略上坚持“两读”统一教学

1. 导读与自读的统一

（1）导读，建议构建以“三点阅读法”教学为主与其他阅读方法相结合的导读式阅读教学模式。

（2）自读，建议以自学研读法为主与其他阅读法相结合而构成自学式阅读教学模式。

2. 主读与助读的统一

（1）课堂文本主读，课外配套文本助读。

（2）必修文本主读，选修文本助读。

（3）国家课程文本主读，地方与校本课程文本助读。

以上三种主读与助读统一，可以用同类比较、阅读拓展与延伸阅读等方法来使之统一，并且各自发挥其应有的功能作用。

3. 基础性阅读与发展性阅读的有机统一

（1）基础性阅读。对于基础性阅读，主要提出以下几方面加以指导与落实：阅读量指导、阅读常规指导、阅读效率指导、阅读速度指导、阅读技巧与

方法（诵读、背读、跳读）指导。

（2）发展性阅读。发展性阅读主要指在以下几种方式指导下阅读：主题发展式阅读、系统发展式阅读、创新阅读、个性阅读、质疑阅读、多元阅读。

4. 专项专题性阅读与整体综合性阅读的统一

（1）专项专题性阅读。主要有以下一些项目或专题：影视阅读、名句解读、名篇细读、名著精读、名家研读、名文品读、时文评读、佳作赏读等。

（2）整体综合性阅读。主要指听说读写互动性阅读：读写一体化阅读、读写说一体化阅读、全语文活动式阅读、全程评价式阅读。

5. 坚持基于“元阅读”的“再阅读”教学观

“元阅读教学”，即指让学生立足于文本，为文本做出最基础的、最原本的阅读理解，这是一种解读式指导教学，最忠实于文本的语文性阅读。这主要包括以下几种含义：一是取“元”的意义第一项、第二项“开始的”“为首的”等义项对文本进行预读教学和以文本为出发点的解读教学；二是取“元”的第三个义项即“主要、根本”之义对文本进行“主读教学”（主要地读和主体地读），还包括“本义阅读教学”（读文本的基本含义和主要意思）；三是取“元”的第四个义项“元素”和第五个义项“构成一个整体的”等意义对文本进行“要素阅读”和“整体阅读”。

“再阅读”教学，即在“元阅读教学”的基础上，基于“人”的发展和语文素养的拓展所开展的进一步的再阅读教学，这也是一种相辅相成的辩证性的“两读”教学。再阅读教学，可以是巩固性的消化性阅读，可以是多角度或深度探究与研读，也可以是广度延伸或有效迁移而获得新知。

所以，这样的“两读”教学，在教学中不仅教学生读懂这一篇文章，还教学生了解是如何读懂这一篇文章的（用什么方法读懂的）；要帮助学生总结这类读懂的方法是什么，还要让学生去思考：有没有更好的方法把这篇文章读懂得更快更好，还能不能用这些方法去读懂其他文章，等等，这都是“两读”教学的一些核心意义。

倡导“读＋N”型阅读教学模式

——阅读教学“辩”论（四）

一、“读＋N”型阅读教学的产生背景

阅读教学，只是“读书”的教学吗？只是“课文”教学抑或是“文本解读”吗？这些问题，我们在前面已做过一些讨论，但是到底如何才能真正解决这个问题，依然让我常常陷入百思不得其解之中，现在又不能不展开“再思”与“辩论”，以形成一些新见解。

后来我获得一个新的初步答案：阅读教学，固然是以“读”为主，有“文本解读”，但不是唯一，更不是全部，它还有更有意义的东西——“学会阅读”。教学生“学会阅读”，让学生“爱上阅读”，这才是阅读教学的终极目标。那么，就要为此寻找一些相应的阅读教学新模式。我现在所总结的“读＋N”型新阅读教学模式，便是力求从目前的唯“课文教学”的阅读教学窄路中做出的一种有益尝试。

我认为：阅读教学以“读”为本，那么以“读”为本的阅读教学，无疑以“读”为主线，以“开卷有益”为宗旨，以“学会阅读”为终极目标，但是还要加上听、说、写且将听、说、读、写融于一体，使其互载互动于阅读教学之中，这就是我倡导的“读＋N”型阅读教学模式。“读”指阅读，“N”指“听、说、写”中的任意一项、或两项、或三项，不确定，视其实际需要而“＋”。这里有一个前提，必须是阅读中的听、说、写，而不能让听、说、写来替代读或削弱读。阅读中的听、说、写，只能以一种辅助手段或内容出现并参加到阅读活动之中。仅过来，写作教学中的“听、说、读”也只是作为一种辅助手段或内容，参加到写作教学活动之中。

但是必须明确，虽然有听、说、读、写诸种活动的参与，但如果作为阅读教学中的听、说、读、写，仍然只是阅读中的教学行为与策略，是为阅读教学服务，为实现阅读教学目标而进行的相应的听、说、读、写（这里的相应，即指必需的、恰当的、可行的、相匹配的等）。所以，这样的阅读教学实际上已经成为一种全阅读教学。即是教师在课堂上对学生所实施的一种整体上的听说读写的教学活动。通过具体的阅读教学课堂，即通过具体的某篇、某类、某

本“课文”的阅读教学，课堂载体和内容项目来形成听、说、读、写一体化，以进行人与文本的对话交流和互动思维活动。同样，在其他如“识字写字”“写作”“口语交际”“综合性学习”中也有所侧重地运用听、说、读、写等诸种手段或途径，来进行所谓的“阅读教学 · 写作教学 · 口语交际教学 · 识字写字教学”等。因此，听、说、读、写一体化的大阅读教学理念，就自然要求阅读教学不能只教“课文”，也不能只靠“读”这一种手段。

由此可以想到，我们在写作教学中也有教“课文”的事情。那些“课文”也是“例子”，均由一篇篇范文、例文、样文甚至习作等“文章”组成。教这些文章的目的是什么？无非是用它们作为“例子”来指导学生学习写作，学会写作。这才是写作教学而并非出于阅读教学的目的。所以，文章作为“例子”，既可为阅读教学服务，也可为写作教学服务，还可为其他“识字写字”教学、“口语交际”教学和“综合性学习”教学服务。

二、“读 + N”型阅读教学追求的境界：“大阅读”教学

(一) 坚持“三从三看”，为“大阅读”教学寻找出路

(1) 从更高、更远、更广处看阅读教学。这样，可以使阅读教学尽可能摆脱单一、狭窄、肤浅的“小阅读教学”，要由此走向“大阅读教学”乃至“全阅读教学”。

(2) 从学生学语文的功能与特性来看阅读教学。也就是说，学生要学什么样的语文和怎样学语文，我们就教什么样的语文。教学生欢迎的和需要的语文，从学生学语文的立场出发来进行阅读教学，这才是以学生为本的语文教学思想在阅读教学中的体现。

(3) 从其他角度与感受中来看阅读教学。现在，多元化的信息时代给予阅读教学更多的、更新的视角和方法，也让读者有更多的、更丰富的、更多元化的理解与感受，所以，个性化的独特阅读体验将成为当今阅读教学所关注的一个焦点。

(二) 科学处理教科书与教学内容的关系

1. 教学内容大于教科书

在阅读教学中，通常以新发下来的教科书作为教学的课文，并且说这是“唯一”的教学内容。对此我赞同一半：教科书是最重要的但不是“唯一”的教学内容。教科书，作为教学的课文，让学生阅读，其收获无疑是多方面的——不仅有对文本自身的解读，还包括此时的阅读环境、其他阅读资源和师

生的阅读经验等，都自然起到了教学内容的功能作用。这是明的，还有许多暗的，也是教学内容。例如，学生自主阅读和学会阅读的态度、习惯和能力及方法，这些当然也就成了必须的教学内容。这一切都在于：阅读教学的新理念——提倡“阅读育人”和“大阅读教学观”。

2. “新”“旧”课文都可以作为教学内容，让旧文读出新意

我认为，不仅可以教新课文，研究和落实新学点，还可以在教学中结合教学需要教一教已教过的旧课文。这叫“二次阅读教学”，也叫“回头教”。教学生回头读课文，将旧课文读出新感受，在回头读中增加更正确、更完整、更成熟的理解和产生新的收获。既然“课文”无非是个例子，那么例子为什么不可用一次、两次甚至多次呢？只要需要，例子就可用，就可以“旧瓶装新酒”，用来诠释新观点，为新的教学内容服务。而且在“再次阅读教学”中也许会产生更多意外的、更好的阅读效果。

3. “人语相融”的在场性阅读体验和感悟或问题，也当然可以成为教学内容

基于此，如果还一味靠教师的“读”和“讲”来替代学生的阅读认知和阅读体验，一味地做文本分析和文义讲解，俨然一派学者风度、洋洋洒洒，那么，学生自主学习、自我体验的机会就会失去，学生的阅读能力培养就难免落空。要知道，教师是成年人，是过来人，是先知先觉者，如果把自己早有的阅读体会或者借助教参书把对某某课文的理解与评价强加给学生，这本来就是不公道的，这种灌输式的阅读教学，不是要全盘否定，但不全等于阅读教学，尤其对中小学生不能这样做，一定要让学生自己说，要尊重和关注学生的现时阅读体验，了解、发现并解决学生此时阅读体验中的感悟或问题，及时纳入教学内容，调整教学计划和进度，不能因赶预设的教学任务及内容而排弃这些动态生成的新的教学内容，这样就能教会学生在“新”读（认知、积累）中学会“活阅读”。

三、“读+N”型阅读教学：最终走向“全阅读”教学

1. “全阅读”教学是一种“大文本”阅读的教学

为此，我们要坚持“大文本”阅读教学，这是阅读教学的重头戏。“文本+”的阅读教学，即不仅有关于“课文”的阅读教学，还有包括“课文”前边的内容和后边的内容等。例如，每个单元的“单元提示”和“单元知识总结”“单元链接”及“单元练习题”，每篇“课文”的课前导语、页脚注释、

空框内的“知识链接”和课后思考及练习题等。这都是阅读教学中的“大文本”，都要一并列为阅读教学的“资源”及阅读的“内容”，千万不可忽略。

2.“全阅读”教学是对听、说、读、写等全面介于的教学

由于语文教学主要是以“课文”作为例子，以“阅读”为主要手段，所以从某种意义上说，语文的听、说、读、写等，都融进了有关“课文”的过程之中，读，是依靠文本；写，也有以读带写；听、说也自然与“文本”关系紧密。看来，阅读教学并非只是“阅读”的教学，而涉及并为着读、写、听、说等方面了，这也就是一种“全阅读”教学。

3.“全阅读”教学是一种“整本书阅读”

我认为，从理论上说，目前整本书阅读仍然是一个伪概念。

什么是整本书？是一整本书、一本有完整内容和体系的书，还是相对于过去“文选型”教材的单篇、章节、文段等而言？这个“整本”真不好理解，更不好把握与运用。例如，语文教材的每一册课本，是不是“整册”“整本”？书店呈现的、出版社出版的一本本书，是不是“整册”“整本”？

所以，应该提倡读“整部书”，而不是读“整本书”或“整册书”。

4.“全阅读”教学注重在教学评价中坚持辩证性和多元性

（1）这种评价，一是指在阅读教学中开展评价，通过评价给学生以恰当的阅读引导与肯定；二是对阅读课的评价。

（2）这种评价，不只是只言片语的所谓专家“点评”，更需要的是关于教学内容与形式、教学设计与教学活动、教学理念与教学实践、教学策略与教学操作、教学效果与教学经验交流及教学问题反思等方面的“群评”和“整评”（整体性评价）。

（3）这种评价，不只是一种空评、泛评和好话连篇的“吹评”，更需要有一种及时的精评与到位的评价，甚至是良药苦口的中肯的“反评”（含反思等）。

（4）这种评价，更是具有对真理的争议和向前看的研讨精神，包括“辩评”（“辩证性地评议”）和“探评”（“探究性地讨论”）等。

5. 全阅读教学的几个着力点

（1）不仅读懂这篇文章“是什么”，还要读懂是“怎么样”写出来的，“为什么”这样写，有什么好处和特色，等等，这叫“懂读”，读懂与懂读构成了全阅读。

（2）鼓励学生与作品对话，与作者对话，探讨文本作者的意图、情感和所透射出来的人文精神，特别是文本的主题倾向和基本内容。

（3）帮助学生根据阅读感受、感悟来鉴赏与评价文本，最后形成语文阅读素养和相应的语文能力等。

由此可见，全阅读教学可以多角度组织学生进行阅读，进而多方面调动学生的积极思维，使学生这一主体能真正“自主能动”起来。如果只教“文本”里的“某些方面”或“应付考试的内容”，那就是单一的纯技术型或功利型语文教学。当然，全阅读教学是一种基于“大阅读”理念，并依托“读＋N”型阅读教学等这类模式，才能得以实现，我们便做了一种有益探索。

在“读、写、听、说、互动”中教学生学会阅读

——阅读教学“辩”论（五）

读、写、听、说是语文学科教学的基本任务，也是语文学科基础能力培养的重心。但是在大家辛苦为之之后，我们惊奇地发现学生的读写听说能力并非随着其学习时间的推进而相应提高。我做过反思，认为其中一个重要原因就是在过去的教学中教学方法呆板而单一，丰富的、多元的、创新性的方法极少，尤其对学生如何进行读写听说的指导不能多元教、多面教、多项教，使读写听说陷入陈旧化、枯燥化、低效化的被动局面。关于读写听说能力的培养目前尽管方法不少，但效果一般化。现在，在创新教学实验中，我们对读写听说有了创新的研究，开展了读写听说创新点的教学指导，即“广泛读、用心写、堂外听、自由说”的读写听说的拓展性创新指导。现概述如下。

一、指导学生不仅多读，更要会读，读新读活，读出悟性

指导学生不仅读，而且多读、活读，读出个性，读出悟性。既要泛读，也要精读；既要默读，也要朗读；既要整读，也要综读；既要形读也要神读，既要速读也要品读；既要赏读也要问读（探读）。

读即阅读，是一项以了解语言意义为中心的集眼、耳、口、手、脑于一体的复杂的心智活动。目前，语文教学上的许多有识之士和广大教师，正致力于阅读方法的研究。毫无疑问，阅读是语文学习和教学的核心。阅读中，人们首先强调的是多读，“开卷有益”“书读百遍，其义自见”“读书破万卷，下笔如有神”等，无不说明“多读”的重要性。但是我们认为，多读固然重要，但“活读”（灵活读）也不可忽视。“活读”，即内容活，形式活，方法技巧活，

也指读的氛围、读的目的、读的途径……都讲求灵活、宽松。这样，学生读得灵活了，就会更有读的兴趣，有更广泛的读的内容和方法，也才会持之以恒地去读，也才能“下笔如有神”。所以，我们强调阅读的习惯养成教育和“灵活读”方法指导尤为重要。就拿我班学生来说，在学校读书阶段，大家很喜欢读与灵活读：或读诗歌，或读散文，或读小说、剧本；或默读，或朗读，或背诵；或放声读，或低声读，或低声吟；或课堂上读，或课外读；或早上读，或睡前读……日积月累，逐渐养成了读的习惯，产生了读的兴趣，享受到了读的喜悦。慢慢地，学生的语感、语音、阅读、理解、写作、说话能力不断提高。现在，我用上述同样的方法去指导其他班学生，其阅读习惯的养成和能力的提高也出人意料，他们对语文的学习兴趣大、热情高、成绩好，这是从未有过的。

由此看来，培养学生“活读”这一良好阅读思想、阅读习惯和方法，对学生的语文学习起着十分重要的作用。因此我们语文教学工作者应该重视学生阅读方法指导和良好习惯的养成，特别是培养“活读”书的方法与品质。

二、指导学生不仅经常写，更要会写，写出灵性，写出创意

写作是语文能力的集中体现，是提高语文知识运用与实践能力的最有效的途径。要提高学生的写作能力，必须进行长期训练。对其进行写作方法的指导固然重要，但学生良好的“常写”习惯的养成更不容忽视。培养学生“常写”习惯也已经成为作文教学一大盛事。

但是，在实际训练时，学生们又往往觉得无话可说，无材料可写。于是，他们会想到自己写过背过看过的文章，又照搬照抄起来。这样，学生写出来的文章千篇一律、干巴巴的，缺乏生活感受和独特的真情实感。为什么？因为这些文章是拼凑起来的，不是从自己内心抒发出的真情实感，没有从内心表达出自己的思想和想法，一句话，即没有用“心”写。怎样才能用“心”写呢？关键是做“有心人”：有心于生活体验，用心于观察生活，热心于分析与理解生活，真心于自己对生活的感悟和意愿的表达。怎样指导学生用心写呢？首先在写作态度上进行“作文就是做人”的“人导”，然后在写作内容上进行“以心对话”，即真情实感、独特感受的“心导”，最后进行在表达方式、方法和语言运用上的“有创意、有个性化”的表达的“情导”。只有“人导、心导、情导”这三导到位，才有“用心写”的可能。

“用心写”的途径与方法很多。例如：布置学生写日记、周记，要求学生

摘抄课外优美文句、文段，写读书心得……教师不仅要选择适当的训练方式去培养学生的写作习惯，而且更要注意检查、督促。正因为坚持了这样的操作，我培养了大批写作水平较高的学生，他们在国家、市、县级的中学生作文竞赛中均获得了好成绩。

三、指导学生不仅多听，更要会听，学会倾听，听懂要义

过去，我们强调和指导学生的听，往往就是课堂上的听，课堂上听老师上课，现在，我们打破常规，提倡创新，不只注重课内听，还特别追求与讲究课外听（堂外听）。课外听——听广播、听新闻、听收音机、听人说话等。平时，语文教师绝大多数时间只强调课上听的要求，而忽视了课外听的训练。即使要求学生课外听，也只是一般号召，缺乏指导，并未对它能起“兼听则明”的作用有完整的认识。

其实课外听同样能对学生们学好语文起到重要的作用，课堂内外兼听，扩大了“听”的途径与“听”的时空功能，增加了“听”的训练机会，如听广播、听录音机、听人说话能提高学生们的语言发音水平、普通话朗读能力、语感能力及丰富词汇知识等，这对于提高语言文字的运用能力，弥补语文课堂上知识的不足大有好处。

在这方面，我有切身的感受。过去，影视不发达，我小时候以早晚听广播为主，即使当时学校没有用普通话上课的老师，我也能从播音员那里学到普通话，而且我听的能力、语感能力、普通话朗读能力，甚至写作能力都逐渐提高，对现在身为教师的我来说可谓受益匪浅。现在，我在教学中又运用这种课外听同样的方法，训练自己的小孩和学生，培养他们听的习惯，每天布置他们在家听课文录音带，听别人读书、朗读以及在课外听报告、听别人发言、听广播等，于是，他们对语文学习兴趣大增，且语感加强了，语文成绩也逐步提高了。

在多年以来的教学生涯中，我非常重视对学生课外听的方法的指导和习惯的养成，要求学生坚持早晚听新闻、课堂内外听普通话朗读录音，课余听同学、朋友、亲人讲故事、道家常；我还经常检查学生课外听的情况，如举行“班级故事会”“班级新闻发布会”“社会热点问题讨论会”等。以此方式检查学生课外听的习惯和“兼听”的收获，还要求他们写好课外听的笔记或日记。这样，学生们对“听”产生了兴趣，提高了“听”的能力，也找到了语文学习的乐趣。

四、指导学生不仅多说，更要会说，言为心声，言者畅快

说即说话。培养学生说话的能力，是语文教学目的之一。长期以来，由于传统的语文教学观念和片面追求升学率的影响，中学语文教学严重存在着重“文”轻“语”的倾向，也就是只注重学生“读写”能力的提高，而忽视了对学生说话能力的培养，其结果是学生不敢开口说话，一说就脸红、口发抖，或者不流畅，更无法用真诚而简约、自由而通顺的语言来表达自己的思想，这不只影响到语文教学质量的全面提高，也影响到了高素质人才的培养。现在，我们语文教师应贯彻《语文课程标准》（2017 年版）的理念，在教学中纠正这种倾向，重视学生“说”的方法指导和习惯、品质的养成。

指导学生自由说、真诚说的方法有哪些呢？我认为，首先要认真以《语文课程标准》（2017 年版）为指导原则，让学生在“说话”（口语交际）中得到全面训练。这就叫“多维指导法”。我国教育职能部门非常重视语文教学中对学生“说”的能力的培养，并提出了切合实际的要求。《语文课程标准》（实验稿）对中学生“口语交际”能力从多维度提出了明确的要求与方法：

1. 能用普通话交谈。在交谈中能认真倾听，并能就不理解的地方向人请教，就不同意见与人商量。2. 听人说话能把握主要内容，并能转述。3. 能清楚明白地讲述见闻，并说出自己的真实感受和想法。4. 能具体生动地讲述故事，努力用语言打动他人。

《语文课程标准》的这些要求，与其说指明了语文教学改革的方向，不如说是全新的“多维方法指导”。另外，注意培养学生“自由说”的习惯和方法以及良好态度。“自由说”，即自动说、全面说、敢于说。这种“自由说”的途径与方法有很多，如课堂上让学生讨论问题，利用班团会让学生即席自由发言，举行辩论会、演讲会……总之让学生们有自主说话的机会，有能说话的习惯，有敢说话的胆量，有会说话的水平，有说真话的品质与态度等，从而培养能说会道、言为心声的适应社会发展需要的新人才。

总之，语文“读写听说互动”的教学指导，这是教学创新的需要。同时，这也是良好的语文学习习惯和学习品质的重要因素。因此，务必使语文教学工作者在新课程实验中，既重视新学法指导，又重视学生良好的学习习惯和学习品质的养成，一定要把学生“读写听说互动”的新方法的养成教育，融合到语文教学的全过程中，这样为提高语文教学质量又找到了一条新途径。

让学生在读思互动中提高阅读质量

——阅读教学“辩”论（六）

古今中外的阅读教学，均以文本为载体、以阅读为手段、以思维为线索、以增加阅读积累和提升阅读质量为目的。这既是语文学科自身特点的需要，也是人类特有的思维活动的重要表现形式之一。因此，阅读教学是学生学好语文和进行思维训练兼而有之的一项心智活动。

基于此，为了促进这项读(学)思兼之的心智活动的开展，我们特提出了一种读思互动教学法。所谓阅读教学中的读思互动，一是指在读的过程中要思，以思促读，即带着问题读；二是指在思的过程中要读，以读触思，即在阅读中想着问题，展开思考，促进思维水平的提高，使学生的主体观点和个人感受在逻辑思维的运作中不断体现出来。概言之，这种读思互动教学法，是“阅读产生思考，思考生产阅读”。因此在阅读教学中，我们力图让学生充分认识阅读与思考各自的作用和互动后各自的功能，以及读思互动的有关理念、机制和方式方法等，从而增强学生自我的主动性和自主性，让全体学生最大限度地参与到教学过程中，在读与思的互动过程中掌握知识，增加智慧，培养能力，提高阅读质量。

一、必须首先认定“不动心思不读书”，树立亦读亦思的良好阅读理念

我国古代名人王夫之说过，“致知之途有二：曰学曰思”。苏联著名教育家苏霍姆林斯基也说过，“思考会变成一种激发智力的刺激。书籍和由书籍激发起来的活的思想，是防止死记硬背（这是使人智慧迟钝的大敌）的最强有力的手段”，所以在读思互动的阅读教学中，教师在让学生懂得“不动笔墨不读书”的道理时，也应让懂得“不动心思不读书”的作用，树立亦读亦思的理念。这样在阅读中的思考与感悟会不断刺激人的智力开发，反过来阅读更会激发人的思考以致产生许多新的、活的思想。这样，既能渐渐掌握语言文字的规律性，使自己的语言表达得更规范与得体，还能把阅读的语言材料变为自己的语言，从文本中学到许多道理、知识和思想，这对学生自身语文素养的提高有很大的帮助。

我国古代思想家朱熹曾指出：“读书无疑者，须教有疑，有疑者，却要无

疑，到这里方是长进。”（《朱子语录》）这里的“疑”，就是一种思考，一种探究。因此，假如不动心思地读书，则是“和尚念经——有口没心”。可想而知，这有多少阅读效果呢？这就告诉我们，在阅读中务必树立读思互动的意识，明确“语言乃是思想的有机的创造，它扎根于思想之中，并且从思想不断地发展起来，所以谁要发展学生的语言能力，首先应该发展他的思维能力，离开了思想单独地发展语言是不可能的”。因此，教师首先要鼓励学生多读，然后鼓励学生多思、多读既指读的内容广泛、量多，也指用多种形式反复地读、深入地读。诸如用自己喜欢的方式读，带着自己的感觉读，边表演边读，分角色读，配乐读等。通过多读，充分调动学生感觉、知觉、联想、想象、情感等心理功能，投入到课文的情境中，感觉语言的情味和旨趣，感悟到在不同语境中不同的语言表达，从而则产生不同的思想光辉，也给读者带来许多独特的自我体验与启迪。

据心理学和阅读学研究成果表明：阅读是人类通过文字材料获取知识、经验的认知活动，因此也是一种复杂的智力活动，是人类所特有的心理活动。语言是思维的外壳。语言的重要功能就是用一定的组织形式而形成一篇篇有思想、有情感、有意象的文章，而文章正是语文阅读教学的基本载体或者例子。所以，一写文章，就面对着语言的组织形式和由此产生的智力活动与思维活动。

由此可见，在读有思，读思统一，本是一种人类认知特性与阅读活动规律。但是，到底如何更加科学地读思统一，有效地读思统一，才应是我们所要追求的阅读乃至阅读教学质量的目标。读思互动是建立在读思一体的人类特有的认识规律和语言表达规律上的。正由于读思一体，读思互动才有可能，也才成其为必然。

二、积极追求一种“读有所思，思有所得”的读思互动的阅读教学愿景

“阅读成就思考，思考发展阅读”，这是读思互动教学的愿景性特点所致。

愿景，本指组织的发展方向、价值取向、文化、管理，包括组织形成的优良传统等。它是一种令人深受感召的力量，一旦获得认同与支持，就从一个个想法、创意变为一种种意愿、追求和力量。所谓愿景性，指被某种认同的愿望而形成或愿意向往的情景或意念，以及接受后努力去实践的自觉性和主观能动性。只有让学生愿意或内化后，读思互动才能成为学生的学习行为。由此可

见，“读有所思，思有所得”，这不仅说明读思互动的可行性，也充分展示了学生在读写互动教学过程中的愿景性和产生的实效性。因此，在读思互动的阅读教学中，教师应追求以“流畅”为核心，让学生愿意对文章展开一系列的即流畅的“问题思考”，并愿意在“问题思考”中进行评析和讨论，以致更加丰富与发展着读思互动。

例如，在《义务教育课程标准实验教科书·语文》人教版七年级上册的《走一步，再走一步》的教学中，可以这样组织读写互动：首先，让学生进行思考性阅读，多角度地讨论与评析：①假如“我”的父亲没有来，你作为“我”的同学，将怎么办？②假如你是“我”，孤身一人在悬崖上，将怎么办？③父亲为什么不怕孩子失足摔死？为什么不上去抱他下来？④如何看待和“我”同爬悬崖的其他五个孩子？⑤父亲是怎样教孩子脱险的？“我”得到什么启示？⑥生活中难免遇到过困难，你遇到过什么困难？是怎样处理的？然后通过对这一系列问题的评析与讨论，最终推出本文所给的哲理：在人生道路上，不管面对怎样的艰难险阻，只要把大困难分解为小困难，终将战胜巨大的困难，赢得最后的胜利。

这样，正如世界著名教育家第斯多惠所言：“通过一些影响学生的认识能力的问题来引起他的主动性，并且不断地激发他，引导他获得新的认识和产生新的思想。”（《西方资产阶级教育论著选》，北京：人民教育出版社，1964 年版，第 356 页）。

三、努力构建一种“读中有思，由思激读”的读思互动的教学流畅机制

古人说：“开卷有益”，其实它源于“开卷有思”“开卷必思”。为什么？古人程颐早就说过：“为学之道，必本于思，思则得之，不思则不得也。”因此我认为，这是读写互动的必然性，这种必然性在教学中就形成过程的流畅性，而这种流畅性又表现为一种流畅型的“读中有思，由思激读”的读写互动机制。

读思互动中的读，是指获得素材与感受的重要手段，是语文教学中教学生获取信息、增加知识、发展能力和智力的重要条件；思，是阅读的灵魂，是学生从文章立意及结构、语言、表达技巧等方面吸取营养的必备武器。在语文阅读教学中，重视读思互动的阅读实践活动及其方式方法与技巧，引导学生进入文化和情感的熏陶，实现读书内化，在内化中既有对祖国语言文字的领悟，又

有对思维过程流畅的展示。流畅，即流程中的舒畅或畅通无阻。教学流畅机制，这里是指读思互动的教学内容呈现的流畅性，又指读思互动的教学形式、途径的展现的流畅性。由于读与思的互动，就必然会在互动中产生摩擦，在摩擦中产生阻碍，无法使互动顺畅、贴切。那么，寻求读与思的和谐与流畅，就首先要求学生学会思考、勤于思考，使思考成为一种文化，成为一种学习手段，因为“学生思考得越多，他在周围世界中看到的不懂的东西越多，他对知识的感受就越敏锐，而你，当教师的人，工作起来就容易了”（苏霍姆林斯基《给教师的建议（上）》，北京：教育科学出版社，1980 年，第 21 页）。可见，思考多么重要。思考后的“容易”，实际上就是读思互动教学后的一种流畅机制或良好状态。这也就证明了读、思互动教学流畅的可行性。

所谓读思互动的教学流畅，就是指读思互动的操作的科学性、艺术性与和谐性的有机统一与发展，形成了一批批有效的具体的读思互动方法、技巧以及实例。读思互动的教学流畅，在很大程度上体现于文本阅读教学上的整体性阅读、最优化阅读和审美化阅读等。

阅读学告诉我们，所谓阅读，是阅读者在阅读过程中对文章材料进行感知、理解、分析、综合、抽象、概括、判断、推理、联想、想象等思维活动中表现出来的。阅读者的理解越接近作者所要表达的意思，理解的质量就越高。可以说，这里的理解就是一种思考，因此，在阅读教学的读思互动中，应抓住“理解”不放，从整体上把握作者的思路、脉搏、思想（作者在这篇文章中表现的思想观点）、文章的表现形式、文章的中心和主旨等。阅读教学应当始终把文章看成一个整体系统，注重从整体上思考，从整体阅读的角度着眼，按照“感知→理解→感悟→概括→运用→创新”的全构过程进行。这样，才能对文章产生整体理解，获得真知灼见。

总之，读思互动虽然不是新概念的创造，但是对阅读的本质规律的进一步提示与运用，尤其在倡导“读思互动”的阅读教学流畅性与阅读教学愿景性等方面，做出了一种全新的探索。

Chapter 7
第七章

阅读教学之“理”性

——阅读教学的新理解与再构思

【引言】

关于阅读教学的“理”性，有一个重要点，就是对阅读教学要有一种新理解，要有一些再构思。这主要是在传统的阅读教学基础上，形成一些新概念，探索一些新模式，发展一些新内容，总结一些新方法。比如，阅读教学，到底应该是怎样的一种状态与特点，到底应该走出怎样的一条路子，可不可以从当下讲课多而真实效果少，做阅读题多而阅读体验少的“假性阅读”中解放出来，这将成为“阅读教育”是否真正到位的关键。

为了语文教育的“理”性，对语文“常识本位”统摄下的“阅读定位”做出正确理解，厘清语文课程上的阅读与阅读素养培养的关系，努力获取阅读教学最为学生需要的真实效果，而不只是应试教育的功利性产品，这里不仅有阅读的方法技巧问题，而且有端正阅读态度和认识、培养良好的阅读习惯的问题。即便讲阅读的方法，也有应该讲究一套具有整体性的系统化了的高效优质的阅读方法及阅读策略。

对“阅读理解”的“理”解

一、“阅读理解”应以理解为重

1. “理解”的本来意义

“理解”的汉语意义，在有关汉语词典中这样界定：①使用智力的功能，对某人、某事、某言行的性质、重要性或原因等产生思想上的深刻认识；②导致领会的大部分思想过程或由于推理而得到的知识。由此可见，它既是一个表心理学意义的心理状态与心理活动过程的词（认识），又是一个表认识过程结果的心理学名词。近几年，用在阅读中较为普遍，甚至与“阅读”联用，构成语文阅读教学中的“特有名词”（术语）和语文考试中“阅读理解”的特定板块。

现在，“理解”还被语文高考大纲确立为六个能力层级中的第二级，即“识记、理解、分析综合、鉴赏评价、表达应用、探究”。且考纲为“理解”做出了相应的概念界定：“领会并能作简单的解释，是在识记基础上高一级的能力层级”。又从“考试内容”中得知，“理解”只在“现代文阅读”和“古诗文阅读”中出现，那么，“理解”被视为阅读中的一种手段或方法，或者叫一个环节，就有理有据了。我们还可从“考试内容”的几种表述中得知，“理解”加在阅读中的含义——

现代文阅读：①理解文中重要概念的含义；②理解文中重要句子的含义；

古代诗文阅读：①理解常见文言实词在文中的含义；②理解常见文言虚词在文中的意义和用法（常见的文言虚词：此处略）；③理解与现代汉语不同的句式和用法（不同的句式和用法：此处略）；④理解并翻译文中的句子。

2. 对“阅读理解”中的“理解”做何理解

关于“阅读理解”，目前大多是从对文本阅读的知识掌握和能力具备的角度来给“理解”下的概念界定。但从人的认知规律和语文阅读教学的角度来看“理解”，其含义就大多了、宽多了。我对“阅读理解”有这样一种认识：理解理解，应该是有理性解读，即有理解地读和解读得有理。为此，我们既要充分利用“理解”的大义、新义以及另义来展开阅读与阅读教学，也要讲究有理性解读，寻求解读的科学与合理，这样就赋予了“理解”在阅读及阅读教学中更大、更重要的作用，当然也就更要追求有关“理解”及理解教学的策略方法与技巧，从而促进阅读效益和阅读质量的提高。

由于人们经常提及“阅读理解”，听多了、看惯了也就心安理得地接受了。但我们仔细一想，不免有一番疑惑：它的真正含义到底是什么？是“阅读”加“理解”，还是“阅读”中的“理解”，或者还有其他意思？如“阅读地理解”“阅读着理解”和“理解性阅读”等等。

我想，假如从“阅读”和“阅读教学”角度来分析，那么，这里的含义重心就应该是“理解”了。

二、“阅读理解”中的“理解”该如何落实

1. 从阅读本位上来理解“阅读理解”的价值

阅读本位，实指“阅读理解”的本体性价值取向，在阅读的过程及其活动中，从目前通用的阅读能力六层级概念来说，其中的“理解”处于承上启下的关键位置，理解既需要先有感知，也可以推动后面的分析和鉴赏，且为其基础或前提。没有好的理解就无所谓好的分析和鉴赏及评价应用等。同时，这里的理解已经不全是上述意义，还有另外一种说法，即关于阅读的“理”性的解释和解读，已大于或超越原有的“理解”，是基于道理的阅读。

2. 在阅读策略上构建有辩证、整体的“理解”体系

在策略上讲求对文本阅读既要理解如何，又要如何理解，前者是对文本的阅读效果所做出的阅读感受和阅读评价；后者是对文本阅读的过程与方法的考量和选用，与前者相辅相成，从而构成一种以“理解”为核心的辩证性、整体性的阅读理解型教学体系。

3. 在阅读方法上既追求“理解”的多角度，又追求“理解”的最佳角度和可取梯度

在阅读方法上，我们不仅寻求对文本阅读既整体地、有意义地理解，实现多角度理解，又注意从最佳角度和可取梯度来理解文本，因为既然有多角度，那么就必然有相对的最佳角度，还有适合学生个体需要的、特定的可取梯度。例如，对文本的阅读，先要通读来把握整体意义和有意义地理解文本的主要内容以及文本内容的特点；再从微观上开展对文本有选择地精读或品读，选择的标志就是找到最佳角度来理解文本，以及找到理解的梯度，不能过高过低，符合学生的身心特点和认知程度。

4. 在阅读模式上因“理解”的不同而形成各自不同的教学类型

我们认为，有什么样的“理解”就有什么样的阅读模式，同样，有什么样的阅读模式就有什么样的阅读教学。为此，在阅读模式上追求用既有不同类型、不同项目、不同起点，又有可操作性机制特色的阅读教学模式，这样既发展与丰富了阅读“理解”的教学模式，又强化了阅读理解的效果。例如：①类型阅读。现代文阅读，古诗文阅读；现代文阅读又分现代论文、现代文学类作品、现代实用类文本阅读。②项目阅读。a. 整体读（通读）、局部读（点读）；b. 精读、略读；c. 导读（讲读）、自读、主读、助读；d. 课堂读、课外读。③专题点阅读。a. 积累型阅读；b. 感悟型阅读；c. 审美型（鉴赏性）阅

读；d. 探究型阅读（研读）；e. 综合型阅读等。另外，还可分应试型阅读、消闲型阅读（消遣、休闲）、功能性阅读（为工作、生产、生活需要而进行的某种实用功能的阅读）等。

三、“阅读理解”中要关注几个“不”

以前由于受思维定式的驱使，我们在阅读教学中往往只注重从正面检讨与总结教学经验，只从肯定的方面去看阅读教学，固守用过去传统的低效益的阅读教学模式与方法，或用个体局部的经验来进行阅读教学，往往犯随意性、经验主义和盲从化的错误。近几年，我们尝试采用“非式教学”理论，敢于进行“不”的教学，效果很好。这也是运用辩证法，用反思的眼光和相反的角度来进行非此即彼的“不”的教学。

1. 阅读教学理念上的“三不”

一是敢于对教材说“不”。鼓励教师和学生对教材的选文、编写思路、练习题等敢于质疑和研讨，提出自己的见解和教与学的建议。

二是敢于鼓励学生向教师说“不”。要求学生在阅读中有自主行为，有个性化的阅读体会，对教师的分析讲解可以提出不同的意见，能说出自己的意见和新的阅读体会，并自圆其说。

三是敢于向一些权威观点说“不”。尤其对文本的解读允许百家争鸣，让学生亮出不同的观点。

2. 阅读教学方法上的“三不”

一是不能只在文本面上读，即不能只读在文本的表面上，更不能望文生义，只浮游于对文本的粗浅性理解。或者用不当的方法阅读文本，只获得文本的表层意思和表面感知，却并没有读进去，往往浅尝辄止、囫囵吞枣，自以为读懂、读会了，其实只知其然而未知其所以然，读其“形”而未读出“神”，只读得粗浅感知而未读得精妙之处或独特的感受、感悟与感动。

二是不能只在文本边上读，即不能只在文本的旁边读，从边上去读出一些“旁道”和“歧义”，而对文本的主题、主旨和整体大意尚不明确，也未能把握，更没有读出文章的特点和重点，也无法体验阅读中因主体内容、主要含义而带来的真正的或较大的收获。这种敲边鼓的外延式阅读缺乏内涵，缺乏大气，往往读不深刻。因此，我们要教育学生从走近文本到走进文本，切忌在文本边上读。

三是不能只在文本本上读，即在阅读中不要死抠文本，为读文本而读文本，应该源于文本而高于文本，立足于文本而超越文本。教学生在读好文本的基础上，要积极进行超文本的“问读式教学”“研读式教学”“回读式教学”和“迁读式教学”“创读式教学”和“拓展式阅读教学”等。只有做到这些，才会发挥“课文”这个例子的作用，让学生收到举一反三、触类旁通的阅读效果，也才会充分体现用“课文”教阅读的现代阅读教学新理念。

3. 阅读教学策略上的“三不”

一是不能由教师单方面设立教学“重点”。我们认为，一般来说，教学重点应是教师和学生共同体的产物，而不能单靠教师或教科书、教参书上的“一厢情愿”。

二是不能有一成不变的教学“难点”。教学难点，应从学生的学习需要与学习实际出发，应该是指学生学习中所真正面临的或产生的困惑、疑难和问题，以此来确定的教学难点才真正是人本式阅读教学的教学难点；由教师在备课时想当然地设计的难点，可以说是有点强人所“难”，未必是学生的“难点”。

三是不能用教师“释疑、解惑”的理解完全替代学生个体体验及认知。真正的教学意义，是让学生自我发现问题，获得自己的体会。因此，教师千万不要以自己对教材的理解及设计的“教学”问题，来替代学生学习实际中的真正的学习需求。

以上阅读教学中的诸多“三不”思想、策略与方法等，无疑是一种阅读教学的“理”性思考，充满辩证性，将给阅读教学带来一种全新的教学理念，促进教学设计更具有意义，也更具人本性，即学本性。

“超文本式问读教学”的思考及其应用

随着课程改革与新课程标准的实施，学生的语文阅读能力将成为其语文素养的重要因素之一，这也意味着语文阅读教学的改革面临着新的机遇与挑战。我们根据新课标关于倡导“探究式学习”的新理念与改革精神提出了一种新教学法，即“超文本式问读教学”。

所谓“超文本式问读教学”，就是指让学生带着一种探究的眼光和求异思维方法透过阅读文本自身，走出课本，直接与作者对话，与文本的“另一面”对话，以求读出自己的感受和个性化的收获。一般是从阅读材料（课文）中选择并确定阅读专题，用类似科学研究的方式，主动地从课文中获取知识与信息，并在阅读的过程中尽力超出课文（文本），以读出新的东西，努力发现问题、分析问题以及解决问题，在“问题式阅读”和“问究式阅读”两个层次中形成一种阅读能力和特有的阅读创新素质。它的基本特征是追求阅读的个性化，基本模式就是“问读”，即以文本的走进与超出，以阅读中的“问读起，问读结”等形成一种“问读→整读→解读→问读”的问读式教学模式。

一、问读——顾名思义，就是问“读什么”和“怎么样读”

问读即在阅读之前和阅读之初，对所读的内容与方法进行思考与探究，并超出“文本”的最初意义寻找一批相应的问题作为阅读启动的契机。

在问读过程中，我们注意发动学生用探究的目光尽力发现课文中读不懂的地方，既要分析这些文本不懂的原因（这是对“文本”自身的不懂），还要分析与反思发生在“文本”后面不懂的东西，如作者的写作意图如何，写作思路与方法怎样，阅读者对文本内容与作者的意旨及写法还有哪些不同看法，然后按照“读什么（内容）”和“怎么读（方法）”两大系统进行分类归纳问题与设计“解决问题”的教学过程，让学生以“问读”的方式走进课文，进入阅读探究状态。

例如，人教版小学语文第五册第二课《师生情》。我们以课文插图入手设计“问”读题：①三个学生在窗口看什么？看到了什么？②学生看后的心情如何？③三个学生后来又去做了什么？④文章标题在课文中起什么作用？结果学生边读边问，边问边读，据统计，共问出了15个问题；学生越问越深，越问越复杂，于是，终于在“问”读中激发了兴趣，激活了思维，也激出了许多意想不到的“问题”（很有意义的学习内容和富有创造性的想象等）。这样为下面的“整读”打下了较好的基础。

二、整读——整体性地阅读，整合性地阅读

整读就是先整体感知，然后根据“问读”的目标与内容进行整合性阅读（重点地品读），将已经解决和新出现的问题收集、整理，然后再与阅读方法整合，并再次对照课文进行全程、多维阅读，以尽力读出新的含义和新的感受以及解决问题的新方法。

如果说“问读”是让学生走进课文，走入问题，那么，“整读”就是带领学生走出课文，稀释问题。走出课文，就是高浓度、高效率地读出课文的精

华，读懂课文的特色；稀释问题，实际上就是分析问题和解决问题，不仅对课文读懂，还能“懂”读（超出文本的学会阅读，以阅读方法与技巧为主）。因为在“问读”时，尽管学生们能提出许多问题，也解决了一些问题，但这些问题是零散的、大致的、缺乏深度的，一般还只处于“形读”层面，尚未达到真正理解课文的“神读”境界，所以还须在整读中，让学生把阅读的问题整理优化，然后实行整合性地、理解性地阅读。因此，在教学中除了引导学生感知“问题”外，还要注意引导他们将“问题”收集、整理，然后引导学生与作者对话，进一步认识和理解作者是如何表达的，从而全面地、高屋建瓴地理解课文内容，真正读懂课文，努力造成一种能使学生和作者有其共同思路与语言的特定阅读情境。

例如，有一位老师在教《卖火柴的小女孩》时，采用“坐标式”图文结合的板书设计，将这篇课文“整读”得淋漓尽致、脉络清晰，既为课文做了很好的解析，又为学生“形象体会式”学习提供了条件。附板书设计如下：

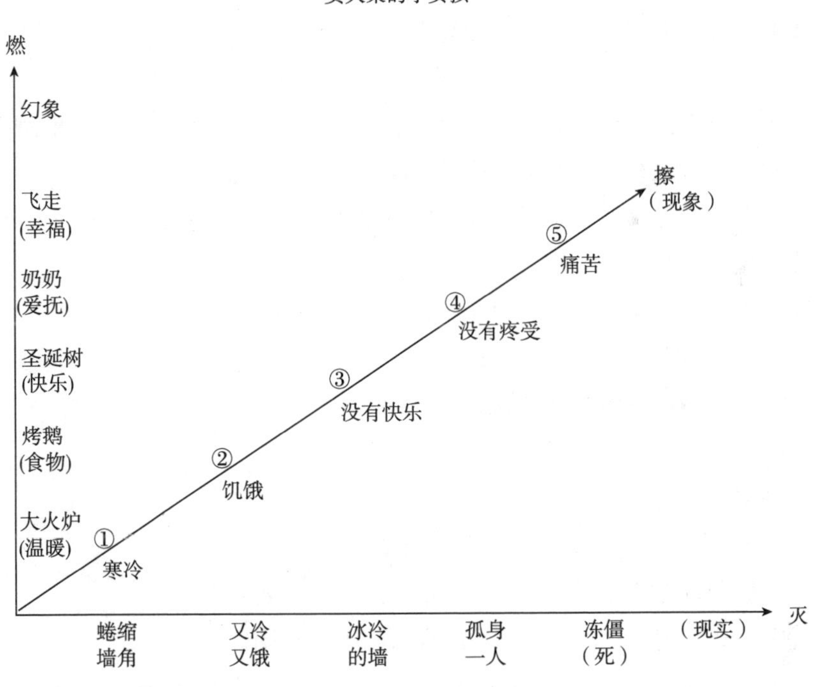

三、“来回读”——走进走出、走出走进的“反复性”的研读方法

这种“来回读”的方法，实际上是一种“回头读”，也是对在“问读”

“整读”以后还不能解决的问题或者需要深入地读的内容进行解剖性阅读和解放性阅读（“双解阅读法”）。可以说，它比“整读”更具体、更微观、更深入和更到位，也更具有操作性。解剖性，就是指导学生将课文深处的精华挖出来，剖析其妙在何处，加以品味与欣赏，并引申对我们生活的启迪与指导；解放性，就是指导学生放开自己的思维，跳出传统的思维定式，用求异的方法读出课文的另一面，即我们对课文的异样理解与迁移创造的东西。它可以用讨论的方法，探究学习的方式，进行解放性阅读（也叫“放读法”），使学生受到一次人文精神的熏陶。

下面，我们特以人教版语文第二册的《小猴子下山》一文的一个教学片段作为案例来说明如何进行解放性阅读。

首先是过渡导入：小猴子到过了哪些地方？看见了什么？做了什么？现在我们来看第一段。

1. 指导学习第一段

（1）出示抄有课文第一段的小黑板。（指名朗读）

（2）出示幻灯片（图一），指导看图。

①有一天，小猴子下山来，小猴子先走到什么地方？（指名回答）

②小猴子走到玉米地看见了什么？（指名回答，教师贴出玉米图，指导看图，理解“又大又多”，并在玉米图下板书：又大又多）

③小猴子看见又大又多的玉米，它的心情怎么样？它干了什么？（指导看幻灯片后指名回答）

④教师演示“掰”“扛”的动作，学生跟着做。

（3）指导朗读。（“又大又多”要读出非常喜爱的语气；“非常高兴”“掰”“扛”等词语要读出充满欢乐、活泼的语气。）

（4）小组读，全班齐读。

2. 半扶半放学习第二段

（1）出示幻灯片（图二），指导看图。

①小猴子扛着玉米，又来到了什么地方？（指名回答）

②它怎么做呢？（学生读句子）教师贴出桃子图。

③再看幻灯片，引导学生理解“又大又红”（在桃子图下板书：又大又红），再与“又大又多”做比较。

④让学生体会小猴子看见一样好的东西就丢掉原有的好东西，理解“扔”“摘”的意思。

（2）齐读第二段。

3. 彻底放开让学生阅读第三、四段

（1）小猴子后来又来到了什么地方？它看见了什么，怎么做的？（学生自读第三、四段，自己解答以上问题。）

（2）出示幻灯片（图三、图四），通过“小猴子走到________。它看见________。非常高兴，就________”的语句引导学生看图（教师贴出西瓜图、兔子图）。并在图边板书：又大又圆、真可爱。

（3）讨论第五段。

①小猴子丢掉了哪些东西，它能追到小兔子吗？

②（出示幻灯片，再指导看图）小猴子为什么会只好空着手回家去呢？（小猴子没有追上兔子，结果一样东西也没有得到，所以只好空着手回去了。）

四、问读——问：“到底读得了什么”“到底是用什么方法读得的”

这里的“问读”与第一个“问读”不同。可以说，这里是对第一个“问读”的回应和升华，是对前面三个阅读层面行为的总结与反思，即在“问读—整读—来回读”的基础上，学生自己问自己：到底学到了多少知识，自己有何独特感受；掌握了多少阅读方法，如果去读同类课文时会不会阅读；等等，然后再进行阅读的迁移与拓展性学习活动（也叫反思性阅读）：如做某项问题的专题讨论；如由读及写进行相应的读写一体化训练（写读后感，话题作文，或仿写、缩写、改写等）。

例如，我们在组织学生学习时，就让学生在进行“问读—整读—解读”的一系列阅读活动以后，开展新一轮“问读”的思考与讨论。用“两个到底”来进行反思性阅读，结果学生仍然获得许多新的体会，学习积极性越来越高。现在仍以《小猴子下山》一文为例，说明如何进行“反思性阅读”（阅读）教学。

师：同学们，这只小猴子下山后经过了好多个地方，看见了许多可爱的东西。它看见一样好东西就丢掉原有的好东西，最后什么也没有得到，只好空着手回家了。现在请大家想一想，你们平时做事情时，有没有像小猴子一样的做法呢？（联系本班情况，互相讨论。）

生：上课时，有时老师教读生字，我就偷偷地写生字，没有跟着老师读，结果一个字也不会读。

生：我当值日生时，打扫卫生也和小猴子一样，地板没扫完，就去扫走廊；走廊还没扫完，又去擦黑板、擦桌子，结果人家把教室打扫干净了，自己却一件事也没做好。

师：同学们能够联系小猴子的做法，认真检查自己，这样很好。

生：对！今后我们做事可不能像小猴子那样，看见许多喜欢的东西，就扔了这个去抓那个，结果什么也没做好。我们不论做什么事情，都要有始有终，认认真真地去做，做完一件再做另一件，这样才能有收获。

师：好！说得太好了！下面我们再根据课文内容做一个表演游戏，好不好！

生：行！好！

（黑板下面挂好道具：玉米、桃子、西瓜。）

师生共读课文，由学生上台表演。（两组学生，一组饰小兔子，一组饰小猴子。）

师：小猴子空着手回家去了，它会想到些什么？说些什么，猴妈妈会对它说些什么？请展开合理想象，写一段200字的短文。

总之，“问读式教学”，旨在鼓励、激发学生主动探究，多维度阅读，并具体通过“问读—整读—来回读—问读”这一模式的历练，让学生学会这种以文本的走进与超出和以“问”导读，以研导思的读书方法，并能自如地练就阅读的个性。教学实践充分证明，这样的教学能给学生提供更充分的自主探究的学习机会，以改变学生过去被动的学习方式，使学生的阅读能在一种新的学习方式——“研究性学习”状态中进行，从而提高阅读能力和语文素养。可以说，这是在语文阅读教学中实施新课程标准的一种有益的尝试。

（本文系在汕尾市城区莲塘小学和东莞大朗镇洋洋小学做的专题讲座稿，发表在“中国陶行知研究会”小学教育专业委员会主办的《小学教育科研论坛》2003年第7、8期合刊）

教学生“学会阅读”：阅读教学的终极目标

——“学会阅读”教学法的研究报告

一、由阅读教学现状引起的反思

在目前语文教学质量尚不尽如人意的呼声中，我们经过调查发现，语文教学质量不高，实际上就是人们所说的学生上了阅读课而不会读书，上了作文课而不会写文章。为什么？我们还发现，学生上阅读课不是自己在读书，而是听教师在教课文，在“教”书，教师把学生作为自己演绎课文的听众，即把课本中一篇篇文章从立意、内容到结构、语言等完全通过自己的阅读理解与分析，滔滔不绝地讲给学生听，学生只是被动地接受了教师所讲的那篇文章，如何如何好，而并非是学生自己阅读后所得到的切身体验与感悟，结果一旦离开教师的“讲”，自己去阅读课文，则全然不知所措而陷入困境。所以，我们认为，这样的阅读教学，学生学了一篇就只是一篇，学了一百篇也只是一百篇，假如让学生再去学第一百零一篇、第一百零二篇……显然就不会读了，这是一种多么遗憾的阅读教学！这是一种多么可怕的教育结果！这种结果引起了人们的反思：难道我们的阅读教学就只是“文章”的教学而并非关于“阅读”的教学？由此可见，只教读“文章”而不注重关于“阅读”的教学，是目前阅读教学的误区。

要让阅读教学走出误区，就要改变阅读教学理念与方法，努力教学生去掌握阅读文章的方法与要领，理解阅读文章的过程，也就是学会阅读。基于此，我们特提出这样一个全新的学会阅读教学观，设计了一种多维的、立体型的“学会阅读”教学法，即指教师在教学中不仅教学生阅读课文，而且教学生在阅读中激发阅读兴趣，培养阅读意识和习惯，在理解阅读过程中，学会阅读的方法，提高阅读的能力与效益。换句话说，一篇篇课文只作为指导学生“学会阅读”的例子，而不是教学的结果，这个例子指导学生在“读得了什么、为什么要读、怎么样读”这样一种多维度、立体型的既学课文内容与知识，又在阅读课文的过程与方法的情境中实现“学会阅读”，真正把阅读教学的全过程变为指导学生学会阅读、提高阅读素质的全过程。

关于阅读的教学，是对阅读载体（或对象）——文章的认识。关于“阅读”自身的教学，即阅读的教学，是关于阅读特点、阅读意义、阅读过程、阅读内容、阅读形式与方法、阅读效率的教学。关于“文章”的教学，是对阅读对象（载体）的认识与理解的教学，即“文章是什么，文章里有些什么”的教学，它是与“政治教学”、历史教学、地理教学处于同一原理机制的行为，即通过这种教学，认识了社会上的一种“文章”现象，就如同认识与理解了一种“文化”现象、“文学”现象、“政治”现象、“历史”现象、“地理”现象一样，这些能与语文学科的“阅读”教学相等吗？语文学科的“阅读”教学，应该是指借“文章”来进行关于“阅读”的教学。

关于阅读教学有两点要改革：一是将阅读教学扩大为“读书教学”，因为语文是一种以一篇篇文章编织起来的书，阅读一篇篇文章的教学，实际就是在教读书，是教学生读书的活动，而不是读书“教学”。二是为教学生学会阅读而教，学会阅读教学法的成功经验，在于构建了这样一个操作模式：a. 导读→助读→自读；b. 学读→能读→会读。文章作为阅读教学中的例子的“利用性”：①针对性，即针对阅读中什么问题来例证，还是例析；②取象性，根据阅读教学的重要对课文内容的选取和排弃，不能全用，以回到过去滔滔不绝地每篇必讲，讲到的局面；③发展性，即不仅源于科学，远离于科学，让科学不仅起到论证作用，还起示范性、引导性作用，帮助学生通过语文阅读发展自己的阅读水平和语文素养、人文知识等。

二、“学会阅读”教学法的理论依据

我们为什么要重新构建这种“学会阅读”教学法呢？这主要是为了改变过去那种以学会课文为中心阅读教学的现状，将“教课文”改为“用课文教”，让学生通过“阅读课文”来学会阅读。这样，能够使学生成为阅读（学习）主体，从而发挥主体作用，积极参与并掌握阅读过程，学会阅读方法，培养良好的阅读习惯与语文素质。支撑这一理论假设的理论依据有：

（1）教育心理学中的最新理论——建构主义理论。20 世纪 90 年代，世界上出现了一种被人称为“当代教育心理学中的一场革命”的新理论，即“建构主义理论”。它的革命性在于改变着人们的教育观念，改变着学生的学习状况。人们说：“建构主义帮助了我们对教育更正确的了解，使教育家了解学生的学习方法及发展阶层，从而改变课堂的设计及教学方法，期求达到最佳的教育成效。”（见容志贤：《一位建构主义的教师》）可见被目前世界上认为最先进的发生革命性影响的建构主义理论，是主张“以学生的学习发展和知识建构”为本的，它认为“学习不单是增加一点知识而已，而是修正已存在知识的过程”，“所看重的学习成果，不单是考虑学习的内容、输入和输出，更重要的是学习的过程（知识之建构过程及方法）”。基于此，我们提倡“学会阅读”，也就是用“建构主义”理论中的上述观点，来让学生不单掌握所阅读课文的文本知识和阅读感受，更重要的是掌握阅读的过程和方法，以致建构出更高层次的关于阅读领域中的常识与技能。

（2）“学习科学”理论告诉我们，学生的学决定着教师的教。也就是说，学生的发展需要学什么、怎么样学，教师就为学生“学什么”“怎么样学”而采取相应的“教什么”和“怎么样教”。这就是我们多年以前提倡的“以学定教，学教结合”的观点。因此，教师的课堂教学必须考虑学生的学习，为学生的学习服务。这样，才能达到叶圣陶老人提出的“教是为了不教”的境界。阅读教学也无不如此，“教是为了学生的学”，并非为了几篇“文章”。所以，在阅读教学中，树立“学会阅读”的新教学理念，指导学生努力探索“学会阅读”的基本模式与操作方法，是我们语文教学改革不可忽视，且切实可行的一大重要课题。

三、实验内容与操作步骤

本课题于1998年3月提出，经过一段尝试，感到它有可能成为阅读教学改革中的一个突破口，于是展开了为期两年的异地两处学校的实验(1999—2000年，在汕尾市实验小学；2000—2001年，在深圳市水田学校)。

本课题所研究与实验的内容，主要是通过对阅读教学现状的改革，倡导用学会阅读的理念与方法来重新构建“学会阅读”这一新的阅读教学观和“用读教读”的阅读教学新方法。

在实验操作中，我们特别注意针对学生的年龄、心理特点，联系学生已有的知识经验作为唤起学习新知的契机，重新建构新阅读领域的知识结构。这种知识结构，既包含阅读课文的内容，也包含阅读课文的过程与方法。把掌握阅读过程与方法也归列为教学内容（学生的学习知识的内容）。这无疑是对传统的阅读教学观的一种改革，是落实“学生主体观”教学的一种创新。

在实验操作中，我们还特别注意一种基本的指导模式：“扶→半扶半放→放”。“扶”：即首先让学生在教师“扶持”下，对一个单元里的某一篇有代表性的典型课文或一篇课文里具有典型意义的文段进行一种带示范性质的主攻性阅读，旨在初步掌握一些最基本的“学会阅读”的过程与方法（已有经验）；

“半扶半放”，即既有教师的点拨、引导，又有学生自由发挥的空间，以“师生互动式”（交互式）为主；“放”，即学生完全被放开在一定的领域里，自主学习，自主解决问题，自主运用已有经验（含“扶”“半扶半放”时的所得）来建构自己新的知识结构（包含课文内容和阅读过程及方法）。

“学会阅读”教学法，并非只是指某一种方法或技巧，而应赋予更大的概念内涵，即凡是能展开“学会阅读”，达到“学会阅读”目的的方法、技巧等，都应是“学会阅读”教学法的范畴。例如：我们已尝试成功的“三点阅读法”“目录教学法”“读写一体化”“自读助读法”“情境教学法”“‘四读四怎样’的探读教学法”等等。

所谓“探读教学法”，是指用试图发现的眼光读文本，即一是发现文本内容怎样，文本立意怎样，文本结构怎样，文本语言和写法怎样……二是试图用怎样的方法，以怎样的角度，提出怎样的问题去读文本，以读出一些“怎样”来，这既有试探的味道，也有探究的特点。这种教法可以说，是学会阅读教学法的基本方法或主要方法。下面特以我们在实验中普遍推行且效果良好的“‘四读四怎样’的探读教学法”为例，结合现行小学语文第九册（五年一期）《草地夜行》一文的教学来谈谈“学会阅读”教学法的具体运用。

《草地夜行》一文记叙红军过草地时，一位老红军为帮助掉队的小战士赶上部队，在极其艰苦的条件下，竭尽全力，不惜牺牲自己的故事，歌颂了红军战士为共产主义事业献身的革命精神。该课的阅读指导，就是针对课文的四个学习阶段而采用四种循序渐进的阅读方法，让学生边读课文边想“怎样”读的“双边”阅读法，全程可分四步完成。

(一) 初读课文，整体感知文本，探读课文内容，从怎样接触语文新知识中学会阅读

目的：

初步了解课文内容，为进一步阅读做好准备，以学会“怎样接触新知识”的方法为主。

步骤：

(1) 导入新课，揭示课题。

(2) 试读课文，整体感知课文。

(3) 思考问题，并给生字词画记号。

学生刚接触课文，总有新鲜感、好奇心，这将驱使他们急欲了解文章的主要内容。因此导入新课时，教师应把握有利时机，激发阅读兴趣。例如：《草

地夜行》是什么意思？揭示了几个要素？（点明中心，交代时间、地点、事件）；主要人物是谁？（老红军、小战士）；给生字词画上记号。

学生初读课文时，教师巡回辅导、检查，帮助个别学生解决阅读时遇到的困难，及时了解情况，然后进行初读后的小结。通过提问、检查，完成该环节的教学任务，使学生初步对课文的主要内容有大概的印象，并结合审题，知道《草地夜行》课题中的“草地”是事件发生的地点，“夜”指发生的时间，“行”指的是事件，人物是老红军、小战士。

（二）再读课文，扫除理解障碍，探究字词句意从怎样理解语文新意义中学会阅读

目的：

解决生字新词，逐字逐句认真读，思考疑难问题，加深对课文的理解，学会“怎样理解课文新意义”的阅读方法。

步骤：

（1）借助字典等工具书，解决生字词。

（2）理解句意、段意和全文结构。

再读课文时，学生主要阅读任务是借助字典、词典等工具书，解决理解中的障碍，进而通过逐句、逐段地阅读，进一步加深对课文的理解。教师在指导时，应要求学生按“字不离词，词不离句”原则掌握生字新词，如“僵硬”“劣绅”“刀绞”“敬佩”等；并理解各段大意，结合“阅读提纲”或“阅读目标”以及课后阅读思考题边读边思。

再读课文后，教师通过检查、讲评，帮助学生在理解、掌握字词的基础上，通过逐段理解，再形成整体感知，掌握全文结构，并指导学生讨论：以文章结构为线索，用3～5分钟复述课文。

（三）精读课文，探讨课文内容和写作特点，从怎样积累与发展语文新技能中学会阅读

目的：

在把握作者思绪和全文结构的基础上，品味和欣赏重点段落与精彩语言，再从感悟中归纳中心思想，领会写作特点，以学会本文新出现的语文技能，如篇意构思、语言运用、材料选择、立意确定及文意表现等。

步骤：

（1）段落划分与段意概括。

（2）重点段落和精要语言的品味、赏析。

（3）概括中心思想（思想教育）。

精读课文时可由教师范读或学生诵读等，让学生根据有关目标边听边思，然后组织学生说一说、议一议，找出《草地夜行》一文中最使自己感动的地方（重点段落）和精彩的语言，并仔细品味与欣赏，再结合分析段落、段意，理清作者思绪，对学生的质疑予以点拨；然后结合有关板书概括中心思想，进行文道结合的思想教育。

通过精读环节，让学生揣摩人物的神态、语言、行动描写以后，进一步了解老红军舍己救人的高贵品质，激发学生向革命先烈学习的思想感情，从而学会“怎样领会与感悟课文内容和写作特点”的阅读方法。

（四）熟读课文，专题拓展，迁移练习，从怎样培养与提高语文新素养中学会阅读，培养探读精神

目的：

课后思考题	板书内容	
1. “小鬼”是什么情况下碰到老同志的？ 2. “小鬼”为什么对老同志产生敬佩的感情，而且紧紧跟他走？ 3. 老同志是在什么情况下掉进泥潭的？ 4. “小鬼”为什么能鼓起勇气向前走？	老红军、“小鬼”……草地夜行 冲、大声嚷……和我并肩 指、抢、干粮袋……紧紧跟着 一沉（急忙说）……迈开大步 一顶（甩）	牺牲自己保全同志

在熟读中总结课文，拓展课文，实现课文的形读到神读，在发现课文特色中，将课文特色化为人生营养，再结合自己感悟，用“读写一体化”的方法来进一步提高阅读品位和语文素质。

步骤：

（1）熟读课文，含诵读、复述（述读）、背诵与抄写精彩文段等。

（2）质疑、讨论、总结。

（3）进行专题、专项的拓展性读写练习。

阅读是写作的基础，写作是阅读的延伸，实现“读写一体化”是完成阅读教学任务，让学生学会阅读的一种新方法。因此在熟读环节教学中，要特别注意总结课文重点内容和领会精彩之处，并进而把握文章的篇章结构和表达方法的特点，从中产生某些感悟与联想，或借鉴课文的成功之处学习写作，又从写作中进一步领会课文内容及课文写法，达到以写促读的新境界，让“写”发挥双重作用。

例如：《草地夜行》一文，所要总结和展开的专题学习（熟读）应该是：

（1）理清课文叙述顺序，认识并学习红军战士一心为革命，舍己救人的高贵品质。

（2）理解作者选择典型材料，通过多种描写手段表达中心的方法。

（3）篇章结构方面，则引导学生知道此文是按事情发展顺序记叙故事经过。

（4）写作特点可归纳为几点：①紧扣课题，突出中心；②前后呼应，结尾引人深思（联想）；③选材精当、描写生动等。

在“熟读”过程中，我们注重安排“读写一体化”的两项练习：①复述课文：按事情发展顺序复述故事，注意说出小战士思想感情的变化过程；②作文练笔：《我最敬佩的人》，要求仿照课文的写作特点进行习作。这样通过“熟读”，实际上已经使学生从对课文的巩固运用与迁移提高进入发展创新阶段了，从而使学生由走进课文“到”走出课文，以刚学到的知识与方法作为“上位知识”，再去接触“下位知识”（如新知识、新现象、新问题），从而学会“怎样在熟读中掌握知识，提升能力与素养”的阅读方法。

综上所述，“四读四怎样探读教学法”的好处主要在于充分调动了学生的阅读积极性，发挥了学生在阅读中的主体作用，培养了探究精神，把教法和学法有机地结合起来，教法引着学法，学法连着教法，用学法导学，学与教统一，从而让学生在学习课文的阅读过程中学会阅读，反过来又在学习阅读过程中掌握课文内容，以全面提高阅读质量。

四、实验成果

本课题实验，虽然时间不很长，但已经初见成效。尤其在改变教师的教学观念、优化语文阅读教学的课堂结构和教学模式方面，都起到了明显的促进作用，甚至是突破性的进展。这种实验，相应地改变了学生的学习观，帮助学生既提高了对阅读的兴趣，又改变了过去单一地、被动地接受信息的阅读学习法，并不断地用学会阅读的理念去寻求、总结个人的最优化的阅读过程与方法，从而促进了学生的语文能力以及阅读素质的提升。

（1）初步接受了关于“学会阅读”的概念含义。

（2）初步认识到阅读方法的作用。

他们看到了阅读方法无时无刻都在伴随着阅读者（主体）的阅读活动而发挥着作用，因此，掌握阅读的方法，已成为学生阅读课文时的重要内容。

（3）基本掌握了一些“学会阅读”的方法与模式。

这里主要是“四读四怎样的探读教学法”等。据调查，已接受这种概念和方法的学生，占100%，认为这种方法能促进阅读进步的学生占90%以上。实验班有一名学生获宝安区作文大奖赛二等奖，有2名学生获宝安区书信竞赛奖，有3名学生获21世纪首届“素质教育杯”全国中小学师生作品大奖赛二、三等奖。

（4）促进了教师教学水平和教育科研能力的提高。

2002年3月

读写一体化的创新思考

我们不可忽视这样一种社会现象：当某个人的语文素质、语文能力被评价为很高或很低的时候，并不能说出其听、说、读、写能力各占多少比例，常常是因其中一两项较突出得高或低而做出的一种模糊性评价，因为表现在一个人身上的语文素质和能力确实是呈整体性状态的，听说读写往往糅合在一起，相辅相成，整体性地发挥作用。所以，培养学生的语文能力，就不能违背这个规律，要置听说读写于一种整体化的学习状态之中。为此，我们特以系统科学中的整体性理论为指导，构建了以听说读写互载、互为、互动为主旋律，以“读写一体化”为核心的一体化语文教育观。

一、读写一体化是对文章的客观规律和信息交流规律的全新认识

读写一体化概念认为，文章是人们对客观事物认识的产物，也是载体。人们想表达意愿、交流思想时就“写”文章，人们想吸收别人的经验，求取新知识时就“读”文章，一读一写就构成了文章这一载体的两翼，成为一种不可分割的整体性社会言语现象。如果硬要拆开它，读归读、写归写，就自然地违背了文章产生的构成规律。我们倡导用听说读写互载、互为、互动的理念，强化读写一体化意识，用一体化读写的方式、方法，重新整合因多年拆开而散乱的阅读教学和写作教学。当然，这并不排除在具体操作过程中有时候读、写各有侧重，表现出一定的独立性。但必须明确，这种分开和各有侧重，是读写一体化操作过程之中的事，与将读、写割裂开来的做法截然不同。

读写一体化概念还认为，读写一体化的过程，实际上是一个信息交流的过程（信息加工过程）。在这一过程中，获取和储存信息往往通过外部刺激和言

语理解来实现，其具体手段就是阅读。而加工和使用信息则往往表现为信息的筛选、整合与使用，其具体手段主要是写作。所以，上述活动阶段及其方式、手段就构成了一个完整的信息流动过程，环环相扣，互相融合，也可以说构成了读与写的一体化过程。

二、读写一体化是对"读写结合"的扬弃与发展

读写一体化是否为"读写结合"的翻版或只是换了个说法而已呢？答案是否定的。我们认为，读写一体化是以我国古今读写结合的理论与经验为借鉴，对操作层面的读写结合做出一种扬弃与整合，而发展为一种全新意义的教学理念与教学方法。

首先，看它们的变化公式。

读写结合的变化公式是：读加写还是读写。《现代汉语词典》关于"结合"的释义是指"人或事物间发生密切关系"，意即彼此本无关系而着力于去发生关系。所以，这种变化只是物理变化，即读与写结合的变化只是在数量上、形式上、功能上等发生变化，是一种组装式的结合，是连缀读写关系的一种手段与形式。这种结合，往往注重的是读写过程中的排列组合的形式（或者是先形式后内容）。读写一体化的变化公式是：读加写变成一体两翼。因为它是根据"部分之间相加大于部分之和"的整体理论来重新处理读与写的关系，并使它们关系密切，如同一个整体，使这种整体转变成某种性质或状态，产生"化学变化"（不仅有数字、形状、功能的变化，更具有事物性质的变化）。也就是说通过这种一体化的读写活动，再看不出以前的那种读归读、写归写的原型或痕迹。这种读与写相加的方式是一种"整合"与"化合"，它注重的是读写过程中排列组合的内容（或者是先内容后形式）。

其次，看它们的功能。

二者都力求克服读写割裂、脱节的现象，提倡以读带写，以写促读，从而提高读写能力。但读写结合目前在国内的基本经验还处于一种操作层面上的系列训练状态，属于一种训练式的传统教学方法。而读写一体化则不仅仅表现为一种教学方法，更重要的是，作为一种教学思想、教学理念，它从工具式的训练型语文教学走向依靠学生主体性积累、感悟、熏陶的现代语文教学，从而丰富和发展了语文素质教育的内涵，并成为一种研究性学习的重要活动方式。因此，读写一体化显示出比读写结合更进一步的整体教育功能：在教学目标上"两全一美"（全面积累、全程感悟→审美），在教学内容上"两翼一体"（阅

读、写作→同一载体)，在教学过程上“两法一轨”(教法、学法→并轨)，在教学结果上“两瓜一藤”(自能读书、自能写作→语文素质)。

人类文明发展数千年，从读写的起源与历史的渊源、发展来看，读与写是同时产生、同步发展的，也就是说，读与写从来就是作为一体化的事物而从历史走向现代的，而绝不仅仅是一种结合。唐代诗人杜甫的名句“读书破万卷，下笔如有神”、程瑞礼的“劳于读书，逸于作文”，还有西汉著名辞赋学家扬雄所说的“能读千赋，则善为矣!”(这里的“善为”指善于写作)等等，古人的经验和至理名言无不证明这一点，他们无不全然将读写浑然一体地融入一种因果关系之中。现代著名教育家叶圣陶先生也说过，阅读是“吸收”，写作是“发表”，二者是“积蓄”与“倾吐”的关系。这种关系更加表明，阅读与写作是读写一体化过程中的两个要素、两个环节。

当然，作为不同的教学方式与方法，读写一体化与读写结合都有各自的概念内涵、功能与模式，都对语文教学改革和提高语文教学质量发挥着各自的作用。我们倡导读写一体化，并不否定仍在发挥着作用的读写结合，但也绝不因为有了读写结合而不去强调读写一体化。

三、读写一体化是实施“互载、互为、互动”理论的生动体现

我们在提出一体化语文教育观的基础上，着重推出了听说读写“互载、互为、互动”的理论，而读写一体化则是这种“三互”理论的具体体现。

“互载”，即互相负载，互为载体。通俗地说就是你载着我，我载着你。即阅读负载写作，写作负载阅读，读中有写，写中有读。“互为”之作：作为，作用。互为，即互相作为，互为结果，互相产生作用。读写之间互相产生作用，即读作用于写，写作用于读。“互动”，即互相推动，互为动因。指阅读带动(或推动)写作，写作促动阅读，也就是人们常说的以读带写，以写促读，读写互动。

上述“三互”也是一个整体，呈层次性发展的读写一体化的学习模式：①以读带写，读中学写；②以写促读，写中知读；③亦读亦写，联读悟写。

建立这种学习模式的理由在于：

首先，当青少年学生对文章的“意思”和“特点”，尚处于一种模糊认知阶段时，先需要经过一个综合的思维过程，以真正实现“清楚认知”。让学生从模糊认知阶段过渡到清楚认知阶段，就需要在教学中解决“读懂”和“懂读”的问题。读懂，即让学生了解文章写了些什么，从而获得某些知识(信

息、感受等)；懂读，即懂得读文章的路子和方法，如文章是怎样写的和为什么这样写，从而让学生进一步明确文章的中心思想和教育意义以及写作特色等。这样的读，就自然地把写带起来了。否则，若带不动写，写与读脱节，这样的读就只能是一种平面性的阅读，缺乏阅读立体性。不能构成一种立体性阅读，就显示不出读中知写的效果。

其次，进入第二个层次的读写一体化，就是以写促读的阶段。读写一体化的第一层次，即读中知写，仍处于感受阶段，是对文章有关内容和章法的感知，第二层次则是对文章有关内容和章法知识的实践运用。写作，是学生语文能力、语文素质和思想品德综合体现的一种最高境界。不少学生对写作望而生畏，或者不会写，写不好，主要是对写作素材包括课文所提供的生活材料缺乏真切的感受，没有感发出自己个性化的东西来，即缺乏认真细致的观察、体验与思考，这时候要写出好文章是很难的。所以，从写作中学会阅读，再学会写作，才是读写一体化的真谛。

（发表于《广东教育》2002 年第 4 期）

为“完整与和谐”的语文教育而努力探索

——从“读写一体化”到“一体化语文学习”

1998 年，我提出了语文“读写一体化”研究性学习的概念，并被列为广东省基础教育“百千万人才工程”专项课题，进行了为期三年的一轮实验，成果显著，通过省级鉴定，论文《读写一体化的创新思考》发表于《广东教育》2002 年第 4 期，成果荣获广东省中小学教育创新成果奖。随着课程改革和课题实验的深入，2002 年开始又进入新一轮实验，在“完整语文”教育理念的指导下，将“读写一体化”发展为“一体化语文学习”。现在，我特对“一体化语文学习”概念的提出及教学实践等做出新的探讨。

一、从人类认知规律的科学发展观看——人类学习语文必须走“完整与和谐”的“一体化语文学习”之路

无论是马克思主义哲学还是系统科学理论都告诉我们：事物本来就是呈整体性产生的，其发展过程都是在彼此联系、相辅相成中完善的。而人们学习语文也是对一种客观事物的认知，也是一种认知实践活动，那么也同样具有其整

体性和相互联系性。据研究成果表明，能体现这种特性的“一体化语文学习”，是目前较为成功的教学模式之一。

我们还可以从教育学和心理学原理上找到一些理论基础和依据。我国古代有一些重要教育名言：“循序渐进”“温故知新”“因势利导”和“读书破万卷，下笔如有神”等，这都无不因学习有程序，知识的“故与新”有联系，“读”和“写”是整体等而体现其一体性和全程性。著名教育家斯宾塞也在他的《教育论》中说：“记住规则的心智和掌握原理的心智之间的差异，就像一个是一堆杂乱的材料，而另一个是把同一材料组成了整体，各部分都连接在一起。”（人民教育出版社，1962 年版，第 49 页）这段话的基本含义是指教学中要给学生多些“掌握原理”的教育，少些只“记住规则”的教育。掌握原理就是掌握认知规律，掌握理论体系，而记住规则，就等于掌握一些要求、准则（它们之间未能形成体系）。不仅教其然，更要教其所以然；不仅教其规则，更要教其规律；不仅教其知识（结论、概念等），更要教其知识发生的背景和过程以及产生的原因和方法等。在这里还特别强调只“记住规则”就等于只记住一堆“杂乱”的材料，而“掌握原理”才是“把材料组成了整体”，使“各部分都连接在一起”。由此可见，我们的“一体化语文学习”的教学，就是一种在教学生“掌握原理”的教学。从某种意义上说，“掌握原理”的教学，就是语文教育的“理”性，尤其是当规则未形成体系时更是如此。

语文学科中的一个个知识点，即一个个字词、一篇篇课文、一种种表达方式与修辞等，都只是一种结论、一种概念，也就是一项“规则”的材料，如果不通过“掌握原理”（即“连结在一起”成为“整体”），那么这种教与学则是“杂乱”的，何谈效果？怎么办？我们所倡导的“一体化语文学习”就是为此所做出的一种探索和努力。这样，只有进行“掌握原理”的教学才会将“杂乱”的材料（知识经验、概念等）组成一定的若干“整体”或板块，并彼此“连接”起来。以“掌握原理”为出发点的教学，往往因其“掌握”的科学性、整体性而变成一种科学的教学，即将各种零散、随意、局部的“部分”连接为一个“整体”的一体化教学，这种构建“整体性”的教学无疑是科学的和最优化的。因为它是一种动态的、联系的，其教学活动中无空隙、无断层，更无停滞不前的静态，由此由“整体性”而成为“一体化”。

过去的语文教学确实基本上是以“记住规则”（“工具性知识”的双基训练）为主的“杂乱”的低效高耗教学，而现在我们倡导的“一体化语文学习”教学，是以一种“掌握原理”即以培养语文能力、指导语文方法、形成语文素养的综合性、多元性的连接型整体教学为主要特征的创新教学理念与教学模式，最后形成语文教育的相应“理”性。

二、语文自身的发展与改革——需要“一体化语文学习”

教育部颁发的《语文课程标准》指出：“语文课程……在教学中尤其要重视培养良好的语感和整体把握的能力，要突出语文课程评价的整体性和综合性。”现在，随着《语文课程标准》的全面实施，语文教学在目标上的整合设计、在内容上的丰富多彩、在手段和方式上的多元化、综合化等，将日益彰显语文教学的整体性特征。可以说，这也是新课程为实施“完整语文”教育所做出的努力。这种完整性语文教育，倡导语文课程的工具性与人文性的整合、科学性与艺术性的整合和语文学科内的听说读写等诸种因素的整合等，将成为新课程实验中不可忽视的主题。

语文作为一门课程，其实是由“语文学科”走向“语文课程”的内核变化所呈现的首先是学科专业的学术性，即关于“语文常识”“语文见识”“语文智识”“语文能力”，简称语文的“三识一能”，而这“三识一能”的呈现又必须是整体的、综合的、有序的，也就是一体化的；然后是文化性，即人们常说的“生活的语文”“交流的语文”“审美的语文”“文学的语文”等，而这些“××语文”，其实彼此是互相依存和互动的，而且又与“学术性”融合在一起的，于是“学术性+文化性”，便成为一种完整的语文、完美的语文、和谐的语文，最后又形成了更广、更深的一体化。所以，要让学生获得“学术性+文化性”的语文教育，才能在整体的、综合性的语文能力和语文素养上得到一体化的提高。

作为学生这个主体，是从“语文学科”中获取所需要的相应资源，如通过一篇篇选文、一段段话语、一个个活动、一项项思考与练习等，形成语文教学资源乃至语文教学内容，最后以“教科书”的形式呈现给学校及师生。这种有机的语文学习内容，再通过一种“完整的学习形式与学习载体”的科学实施——语文教学活动，便成为真正意义上的“语文教学”。从语文学习活动的主要形式即听说读写来看，由于人在生活中、在社会交往中，对听说读写都已综合运用，而难以区分，也无法单项使用。也就是说，听说读写的有机整合与和谐互动，已成为语文的一种基本规律。因此，在语文课程改革和语文课程建设中，实现更多维度、更高层面、更深层次的听说读写的一体化和教学过程完整性，将是语文发展的重要途径之一。

事实也是如此，在评价或形容一个人的语文能力和语文素养时，往往是用整体、综合的眼光，做出一种大致的看法，因为这的确难以分清，也无法考究是语文中某一篇文章、某一段话语、某一项语文活动所直接给予学生的语文能力和语文素养，完全是学生在整体性的听说读写等各方面以获得丰富多彩的人文素养和语文知识及技能，这往往是在一种综合性的整体教学中实现的。尤其是中国语文课程，历年来则以文选型为特色，一篇文章就是一个整体，然后又把几篇文章合起来成为一个单元型整体，再编排成一类、一册、一个学段等若干层次和元素的整体。可以说，语文从来没有离开过整体。例如课文就涵盖了字、词、句、篇、语、修、逻、文，无所不有，而且是融成一体，不仅给学生以听说读写等全方位的语文知识和语文技能教育，还给学生以人文、思想、审美的多元教育，这种传统的汉语文（母语）教育的综合性、整体性，必然决定了语文教学的综合性、整体性。这就为“一体化语文学习”的教学的诞生提供了传统基础。如何把语文中的字、词、句、篇、语、修、逻、文等若干知识点，在一篇篇生动而丰富多彩的课文中彼此紧密统一起来，这是语文学科内涵式整合的一体化。但是有这些还远远不够，还需从外延上来设计或寻找一些既符合语文自身的整体的规律，又符合人们认知规律的“学语文”的一些目标、策略以及方法与技巧，如将工具性与人文性相统一的整体语文素养与语文能力等。

由此可见，使“一体化语文学习”教学成为很有特色的一种语文教学，使多年来语文教学的“少慢差费”现象得到纠正，这已经成为迫使人们去思考和解决的问题了。基于此，许多有识之士均做了积极的探索。我在自己提倡的“完整语文”教育理念的指引下，先探索了“读写一体化”语文学习，现在又提出了“一体化语文学习”教学的全新观点，并构建了相应的操作体系。这样，既可以丰富语文教学改革的成果，又可以找到语文课程自身发展的规律，也为学生找到了学习语文的新路子。

三、一体化——实现“完整与和谐语文”教学的理想境界

随着《语文课程标准》的全面实施，语文教学目标上的“整合优化”设计、内容上的“丰富多彩”呈现、手段和方式上的“多元化、综合化”运用等已日趋实现，因此语文教学的整体性特征也日益明显。那么，语文教学如何将科学性与艺术性结合起来，最终实现其整体性、实效性，则成为新课程改革的实验中所不可忽视的课题，开展关于“一体化语文教学”的实验研究则成为必然。

纵观我国几千年来丰富而优良的母语教学传统，语文作为一门课程，往往是通过一篇篇选文、一段段话语、一个个活动的有机结合的学习载体而渗透与呈现的，并通过学生的听说读写等若干学习形式的共同实施而得以实现。

由此可见，我们在评价、形容一个学生的语文能力和语文素养时，实际上往往是分不清其中一项项的单一具体能力和素养，更无法考究是哪一篇文章、哪一段话语、哪一项活动所给予的语文能力和语文素养，更何况在一篇篇文章和一段段话语、一个个活动中可以让学生获得听说读写等各方面的能力培养以及丰富多彩的人文素养的教育，所以中国的语文课本，历年来都以文选型为主，在教学中以一篇篇课文为例子，而给学生以听说读写等全方位的语文知识和技能教育以及人文、思想、审美的多元教育，这种中国汉语文（母语）教育的综合性、整体性决定了语文教学的综合性、整体性，而这种综合性和整体性的教学形式也必然是与之相应的，“一体化语文教学”的教学形式便应运而生。而近几十年来，我国语文教学过分强调工具性而把语文课程肢解为若干知识点，把一篇篇生动丰富的课文分析成一个个标准件式的工具化知识，让学生在一个个烦琐的词语解释、段落大意和中心思想的分析中苦读着，更有甚者是用为读而读、为写而写的单项训练中来学习语文，结果只学得一些纯工具的点滴知识，而未获得将工具性与人文性统一的整体语文素养与语文能力，粗暴地进行单一的、零散的、随意的语文教学，致使近年来语文教学的“少慢差费”现象越来越严重，语文教学的质量不高，学生语文素养不高，已经迫使人们不得不思考和解决这个问题了。

基于此，许多有识之士便抓住这一问题进行了积极的探索。我也对此做出了研究，先是提出了“读写一体化”研究性学习，后又提出了“一体化语文教学”的全新教学理论观点和操作体系。我们在这种理论指导下，做出了可喜的尝试，效果令人满意。

现在，我们倡导的“一体化语文教学”，便是以一种“掌握原理”即语文能力、语文方法、语文素养的综合、多元的整体性教学为主要特征的创新教学理念与形式。“一体化语文学习”的教学，从某种意义上说，首先是一种理念，是一种教学思想的形式表述（“完整而和谐语文”教育的实践形式），然后必须寻找其相应的操作模式，以连缀理论与实践、教师与学生、教学内容与教学形式、学校教材与实际经验等之间的有效关系。那么如何寻找或者创造出以实现这些有效关系的完整语文教育即“一体化语文教学”？因此，“完整与和谐”的语文学习，呼唤着“一体化语文学习”的诞生与实施；从“记住规则”走向“掌握原理”且“连在一起”的整体教学，需要有像“一体化语文学习”这样的新的教学模式与方法来发挥作用。

读开放书，写开心文

——基于“读写一体化”的学法指导

一、问题的提出

1. 近年语文教育有两个问题在起着阻碍作用

一是过早、过滥地给小学生灌输过于繁难的学科知识，或进行苛刻的题海训练，让学生十分压抑，感到枯燥、乏味。如阅读教学，每篇都是枯燥的解题、分析段落、中心思想和写作特点，甚至文中的深刻含义等，学生听不懂，也要硬着头皮却心不在焉地齐声回答教师的提问：“读懂了”“受到了深刻的教育”。

二是“整齐划一”的“封闭型”课堂教学，让学生失去了灵性和生气。课堂上学生一律双手反背、坐得硬挺挺的，更不用说全班几十个学生都在读“同一本书”，写“同一篇文章”，唱“同一首歌”。殊不知，这几十个学生里面有的已经早会读、会写、会唱了，有的却连字词都无法认识，甚至有的根本不喜欢读这篇课文，或者就根本没有写好这篇同一作文的生活素材和能力基础，于是这些学生首先会自卑，然后就自畏，最后就自悲，原有的一身生气和灵性早被冲荡得干干净净。连最起码的学习兴趣都没有，哪里还有思维的创造火花绽放呢？

2. 必须改革“题海型”和“封闭型”教学单一模式

如何从语文的课堂“题海型”和“封闭型”教学单一模式中走出来，并积极寻求和构建新的语文教学模式，将是语文创新教育走向成功的关键之一。当然，寻求与构建新的语文教学模式并非一件易事，但是先找到一些突破口，积极创立与尝试一些带创造性的教学方式、方法，是完全可能而且也是必须实行的。为此，我们在充分反思过去的教学现状、更新教育教学观念的基础上，提出了一种“读开放书，写开心文”的新的教学思想与教学方式、方法，并将此构成一个语文开放性教学的课题进行实验研究。

（1）关于开展对阻碍开放性语文教学的问题反思。这里着重是对教学呆板、枯燥的“题海型”“封闭型”课堂模式进行查摆危害、分析对策的研究，从而更新教学观念，树立“读开放书，写开心文”的创新教育的理念。敢于开放，让学生学得轻松愉快，在轻松愉快中学会知识，学会学习，学会创造。

（2）关于构建“读开放书，写开心文”的操作体系。概括起来为“三步走”：①树立开放与开心读书写作的意识。②构建“先开放后开心”的读书写作的操作策略。③开展具有“开放与开心”的项目型活动。具体为“三个开放”“三个开心”“三项活动”。

二、对策：“读开放书，写开心文”

1.“读开放书，写开心文”的概念含义

这里的“读开放书，写开心文”，是一个整体概念，采取古人常用的“互文”修辞法，将“开放”与“开心”互补、互用起来形成同一含义，即“开放”中有“开心”，“开心”中有“开放”，也就是指“既开放地读书与作文，也开心地读书与作文”，读书要开放又开心，写作也要开放与开心。同时只有先开放才能开心，开心了也会更开放。这样，读书与作文开放了、开心了，这既是一种从传统语文教学误区解脱的心态表现，也是一种语文人本教育的重要理念与途径，更是语文教育产生创造火花的手段与方法。一句话，在开放与开心的学习中释放能量，产生灵感，迸发出创造的火花，使语文创新教育能真正实现。

我们认为，“读开放书，写开心文”，是在语文学科教学中实施创新教育的重要方法之一，可以克服过去语文教学的课堂“封闭型”和教学“师授式”的弊端。“读开放书，写开心文”，就是指坚持“大语文”学习观，打破过去单一的语文课堂教学模式和一本语文教材的束缚，打通课内课外，倡导读写一体，通过读书扩大知识面，扩大阅读量，以社会为课堂，将语文置于社会生活之中，在写作上不受作文命题要求的过分约束，不受作文章法和模式的拘束，也不受作文形式与手段的统一安排，而是放开胆子写，自由自在地写，快快乐乐地写，既开放又开心，轻松自如，在开放开心中学会写作。我们认为，语文教学的主要人物除了在识字前提下，说到底就是阅读与写作两大板块，因此把“读开放书，写开心文”，充分体现着以读写为主的语文学科特点，以共同体现语文教学特别是创新教育的基本内涵。

“读开放书，写开心文”，既是一种教学活动方式，更是一种新的教学理念；它既使课堂结构从“封闭型”走向“开放型”，也使教学目标、内容和方

法在内涵上发生深刻的变化。严格地说，它是一个完整意义上的整体语文教学概念，即"更加开放地学语文，更加开心地学语文"，其精髓就是"自主、随意"和"开心、快乐"。如果具体地分开说，"开放"，即指在"大语文教育"观和"生活即语文""社会即语文"等新观念指导下，打通语文的课堂内外结构，读更加开放的，以增加语文学习的内容；更加开放地读，以扩充语文学习的方式。"开心"，即指在创新理念指导下，不受原有文章章法和作文教学指导模式的拘束，让学生发挥创造想象作用，放开胆子地写，自由自在地写，有什么写什么，想到什么写什么，写自己想写的；不仅写得有趣，写得快乐，而且要有趣地写，快乐地写：也就是说，不仅其结果——写出来的文章是快乐、有趣味的，而且其过程——写的时候也是快乐的、有趣味的。

2."读开放书，写开心文"的理论基础

我们之所以敢于产生这种设想，主要是基于如下理论依据：

一是党和国家关于推进素质教育，实施创新教育的一系列文件和领导的重要讲话。文件一再强调：素质教育，是关于人的全面发展的教育，是培养人的创新精神和实践能力的教育。所以，作为学校教育中的一个主要学科——语文，则是实施创新教育的主阵地，它将责无旁贷地改革自身的弊端，以适当的方式为创新教育服务。那么提出"读开放书，写开心文"这一类富有改革色彩的方式方法，也就顺理成章了。

二是"愉快教育"理论和"课堂生命"学说。在教育部多次召开的全国"愉快教育"研讨会上，许多实验学校和教师的成果表明，让学生在乐中学习效果就是好。另外，国内外教育专家都纷纷提出"课堂是一个生命体""课堂应焕发出一种生气勃勃的生态"等先进理念，就更加明确地告诉我们，课堂本来就是富有生气的学习场地，是人的生命发展的地方，理所当然地要在这里学得轻松，学得开心，学得有个性化。

三是现代教育理论。联合国教科文组织编写出版的《教育——财富蕴藏其中》一书说道"学会认知：这种学习更多的是为了掌握认识的手段，而不是获得经过分类的系统化知识。既可以将其视为一种人生手段，也可将其视为一种人生目的。作为手段，它应使每个人学会了解他周围的世界，至少是使他能够有尊严地生活，能够发展自己的专业能力和进行交往。作为目的，其基础是乐于理解、认识和发展"。这里强调了三层意思：第一，学生的学习不是掌握过多过早的"系统化知识"，而只是掌握认识的手段（包括方法在内）；第二，要学会了解周围的世界，实际上就是将学习引向社会，引向周围的世界

（现实生活），这种学习就自然是一种开放的和“进行交流”的学习；第三，这种学习应是一种“乐于理解、认识和发展”的，所以，我们在这里所倡导的“开心”就是这种“乐”。

3. “读开放书，写开心文”，其目的在于改变教学观，让学生感受到学习语文的乐趣

目前各地都注重了关于“过程与方法”的成功教学，这当然属于实施新课程的行为。然而，在贯彻新课程的时候，我们不能仅仅关注作为教学目标层面上的“过程与方法”，而更重要的是转变观念，尊重学生主体，讲究方法，即如何进行学习方法指导，让学生高效优质、主动愉快地接受、掌握与运用学习方法，感受对学习方法的掌握与运用不仅仅是一门科学，也是一种艺术，有无穷的乐趣，从而将“会学”（方法）与“乐学”（情感）有机结合，产生学会学习的最佳效果。

为此，我们特设计与尝试了“读开放书，写开心文”的学法指导方式，让学生真正感受到学习方法的乐趣，从而使学习方法指导永远保持旺盛的生命力，成为实施新课标的又一新的教学模式与方法，也就是实施语文创新教育的重要方式之一。

三、“读开放书，写开心文”，前提在于构建一个科学的操作体系

我们经过探索，初步构建了“读开放书，写开心文”操作体系，概括起来为“三步走”：①树立开放与开心读书写作的意识；②构建“先开放后开心”的读书写作的操作策略；③开展具有“开放与开心”的项目型活动。其中构建“读开放书，写开心文”的科学方法体系作为重点，具体为“三个开放”“三个开心”“三项活动”。

1. “三个开放”——“书本开放、课堂开放、方法开放”

（1）书本开放（课本开放）。

这里指不仅只读预先统一规定的语文课本，还积极鼓励学生读其他“四书五经”：“四书”，即书的书（工具书），书上书（大纲或课程标准），书中书（《语文课程标准》所推荐的名诗名著），书外书（课外参考读物及练习题）。“五经”即体现语文能力的听、说、读、写、书（法）五类知识与方法的整体学习。为此，教师可随之做些推荐、评介、辅导性的教学工作，让学生的“开放性读书”有正确的方向，少走弯路，提高效率。在校本课程“开放”书本内容形成教材（若干专题），如“文学名著学习”“影视鉴赏与评论”

“社会热点问题调查”“风景旅游”“工具书运用与竞赛”“课外读书会”“故事会”“成语擂台”等，这些既可以成为活动课，也可以成为“研究性学习”课，都成了校本课程内容，成了开放性语文教学的资源。

（2）课堂开放。

课堂开放即指改变过去单一、呆板的课堂教学结构，将学生引入自主发展、生动活泼、合作探究、讨论交流的生态的课堂教学之中，再也不能让教师滔滔不绝地把课堂全包了。与其说开放课堂，不如说把课堂还给学生，让学生成为课堂的主人，构建课堂教学师生“主体二论”。经过实验研究，课堂开放的形式尽管多种多样，但归纳起来不外乎有两类：一是堂内变换，二是走出课堂。堂内变换，指的是仍在原来教室（课堂），只把堂上的师生之间、生生之间的位置稍作调换，要么叫学生上讲台当小“老师”，要么教师与学生围成一圈儿，要么把学生重新分成若干板块的学习小组等。走出课堂，即把学生带出课堂，走向校园，走向社会，创造不同具体场景、情境的“学习课堂”，让学生进行参观、考察、体验、劳作、会议、服务等。

（3）方法开放。

这里主要指教学方法与学生学习的方法手段的共同开放和互相开放。以前教师的教案设计是封闭的，现在将教学设计中的教学目标、重点、教学过程的环节展开，方法运用乃至提问等，都随机向学生预告、交流，甚至共同探讨而定，有的还由学生先提教学要求与问题，教师再定教学目标与内容以及方法等，从“提问学生”走向“学生提问”，从“教学法”走向“法教学”，即向学生进行“方法”的教学，让学生在学知识的同时掌握方法，学会学习，这是“方法开放”的最大特色与优势。当然方法开放，还包括多种教学方法的选择与科学运用，教学方法的改革和创新，多媒体教学辅助手段的运用。

2. “三个开心”——“学习状态开心、学习过程开心、学习结果开心”

（1）学习状态开心。

状态，本指人或事物表现出来的形态。这里着重指学生学习时所表现出的精神状态，即精神面貌和气质、气概等。开放型的语文学习必然给学生带来一种“开心”的学习状态，即指学生以一种自主、自信、自强而又轻松愉快的精神状态投入学习。让学生在整个学习过程中没有压力与包袱，全然开心，充满聪慧、灵性和生气。如果一上课就出现各种状况：有的打瞌睡，有的目光呆滞、神情木讷、愁眉苦脸，有的坐不安稳、听不入耳、说无大声，有的不敢正视别人，或者个人郁闷、不与人交流等，这都是不开心的学习状态，肯定是对学习不利的。

（2）学习过程开心。

有了良好的学习状态，无疑会在学习过程中发挥出最好的学习效应。学习过程既指一个个学习环节的展开、学习步骤的流动，也指学习活动中的诸种因素的有机融合而使一个个环节，一个个步骤得以顺利地流畅、连接与推进，直至完美结束。在这里主要指学生在具体的学习过程中学得顺手、顺心，感觉到无拘无束、无苦无累，很少压抑与枯燥，即使苦与累，也感觉不到，并且随时迸发出创造性灵感与发现问题、分析问题的妙语佳句，不断获得成功的体验。

（3）学习结果开心。

学习结果开心即指学生通过学习所获得的结果是成功的，创新的，让学生感到开心，感到舒畅，感到越学越想学，以已有的、成功的学习结果为基础，又开心地走向新的学习过程，去获得更加值得开心的学习结果。并通过成果交流和“开心一则”等活动，来让学生享受学习成果，更让学生开心地学习。

以上“三个开心”，可以用三个词来概括：学习状态开心，就是“爽”；学习过程开心，就是“顺”；学习结果开心，就是“得意”。

3. 三项活动——实施“三个开放、三个开心”

（1）小学语文“听说读写互动性学习”的实验。

这是融“书本开放、课堂开放、方法开放”为一体的综合性语文学习研究项目。它采用“开放”的形式，将“听说读写”四者互动开放，使学生在学中既感到有乐趣，又由于互动学习效率高、效果好而感到开心。如“挖掘读写互动的切入点”试验，“开放式”作文教学的前提是“放开式研究”，“作文与‘见闻、阅读、评说’的互动关系”的尝试，“说话的多元互动教学”实验等，均使学生受到了开放性、互动性教育，学得开心、学得成功，学习兴趣大大提高。

（2）“用陌生的眼光看熟悉的人，用求异的思维想熟悉的事”专题创新作文活动。

这一活动，主要采用竞赛的方式，让学生在竞赛中学会用“求异思维”的方法去发现问题，思索问题，并述说和表达自己的所见所闻和所感。这一活动也同样使学生学得开心、赛有效果（详见《学生优秀作文选》第三部分）。

（3）“我是一个小能人”特色展示活动。

“读开放书，写开心文”，其关键在于用一些富有“开放与开心”特色的活动来落实。这样，以每个人为载体，充分展示个性特征，展示每个人的创造才能，培养自主、自立意识和创新能力，但是又必须与语文学习结合起来，让学生轻松愉快、潜移默化地获得读写能力（尤其是写作能力）。例如：宋香凝同学和彭敏敏同学的“写作小能人”特色展示（详见《学生优秀作文选》第四部分）。

总之，让学生在“读开放书，写开心文”的广阔天地里（包括空间、环境、氛围），无所拘束地学语文、开开心心地学语文，在“开放 + 开心”的学习中释放能量，产生灵感，感悟事理，迸发创造的火花，从而既学会语文，更会学语文。“读开放书，写开心文”以全新的视角揭示了语文课程的特点和发展方向，的确是一种教学改革的尝试或者成功经验。

（本文发表于《广东教育》2002 年第 11 期，有删改）

第四单元

分述：写作教学的“理”性三探

【引言】

人们常说，写作是语文教学的一个主要支点。这个支点，在语文教学中就是写作“发展性本位”的一大体现。

支点，意指“杠杆发生作用时起支撑作用固定不动的一点（除动滑轮外）。引申指事物的关键，中心”。为什么写作可以成为语文教学中的一个支点？因为它有三种支撑作用：一是直接为“以写促读”的“读写一体化”教学提供支撑点；二是联系读书与思维之间的有形表达，如阅读笔记、读书心得、文本解读和评析等；三是在人的思维呈现及语言交流过程中，写作是必备的凭借语言组织及连接的过程，即将“词汇、语法、逻辑”的规律和常识，进行有意义的主题性的言语活动及章法构思。

这里，主要是站在“知识边界”理论的角度，对涉及有关写作教育“理”性的三大主题——写作教学“辩”论，从“工具化写作”走向“思想型写作”，从“成品化写作”走向“过程性写作”，进行了基于语文教育“理”性的学术探讨，做出一些特定思辨与实践探索，总结了一批富于“理”性的思辨成果、做法及操作经验，其中不乏创见与优秀案例。

Chapter 8 第八章

写作教学之“理”性

——写作教学“辩”论

【引言】

写作教学“辩”论，即指用思辨的方法对写作教学开展讨论。这种“辩”论，具有哲学的“理”性，也符合写作教学的客观规律及实际需要。这种“辩”论，运用“知识边界”理论，对语文教学中的写作“发展性本位”进行有形、有神的探索。

为此，做出基于语文教育“理”性的写作探讨，在写作教育“理”性下，对所涉及的各种写作教学问题，进行有“边界”的思辨及实践，提出一些富于“理”性的创见及做法。

本章的七篇文章，有几篇都是20多年以前发表且深受好评的，却至今仍未感到过时甚至继续产生影响，这算得上是“陈年老酒”，有人称之为“古董”，我视之为珍奇，特原貌展示，既表明这些文章所起到的历史价值作用，也可见我对语文教育“理”性的写作教学“辩”论，是早有进行且一直延续至今。

基于人的“写作教育”的教学

——写作教学“辩”论（一）

一、基于人的“写作”：方为写作教学之正道

（一）写作，虽然是一种社会现象，但实质上指基于人的“写作”

人是写作的主体，是在言为心声，是一个个具体的人“运用语言文字符

号反映客观事物、表达思想感情、传递知识信息的创造性脑力劳动过程”。所以，基于人的“写作”，才是写作教学之正道。

写作是与有思想活动且产生表达欲望的具体的“人”紧密相关的，不同人的身份、个性、阅历和诉求，就有不同的写作含义、特点、功能及要求。例如，作家的文学写作、职业人群的专业写作、平常人们的应用文写作等，都是基于具体人的“写作”。作为语文课程意义的写作，实际上是基于另一类具体人——学生的“写作”，即学生在教师的指导下，按照特定要求用书面语言创造文本，以发展和提高自身写作能力的学习活动。那么，随之而来的写作教学，自然也就成为一种基于人的“写作”，即学生身份的“写作”。

（二）作为“人”的写作，不只是在“作”文

据有关研究成果表明，一个完整的、系统的写作活动过程，大致可分为“采集—构思—表述”三个阶段。那么，这就是人在整个过程中的活动环节，而并不指一篇文章在此过程中成文的流程。

在此，我们认为：写作，不只是作文，也不等于作文，更不是作文的代名词或者由作文代替写作。作文只是写作的一部分，或者说，作文是写作的一个平台或方式。当然，写作又成为作文的呈现活动过程。

现实表明：学生如果只限于“作文”的写作，往往就走进一种急功近利的“功能性写作”“工具化写作”之中，为某种“考试文”“竞赛文”而写，势必失去了写作的本意，也失去了语文课程意义上的写作的本来面目，当然也就失去了写作作为人的生活中的一部分而带来的那种写作生活的“真实感”和“自然性”。

二、为追求有教育的作文教学而探

语文教学，特别是新课程下的语文教学，其阅读理解和表达交流则成为直接培育学生语文素养的一大主体内容。在表达交流中令教师和学生最头痛的是“作文教学”，学生对教师的“作文教学”不满意，认为没作用的多；教师对学生的作文也不满意，久而久之，也对自己如何进行“作文教学”颇感无奈。产生这种问题的原因，难免有多方面，但过去只拘泥于对“作文”的教学，没有将“作文教学”教大教深，教出多重意义和多种途径与方法来，这才是最要紧的问题，为此，我们不能因“作文”而进行“作文”的教学，而应将其置于学生学语文的“表达交流”和人的一种“写作生活”的活动之中。

（一）“写作教育”教学理念的提出

传统的语文教学中的“作文教学”，都着眼于“作文”的教学，即“如何写一篇文章”的教学。无疑这是语文教学的重要内容，不会改变。但是，从“作文教学”的实践操作来看，它不仅是一种写作技术层面上的技能技法的教学，更是一种调动学生的全部语文知识、语文能力、语文素养乃至人文精神、思维科学等综合性、多元化的语文学习活动，甚至可以成为学生的一项重要生活内容。那么，体现有人本意义的新课程改革，就应该充分体现这一点：教写作比教作文更有意义，在写作活动中教写作，通过写作来教学生既学会写文章，更会做一个高素质的人，这才是写作教学的本质内涵。

因此，可以说，从“教作文”教学到“教写作”教学，这是语文素质教育在语文学科“写作”这一重要板块实施过程中的一种体现，也是“写作教育学”自身发展与丰富的一种必然结果。

我为之探索了20余年，出了一批成果，也受到不少肯定好评。可以说，“写作教育”的教学，是我语文教学改革的重要特色之一，是我为之努力30年的“语文学习学”的研究与实践成果的一部分。当然，我们并非否定作文教学。作为中国传统写作形式的文体乃至主流的“作文”，我们不能不教它，只是如何在此基础上，处理继承与发展的关系，从单一走向综合、多元，“创新作文教育”“主题化表达”“开放式写作”“三贴近作文”（贴近生活、贴近自我、贴近意义）以及“课题作文”等。

“写作教育”的教学，突出写作育人，倡导“写作”：不仅学作文章，还可以教育人的教学理念，以彰显教学的教育性，彰显“学以教人，为学而教”的教学主张。

“写作教育”的教学概念的提出，是教学发展与改革的需要。在过去作文教学中，我们受应试教育的影响，往往只注重对“文”的作法的教学，关注的是学生作文的结果——习作的成败，而往往忽视了写文章的人在写作过程中所获得教育的成败。结果助长了学生不好的文风的产生，如假、大、空的文章、言不由衷的文章等，使我们的语文教学一度误入歧途。在学科教学如何实施素质教育的过程中，我们积极探讨与尝试“写作育人”，不仅是与时俱进的教改需要，更是纠正假大空时弊、倡导真善美文风的语文学科教学回归本质的必然结果。

“写作育人”的教学，即指通过写作来达到育人目的的写作性教学，在写作性教学过程中，使学生既学写作，也学如何做人。具体地说，有一点十分重要，那就是培养学生正确的文风和高尚的人品，并将这种文风和人品带到自己以后的生活、工作与学习之中，形成良好的人生品质和高尚人格（就文风而言则俗称“人风”）。这种高尚的素质反过来又可以来指导或促进学生的写作，使写作过程和写出来的文章都是高品位的以及“文道统一”的和“文如其人”的。文风，体现于文章之中，它是作者的思想作风、文化修养、语言能力诸方面的综合反映。任何作者或作家的作品要做到生动感人、教育读者，都必须来源于现实生活，且正确地反映客观事物，这要求作者必须具有实事求是的写作态度。人品，在作文中将这种写作态度和写作指向及言语风格等形成一种写作过程，就是一种写作育人的过程。我们把这种过程的所有活动概括为“写作育人”教学。在“写作育人”教学中，从培养正确的文风开始，让学生形成高尚的人格和写作品质，完成整个既作“文”又“育”人的“写作教育”教学，确实显得十分重要。

那么，如何培养学生正确的文风，让学生的习作达到真善美的最佳效果，这将是目前学校“写作教育”教学不可忽视的重要问题。尤为需要解决的是以下三点：

（1）正确的写作态度（动机、兴趣、意识等）。

（2）规范而得体的言语形式（说真、说准、说顺、说美），用来表达的言语形式既规范又得体，这主要包含词汇积累、语言运用及思想表达等，如成句、成段、成篇的“三成”写作的基本常识和规则等。

（3）良好的写作习惯。

（二）关于“作文教学”与“写作教育”的关系

1. 作文教学

顾名思义，作文教学，即指关于作文的基本常识及如何作文、写好文章的教学活动。什么叫“作文”？作文就是写文章。过去一般侧重于作为学术上的技巧技能问题，如作文中的审题立意、选材组材、构思、谋篇及语言表达、修改等属于操作技术层面上的范围，其追求的目标是“写好文章”，即以能写、会写、写好“文章”作为作文教学的终极目标。

2. 写作教育

写作教育即在“作文教学”的基础上，积极倡导一种新理念：“以写育人”“写中育人”的写作教育观。写作写作，有写有作。写，主要指一种过程和活动，作，才是呈现技巧技能的习作专一活动。因此，前者宽泛，活动型；后者专一，技术型。所以，“写作教育”，则是一种通过写作活动给学生以全面的既包括作文技能教学，也包含人文精神教育的整体教育，即以关注人的成长与发展为主题的素质教育在写作过程中的具体体现，强调的并非完全是写好“文章”的结果，而注重其写作活动和过程，凭借写作这个平台来达到既学会写文章更学会做人，提高语文素养的有意义的教育形式与教学活动。即在写作中教育，在教育中写作，通过写作来育人。

3. “写作教育”教学

写作教育，在于开展“以学育人，用写育人”的语文教学活动，让学生在活动中获得的不仅是工具上的写作技巧技能，还有由此带来的人文性方面的情感、态度和价值观的养成。现在的“写作教育”教学，主要体现在以下两个方面：一是写作教“学”，二是写作“育”人。

这里的写作教“学”，即关于“学”写作的教学，比原来的“作文教学”只见文而未见“学”的写作过程有了很大进步。它不仅是对作文章的指导，更是对整个写作活动、写作过程乃至写作中各种对象、各种文体、各种形式的“学写作”教学指导，既包括对一篇篇文章的教学指导，也包括对凡是有写，并不一定成文的写作活动的教学指导着重在写作立意、写作材料、写作文体(结构)、写作语言等诸方面的“写作思维”上的培育与指导。

这里的写作“育”人，重在“育”，即指通过写作来培育人，既提高人的写作水平，更是提高写作者的人文素养和高尚品质。“育”，原指“养子使作善也”。那么此处就是通过“使作之善”的培养和发育，让学生在写作中越来越“善”，善写作，善做人，等等。也就是说，通过写作育人，使语文成为：①有生命的语文；②有意义的语文；③有适用的语文；④有内容的语文；⑤有形式的语文。

既然写作教“学”与写作“育”人，共同成为“写作教育”教学的有机组成部分，那么，“学”便成为写作教育的肌体、载体、有机体，而“育”则通过“写作教学”来生成或者体现其效果。

(三)“写作教育”教学：追求写作教育与教育写作的多维统一

(1) 写作教育与教育写作的统一。前者是活动内容、形式或载体，后者是活动的主旨、范围及方向，即教学生写作是一件具有教育功能和属于教育范畴的教学活动。

(2) 语文工具性与人文性的统一。写作知识教学、写作能力；培养与写作育人、写作文化发展的有机统一，即写作既是学生的一种学习任务和内容，也是他们的一种生命活动，如情感交流、生活体验、生命成长、人际交往、思想表达等。

(3)“生活·自我·意趣”一体化。生活是写作的源泉。我是生活的主人，有意趣才去写，写作不仅是一种认知活动，也是一种生活，通过写作来开辟生活的新天地，丰富人的生活资源和空间。

(4)阅读、写作与听说一体化。读开放书与写开心文，听说表达与写作表达，以读知写与以写促读等。

(5)思维、言语一体化。由思维形成言语，用言语表达思维。

(6)作文技巧展示与审美体验一体化。作文技巧展示审美过程，在审美体验中发展与丰富作文技巧。

(四)“写作教育”教学：追求生活与写作的有机统一

有了生活，便有了写作：写作就是一种生活，在写作中生活，写作当然也就是一种“写作生活”。当人有了属于自己的生活，便会有了自己的写作（也叫作文），便会写出自己生活的作文。所以，从某种意义上说，写作就是写生活，写自己的生活，写自己有所感受、感悟、感动的生活，而且是自己想要表达的生活。

立足于生活而写作，就可以处处皆作品，处处有写作素材，就会叹曰：到处都有好写的东西，到处都有好写的文章——关键看你会写不会写！会写，首先看你对生活会不会观察，会不会动情，有人说，现在学生对生活的缺乏，导致了写作不好，其实不是！而是缺乏对生活的认识、观察和体验，在于缺乏对属于自我对生活的独特感受和真知灼见，还在于对生活缺乏有心观察、概括梳理、综合分析和提炼以及感悟，如果把这些问题解决就会构成了对生活的“真”感受。而“真”感受就是产生写作动机、主题和素材的基本前提。

因此，让学生获得个体体验与真感受，才会让学生拥有多样的、丰富的、刺激性的写作欲望。为此，我们要对作文的“真情实感”做出更深入、更全面的理解。我们认为，作文，要求有真情实感。怎样理解呢？即作文要有真实的情感，不做作、不无病呻吟，这是一般的理解，而这里应做更宽泛的思考与解释：“真情”，是否还应包括真实的情况、情境和事例等；“实感”，是否还应包括有感悟等，如理性的思考、启迪，正确的概念、道理、观点与看法等。我想，答案应该是肯定的。

为此，我们倡导“写作教育”的教学，应从以下几方面加强“生活与写作”的有机统一。

第一，进一步认识生活对于写作的意义：

（1）生活激发写作，生活产生写作，有了生活也就有了写作。

（2）写作丰富生活，写作发展生活。

（3）生活促进写作，生活改变写作。

第二，生活为写作提供了永不懈怠的养分与动力：

（1）热爱→对生活热爱而产生对生活的特殊情感和乐观的态度。

（2）发现→对生活发现而获得对生活的敏锐眼光和思辨的能力。

（3）表现→对生活因有自己的感受和态度而需要表现。

第三，方法：

（1）观察→获得对生活细节、精彩、动人之处的感受。

（2）感悟→获得对生活深度、独特、过人之处的感受。

（3）思考→获得对生活完整、辩证、醒人之处的感受。

（4）概括→获得对生活高度、新颖、超人之处的感受。

第四，通过“写作与生活”的写作教育，能够提高以下三类能力

（1）学生在对生活的观察能力和由此产生的写作立意与素材的收集、选材及概括能力。

（2）对生活的领悟能力和由此产生的联系能力，即产生生活引入写作的迁移能力，因为只有能联系生活，才能有意义地、恰当地进行写作表达。

（3）写作中对生活的感悟能力以及由此产生的写作动机、表达欲望及情感抒发能力，因为只有对生活的感悟，才能对生活有真情实感的流畅的写作表达，有对生活的真善美诉求。

三、对“写作教育”教学下的写作评价的再认识

（一）倡导“写作过程发展式评价”和“写作立体多元式评价”

过去，由于是对学生的作文进行评价，无论是高考、中考还是平时训练的作文，均是对其习作做出评价，即写的如何，只对这篇文章的表现面貌即写作的结果而做出定量评分和少量评语的定性评价。这是一种“结果性”的视物评判，而且，只对文章的几个构成因素如内容、结构、语言及文面等做出判断。这是一种静态的“评果式”，并非动态的“评因式”。我们认为，应该改为由果及因的“写作过程发展式评价”和“写作立体多元式评价”。

写作过程发展式评价，也叫“学程式”评价，即指把学生写出来的文章作为一个例子，通过这个例子来进行先查询、分析、评判其“写因”，再看其“写程”，最后看“写果”（习作）的三环节发展的评价。这种突出“写因”及“写程”的写作评价，如同中医“对因治病”的原理一样，假设只对“写果”（习作）进行评价，也就如同西医的治标不治本一样。实践证明，二者效果是不一样的。

写作立体多元式评价，也叫“学辐式”评价，即通过学生这个主体，以其学写作而辐射至他的写作态度、写作动机、写作能力、写作素质等多方面、多因素，进行以人为本、以学生的发展的写作教育评价，以改变过去以“文章”为主体而进行立意、构思、表达、修改等文章因素，从过去对文章（物）的评价走向对文章的人的评价，重在考查评价一个写文章的人（学生）写好一篇文章要具备的全部因素及其主要能力。

（二）“写作教育”教学的评价“三部曲”

1. 自我调查与总结（由写作者自我进行，以突出自我反思和发展）

（1）写作动机：对写作的兴趣、意识、理想、目的等方面的调查问卷。

（2）写作情感：在写作中是否付出真情实感，是否付出艰苦创作，写作习惯与态度是否端正，对写作是否付出责任等。

（3）写作过程与方法：学生在写作过程中的立意、选材、组篇、用语等是否恰当与流畅，效果如何，特别是构思方法、材料使用方法、语言运用方法，成文及修改方法等是否新颖、有效。

2. 他方评价与检测

（1）量表检测（作文心理量表检测，此处略），如：①动机类（直接检测，对学生作文兴趣、动机）；②情感类（间接检测，写作情感）；③方法（侧面检测，写作方法）

（2）观测记录（对学生个体写作过程的生成性记录），包括：①认识能力：审题、立意的得失正误；②素材能力：选材、组材、用材的多寡优劣；③表达能力：遣词造句的水平高低等。

（3）计时检测（对学生个体作文操作过程的记录），比如：①构思：用4分钟的表明能力较强，超过4分钟的表明逐渐变弱；②停顿：次数12次左右的为合格（优秀学生很少停顿）；③回视：一般8次左右的为合格（优秀的2次）。

3. 质效评价与察看

质效评价与察看主要分为“写作态度、写作认知、表达交流和反映生活”等多项评价内容，并进行整体评价与察看，以形成评价体系。

（1）写作态度。态度是指对写作这件事的观点和做法等，着重看写作时的行为、表情。主要是：内在感受（道德观和价值观）、情感（“喜欢—厌恶”“爱—恨”等）和意向（谋虑、企图等）三方面的构成要素。

（2）写作认识。认识是人脑反映客观事物的特性与联系，并揭露事物对人的意义与作用的思维活动。即在写作中的所有认知活动，如感知、记忆、思维、想象、语言的理解和产生等。

着重看审题立意、系统构思、布局谋篇、想象空间及创意等。

（3）写作表达。将写作认识所得的成果，用语言、表情、行为等方式反映出来的一种行为，是观察、记忆、思维、创造和阅读的综合运用，包括了一切高级行为、一切艺术、一切表露出来的情绪，表达方式有：记叙、说明、议论、描写、抒情。

着重看材料与主题（选材不同角度）、提取信息，看表达过程的流畅性与变通性，看表达方式运用的巧妙、得体及其艺术性。

（4）反映生活（着重看以下三方面）。

①内容（事物里面所包容的东西，即其所含的实质或意义；看是否丰富、充实、新颖，再现事物的特点、规律和特性等）。

②情感（道德感和价值感，对人或事物关切、喜爱或厌恶的心情；看是否有真情实感等）。

③视野（所看到的时空范围，即观察或认识的领域；看思想或知识的领域是否开阔）。

（三）消除作文评改的误区，强化作文过程评改，优化作文结果评改

1. 误区现象查摆

（1）只评改作文的结果（习作），而不评作文的过程与方法。

（2）只由教师单方面评改，而不让学生参与评改。

（3）教师评改时用成年人的标准与眼光来评改，而没有注意学生年龄、心理特征和写作规律及课程要求。

（4）用整齐划一的作文标准和僵死的模式来评改层次不一、特色不同的学生作文，缺乏发展观、层次观和个性化，不看方向，不看方法，热衷于标准，死守模式和框架。

(5) 只评改是否符合作文训练要求的东西，而忽视和评价学生是否创新、有特色的地方。

2. 误区产生的原因分析

(1) 认识上的混浊：①重写作基础知识，轻作文实践；②重优秀作文，轻有问题的作文；③作文教学上重方法指导，轻思维训练；④为写而写，轻读写结合。

(2) 计划上的粗放：①没有写作教学计划或计划不全、不实，欠系统；②计划落空，不总结反思；③只做样子，并未实行，甚至事后补写计划而应付检查。

(3) 教学上的随意：①要求不严；②指导不实；③引导无模。

(4) 批改上的低效：①教师全批全改，并无实际效果；②教师包批到头，学生并不欢迎；③以略批为名，偷工减料，缺乏责任性。

(5) 整体上的脱节：为读而读，为写而写；写归写，评归评。

3. 对策

(1) 改变评价观念

不针对“习作批改”，而是针对人在“写作”过程中的评价及整改，还要对“写作评价”做出“评价”；以评价促写作、促教学，将评价引进写作教学的全过程；坚持“评写因”“评写程”“评写果”的三评一体化。

(2) 优化评价方式

在作文评价中，要改过去单篇文的批阅为单元化的作文批改，单期性、阶段性的整体作文评价，不能将全期分数简单地加起来，也不能以最后一次作文考试为学期分，要从发展的、全局的观点，从整体上对学生的写作态度、兴趣、写作内容和表达能力等全面分项评价，并指出特别突出的优点和缺点以及努力的方向。

(3) 提高评价水平

在评价中，不能模糊评价，要分析要因与讲究规范，着重抓好以下三项评价。

①写作态度评价：是否按命题要求及教学规定来写作（包括每次写作练习的即时要求等）；是否书写工整，行文模式是否规范；是否有列提纲、精修改的习惯。

②文章内容的评价：是否充实、丰富、新颖；是否具有生活性、独特体验性；是否具有教学的教育性。

③表达能力评价：是否符合文体要求；是否有行文上的独特风格特征；是否有语言特色；是否有创意和有深度的思想等。

（4）严肃评价机制

在评价中，坚持课程标准及写作育人的新要求，实行达标的形成性评价与终结性评价相结合，不能以教师成年人的眼光过高地看待学生习作，不能以厚此薄彼的情感方式来评价，不能随意和任性地评价，达到了标准，就要敢于给高分甚至满分，不达标者要敢于给低分直至 0 分，不能打保险分、照顾分等。

“写作教育”教学，并非本人杜撰，在许多优秀教师的实践中已经创造了不少相关或相类似的经验和成果，只是还未得到系统概括、提升以及推广应用，或者说只是“激情”投入与实验，尚未“理”性总结与提高。我为此提出以上一些想法，即为“写作教育”教学而做出的初步研究，希望它能更有效地实施，也更有意义地发展和完善。

鉴赏与写作的互动关系

——写作教学“辩”论（二）

这个题目太大了，我不能保证写好它，但不免有些心里话要说，那就把它具体化为一个这样的话题——通过提高学生的鉴赏能力来提高学生的写作水平。

有一次，我喊一个学生当面批改作文，他那文章，我是先看了的，处中下水平。批改前，我要他汇报关于这次写作过程的体会，着重谈是怎样写好这篇作文的。而他怎样回答我呢？答了三句话，第一句：“你出题目要我写。”第二句：“我就只得硬着头皮写。”第三句：“反正我的文章写得丑，丑在哪里，我是不知晓的。”我那已经凉了半截的心，又翻涌着一股恨铁不成钢的痴情，我又另外找来一篇好文章给他看，他还是“嗯、嗯”地说不出个什么名堂，最后索性说：“我不知道它好在哪里？同我的好像也差不多……”

这时，他的话真像一瓢凉水猛然把我浇醒了。无怪乎他写出那“文不对题、词不达意、前话后说、后话前说、无话乱说”的文章！因为别人写的，他领略不了“妙”；自己写的，他又识辨不了“丑”，鉴赏能力——差，又何谈作文的长进呢？于是，教者日复一日地摇头：“学生差啊！”学生也年复一年地咬笔头：“作文难啊!”

怎样才能搬掉“作文难”的大山，提高学生的写作水平呢？我想：提高学生对文章的鉴赏水平，知道一篇文章好在哪里，还有哪些不足，好的为什么能写好，不足的，该怎样改过来……这样，使学生受启发、得教益，然后，在好文章这面镜子面前对照自己的作文比比、看看，“照出”自己的“丑”，识其丑了，才能去用心接触每天所见到的好文章，从中揣摩作文的秘诀，摸索一些技巧，从而达到迅速提高写作水平的目的。

怎样才能提高学生的鉴赏能力，进而促进学生写作水平的提高呢？我认为不外乎两个方面：一是从阅读教学中，使学生获取鉴赏能力；二是从写作活动（包括讲评）中，使学生增长鉴赏能力。

“阅读是吸收，写作是倾吐。”叶圣陶这句名言，终于启发了我。我便根据教材的各自不同的特点，结合学生的实际情况，有计划、有目的、有系统地采取“一课一得”的方法，让学生在平常的每一课，每一节的阅读教学中，潜移默化地掌握分析文章的钥匙，获取对各类文章的鉴赏能力，从而将这种能力运用于各自的写作实践中，知道该怎样写才“妙”。我多年教初中语文课，总要把第一至六册语文教材通览一遍，将大纲钻研两三遍，从中理出一条提高鉴赏能力的线索，每一单元侧重一方面，每一课侧重一点，力求让“这一点”变为学生中的“那一篇”。教材特点各异，因而鉴赏角度也要有所侧重，课文中有的主题新颖明确，有的结构奇巧严谨，有的选材典型独特，有的语言凝练流畅，有的人称变化自如……我们就引导学生去品赏、讨论，先激发其兴趣，再促其动口动笔，教师紧接着趁热打铁，有针对性地在作文教学中恰当出题，精心指导，让学生得心应手地把在阅读中的“一学”变为自己作文中的“一得”。

例如，《一件小事》《母亲的回忆》《给青年们的一封信》等课文，行文清晰，结构严谨，具有高度的形式美。我在教这类课文时，便让学生了解这些文章的结构为什么如此严谨，又是怎样严谨起来的，有时还故意把结构层次打乱，让学生去做比较，从比较中“悟”出其中奥妙。然后我又给他们归纳几种常见的文章结构形式，供习作时借鉴、仿效。

根据初中教材和学生实际情况归纳的，不是全面的，而是常见的；不是复杂的，而是初中学生应该掌握的。由此，我在记叙文写作教学中，曾以《一次难忘的活动》为“多练”题，指导学生分别运用三种记叙文结构形式进行练习写作，在议论文写作教学中，就以《谈锻炼身体》为题，让学生分别运用两种议论文的基本结构形式进行练习写作。之后一检查，果然效果颇佳，比以前有明显的进步。

又如，《白杨礼赞》《茶花赋》《荔枝蜜》等课文，语言优美凝练，洋溢激情。我在这类课文教学中，把学生始终留在情真意切的感情波涛里。“读”，是最有效的欣赏手段；教师读，学生读；集体读，个人读；大声读，小声读，无声读，读得情涌胸间，语句琅琅，这样，不使学生动情、动口、动笔，那才怪呢！一篇文章读后，我总看到学生油然而生“自己试试看”的写作欲望，在偷偷地写着抒情散文呢！这时，我便因势利导，以《青松赋》《粉笔赞》《野草》《翠柏》等题，任学生选作，普遍较快地提高了学生的语言表达能力。如有个学生在《粉笔赞》的写作中写道：“我爱粉笔，更爱辛勤的园丁——手执粉笔的老师！粉笔，离不开老师；老师，离不开粉笔。他俩形影相随，多么密切，而性格又多么相似——粉碎了自己，却给人以知识。”

由此可见，学生的鉴赏能力和写作水平的提高，完全可以得益于阅读教学。那么从写作活动中使学生增长鉴赏能力，提高写作水平，又是怎样的呢？我主要是采取“以写评写，以写促写”的方法。简言之，就是发动学生写文章来评论自己写的或别人写的文章，鉴定其优劣。现在，我例举这样的一项活动来说明，那就是“作文鉴赏比赛专刊”。首先，让学生认真完成教师在作文教学中布置的作文题（《我最熟悉的人》），然后用统一的稿子誊好，但不写学生本人的姓名，也不准做任何记号，由教师收上来，统一编好号码，张贴在事先布置好的“作文鉴赏比赛专刊”内，再让全体学生观看 1 ~ 2 周，允许充分思考、分析、研究，展开讨论，并给每份作文记分，写出评语，在此基础上，要求学生有记名投票，评选专刊作文中的前三名，也评选后第三名。在票面上，投票人只写文章的编号和投票人的姓名，这样就使学生没有面子观念，也没带框框，真正运用自己的鉴赏能力，把真正的优、劣文章评选出来。投票后，由教师和学生推举的评选小组计票，综合意见，公布结果，对作文优胜者的前三名发奖。后三名的内部掌握，不公开。尤其对把前后三名都能评选准确的人一律给予“评选优胜奖”，并要他们介绍经验，谈评选过程中的体会，使其他学生又一次受到启发；进一步增长了鉴赏能力，又各自暗暗地仿效人家的技巧技法，将专刊内的文章一一地比比、看看、议议，再找到自己的文章进行对照，暗地进行一次直至几次“反工”练习，一直到自己满意为止。事后，学生们深有体会地说：“草鞋没样，边打边像，作文我们有路了。”看到各种各样的文章，从中学到知识，受到启发，更重要的是激发了学生的写作兴趣，提高了分析文章、欣赏文章的能力，这对自己的写作水平的提高，无疑是有益的。

综上所述，看来学生鉴赏能力的高低与学生的写作水平的高低有直接的联系。只有想方设法提高学生对文章的鉴赏能力，才会使学生真正提高写作能力。鉴赏与写作，是互为作用、相辅相成的，鉴赏促进写作，在认真鉴赏的后面，定然有学生的一篇篇光灿灿的文质兼美的文章出现。

（本文被山西师范大学《语文教学通讯》1987 年第 12 期摘登）

教师“下水”作文与“四梯式”作文评语

——写作教学“辩”论（三）

叶圣陶语文教育思想中一个重要的观点，就是提倡“教师下水”，包括“下水”作文、改文和“下水”阅读等。叶圣陶特别强调“教学生作文”时，教师要“经常动动笔”，或者作跟学生相同的题目，或者另外写些什么，总之要“经常动动笔，用比喻的说法，就是下水”。

叶圣陶为什么如此推重“教师下水”作文呢？他说得很清楚，就是“希望老师深知作文的甘苦，无论怎样布局，遣词知其然又知其所以然，而且非常熟练，具有敏感，几乎不假思索，而自然能左右逢源。这样的时候，随时给学生引导一下、指点几句，全是最有益的启发，最切用的经验。学生只要心领神会，努力实践，作一回文就有一回进步”。这段话讲得多么透辟、中肯啊！既说明了“教师下水”的重要性，也指明了“教师下水”的途径和关键。

叶圣陶关于“老师下水”的科学论述，在广大语文教师中产生的影响是经历了这样一个过程的：开始听到时感到震动→纷纷“下水”实践→后渐渐“冷”下来→又有不少人大声疾呼→至今又落入“徘徊不前”的局面。为什么会产生这种情况？原因很简单，就是没有深入领会叶圣陶教育思想的深处（即教育的整体性、系列性），而以为叶圣陶是作家，他是要拉我们“下水”去见曹雪芹、鲁迅……何况又不是作家的料子，何必去“下水”呢？也有人以为叶圣陶关于“教师下水”的观点是一个单纯的作文教学方法问题，没有把它看成一个教学思想的改革，由专门当“先生”研究“教”而转变为也当当“学生”来研究“学”。正因为这样，所以才出现“震”一下，“闹”一阵，“冷”一阵，又“喊”一阵，然后又处于不知所措的局面。

师生同题作文，固然是教师“下水”的一种重要方式，全国同行已经在这方面做出了可喜的成绩。但在实践中，并不是每题都顾得上写，并非每题都能写出可供示范的文章，何况有的同行还错以为一“下水”，非要写出皇皇大作不可，或以为“下水”，便要与学生同时、同堂、同题写作。其实，这是对叶圣陶“下水”思想的曲解，致使大多数教师由于缺乏爱好或者平时缺乏训练而对“下水”不敢问津，望“水”兴叹。

我们认为，叶圣陶的“下水”作文的认识，应该从广义上去理解。叶圣陶的“下水”作文的教学思想，是一条可供我们多方面探索的无限宽广之路，我们多年探讨的实践体会是：应该不断加深对“下水”的宏观认识，不断拓宽“下水”的渠道，多找几个“下水点”。我们的做法是：选择一个最佳“下水点”，写“下水”文章，即以写“四梯式作文评语”为发端，再步步进取，全面开花。这样，既提高了教学能力，又提高了写作水平。我们觉得，与写“作文评语”之类具体的教学活动结合起来，也是“下水”作文的重要渠道之一。

“四梯式”作文评语，有什么具体的内涵，有怎样的一些写法，其效果怎样？现就我们所摸索的一条“下水梯式”略陈如下：

第一梯：一篇一短评

看一篇作文写一个评语，是现在教师常做的事。这种评语叫“通用评语”，十几至百来个字，往往是“立意→结构→语言”三句评，概述多，笼统地指出优点和缺点。真可谓“评语——评头品足之语”，可以把它称作低层次的“下水”作文。但真正写到点子上，还要下一番功夫，因为虽然几句话的评语，却不能总是对张三李四一个腔。应该把这种评语当成一种文章来写，像观察生活一样观察学生作文，有的放矢地做出客观评价，让学生确有启发和收获。

第二梯：一人一综评

这种评语，可以说是内容简单但结构完整的小议论文，我们把它称为“教学杂感”。它主要是对某个学生一定时期作文练习所做出的较全面的综合评价和分析，从字词句篇的基础到观察、立意、表达、修改的写作技能等方面进行系统指导，让学生能及时看到一定时期作文练习中的成绩与缺点，从整体上把握自己的写作水平，进一步明确努力方向。写这种评语，并不是要将上述各个方面都写上，而是择其一点，采用问答式、书信式、杂感式等文体，准确地表达自己对学生作文的看法。而且，可以因人而异，一人侧重一个面，把评语尽力写得有血有肉、有观点有材料。

我们曾发现一个学生对写作说明文总打不开思路，干巴巴地说几句空话，即使说明一件很熟悉的事物也十分困难。我们仔细了解了他的具体写作情况，分析了其中的原因，并写了一篇题为《用陌生的眼光看熟悉的事物——提高说明文写作技巧浅谈》的千字短文，读给这位学生和全班同学听。这样做，对学生们学会观察和构思起到了较好的作用。这篇文章，后来发表在湖南《第二课堂》1987 年第 12 期上，更加扩大了对学生作文指导的影响。

第三梯：一段一总评

“一段”，主要是指一个学期，也可以是一个学年甚至一个学段（初中阶段、高中阶段等）；“一总评”，是针对全班学生而言，利用写学期总结或学段总结的机会，把学生作文练习的总体概况，做一次全面的回顾总结和研究分析，要求事实翔实，数据准确，做到观点与材料相统一，并富有针对性和指导性。这种评语，一般采用应用文体，写成总结报告、调查报告或者“教后感”，使师生都可通过“总结”进行对比，看到进步与希望，发现缺点，既鼓舞了教与学的积极性，又提高了教师“下水”作文的实际本领。

例如，去年上学期，我们在期末总评时，着重针对学生审题能力差的问题，特别是在一些难以区分的同类题型中拿不准的问题，写了一篇《同类题目的不同审题方法》的总结性评语。首先，总结分析了学生审题不清的类型的原因；然后着重介绍了“知类法”“求异法”“寻根法”三种不同的审题方法；并联系以前写过的作文做了比较分析，结果使学生的认识提高一个层次，促进了学生写作水平的提高。这篇两千字的文章，后来也受到了大庆《百家作文指导》（1988 年第 8 期）的厚爱。

第四梯：每题一专评

这个“题”不是指一个个作文题，而是根据学生作文中带普遍性、倾向性的问题，结合自己教学的经验教训，并运用教育心理理论而拟定的主攻课题。写这种评语，一般是在一个课题研究到一定程度时，撰写的专评。它既是对学生作文的“评语”，也可以说是较高层次的“下水”作文——教学研究论文。这种评语，要求教师立足于学生作文实际，将学生作文中的问题作为自己的科研课题，考查、分析学生的作文现象，从而对学生作文中的问题做某一方面甚至全面的学术性探讨。这种评语（论文），一般篇幅较长。它可以作为指导学生作文的专题讲座稿，也可以拿去各级学术讨论会上交流或在报刊发表。例如《从高考作文题型的发展看今后作文教学改革的趋势》一文，先是一篇对学生高考作文分析的“专题评语”，后来成为一篇论文。此文曾获陕甘晋川冀中学语文研讨会优秀论文奖，最近又被列入广西人民出版社出版的《1979—1988 年全国中学语文教学优秀论文选》一书。

从我们的实践说明，只要把叶圣陶先生“教师下水”的论述不仅看成方法问题，而且看成一种教学思想、教学观念的转变，并在这种思想指导下，不断开拓“下水”的渠道，积极寻找“下水”点，采取以“写作文评语”之类具体的“下水”方式，就能使叶圣陶“教师下水”的理论成为我们教学改革中的一盏指路明灯。

［本文发表在广西《中学文科参考资料》1989 年第 7—8 期，入选《叶圣陶语文教育思想研究（论文集）》江苏教育出版社，1990 年 2 月版。］

从高考作文题型的发展看今后作文教学改革的趋势

——写作教学“辩”论（四）

纵观中华人民共和国成立以来特别是恢复高考制度以来我国高考作文题，其题型的发展标志是：命题与半命题相同，以半命题为主；一题与多题结合，逐步趋向一到多；一体与多体结合，以提倡多体、不限形式为发展方向。例如 1987 年，无论全国的还是上海、广东的高考作文题都是如此，即先提供材料，再用不同体裁写几道作文题。

这种“给材料多题体制”的高考作文题型，尽管 1988 年全国题未采用，但我认为，它将仍然是今后中学作文教学改革发展的趋势：社会化的内容、实用性的体裁、客观型的题目。这既符合现代化经济建设的需要，又能进一步帮助高校选拔真正的人才；又由于高考在目前的某个程序上还不可避免地要成为“指挥棒”，所以这种题型的发展，也一定会对今后的中学作文教学产生影响。下面以 1987 年的全国高考作文题为例，来探讨一下所要出现的三大趋势。

一、注意作文指导的阶梯，强化系统观念

1987 年的题型，正好像一座“系统工程”：由表及里、由简到繁、由易到难，由“事”到“理”，完全符合对客观事物的认识规律和过程（直觉动作思维→抽象逻辑思维），也符合学生的年龄特征和作文的实际情况，还打破了那种“高考只考议论文，平时指导也就只讲议论文”的教学模式，使“多角度、

多文体、全方位”的作文系统训练得到强化。具体体现在：

1. 学段上，体现了“小学→初中→高中一条龙”的宏观阶梯指导

学段的划分，是以学生年龄特征和知识承受力为依据的，大纲、教材、教学、考试都要体现其阶梯性。1987 年的高考作文题，先写简讯，在小学课文中出现过，在初中第四册以一个单元向学生传授过。所以，我们的作文教学，必须重视这个学段上的“阶梯”，在指导中，要引导学生站在高学段想低学段，不光“向上看”（高中作文内容和高考作文要求），也要“向下看”（回顾小学、初中学过的各类文体），争取温故而“出新”，绝不能搞“各段为政”“脚痛医脚、头痛医头”，缺乏系列化的作文教学。尤其在高考作文复习时，要将学生的作文情况放在“系统工程”中去检验，再查漏补缺，有序地指导和训练。

2. 能力上，体现了“观察→认识→表达→修改”的作文全过程的能力训练，形成序列化

就是说，将提供的一堆零散的生活材料，通过“观察”，得出一个正确的“认识”，再用恰当的文字“表达”，然后运用反馈原理进行“修改”，于是便完成两篇文章（简讯和短评）。如果我们的作文教学都能这样，按照四个步骤有条不紊地循序形成“能力系统”，那么学生碰到任何一道难题易题、写过的题未写过的题，都能自如地写出来。

3. 文体上，既体现着“记叙→说明→议论”的纵向式训练系统，又体现着写“一段→一篇→一类→一本”的台阶式训练

1987 年的高考作文题告诉我们：在表达上先叙事后议理（先写简讯后写短评），在篇幅上先写一段后写一篇（一段简讯 190 个字，短评 600 字可算作一篇了）。这种题型会使我们在作文教学中注意不同文体、不同表达方式和长短文结合的系统指导。

二、注重作文教学的社会因素，强化信息观念

1987 年的高考作文题，正好为我们突破作文封闭式命题，走向“作文社会化”提供了榜样，并启示我们：当今社会，各种新闻媒介大量流入人们的工作、学习和生活之中，使人们逐渐进入一个新闻信息社会，每天忙于吸收和输出多少信息，这就要求人们学会“吸收”和“输出”。而读新闻正是一种“吸收”，写新闻正是一种“输出”。所以，高考作文题用新闻形式来要学生“输出”信息，具有广泛的社会意义和时代特色，切中了近几年来“为考而

文”的“作文运动教学”的弊端，为实现作文教学转轨，使之真正成为“三个面向”的具体内容打开了一个思考的闸门。

因此，我们的作文教学应该注重社会化、信息化，让学生提高作文中的“写生”能力。

三、注重学科知识的交叉性、边缘性、强化应用观念

时代越来越趋向科学地发展，这就十分需要作文教学增加它的内涵和外延。这种内涵和外延，首先是由于现代科技进步使各种科学知识的内涵和外延不断增加，终于导致学科之间自然而然地互相渗透和融合。所以，作文教学便显示出其综合性、边缘性、交叉性。这种显示，并不是理论上的说教，而是一种具体应用。由此可见，强化作文教学在各科中的“综合应用”观念，是深化作文教学改革的重要一步。

1987 年的高考作文题，就涉及了新闻、哲学、体育等方面。其中的第一道文题，如果没有一定的新闻常识和新闻写作实践（包括自觉意识到和不自觉意识到的）就无法考出好成绩；第二道文题，既体现了新闻因素（因为“短评”也属新闻体裁的一种），又融入了哲学观点，即在于运用哲学观点评述问题，得以深刻、全面，有力度。

因此，我们在作文教学中，必须致力于体现这种边缘性、交叉性，发挥其“应用”特征。无论平时训练还是高考复习，都要指导学生在命题、选材、构思、语言运用等方面尽量涉及各种学科知识，或融入有用的部分，或借其手段和方法。例如，论述时多用哲理，叙事时多取形象，构思时多用求异思维，组材谋篇时多用集中思维……总之，把作文教学放在一个广阔的天地里、各学科交叉的氛围之中，使学生既有应付高考的能力，又有适应现代科技进步与人的综合素质提升的发展水平。

（本文写于 1987 年 8 月，入选全国《中学语文教学论文选》（1979—1988 年），广西人民出版社，1989 年 10 月版。）

今后高考作文命题的方向

——写作教学“辩”论（五）

一、问题的提出

1987 年 10 月，我纵观中华人民共和国成立以来特别是高考制度恢复十多年的高考作文题型，有着显著的变化，与几千年传统的单命题形式大相径庭，其发展变化的轨迹是：从命题到半命题，从一题到多题，从一体到多体。并且一般是先提供材料，再从材料中推行作文题目。当时，我将这种发展变化后的轨迹归纳为一种体现改革精神的新的命题形式，即“给材料多题多体制”。后来，我对此而撰写的研究文章分别受到国家教委考试管理中心（1988 年 11 月）和多家报刊学术讨论会的高度评价与肯定。为了使这项命题形式在理论上和制度上形成一种强化与自觉意识，以致形成一种完整思路和必然行为，我认为还有进一步探讨的必要。

二、“给材料多题多体制”为什么能成为今后高考作文命题的主要方向

第一，为解决作文考试科学化和客观性这一难题而提供了有益的尝试，也为尽力减少作文评分中的主观因素，降低评分误差，提高可信度创造了喜观条件。

随着我国高考不断科学化的推进，作为最主要的也是很传统的“单命题作文”形式，也面临如何科学化的改革。现实表明：纯以一个标题为唯一要求的“单命题作文”的考试，已经无法适应当今的高考改革，也不符合语文学科自身发展的方向。即使搞一大堆校制评分误差的这样那样的办法，也只能“治标难治本”，只有从题目这个“本”里面想办法，才是控制评分误差的有效之为、有识之举，这正如其他学科和语文学科的基础知识——从题目人手。现实还表明，这种“单命题作文”在评卷操作中，更加难以设置一个可以量化的科学评判标准，因为命题要素过于简单、内容过于笼统而宽泛，无边界而言，如果改为“复命题作文”（即复合型命题作文）则有可能有所改观，即从命题这一“本”和“源”的问题上使写作活动及作文评价更具有指向性、科学性和多维多元性。复命题作文，目前我们所尝试的主要是“给材料多题多

体制”。它包括：“给材料”而不是直接“给题目（标题）”；“多题”既指多题选作，也指由学生根据要求自主命题而显示了命题的多样性；“多体”指文章体裁的多样化即学生自选文体的自主性；“制”即指形成一种与传统“单命题作文”不一样的新的作文命题式样乃至命题机制。如果将命题材料化为“多题”“多体”，则可分项作文。分项作文，使考生即使失误一题一体也不太影响其整体真实水平的发挥，使评分者也由于对几道题分别评分相应减少了主观分数，不像以前一篇单命题大作文，一旦评卷者看不上就彻底失败。无可置疑，分项分点评分，比整体笼统评分的可信度自然要高得多。

第二，由于提供材料，就要阅读、理解、思辨和提炼，扩大了知识覆盖面，又由于“多题”“多体”，扩大了考查学生写作能力的范围。

这样通过“多题”“多体”，展开全方位、多角度的写作测试，能全面照顾各类考生的不同志趣、爱好和特长，使其得到“公平竞争，合理发挥”。性格内向的，一般注重朴实，性格外向的，一般热烈奔破，如果“给材料”，就能把他们统一协调起来，又加上“多题”“多体”则可满足他们各自的个性需要。又如，喜欢文学的形象思维能力强，喜欢数理化的则娴熟于逻辑思维，如果考试时“多题”“多体”，文理相并，也就能使考生“皆大欢喜”。就是喜欢写作的，也常有“偏食”现象，有的只会写诗，有的只会写议论文，有的不愿写也写不好一篇应用文，无法完整发挥语文这个“工具”的作用。假如像近几年各地高考中要求写新闻、写书信、写规则、写评论、写总结等，还结合写记叙文、议论文、说明文甚至文学作品等，那么，一定会使此类学生“学有所得、考有所学、尽其所能、自由发挥”，谁也没吃亏，有利于优秀人才的选拔。

第三，为考生提供了写作“向导”，有利于考生在紧张的考场里心态平衡，正常发挥。

给材料作文，确实限制了条件，从表面看去，似乎束缚了思路，影响了写作力的发挥，其实不然，须知它只是一种在一定范围内的“限制”，更何况只要考作文就会有“限制”，几千年传统的单命题文难道就能样样都可以写吗？要不哪里还有“走题”“偏题”这类词语的产生呢？给材料这种“限制”，在短短的考试时间内，与其说是“束缚”，不如说是一种提示、启迪或者“导航”，更加有利于考生在考场的发挥，不至于像过去那样看到一个孤零零的题目而陷于茫茫思绪，要么不敢下手，要么离题万里。关键的倒是要给什么材料、给材料后如何“多题”“多体”。有了恰当的材料，又有相应的作文题目，就使学生有了思路、有了方法。这样读写结合，广开写作渠道，更能考出学生的理解、分析、评价与运用的能力以及临场应变能力，还可加强心理平衡和思维灵敏度的锻炼。

第四，能进一步促进中学作文教学改革，使中学作文教学从传统的单一作文模式中解放出来，逐步走向社会化、信息化、综合化、系列化，减少“书院式”和“偏科型”。

根据近几年高考作文题所见，给材料往往是带社会性的和信息浓厚的。如全国统考题1987年是“育民小学的游泳”，1989年是“学生填报志愿”，1990年是“母女们的玫瑰园对话”，1991年的“三南”题是“吃鱼”的漫画等。而且，这些材料均有一定的生活实际意义，让考生去读去写，确实能摆脱过去“关门为文”的远高于社会生活的“书院式”倾向，在命题上的“多题”“多体”，一般是先单项分解，后大体综合，即先考某种写作知识或简易文体，再考综合运笔的整体能力，并且先易后难，先简后繁，先单项后综合，由记叙到议论、说明等，这也自然体现了作文教学中的系列化、序列化，所以，这种命题形式，促使中学作文教学也应该有自己的一套序列，来全面提高学生的写作能力，让学生既能应付社会生活的需要，也能适应高考。

因此可以说，“给材料多题多体制”的作文命题形式，以其内涵丰富、层次分明、测试全面、评分可信等多种优越性而越来越受到社会的欢迎和师生的好评。它既有利于高考选拔人才，也有利于中学作文教学，尤其是它集信息化的内容、生活化的体裁、客观化的题型于一体，顺应了现代化经济建设和现代科技革命的发展趋势，理所当然地成为今后高考作文命题的主要方向或者趋势。

三、怎样进一步完善和发展“给材料多题多体制”的命题形式

由于“给材料多题多体制”能够成为一种命题方式，那么，我们就有责任去完善它和发展它，让它在高考中发挥应有的作用。故此，我根据近几年高考以及各地运用此种形式的实际情况，结合自己的研究尝试，想从主观因素（命题者的技巧技法等）和客观因素（高考机制及社会职能等）两方面谈一些个人浅见。

（一）主观因素方面（命题者的意旨及技巧方式等）

1. 全面把握“给材料”作文的完整意义

其主要是指给什么样的“材料”和“怎样给材料”。

给什么样的“材料”，在高考作文中，应该满足以下两方面的要求：一是便于命题者从中衍生而命制考试题目；二是便于考生在考场上识记、理解和运用，且与考生的生活、学习尽力贴近的熟悉的东西。现在常用的是各种资料，如数据、图画、故事、言论和文章等。例如 1983 年高考的材料就是一幅“这里没有水”的漫画，1989 年的是“一封同学的来信”等。总之，这些材料要短小精悍、通俗易懂，应包括客观生活中的人和事及一切社会生活现象，有一定的社会意义和考试价值，切不可用一些看不懂、用不上或容易产生歧义的材料，当然要那些用来考查审题和构思的除外。

“怎样给”材料，也并非易事，主要表现在以下方面：

（1）有的一则材料一个题目，有的一则材料命两个或两个以上的题目，也有的用几则材料（多是指若干个论据）只命一个题目。

（2）有时提供一段名言诗句，有时提供一组对话，让考生品出哲理或谈出新的看法。

（3）有时出示一幅图画，让考生既考“画中音”——画意、寓意，也考“画外音”——体会、看法等。

（4）有时提供一篇寓言、故事或其他短文，让考生去分析、理解、评价或者延伸。

（5）有时提供一堆素材，让考生去整理成相应的文章或提炼恰当的观点，或者借题发挥。

（7）有时摆出一些供考生可褒可贬的观点，推出一些爆发思维、激发情感的社会人物或社会问题等，不胜枚举。

2. 积极提升“多题”“多体”的水平

如何“多题”“多体”，即在充分利用材料、挖掘材料的“积极因素”的基础上，讲究命题的原则与方式方法等。

“多题”，一是指在一次考试中有多道作文题，每道必作，一般是大小题各一道；二是指在一次作文题中提供几个题目进行选作。当然，“多题”并不是多多益善，牵强附会。

“多题”，要讲究“多”在点子上，体现出内容上的代表性和表达训练上的层次性及所给材料的命题可能性，要注意从不同角度考查学生的写作知识和写作能力，以求全面和可信。例如 1990 年全国高考作文题，共有三道，亦可谓多矣。但并不多得庸俗，都有不同的考试要求和角度，第一题造句，第二题写片段，第三题写大作文，这样先考单项后考综合，先考描写后考议论，先有形象思维再有逻辑思维，充分展示了层次性和序列化，既体现了对事物的分析、理解、评价能力和想象联想能力，又能考查学生全面而具体的写作能力，如审题立意、遣词造句和布局谋篇等。

“多体”，即多种文体的有机融合，但每次还须以一种为主，否则会超过大纲要求和学生的考试承受能力。另外，还要注意年年有变化、次次有花样，要尽力增加与社会生活实际扣得紧的各种实用文体。例如，1987 年的全国高考作文题，先提供育民小学游泳的材料，然后要求：（1）写一篇 190 字的简讯（新闻体）；（2）根据简讯写短评（议论体）。

3. 如何衔接“材料”与“题目”的关系

这里主要是如何合理利用材料进行命题的问题。就是说，要合理利用材料的“内涵”，发掘材料中的“闪光点”和最容易引起考生思维的“爆发点”，即捕捉最有意义、最有价值的命题因素。例如：有的是利用材料的整体含义；有的是利用材料中某句话、某个情节所体现的哲理；有的是以材料为媒介，进行改写、续写、扩写、节写、写读后感、写评论等；还有的是利用原材料求新、翻新，着重考查学生的创造能力和解决问题的能力。

（二）客观因素方面（高考机制和社会职能等）

其一，需要提高各级教育行政部门、高考招生部门（自然包括考试命题部门）、中学师生对此命题形式的认识，真正理解这种命题形式的现实意义和可行性，从而在“考—学—教”三方面形成良性循环，并使之形成一种社会意识，成为一种自觉的教学行为（教师的作文教学活动）。

其二，培训命题人员。提高命题者的素质，以求熟练掌握并发展这种“给材料多题多体制”的命题形式，还要通过建立标准化题库和进一步抽样、定点等实验检测手段，努力掌握此种形式的整套的科学程序（如选择材料—设计题点—拟作题目等）。

其三，从现在起，要将这一命题形式迅速化为每所中学作文教学改革的实际行动而纳入常规作文训练的轨道，让师生从平时抓起，注意在经常性的作文教学中积极尝试，以便在高考中不感到陌生和棘手。当然，“给材料多题多体制”无疑是今后高考中的一种主要命题方式，但并不等于唯一方式，并不意味着要消灭其他方式。而且，这种形式也应该随着时代的发展而变化，正如它本身也是经过从传统单命题发展演变而来的一样，以后也许会有更科学的方式来替代它。

总之，它作为一种高考作文命题改革的方向，是将永远大放光芒的。以后的高考作文，我们希望多多看到这种命题形式，但也不排除其他形式，如传统的单命题形式，隔几年换换胃口，对抑制人们的思维定式，也还是有必要的。

（本文于 1991 年 8 月在全国中语会青年教改新秀论文研讨会上宣读并获一等奖，发表在全国中语会刊《语文教学论坛》1992 年第 1 期。）

文章“述路”谈：文章都是“述”出来的

——写作教学“辩”论（六）

一、文章本是“述”的产物

现在，我们来看什么是“文章”，它泛指一切著作或作品，也指狭义的文章和文学作品等，也就是以语言文字为工具，对客观生活的一种书面反映，对自己思想感情的一种交流和表达。从信息学角度说，是一种信息的倾吐和传播发散。从文章学角度说，均通过记叙、描写、说明、议论、抒情等表达方式，形成一定体裁和章法结构的有意义的文字或文本。

然而，不管从哪个角度看，都有一个共同的特点，即通过思维活动与言语形式的有机组合后所述出来的。与其说文章是写出来的或做出来的，还真不如说是“述”出来的。所以，文章不仅有“思”路，而且有“述”路，是用“思”路来展示“述”路。文章，人们习惯地称为“写”或“写作”，其实其本质是“述”。文章写作不仅靠思路与文脉，更靠“述路”与气势。

“述”，《现代汉语词典》释义为：陈说，叙述。这种述，其实是表述、表达、述说……由于文章形成的基本特征和过程是“述”，那么随着述者的不同表达需要和感受程度，“述”的方式方法也不完全一样，因此也产生了许多不同的“述”式，并因“述式”而成“述体”。现在所普遍称为的“文体”，理应更准确地说是“述体”。

过去，对文体的说法一直杂乱不一，首先有文章和文学两分法，又有实用文、应用文和文学作品等分法。按照社会约定俗成的惯例，尽管以上分法有不科学的地方，但为了保持稳定性，我们也无意非改掉以上那些说法。但是在教学中，不妨建立一种新的更趋科学合理的以“述”为主的新的文体划分法，以有利于学生进一步认知文章（阅读）和写作文章。

二、从“述”的角度看文章分类分体

（一）从述的性质看有两大类

（1）实述文。实述文即平实地述说，如一些实用文，以反映生活、展示生活为主，表达自己的思想，交流感悟等。

（2）虚述文。虚述文即虚构地述说，如一些文学作品，以源于生活、高于生活为主，有塑造、提高和美化的成分，往往带着某种强烈的美好情感来反映生活、揭示生活，强烈地表达着自己的思想感情等。

（二）从述的表现形式看有两大类

（1）散述文。散述文即传统说法上的广义的散文，不押韵、不排行，自由松散地述说，形散而神不散。

（2）型述文。型述文即常说的有一定结构形式和模型特征的述说文。或以押韵、成对的文字为型，或以某种固有体裁为主，如诗歌、戏曲、小说、对联等。

（三）从述的对象和载体看有六大类

（1）述人文，以述说人为主。

（2）述事文，以述说事为主。

（3）述物文，以述说物为主。

（4）述景文，以述说景为主。

（5）述情文，以述说情为主。

（6）述理文，以述说理为主。

（四）从述的表达方式看有以下多种

（1）记述文。记述文以记录记载为主而述说的文章，大致与过去所说的记叙文相类同。

（2）描述文。描述文以描写性手段所述说的文章，大致与过去所说的描写型散文相类同。

（3）感述文。感述文以感受感悟的抒发情感为主而述说的文章，大致与过去所说的抒情文相类同。

（4）阐述文。阐述文是以阐明事实和道理而进行阐释性述说的文章，大致与过去所说的议论文相类同。

（5）论述文。论述文是以论证观点或道理而进行论说或评议的文章，大致与过去所说的议论文相类同。

（6）辩述文。辩述文是以辩证讨论或分析阐述而进行述说并形成的文章，大致与过去所说的议论文相类同。

（7）杂述文。杂述文是以既面对复杂对象或问题，又用复杂方法或手段而展开述说（如漫谈、杂说等）的文章，大致与过去所说的随感、随录、杂文等相类同。

（8）介述文。介述文是以采用介绍、说明、交流等方式方法而对事物性状和特征等进行述说的文章，大致与过去所说的说明文相类同。

如此等等，还可以继续分下去。

三、为什么要从“述”的角度看文章

我们在这里提出如此之多的关于“述”的文章之说，并不是全盘否定传统的文章体裁之说，也并不是想把它搞得更加复杂，而是企图用一种新的“述”路之法，全面梳理和深刻认识与把握文章的真实内涵、发展的规律及呈现形式，使其更加符合人们关于文章的写作本质及特点，从而开启一种新的文体思维。

现在，已经有越来越多的人对现成的文章分类分体产生了不少反思，都对目前文章的分类及其体裁表述提出了批评，都说让人不好理解或理解出错，导致在具体的阅读和写作中不好把握。例如，有以功能为标志的“三类”之说（文学作品、实用文、论说文），有以表达方式为标志的“三分法”之说（记叙文、议论文、说明文），也有更多的以各种具体的文章体裁样式的表述，等等。近年来的课程改革，在教科书编写上就有意回避“文体组成单元”的传统做法，采用了新的“主题组成单元”的方式。这样，前者从文章形式出发，后者从文章内容出发，这就让我们更加无所适从：用以前接受“文体知识”的思维习惯来接受新的“文章主题”的学习方式，二者之间往往发生冲突和交叉，导致师生阅读障碍，尤其是写作上的尴尬，所写出的文章常被人评价为不伦不类、文体不分、内容虚假。尤其是近年来大学对新生补开关于“写作”“写作与沟通”等课程，社会上也普遍认为现在的毕业生语文水平低，认为写作上“词不达意、格式混乱、逻辑不清、别字语病多”，等等。

这里的原因固然很多，但作为基础教育的中小学写作教学肯定负有主要责任，有必要引发反思与整改。我们出于改变这种不良状况，力求在决定文章的一个关键因素——文体上来突破：是不是可以找到一个新的说法，从关注文章之形与功能走向关注文章之神与特性，将内容与文体相统一，将言语表达交流与逻辑思维相统一，只有“述”才能承担此任。因为文章是“述”出来的这一本质规律，就决定了其相应的呈现方式——“述路”与“述式”。为此，我们便引发了对文章“述”路的探讨，进而产生了一些关于文章“述式”的认知，大致提出了以上有关不同角度的文章“述”式划分方法。

这些“述”式及划分方法，一是充分考虑了语文目前既有的“言语”特点及篇章结构特色（以“述”彰显言语形式——篇章结构），二是辩证地吸纳了国内外写作的优秀成果及经验，三是考察了大学及与语文并列的其他学科对于写作的内在匹配条件，四是合理接受了社会对于毕业生的写作水平的要求。

当然，以上思考仅属一己之见，很大概、粗线条，还来不及深究细研，旨在抛砖引玉。

（本文写于 2008 年 11 月）

对当前小学写作教学非“小”学化现状的反思

——写作教学“辩”论（七）

在教学改革与发展中，小学语文教学也同样取得了显著的成绩，但也仍然存在着许多误区或者问题。尤其是写作教学依旧令广大师生头痛，成为一个难以突破或逾越的“老大难”。其中最为突出的是小学生作文“成人化”。那么，如何使小学生作文从成人化回归儿童原点和童真世界，实现小学写作教学“小”学化？我认为，守住小学语文教学“打基础”的底线，明确小学语文教学“以培养语文兴趣与良好习惯为主”的恰当定位，始终坚持小学语文姓“小”名“学”，这已经成为目前一个急待研究的课题。

一、当前小学生作文“成人化”的主要问题及原因

根据调查与分析，我发现当前小学生作文“成人化”教学所存在的问题，主要有以下几个方面：

（1）对语文新课标中的“写作”要求缺乏完整理解与全面落实，使写作教学陷入随意化、阶段性特点不明、层次不清，致使学生写作兴趣不高、意识不强，写作素养不高，写作态度和习惯差。

（2）对小学生写作身心特征把握不够，使小学生习作过于成人化或超龄化。让学生习作两极分化严重，大多数学生害怕写作、不会写作、有话说不

出、有话说不好。

（3）对小学生写作指导过早过分地强调个性化，反而使学生脱离生活实际和思想实际，要么说大话、假话、空话，要么因无话可说而交白卷。对于小学生应只能提倡个性化发展，或叫个体性和求新性训练。当然个性不等于个性化，提倡作文有个性、有创意也是对的。

（4）对写作文化建设和学生写作资源的积累与开发、利用不够，也就是书读得太少，写作素材少，巧妇难为无米之炊，导致学生写作缺乏生活支撑，缺乏写作创意和借鉴资料，往往说套话，说“公共话”（也就是人们经常所戏说的“普通话”），缺乏自我感受和悟性。

（5）对小学生的主体性及主观能动性尊重不够，使学生得不到具有针对性和愿景性的指导，导致学生头脑空白、思路不开、无话可说，最终不是交白卷、残卷，就是拖堂延时地写，久而久之，使学生讨厌写作。

（6）对小学生的写作规范与方法的技能技巧指导的有效性不够，导致学生从小就缺乏良好的写作规范的训练，其写作态度、兴趣和习惯尚未形成，对写作中的技巧技法的掌握只知其中的一些理论概念或模式，却缺乏自我内化和自我运用能力以及自我创造能力。

（7）对写作教学自身规律的了解与把握不够，导致学生写作盲目性与模糊化。写作不同于识字与阅读的一个基本特点，就在于识字与阅读属于人们认知过程中的“吸收”领域，“写作”是人类活动中的“表达”领域，表达则是人们各自的个体思维活动的展示和个人情感、意愿的流露，除了使用一个有目的的“命题”来要求人们做同一的表达才有可能形成相对的同一性，如“命题作文”等。它不像识字教学毕竟有一个字提在那里，阅读教学毕竟对着现实的阅读对象（文章、书本等）摆在那里，教师可以帮助学生从一些共性的东西入手进行有对象的教学指导，而写作不一样，一般都是人们个体的思想表达，最多只是给一些题目和要求等方面的命题，或者只在主题、构思、素材等方面提出一些引导或点拨，最终还是要靠学生各自根据自己的思想意识倾向、写作经验基础和所准备的写作素材、方法等来写出他们自己的习作，说出他们想要说的话，达到表达交流的目的。

（8）对于学生关于“写作活动”的总结反思和写作成果的交流不够，导致学生的写作动机与兴趣淡化和写作劳动的弱化。

（9）对学生的想象、虚幻的思维活动指导不当、把握不好，导致学生写作虚拟化、超人化，不切实际，甚至连身边的真人真事也不喜欢写，写不出或者写不好自己的真情实感，却又陷入一些编故事、造情节和“无病呻吟”的假大空的极端误区之中苦恼着。

产生以上问题的一个主要原因，就是我们在教学中忽视了小学生写作学习的阶段性特点，把本是“写作”或“习作”的教学，教成了拔高的做作性强的“作”文教学，即为文而作的教学，不是为学生特别是小学生“学写作”而教，这就是“教语文”教学与“学语文”教学的根本区别。《语文课程标准》明确指出小学语文教学的五个板快分别是：识字写字、阅读、写作、口语交际、综合性学习。“写作”与“作文”是有区别的，尤其是小学生写作，刚刚步入写作的学习，更不能一步到位而学“作文”，作文作文，是作文章，指对一篇篇文章的写作。新课标把小学生写作划分为低年部的“写话”和中高年部的“习作”，这是很有道理的。（注：小学惯常将六个年级分成三个年部：一、二年级为低年部，三、四年级为中年部，五、六年级为高年部。）由于我们以前忽略了写作与作文的区别，结果一开始把“教写作”变成了“教作文”，这样一下子拔高了教学的要求与目标，缺乏相适应的写作基础、写作经验等方面的积累，导致最终无法实现“作文”教学的目标。另外，“写作”与“作文”的区别还在于从某种意义上说，写作大于作文，写作宽于作文，因为写作有更大的内涵空间，更注重过程，更能接近学生生活实际。写作，其基本意义很简单，即用语言来写东西。这种东西可以是一段“话”，也可以是一篇“文”，还可以是一本“书”，以及其他文字如便条、笔记、短信、广告、说明书等（也称“应用文”）。如果是“作文教学”，那么就显得太窄，也正由于忽略了“作文”与“写作”区别，致使目前许多教师只把它变成了“作文”教学而忽略了它应有的多层次、多角度、多形式、多品种的全方位的“写作”教学。

造成小学生作文“成人化”问题的另一原因，是由于阅读教学中教师过分、过高地强调关于情感、态度与价值观的教育而产生了写作负迁移，就是教师指导小学生把对课文内容理解时的适切的人文教育扩大化和成人化，以及借所谓的“拓展迁移”教学，误导小学生以为作文都要这样写，于是画蛇添足、无病呻吟的非儿童性习作、思想政治教育口号型习作、似驴非驴型习作等便普遍流行。如果课文阅读教学的“微言大义”或“无限拓展”继续下去，那么由此造成的小学生作文“成人化”现象则是难以克服的。

二、小学作文教学走向“小”学化的出路在哪里

解决小学作文“非小学化”教学的问题，关键在于：一边要坚守小学作

文“小学”而不可“大学”或“高学”的“教学要适学”的理念，一边要科学地找到符合儿童天性、适合儿童认知心理规律的具体操作模式与方法。

1. 要真正站在“小学”的教学立足点，从儿童“写作”的实际出发，做出真正属于小学生写作“本位”的思考，既不能越位，也不能“变位”

在这里必须明确，小学教学是关于小学生学习的教学，那么小学写作教学就应该坚守：用符合儿童身心特征和认知实际水平的方式来进行儿童所需要的“儿童型”写作教学。当然还要结合大家在各自实践中所积累的丰富经验与成果，随时反思与纠正所存在的不少误区，再采取相应的对策。为此，我们提出小学生写作教学要“小”学化：一是坚持“小”，即坚持用小孩的特点来教小孩，尽力保持小孩的学趣；二是学会“小”，采取“小”学而非“大”学、“高”学的内容和方法，真正坚守小学是“打好基础，量力而行，重在培养兴趣和习惯”的阶段性特点与要求，千万不要将成人化和过度专业化的东西搬进小学阶段的“儿童型”写作教学之中；三是科学处理“小”学并非“小作”或“少作”，也并非小打小闹、小意义，这里的“小”就是准确而充分体现小孩的学习特征、小孩的学习状态和小孩的学习效果评价，不能拔高、不能包装。写出来的习作即使有点儿稚嫩、有点儿缺陷也是正常的，也正好说明这才是真实的。

2. 要想方设法，还孩子们一个真善美的写作生活世界，让孩子们重新拾起“童心、童趣、童话”

小学写作教学要坚守小学生的本位，必须根据儿童身心的发展特征，积极呵护小学生的灵性，让小学写作的教学关注童心，让小学生在写作中回归“童年、童趣”，抒写“童事、童情”，努力构建适合孩子精神成长的“童化作文”教学体系，为此我们应给孩子一个真善美的世界，让孩子努力表述童真，用童趣说童话，用童心述童情。就是说，在作文主题和内容上，要多让学生发现和学写一些富有童事、童情和童趣的东西；在作文体裁上，要多让学生写童话、写寓言、写日记周记、写小故事和人物片段；在方法指导上，要积极引导学生学会观察身边的人和事，学会想象思维和形象思维，学会细节描写，学会用自己的感受说话，说自己的话，切忌假、大、空。

三、从《我爱吃的水果》作文课看，小学作文教学坚守“小”学化操作是完全可行的

在一次广东省举行的小学作文教学观摩课上，湛江市霞山区第七小学杨薇

老师执教《我爱吃的水果》习作指导课，给了我们耳目一新的感觉，让我们找到了整治“假大空作文”现象的钥匙，找到了坚守小学生作文“小”学化教学的可操作的范例。这堂课的最大特点，也就是最大的成功之处，是首先给了孩子们一个真善美的世界，让孩子们真正地在一个真善美的世界里去获得一种真善美的写作生活。孩子们写文章，实际上也是在过着一种生活，这种生活就是“写作生活”。如果这种写作生活缺真、失善、少美，能不假、大、空吗？这堂课给孩子们“真、善、美”的世界是什么样的呢？她的课是这样上的。

首先，给孩子们创造了一个属于他们自己的生活情境和活动平台。“吃水果”和“听声音”是孩子们经常有的事，两位老师一下子把现实生活连接到了写作生活之中，借助于孩子们已有的生活经验（体验）来构建未曾有的“写作生活”，用举行“水果展介会”和“播放声音录音带”等方式来创设情境，使他们感到真实、自然、贴切。并且用“爱吃什么样的水果”，引导学生进行“写作生活”中的观察、体验、思考、表达等。尤其是老师拿来的许多水果，更为学生提供了一幅幅活生生的写作生活的情景图，这样让学生既倍感真实自然，又颇感快乐舒心，从作文教学角度说，这就解决了让学生有话可说、有话真说和能有真话说的问题。

此外，在向孩子展现“真、善、美”的世界时，其教学设计和教学状态能紧扣学生的“写作生活”，体现了作文教学特点。我们在教学中，有时候为了拓展学生的生活视野，竟无限延伸而超出了“语文”的范畴（尤其是目前的一些综合性学习），把语文课上成了自然常识课、品德课等。而这堂课则恰当地处理了这个问题。说自己生活中“最爱吃的水果”，与其说“爱吃”，不如说引导“从爱吃”中发现为什么爱吃“水果”的原因，水果的特点（形、色、味）等，实际上是在为“写水果”打下基础，从而使学生写出一则则完整而生动的故事。并且通过师生互动、生生互动，你说我听，大家说，大家评，说了又写，写了又评……结果整场活动环环紧扣，高潮叠起，既妙语琅琅，又笑声琅琅，整个课堂气氛活跃而不乏严谨。此时，学生已经完全沉浸在一种“真、善、美”的享受之中，还能写不出“真、善、美”的文章吗？

另外，抓住了现实生活或客观事物的特点，以让学生能真正体会和感悟其中的“真、善、美”，从而提高对“真、善、美”的认识，形成写作积累，产生写作冲动。“我爱吃的水果”，本身就用一个“爱”字，对水果注入情感，然后带着“爱”的情感去发现水果之美（形、色、味），抒发爱水果的情感之真，述说“爱水果”的事情之实。学生们在说、在评、在写水果的过程中的确都表现出了这一点。

可以说，这堂课由于注意给了孩子们一个真、善、美的写作生活世界，使孩子们的写作生活显得真实、丰富、愉快而生动，以致更能真实地表达他们的童心、童趣和童情。我们需要的正是这种真正属于孩子们自己的作文课，而非符合成年人的身心特征的教师一厢情愿的课。

总之，小学写作教学要“小”学化，努力构建适合孩子精神成长的“童化作文”教学体系。

（本文发表于山西《语文教学通讯．C 版》2011 年第 4 期，发表时有删改。）

Chapter 9
第九章

写作教学之“理”性

——勿因“工具化写作”而毁了“思想型写作”

【引言】

随着当今科学技术的普及，社会因技术手段的改变而显得丰富多彩，走进了一个“工具化时代”，也使人们对工具的力量产生了依赖性。于是，由此带来的工具训练也影响了我们的教育工作。写作教学也同样如此。但是，写作却不是一种简单的工具化劳动，而是一项由人用心进行交流表达的个性化言语活动，也是体现活生生的人的丰富多彩的思维的心智活动，如果仅靠工具化写作是无法实现的。当今，“工具化写作”及写作工具化现象愈演愈烈，导致人们整体的写作水平逐渐下降。

这种状况，务必引起我们的充分注意：遵循写作客观规律，减少工具化写作，努力克服当前写作教学工具化的现象，强化“心智型写作”和“思想型”写作，让写作由“术”及“道”，走向真、善、美，更有思辨、更有哲理、更有“人”。

写作：少一点“工具化”，多一点“思想型”

——对当前教育工具化及“工具化写作”教学的反思

一、当前教育工具化的问题日益严重

（一）工具与工具化理论

工具原指“工作时所需用的器具”，后引申为“为达到、完成或促进某一

事物的手段”。工具是一个相对概念，就是将某某作为工具的意思。因为其概念不是一个具体的物质，所以只要能使物质发生改变的物质，相对于那个能被它改变的物质而言就是工具。

现在，随着科学技术的普及，任何事物都因技术手段而变得更加方便、简单、实惠，人们越来越看到工具的力量和工具获得的重要性，于是，由此带来的工具训练的专门化及普及化，正在成为一种主业。

也就是说，如果人都不知道自己应该享有一个主动的人生，那些最吸引自己、最能调动自己兴趣的、觉得最能够实现自己人生价值的目标和社会需要的贡献……才是最能发挥自己潜能的行当，也才是对自己最有吸引力的，所有的人生都会黯然失色……尽管社会学家研究证明并非所有人都能够按照自己的理想进行人生选择，但即使“为生活所迫”也不一定非要将自己“塑造”成为“工具”。如果仍在这种“工具化”理论上浪费精力，那就只能归为“认知层次低”的人。

（二）工具化给教育带来的问题

现在有人大发感叹：教育的失败，往往在于学的东西太“有用”。

其实，这里的“有用”，就是对升学考试有用，对直接达到眼前的某个目标有用。所以，凡不考的不学不教，凡不为某个目标而立竿见影的不学不教。也就是说，有用则教，无用勿教。如果本着过于实用主义的态度去学习，把人当成实用工具，把知识学习也当成实用工具，这种观念就会自然地影响着孩子、家长、教师及整个社会。说到底，这就是一种过于实用主义的工具化教育，让人们陷入“工具化”的实用主义教育陷阱。现在，事实也越来越表明，世界正在偷偷地惩罚那些陷入“工具化”陷阱的人，惩罚那些“认知层次低”的“工具化”教育。

教育本是一种教化、培育与影响，但若演变为一种训练——人的普遍工具化、教育活动的工具化，最终会让教育误入歧途，缺失理性。

所谓教育工具化，就是将人当成实现某一目标的工具，将教育内容和教育活动按照工具化来设计与展开。由于应试教育的不断干扰，这个工具化更日益专一和精细，训练的色彩更浓，危害更大。

（三）教育的工具化：知识被分为有用和无用

我们发现，当教育走进了工具化之后，知识就有了有用和无用之分，这当然是与眼下的升学考试的评判标准有关：凡考的就有用，不考的就无用，而且要吹糠见米，直接相关的才叫作有用。于是导致学生们不分白天黑夜地加班加点地学习，背读、做题、考试、讲评以及反复训练等，至于其他各种丰富的课外知识和拓展及实践活动，都不予采纳和支持。而知识一旦被划分为有用和无用，就自然让学生乃至家长及教师都成了“有用知识”的工具，也就让教育走进了工具化。

其实，有用和无用都是辩证的。其关键在于你对教育的理解，你对孩子的态度。其一，如果做真正的有思想的教育，就会化无用为有用，将有用近用变大用远用。其二，即便看似无用的一些知识，在不经意间给孩子的未来与发展带来的有用却是不可预料的，“无心插柳柳成荫”，你认为的那些并不一定“有用”的东西，反而成了孩子以后确有帮助和发展的知识，甚至转化为一种能力和素养，在孩子以后的人生道路上一直发挥作用，不只是“有用”地应付某次考试，而是在促进“人”的思想进步和“理”性的成长。可以说，教育只要是为孩子准备未来而奠基，着眼于立德树人，有其独立的远大理想和深远价值，让一个不成熟的自然人成为一个更优秀的社会人，就会有完整的“知识有用”观，并用“理”的眼光与辩证的方法，去发现与判断知识的有用和无用。

二、当前写作工具化的教学问题不可忽视

(一) 什么是“工具化写作”

所谓工具化写作，是指缺乏自为主体及思想表达而只起到“被利用”作用的程式法或套路性的写作。例如：应试文写作、应用文写作，尤其是近年来颇为流行的“任务驱动型作文”等，可以归为一种工具化写作。当今，不少人错看了写作，以为只有靠写作为生或利用写作来开展工作和学习的人，才需要这项技能，于是把它当成一项工具来训练和掌握。其实不然，写作不是工具，也不仅仅是一项技能或者能力，它既是一种能力，也是一种生活、一种思想、一种理智性活动，更是人的思想交流与感情表达的平台和行为，是人的理智成熟和发展的“理”性化状态与品质。

但是，写作却不是一种简单的工具化劳动，而是一项由人用心进行交流表达的个性化言语活动，也是体现活生生的人的思维的丰富多彩的心智活动，如果仅靠工具化写作是无法实现的。当今，“工具化写作”及写作工具化现象已经愈演愈烈，导致人们整体的写作水平逐渐下降。

这种状况，务必引起我们充分注意：遵循写作客观规律，减少工具化写作，努力克服当前写作教学工具化的现象，大力倡导一种“思想型”写作，强化“心智型”写作，让写作由“术”及“道”，不断走向真、善、美，也更具有思辨性和哲理性，也就是让写作更具有“人”。

什么是思想型写作？它是以交流人的思想和抒发情感为主的写作，具有理智性，充满思想内涵。它与当下以“应试教育”为出发点的工具化写作相反，是一种超越“技术主义至上”低端写作的高品质写作活动，是一种自为主体、有思想的、独特表达的、不属于被利用性质的写作，也是一种“我思故我在”的写作。

（二）对“工具化写作”问题的分析

1. 工具化写作的种种现象

目前，工具化写作现象愈演愈烈，粗粗归纳就有以下若干种：

（1）无病呻吟。

（2）四平八稳。

（3）揣摩评卷者喜好。

（4）文白夹杂。

（5）搞亦散、亦情、非叙、非议的文体拼凑。

（6）刻意造写名言、名句。

（7）滥用排比、对照、反问等修辞。

（8）编造离奇故事和情节。

（9）背诵几篇范文用来套作。

（10）练一手好字抢评卷者的眼球……

这些是当下最为盛行的备考招数，也是最典型的功利型的工具化写作，为的就是应付考试，图个一类卷的高分数。

2. 工具化写作是一种缺乏发展的短视行为

“发展是硬道理”，没有发展的教育，是简单的再现式重复劳动；没有发展的写作，也只是一种再现式的重复性写作。

我们发现，当孩子拿着一本课外书在看，当孩子在写自己有感而发的习作时，老师、家长都会说，做那些事“没用”。结果学生每天埋头在书桌上忙作业，忙看课本、考纲和“状元之路”，硬着头皮在写押轴作文题等。久而久之，学生既苦又累，失去兴趣。家长因为让孩子凭着实用主义的态度和方法去学习，自然而然地把这种观念也传达给了孩子，孩子不仅接受了知识实用的工具化教育，还因此成长为一个只讲实惠而缺失思想的工具化的人。把过于实用主义的思想传递给孩子，无疑是从心灵深处给了孩子伤害。

3. 工具化写作是一种缺失思想的庸常行为

写作为什么被广泛重视？其一，写作中是否有干净的文字、凝练的表达，是衡量一个人思路清晰、为人严谨的直观体现；其二，一篇好文章，往往通过较为系统的立意构思、布局谋篇和语言组织来达到思想展示，实现作者的表达、交流及逻辑思维能力的良好表述。如果我们的文章走进“工具化”写作的陷阱，就自然失去了写作的“思想性”，而缺乏思想的写作必定走不远，也上不了高度。

（三）愈演愈烈的“工具化写作”问题必须得到解决

走出“工具化”写作的陷阱，不断走向“思想型”写作，将是处在这个工具化时代的写作教学所可以做出的科学选择。在反思中求得解放，在“思想型”写作中克服实用主义，让写作之中的人，具有真正的高尚的思想表达和情感交流，而不再只是为某种考试而“作”一篇文章，为某种任务驱动而“做”一件写文章的工具。“工具化”写作其实是一种“功能性写作”，主要是受制于当下的应试“功能”而追求“急功近利”。我们认为，“工具化”写作，看去是一种实用主义作祟，实际上是缺失“人”的自立发展意识，缺失“事”的远大理想及格局，缺失“理”的崇高认知层次。一句话，就是缺乏写作的“思想型”。

由此可见，少点工具化，多点“思想型”，既是对当前应试教育下写作教学诟病的纠偏之策，让写作再不只是一种为考而写的考场作文形式，又是倡导让“工具化写作”回到“真实的”“自然性”写作生活之中，让“写作”成为一种写作生活的伟大构想。

三、克服当前写作教学工具化的“思想型”写作

为此，我们特开展了一种“三为”思想表达的写作教学，即“为发展而写、为诚实而写、为创新而写”的“三为”思想写作。因为目前写作教学中最缺的思想就是“发展、诚实、创新”，其核心就是由“术”至“道”，走向真、善、美的写作，走向有思辨、有事理、有述说的过程性写作，尽量减少“为文而作”“有形无神”之作的工具化倾向。

（一）为发展而写

现在，我们倡导“发展性写作”，主要是指促进学生写作水平上的“双轮发展”和方法上的“三步自我修炼”。这种“发展性写作”，明确追求的是学生的写作水平的发展而不是作文分数的提高，而且是用“双轮发展”来实现写作上的整体基本功发展和写作上的综合能力发展，突出的是“基本功+能力”。这种“发展性写作”，还用写作方法上的“三步自我修炼”来实现。写作方法上的“三步自我修炼”，即练胆、练型、练韵。这既体现了发展性思想，也揭示了循序渐进的螺旋发展的写作过程规律。

1. 写作水平的双轮发展

左轮：写作整体基本功发展。

传统的写作基本功，以靠死记硬背范文和强化作文规则要领为主，还加上所谓的多读多写训练。发展性的写作基本功，既要合理继承和发扬以上传统的写作基本功，还主要包括：①正确的写作态度；②浓厚的写作兴趣；③良好的写作习惯；④科学的写作规律；⑤写作范式和规范书写；⑥流畅表达。其主要手段是整体培养和内化修炼。

右轮：写作综合能力发展。

传统的写作能力，主要是指作一篇文章的能力，大多靠模仿训练和强化训练。发展性的写作基本功，除了适度扬弃传统的写作能力及其训练方法外，重点还在于敏锐的眼光和科学的思维，并采用整体智能培养和内化修炼。

写作综合能力的发展，一是由扎实的作文基本功而产生，二是着重培养以下两类能力：

（1）反映生活的能力。反映生活的能力即以叙述事实为主，把发生在生活中的一切事实（包括现象、状态、过程、结果等），客观、完整、真实地表达出来，以体现生活的真、善、美。

（2）交流思想的能力。交流思想的能力即以自我的思想情感为主，把自我对生活的体验、看法、感悟、分析、评鉴、质疑与探究等，恰当、流畅、清晰而准确地表达出来，以体现思想的深刻、新颖和科学性。

2. 写作方法上的“三步自我修炼”

第一步：练胆。练胆主要是指练写作之胆，即“写兴”。

有人常言：诗兴发作。这实际上是指一种写作兴趣的激发。从某种意义上说，这就是写“放胆文”。放开胆子写，无所顾忌地写：看到什么写什么，想写什么就写什么，写得好时写，写得不好时也写；别人评价好写，评价不好也写；过去的事回忆着写，写得像不像不管它，照样写；三言两语也写；不成篇就写成段，不成段就写成几句；未来的事想象着写；亲历的事带着真情实感写，未经的事假设着写；名人的写法模仿写，自己悟出的新点子赶快写；大家写过的事也要写，别人忽略的没有想到的更要写；复杂的事学着简单写，简单的事也可以拉长写。练到写的兴趣越高越好，文思越来越敏捷。写得多了，熟能生巧，自然就会悟出门道。艺高人胆大，反过来说，胆大艺也高，人胆大了，艺就自然高。

胆子练大了，什么都敢写，有了兴趣，也就自然会追求更高的目标。

第二步：练型。练型主要是指练写作之“识”。

练型，即练文章的结构模型（文体、章法、结构、表达方式、语言规范和语言文字等）。为什么又叫练识？因为识有“知识、常识”之义，在这里与其说练文章之模型，不如说是对文章成文规律的认识，也就是对文章规律及写作规律的再认识进行练习（而不是训练），使之增长这方面的常识。以“写作综合能力”为基础，以不同的文体为经线，以思维修炼为纬线，分别进行系统立体型的模式练习。采用范例仿写法、异同比较法、习作评改法、读写结合法等。

练到使所写的文章像模像样，即写什么就像什么。例如，符合文体特点、中心明确、结构完整、条理清楚、章法缜密、表达方式运用恰当，语言通顺，没有错别字，标点符号使用正确。完成第一、二步训练的作文，也就是大家化水平了，具备了“合格”水平。

第三步：练韵。练韵主要是指练写作之韵，即神韵文采。

神韵即风度韵致，也指诗文书画的风格韵味及精彩美妙之处。这是写作的最高层次和最高境界。所写的文章，有不同凡响的创意，或有余音绕梁的话语，或有震耳欲聋的哲理，或有赏心悦耳的动人画面，或有波澜起伏的故事情节，或有沁人心脾、如痴如醉的真情抒发，或有让人茅塞顿开的妙语佳句，等等。最后，写出有特色、有风格、有韵味的好文章。

（二）为诚实而写

为诚实而写，诚实为文，这是一种态度，一种品质，更是一种写作修养。非要靠人格来保证不可。而这种人格来自“思想型”写作，务必树立正确的文风，写好“诚实文”。诚实文，即诚信、实在的文章，在诚信、实在的写作中为文。写出诚实文，与写出“真情实感”不完全一样，但又离不开写作者付出真情实感的真心写作。“诚实为文”的内核，在于以诚实为本，以真实为源，以切实为旨。

1. 写出诚实文，要靠实在的生活

叶圣陶先生说过：“作文这件事离不开生活，生活充实到什么程度，才会做成什么文字，必须寻到源头，方有甘甜的水喝。”

写有自己实在生活的作文，才有可能写出诚实文。因此，要为学生创造一个良好的、客观实际的写作环境。要鼓励学生积极投入社会生活，引导学生用心观察和体验生活，发现对生活的独特感悟，帮助他们创造写出诚实文的有利条件。那么，当务之急就是营造一个个充满语文因素和先进文化风味的写作素材开发实体：家庭、学校、社会。例如，学校是学生活动时间、学习机会最多的地方，首先教师要把学校建成学生写作素材开发实体，让学生在实景、实情中感悟与发现写作的因素，如在教室里布置知识角、图书角、生物角……在校园里设置富有隐性的文化设施，如文化石、文化路、文化走廊、校园标志，开展多种多样的文化活动……这样的校园既使学生产生愉快、满意、舒畅、喜悦的情绪，又为学生创造了习作的条件，使学生具备了写作的素材，如学生写《我们的教室》《我们的校园》《校园里的……》等作文题时，就有话可写了。

2. 写出诚实文，并非否定“模仿”，但不能够一味“模仿”

写作中的模仿，不等于抄袭，不等于不诚实，也不等于写假大空。写作中的“模仿”是一种技巧、方法和艺术手段，关键看如何运用。为此，我们认为：

（1）作文中的“模仿”，古而有之，而今仍然是一种常用的作文方法。事实证明，这种方法，有继续使用的可取性和成功性。

（2）作文中的“模仿”，要有一条基本原则：仿而不模，模而有异。即只作为一种楷模进行学习、观摩、研究，不能仿制、照搬、复制出一个同类产品。

（3）作文中“模仿”，要讲究一些基本原则与方法：

①学会“仿中出新”，有新的发展、新的增长点。

②不能只盯着结果（习作）去学习、模仿，而要注意产生结果（文章）的具体写作过程的模仿（认识过程、思考的轨迹），模仿他人想问题、立意、构思的过程、方法，而不一定模仿他人已经写出来的现成文章。模仿结果是一

种抄袭与剽窃；模仿过程、思路与方法，是一种借鉴与移植。国内外事实表明：许多发明专家都有小时候或在后来的研究过程中喜欢玩、拆、装的经历，现有很多的发达技术，也是先引进当下最先进的新产品、新设备，再进行研究性拆装，有时还对几种新产品同时进行拆装、比较、分析、筛选，从拆装中悟出生产过程、工艺、方法，以便改进、发展、创造出自己的新产品。这样集思广益，反而比他人的更优秀。

③不仅模仿技法、模仿材料，更需模仿他人的立场、观点和思维方法等。

为了写好诚实文，我们应注重写作环境优化，为学生写好“诚实文”创造有利条件。

（三）为创新而写

1. 创新作文教学要“想新”

之所以创新是写作教育的最高目标，是因为它的确有助于促进创新发展即“想新”。“新”即“发展”：新意、独特、深刻。作文教学实现创新，要了解创新标准，明确创新目标，接受创新信息，即“知新”。

写作教学为了创新，要讲求创新策略与方法：①要善于发现新，用陌生的眼光看熟悉的事物；②要善于表达“新”，要创新，就要知道哪些是“不新”，从不新处走出来，就自然走进“新”的天地；③要善于评价“新”，如新在哪里、新得怎么样、有多大的新、属于哪方面的新、可否再“新”一点儿，从哪些地方再去“新”。

作文创新的“创新”，要求教师教给学生一套作文的创新方法。求异是关键，打好基础是前提，不懈发展是根本。创新作文倡导“写作境界”，即创新作文也要像民歌唱出三个境界那样追求声、情、韵。“声”，即表达心声；“情”，即抒发感情；“韵”，即写出神韵。

2. 创新作文教学是“脱套”

现在，作文教学盛行一种“例子主义”和“套路”思维，搞的都是考试“作文套路”，这样，便把作文教学变味、变态了，把学生“套”进了僵死文胡同，在一篇篇“例文”和写作“套路”中练就千篇一律和千人一调，这样，过去的习作多只为“学生腔”，尚未成熟，而现在却写成了“套路文”，变为假大空。当下不少老师在作文教学中，指导学生的写作思维及其思辨，忽略过程，而一味从工具化写作出发，只让学生盯着“例子”，再把“例子”总结为“套路”，再在“套路”下去写其他同类型的作文。于是学生一拿到作文题，首先要找的不是题目所涉及的立意和素材，而是马上去找相似的“例子”和“例子”范文与应试“作文套路”。当然，我们并非否定“例子”，但是不能“例子先行”和“例子主义”，因为“例子”是要为观点服务的，不能让其成为“作文套路”的工具。

如果没有思想的展开和科学的分析，没有一些有价值的疑问，就只是纯实务型的技术行为。如果思想展开，思维打开，那学生就会超越“例子”和“作文套路”而写出有思想的习作和做出有理的思辨。

3. 创新作文教学是“发力”

创新作文教学要找到“发力点”。我们为之总结了以下三大发力点，即三个途径、五种方法、六项注意：

（1）三个途径。

在有“胆”、有“识”的基础上：①树立创新意识，着意创新，刻意追求；②强化创新行为，积极发现，捕捉灵感；③升华创新结果，多元思维，反复修炼。

（2）五种方法。

①转换写作视角，用陌生的眼光看熟悉的事物。

②开通信息新渠道，多方获取信息源，增加与引进写作“活水”。

③积极进行多元、多维、多源交流，在正反各种思想碰撞（正反辩论）中获取思想与方法，增加“另类”人的独特体验。

④适当引进潮流文化，尽量增强时代特色。

⑤激发奇思异想，想别人所未想，说常人不会说；写别人想写而未写的东西，或者是写别人写了却写不好、写不到位的东西。

“创新文”写作，离不开写作指导的创新——

第一，要充分挖掘“创新”之创的质因：“创意”和“创什么、为什么创、怎么样创”等，做到：俗中见雅，雅不离术，术道结合。

第二，要着重让学生在“三文”创新上下功夫：文思创新、文路创新和文法创新，做到用自己的话来写，写出自己的话。

第三，要让“创新文”最终是“三有”佳品：有骨、有血、有肉。

（3）六项注意。

①不要硬凑字数。

②不要说废话。

③不要假装自己历尽沧桑。

④不要以为自己懂得许多大道理。

⑤不要太美化、提高自己。

⑥不要将注意力只集中在自己身上。

总之，当今是一个技术化日益普及的时代，那么由技术化带来的工具化教学也似乎在所难免。但是，如果一味受“工具化”的影响而让写作产生变异性，那么写作教学也无疑是变异的。事实表明：写作，作为一种人的思想表达且具创造性的活动，是不能全被“工具化”所替代的，而必须由人以思想的活动方式来呈现，并体现思维的丰富与深刻，这就需要我们基于写作教学“理”性，走出在“技能”中所形成的“工具化写作”误区，让写作教学由“工具化”走向“思想型”。

由结果推及过程的辩证反思型作文教学

辩证反思，是反思性教学的一种方法，它主要是运用对立统一的辩证观点与方法对教学进行反思，以引起对教学进行科学而合理地反思与整改，并提出解决问题的策略与方法，最终达到教学更加合规律性和趋向合理性的目的。辩证反思的方法很多，如是与非、果与因、正面与反面、现实与背景、优点与缺点、结果与过程、现象与本质、当前与未来、一般与特殊等。现在用这种辩证反思的方法来指导学生学习，无疑对改变学生的学习方式，促进他们学习质量的提高有很大的作用。

为此，我们特以其中“果与因”的辩证关系的方式运用于学生作文教学之中，即指导学生由写作结果（习作）而推及于对作文过程及其形成原因进行反思，并产生新的认识。这种“由果及因”的辩证反思，即从自己的习作结果而反思其形成习作结果的写作过程的诸因素，如写作态度、写作习惯、写作方法、写作题材、写作构思、写作立意、写作语言等方面进行反思，以使写作过程更趋思辨性、全面性、通畅性和创新性，使形成习作结果的原因更趋合理性。

下面特从“真实·趣味·新意”三个方面来展开辩证反思型作文教学的研究。

一、作文，要写得真实，就要真实地写——在写作思想和写作态度上明确作文就是做人，真情写作才动人

平时，我们在指导学生作文时，都要求学生写得真实，写出真情实感，切忌假大空，但遗憾的是，学生写出来的文章仍然是假大空者居多，难见几分真情与实感。为什么？经过反思得知，主要是这种教学只注重结果而忽视过程，只强调目的而没有实施为实现目的的具体过程与方法。也就是说，缺乏辩证思考，只问写作的结果要有真情实感，而不问学生在写作过程中是否付出了真情实感。换句话说，他们是不是在带着真情实感写作，这才是我们所要关注的重点。

为了改变这种状况，让学生能有真情实感地投入写作，我们着力开展了“真情写作活动”。即组织学生首先对生活充满激情，积极参加生活体验，尽可能获得更直接、更丰富、更真实的感受与感悟，只有自己获得了感悟与感动，才能让别人感悟与感动，也就是说，自己要用获得真实感受与感悟的笔写出自己独特的真情实感，“道了真情，说了真话”。这样，让学生感受真情实感，积累真情实感，再表达真情实感。只有学生对所写东西有了情感，才会用动了情感的笔调写出富有情感的文章，也只有赋予了情感的写作过程才能导致有情感的写作结果——习作的真情实感。例如，让学生说身边事、身边人、身边物、身边景，如果他缺乏真情观察与体验，那么说出来的话，不是假话也是干巴巴的套话、俗话。“真情写作”要求学生尽量怀着情感说。一段话，一腔情，一种实际感受，一种人生感悟。当学生有了真情实感，他们才会不拘一格，畅所欲言，说了才如释重负、轻松快乐，并为实实在在地表现了一次“真我”而欢呼。我们从学生的“真情写作”中终于发现了学生的真实人生和真正的写作才华。现在，学生大多属于独生子女，家长望子成龙心切而管束过严，因而彼此未能得到沟通。

于是，我们举行了“我的心声”写作活动，让学生把在家不敢说或无法说的话，通过“我的心声”来畅所欲言。在活动中学生所说的肺腑之言，都倾注了真情实感。我们便组织学生把这些“真情之言”马上写下来，题目为：我想对爸爸（妈妈）说。于是，一篇篇有血有肉、情感真挚的文章就这样诞生了。实践证明，这种带着真情实感地写人、写物、写生活的写作行为与写作方法，真正能让你手中的笔写出真情实感来。

二、作文，要写得有趣味，更要有趣味地写——写作过程与方法有趣，写作材料有趣，写作者有趣

在作文教学中，人们往往要求学生把文章写得有趣、写得形象生动，但是，学生在实际写作中并不因教师强调写得有趣就写出了趣味。“种豆得豆，种瓜得瓜”。须知没有趣味的写作材料和写作方法，又加上写作者本人又未具备把文章写得有趣的意识和语言素质，写出来的文章又何趣之有？无疑是干巴巴的，硬邦邦的，套话多，概述性的语言多。

为什么？这主要是教师在教学时只注重对习作结果要求生动有趣，而忽视产生其结果的诸种因素和写作过程及方法也应该生动有趣。也就是说，把写作要求只指向写作结果，而没有认真考虑过学生的写作过程中的诸因素是否真有趣味，而且这种趣味是否可以直接指向有趣味的结果。教师备课时，主观以为学生会写出趣味（事先认定有趣），殊不知，如果这些活动和生活并非有学生自己的认识与体验，学生并未感到有趣或者并未有过感兴趣的经历，甚至还是学生讨厌的。那么，要学生硬着头皮做有兴趣的写作状态，那不是为难学生吗？学生没有参加过这种“有兴趣”的活动，也没有类似的其他“兴趣”体验，或者参加了但感受不到兴趣，或者索性就没有兴趣地参加过等等，而硬要学生写出“有趣味”的文章来，这才是一种尴尬的作文教学。

为此，我们建议，首先应该培养学生的兴趣、创设兴趣的空间、组织学生多参加确有兴趣的生活，或开展各种有兴趣的活动，多方面为学生创造兴趣契机，以拓展学生的情感空间，激发其情趣与兴奋点，进而产生写作动机与欲望，让学生为“感兴趣”的事而写，有兴趣地写。这样，教学生不仅写出有趣的生活，写出由此产生的深刻的道理，而且通过直接有趣的生活体验而获得有趣的感受，运用有趣的手法，怀着有趣的心态，下决心写出有趣的文章，那么这种写作就是“趣味”写作，就是“快乐”写作。所以，我们认为：作文要写得有趣，更要有趣地写。前者是结果或目标，后者是过程和方法，也就是说不仅要看到有趣的结果，更要注重有趣的过程。只有坚持让学生有趣地写有趣的生活，学生才会写得有趣，写得成功。这种用“兴趣”贯穿写作全过程的“趣写法”，既是新课标所倡导的，也是运用“辩证反思教学”方法在作文教学中的成功尝试。

在尝试中，我们可以通过开展各种有趣的活动，让学生有趣地进入活动情

境，在活动中发现趣味，体验趣味，并且边玩边自我激发情趣；然后，以情趣点为契机引导学生选材、构思，再拓展成文；还以情趣点为引线，引发其他有新意的写作题材和主题。例如，在组织“拔河”“登山”等活动中，先让学生轮流参与和观看，使其在体验中确实感到有兴趣，然后再让学生有趣地把它写出来，结果学生写出的文章的确生动活泼，充满情趣。他们在写作后谈体会时说：这样的写作课气氛活跃，同学们都好玩，文章自然也有趣，能显示出学生玩的体验、情的流露和写的兴趣的真实性。

由于写作活动情趣无穷，兴趣盎然，学生真正为“感兴趣”而写，写着感兴趣的事，使整个写作过程都成为“有趣”的过程，结果一篇篇有思想、有文采的佳作油然而生。

三、作文，要写出新意，更要有新意地写——写作立意要新，构思要新，方法与技巧要新

学生作文中的问题，除了假大空、缺乏真情实感以外，更多的是粗糙、单调、呆板，缺乏新意、缺乏灵气。我们虽然主张写出新意，但如果学生生活缺乏新鲜感，缺乏一种含有新意的情感体验，也就是说让学生在生活中看不出或感觉不到所写的事物有新意，或者即使隐隐约约地感到有点新意，但缺乏一种创新的立意、构思和表达方式、方法，那么也无法出新。因此，关键在于不仅让学生能写出新意（这只是一种目标要求），更要让学生会用创新的眼光观察生活，用创新的方法去体验生活，从而获得创新的意识以及一大堆新颖的写作题材、立意、构思和语言，那么学生才会写出新意来。

为此，我们可以用“一般与特殊”的观点和方法进行辩证反思，让学生从“一般”中发现“特殊”，即独特的新鲜的东西。如指导学生首先用陌生的眼光看熟悉的生活，看熟悉的人和物，以从“熟悉”中发现“陌生”，感受“独特”，拓宽学生的视野，增加他们的视角，尽力获得新的立意与构思，使作文从“熟悉”走向“陌生”，即从一般走向特殊，走向个性化，从俗套走向生动与新颖。可以说，这是一种创新教育的方法。

这里，在操作上有两种做法：

一是“熟陌法”。“熟陌法”即把“熟悉”的生活或人物、事物重新处理一下，以创设出一种“陌生”的环境，让学生产生一种“陌生”的感觉与新鲜的收获，然后根据少年儿童的特点，采取由直观到抽象、由说到写的顺序和

小组讨论的方式，指导学生把这种感觉与收获写出来，往往这时候写出来的习作也是最佳的。教学实践证明，通过这种方法，只要引导得当，大部分学生都能放开想象，而且想象得既新颖独特，又合情合理。例如指导学生先观察“划龙舟”，然后进行写作训练。我们特意设置了一种这样的情境，即用“天空与地上、岸边与河中”两对四项地名为索引，要求虚拟构建一个“雨中龙舟赛”的情境，透过“雨境”“雨趣”“雨感”而写出一篇并不俗套的文章。结果大多数学生都写得富有新鲜感。

二是“变象法”。“变象法”即把一些现成的结论、概念或模式打破或者去掉，以形成一个新的形象或者“乱态”，再让学生带着陌生的感觉去思考补充与整理完善，找出新的方法，或做出新的、完整的结论（结尾）、概念或形象。例如，在教完《木兰诗》一课后，则鼓励学生丢开原有课文的结尾，通过改写的形式来创设一个“陌生”的木兰的形象，以产生异样的感受，从而写出一个新的故事来，以锻炼学生的发散思维与求异笔调，从而写出新意。

以上“因果型辩证反思”的作文教学实践表明：作文不真不行，真而不趣不行，趣而不新也不行，只有三者皆备，辩证统一，才会产生佳作。同时也告诉我们：作文教学不仅要拿作文“要求”来关注教学结果（或目标、任务），更要拿辩证反思方法来指导学生注重写作过程中诸种具体因素。将结果与过程中的因素并重，在“辩证反思”中让学生学会写作，学会一种辩证的科学思维方法，即全面地、科学地发现问题、思考问题与解决问题，直至学会创新，这就是“反思性教学”运用于作文教学之后所给予我们的启迪。

将教学评价引进教学过程

——教学生在“评价型反思”的写作中学习写作课例谈

一、课例设想

教学评价，从传统意义上说，是指对教学结果做出一种价值评判。因此，学校和师生最终只对教与学的结果如考试分数和名次等倍加关注。这种只注重结果而并未关注其产生结果的过程与原因的终结性评价，我们称为“知其然而并未知其所以然”的糊涂评价或者静态评价。

当然，这种评价本身没错，对教学仍很重要。但是，如果做些改革与创新，也把教学评价引进教学过程，即把教学评价的理念与方法贯穿于教学的全过程，并把“评价与反思”结合起来，形成一种“评价型反思”，以作为师生教与学过程中的一个重要环节或者重要手段及方法，那将是一种教育创新的探索！因为它既可以丰富教学评价的内涵、功能与意义，也使教学过程与方法进一步得到了改革与发展，同时让学生学会评价、学会反思，在评价性反思中学会学习，学会“自主发展、自为发展”，也充分体现了现代教育理念和新课程改革的意志。

为此，近几年来，我们特在语文科目的作文教学中进行了积极的探索、实验，实践证明效果颇佳，不失为一种创新之举。至于如何操作，我们特将一份课例（案例）以“案例报告”的形式，分别做出呈现和讨论，以求更加客观、真实和具有可操作性。

二、课例实录

（一）教学导入

师：同学们，以前我们的作文教学模式是老师先命题、指导，再由你们具体写作，然后由老师评卷、讲评。现在我们反思一下，这种模式好不好？

（学生：不好！由老师设圈，学生钻圈，再由老师评圈。缺乏学生的自主性和自创性，写出来的文章也都是模式化的，没有个性和生气……）

师：对！老师也有同感。那么，我们运用一种新的教学方法，就是以学生为主体，用“评价式反思”法进行写作，好吗？（在征得学生同意的基础上，开始进入“写作反思”教学。）

（二）教学展开

（1）简介本方法的基本概念与要素（见前文，此处略）。

（2）与学生共同学习课程标准，明确写作目标，并由此共同讨论制定《写作评价标准》，以作为“评价性反思”教学的依据。（这份标准，参照高考作文评价由“基础”和“发展”两部分组成的方式，详见后表）。

（3）出示《评价表》，并交代本次评价的重点，解释具体指标，以及本次作文教学重点（有计划地每次重点安排某一、二个评价项目进行评价性反思的写作实践的指导，其他项目则作为一般性评价指标与训练要求），这样学生可提前掌握本次评价目标及方法（以“练习目标”形式出现），心中有数，带着评价目标进行写作，充分体现了学生主体性和写作主动性。

（4）具体例示。

①本次练习目标：掌握描写人物应抓住人物特征的方法。（本项练习即为评价的第二级：写作发展能力中以表达方式上的一个突破点为目标的训练。）

②本次练习题目：我的妈妈（爸爸，姐姐）（自行补上）

要求：a. 写成记叙文，600 字以上；

b. 选写一位亲人，将题目填空补充完整；

c. 根据本次评价重点目标进行写作和评价性反思。

③练习过程。

第一阶段：

a. 组织学生回忆初一语文课本《我的老师》《背影》《小橘灯》等写人的记叙文，熟悉文体特点，掌握人物描写的几种方法，并提出：其一，你的爸、妈或其他亲人最令人难忘的事例和特征是什么？运用 5 个以上的动词，写出一个最熟悉的亲人（爸、妈）的习惯性行为；其二，抓住与“我”直接接触的印象最深的一次对话情景进行描写，以显示他（她）的某一方面的性格特征。

b. 让学生思考、讨论以上练习目标、要求与内容。

c. 发放“评价表”，结合记叙文的基本写作要求，对“评价表”上全部内容与总体目标及评分的具体做法做出逐一解释，特别要对本次训练的重点目标及其评价要求做出更加详细的操作说明与指导。

以上三步为第一阶段，即“写前知评价”。约占 5 分钟，使学生此时心里有了“谱”，马上转入第二阶段。

第二阶段：

学生在评价目标指导下进行写作：约 35 分钟。

本阶段包括如下四步：打腹稿、列提纲、写文章和修改习作，并让学生按“评价卡”上的要求课外自评，给自己习作评上“自评分”，并写上一段评语。

本阶段即为“写中有评价”，出现了学生的写作反思。

第三阶段：

本阶段主要是落实“写后能评价”。主要有以下几步：

a. 教师收齐学生作文本后，用较快的速度（一般为 1 ~ 2 个小时）浏览全班作文，并进行教学反思，把学生达标练习情况掌握于心，再从达标和不达标的习作中各选一篇较具代表性习作作为全班公开评价（评讲）的例文。

b. 进行公开评价（师生共评，含评析、评改、评讲三种形式）。

第一，引导学生重温该次作文练习的重点目标，接着下发或出示事先准备好的评价样文（达标的优秀习作）。[大家一致认为该文达到了要求，特别是对人物的语言描写、行动描写，既符合人物性格特征，又很有具体形象，应评满分（60分），还可在“加分”栏中评上6分（“加分”原则有两条：其一，必须是基础能力过关和发展能力达标以后即在八成、七成以上分数，方可加分；其二，在某一项较有突出发展或几项均有突出特色，都可获得加分，加分视其发展的突出程度可分成大致三个层级给分：2～4分、5～7分、8～10分）。评价结果是，评定基础分28分，发展分60+6=66分，共计94分。]

说明：学生在评价时发现该文另有一个详略不太得当的问题，但不属于此次训练目标，则不扣分，发展能力达到了要求，则为满分。

第二，发放或出示第二篇不达标的习作例文，仍按上述步骤进行评价，组织学生讨论：哪里不达标？不达标程度如何？不达标的原因是什么？怎样才能达标？能给多少分？……讨论后给予评定分数。

说明：第一，在三类给分的讨论中，重点讨论第二类：写作发展能力的目标训练是否达标，以及“加分”项目能否给分等；第二，教师在评价过程中要起主导作用，适时点拨，因势利导，归纳整理评价意见和分析不达标的主要原因。这已经是又一次写作反思。

第三，在示范性的师生共评以后，便组织小组形式将其他习作（同桌、同排或四人小组等）进行交叉性互评。互评后，每个小组的负责人向老师和全班通报互评分数及有关情况。

第四，对评价者进行再评价。教师首先抽查几份互评习作及结果，让他们在全班具体汇报习作和评价情况（分数及具体意见），然后组织大家对他们的互评情况做出“再评价”，即评价是否恰当、合理，并对评价不恰当的开展讨论分析，做出适当调整、纠正。

第五，师生共同小结。教师对全部活动进行小结。学生也写出相应的“评后感”，或把自己的习作结合互评后进行“再自评”，然后再修改，或者再写作。这是最终的整体性“写作反思”。

附：“基础 + 发展”的写作评价性反思记载表

学生：　　　　　　本次写作题目：

本次评价重点（目标）：

（一）写作基础（写作态度、习惯与基本功，满分 30 分）

1. 态度：态度端正，写作认真，按时、按质、按量完成写作任务。

2. 习惯：养成审题、打腹稿、列提纲、写后修改和勤于观察、积累的习惯。

3. 基本功：①书写工整规范，文面整洁；②符合命题题意，符合文体要求；③不写错别字，标点符号和行文格式正确；④用词准确，没有病句，语句通顺。

写作基础

自评：________分；反思性评语：______________________________。

他评（互评）：__________分。

（二）写作发展（写作能力发展与创新，满分 70 分，其中特色加分为 10 分）

1. 内容：切合题意，内容充实，中心突出；材料丰富、新鲜；细节生动具体；感情真挚；立意深远，见解独特。

2. 结构：结构完整，符合文体要求；构思巧妙，过渡自然，条理清晰。

3. 语言：语言通顺、流畅，词语生动，句式灵活，文句有意蕴，善于运用修辞手法；有文采，有个性特征。

写作发展

自评：________分；他评：__________分。

反思性评语：____。

（三）写作总评

总评

全文总评：____分；全文反思性评语：______________________。

教师寄语：____。

注：

1. “写作基础”栏，每项每次均列入评价、记分。

2. “写作发展”栏，按每次所突出训练的重点项目进行主评，其他项目为次评。

3. 反思性评语和教师寄语，每次均以所训练与评价的重点项目内容为主，需写出具体意见（优、缺点及整改措施等）。

三、课例（案例）讨论

（1）这种反思性教学，是一种将教学评价（含学生学习评价等）贯穿于教学实践活动全过程的综合性反思教学活动，我们特称之为“评价型反思教学”。

其具体操作步骤有：第一次反思，即在教学前先对过去的教学状况和经验进行反思，在反思中获得一种新的评价标准（理想性写作指标）；第二次反思，即按照新订评价标准由学生自改，即对自己的习作（结果）及其写作过程（诸要素）逐项进行评价性反思；第三次反思，即由老师或其他同学进行“他评”（也叫“互评”“助评”），即合作性集体反思；最后，由学生本人写出反思性体会或反思后进行发展性写作。实践证明，这种将反思理念与方法渗透于写作的教与学活动的全过程，多次、多级、多元反思，效果很好，不仅使学生提高写作水平，写出了好文章，更是培养了学生一种反思精神与求真、求实、求美的反思能力。

（2）遵循写作规律，关注写作的“基础”与“发展”的统一与促进，并对这一过程进行评价性反思，则抓住评价这个杠杆，增强了反思性教学在写作教学中操作的可行性和实效性。

例如，每次抓住一两个重点评价指标进行“达标性”的反思性学习，符合学生的一般认知规律和教学规律。这就从根本上说明，反思性教学是一种追求合规律的教学，追求合理性的教学。这种“追求”过程实际就是一种“反思”，并且将评价融进去，使这种反思更加具有载体性和可操作性。

（3）这种评价型反思性教学，是一种教学创新的重要手段与方法。鼓励教师与学生互动学习，教学相长，实现教师学会教学，学生学会学习的新境界，自我反思，自然探究与提高，在一种“不足”和“遗憾”中扪心自问，贵有自知之明，并在“发现问题与解决问题中继续学习，追求新的进步。所以，反思性教学最终成为一种教学创新、推进素质教育的重要理念与方法，其前景十分广阔。

让“自然而然”成为我们的一种教学追求

——“开放性”作文教学的新发展研究

一、关于“开放性”作文教学研究的缘起

(一) 现状与问题

关于“开放性”作文教学的研究，在我国其实有很久的历史。特别是从20世纪八九十年代起到现在，一直有这样或那样的成果及其经验不断出现。我市也是如此。例如，汕尾中学沈晓仪老师开展“开放性”作文教学的课题实验是从1999年开始的，且效果很好。后来还有不少学校和教师都进行了类似的作文教学实验，有的叫“个性化作文训练”，有的叫“读开放书，写开心文”，有的叫“作文乐练法”，等等，这些都可以说是我市第一轮研究的成果，对作文教学质量和学生写作水平的提高起到了重要的促进作用。

但是，“开放性”作文教学目前也存在不少问题，概括起来主要有以下几个方面：

（1）有其口号（理念）而无措施或者行动，或者只用口号来装点门面，从来就没有打算好好去实践。

（2）有了一些成果便浅尝辄止，未能拓展、延续或大面积应用，仅仅把它看成一项“科研”课题，取得成果后便“束之高阁”，犯了目前科研成果无法转化为生产力的“通病”，导致“开放性”作文教学仍然不开放，或者难以开放。

（3）对开放性作文教学缺乏深层次理解和全面的认识，也就是说，开放性作文教学的深度和广度不够，仍停留于一些粗浅的、表面化的“开放”而无精神层面和内容的结构的语言的全面开放，即“形开而神不开”，尤其是尚未牢固树立开放性作文教学的意识，口头上说是开放，而一旦行动起来便出现自觉不自觉的“反开放”或者“去开放”的动作、语言及活动内容。

（4）尚未科学处理好“开放”与“开放性”、“开放”与“放开”、“开放性与开放式”、“开发性与开放制”“开放性与开放度”五对不同概念各自的内涵及其相互关系之间科学处理的问题。只有写“放胆文”和“开心文”，才能让“开放性”作文教学落到实处。“放胆文”，即指放开胆子，无拘无束地自

由、自主写作。“开心文”，即指愉快地、开心地写作，写出的文章是阳光的、积极向上的，充满正能量的。

（二）反思与对策

这些问题的出现，也只有在经过“开放性”作文教学实验及其反思之后才会比较清晰地暴露出来。因此，这些问题就成为我们课题下一轮研究的内容，从而促进课题深入研究，也更具针对性和实效性，也就是发展性。

为此，我们确定从作文教学的“开放性”出发，由“开放式”走向“开放制”为研究的主攻方向，着力把开放情境语境，让学生写“放胆文”“开心文”作为“开放性作文教学的新发展”研究的课题。其概念界定为：

（1）“开放性”作文教学在通过其理念的建构与相关的行动尝试以后，必须在强化开放意识、寻求开放策略与操作模式方法的系统性、常态性上下功夫而进行研究与实验。

（2）“开放性”作文教学，理应包括两个层面：学生作文“开放”，教师的作文教学更应该呈现“开放”，所以将“开放式”置于“作文”与“教学”之间，连接二者，以便使作文“开放式”教学这一教学模式能真正落到实处。

（3）“开放式”，是指在“开放性”理念的指引下，创设融“开放意识、开放策略、开放途径、开放模式、开放手段与方法技巧”于一体的具体的开放情境与语境，构建让学生写“放胆文”的科学操作机制。

这样，就比过去的“开放性”作文教学有了新发展，即不仅仅具有开放的特性和行为，更具有“开放”的模式、方法或途径以及效果；还表明作文教学的方式不仅是开放的，更是丰富多彩的。这就是本课题“新发展”的标志：开放性作文教学的研究更在于追求一种使理念与方法以及途径更趋科学、准确与合理的机制性效果。

二、研究内容与做法

（一）本次着重研究如下内容

（1）使教师和学生真正树立“开放性”作文与“开放性”作文教学的意识，将“开放性”贯穿于作文与作文教学的全过程。

（2）从理念上的“开放性”走向行为上的“开放性”，从表层上的、形式上的“开放性”走向深度的、精神层面的开放性，尽可能寻找内容上开放的多元性、结构形式上开放的多样性，让整个作文教学过程都在无拘无束、自由自如、自然而然的非指令性教学之中，在全员开放、全程开放中让学生说实话，抒真情，充满童趣和童心，最终达到读开放书、写开心文的最佳境界。

(3) 在研究中将上述两点始终贯穿于全过程，而且使课题成果不断地从量的变化向产生质的飞跃发展。

(二) 本课题致力于开展以下研究工作

(1) 开展对当前小学作文教学中所存在的“非开放性”问题的调查分析活动，写出调查报告。包括：作文教学的“非开放性”的现象有哪些？产生的原因是什么？有什么危害性？克服这些问题的对策怎样？等等。

(2) 加强学习，进行理论武装。主要学习语文新课标中关于以学生为本，倡导学生自主学习和开放学习的现代教学理念，学习有关开放性作文的理论文章、优秀课例和操作经验等，要求写好学习心得体会或反思性论文。

(3) 开展有关讨论，明确和处理有关“开放性作文”教学的各种关系。例如：①“开放”与“放开”；②“开发性”与“开放式”；③“情境”与“语境”；④“开放性”与“开放度”；⑤“放胆文”与“放心教学”；⑥开放性教学的意识、策略、方式、方法与开放性作文教学的行为、行动以及结果的评价和总结等。

(4) 在明确以上若干关系的基础上，确立各自研究的重点或主攻方向，将其衍化或分解为若干子课题或小项目，并制订完整的课题研究实施方案，如确定实验班级、学生，创造研究条件，活动项目安排，工作措施及进度等。

三、本课题所追求的价值

本课题追求开放性作文教学新发展的学术创新价值和教学上的推广应用价值，具体体现在以下几个方面。

(一) “自然而然”是本课题理念的核心特征，也是区别于目前其他“开放性”作文教学的主要标志

我们认为本课题的研究是很有意义的，具有学术上的创新价值和教学上的指导价值。例如，进一步对开放性做文教学作了完善、拓展、提高的发展性研究，以形成一套关于开放性作文教学的可操作机制；这种机制则体现为让教师学会与掌握一套开放性作文的策略、方式方法或者有效路子，即追求“自然而然”的少包多放、少限多导、少牵多扶、少评多议的自主、自动、自会的作文教学模式，从而为“开放性作文教学”的常态化、实效化扫清障碍，并提供相关经验及范例。这就是新一轮开放性作文教学新发展研究的完整含义。

通过实验与总结，摸索出一套开放性作文教学的路子、法子。例如：“真

情表达，想说就说”“真话真说，实话实说”“读开放书，写开心文”“放胆文写作”“原生态写作”“快乐写作”“先写后导与先改后评”“作文评改的多元化”（师生面改、学生互改）、“读写一体化”“作文生活化与生活化写作”“有创意的个性化表达”“少题限少要求，多情境多语境”等“两少两多作文训练”等，尽可能创造一种少限制、无束缚、大自由的开放性作文情境与语境。

（二）这种“开放性”作文教学，可以实现“童心童教”

教师的教学因开放而在“童心”中走向与学生“同心”，让学生因作文的开放而与作文同心。因为我们坚持：对青少年学生是搞“成为人”的教育，而不是搞“成年人”的教育；更是教他们作文时说“童话”、写“童言”，激“童趣”、表“童情”，现“童心”、保“童真”。

（三）构建从“开放式”到“开放制”的“开放性”作文教学机制

通过研究，构建一种从“开放式”到“开放制”的“开放性”作文教学的完整操作机制，让“开放性”作文教学成为语文教学改革与发展的重要途径之一，具体地说是“三从三走向”：“从形式上的外在的开放走向内容上的深度的开放，从粗放的片段的开放走向集约的系统的开放，从教师单一开放或学生单一开放走向师生共同的开放”等等，从而使小学作文教学老大难问题得到一定的解决。

陆河县河口小学朱月云老师便是其中一位成功的尝试者。她按照本课题研究的新观点、新方法和新途径开展了一系列“新发展”探索，尝到了甜头，最近还在陆河县小学作文培训班上为全县教师上了示范课，展示了她一年来参与课题研究的成果。她深深地感受到，从过去的迷惘和盲从走向了敢于开放、学会开放的教学快乐与自由。可以说，她的尝试已初步显示了具有深度意义与效果的“发展型”开放性作文教学特征与模式。

总之，经过我们两轮多年的“实证 + 思辨”的科学研究，“开放性”作文教学的新发展研究已初见成效。参与实验研究的教师能真正树立“开放性”作文意识，领会“开放性”作文教学的真正内涵，明确“开放性”作文教学的重要意义，使“开放性”作文教学成为师生的一种自觉行动。当然，我们的课题研究还要继续做下去，让“开放性”作文教学“新发展”的理念更新、路子更广、方法更多、效果更好。

只有“放开”才能开放

——也谈作文“开放式”教学

由于新课程改革实验的推动，一种新的教学形式也随之产生，即“开放式”教学。它作为一种推进素质教育、培养学生创新精神和实践能力的新形式，已经越来越为大家所认同与采用。作文“开放式”教学更被大家所追求。

但是，据目前的操作来看，似乎口号响，开头热，真正能拿出效果及一套完整的成功经验的不多。为什么？其中一个重要原因应该是对“开放式”教学的准备不足，准备不足，其策略不够、措施不力、方法失当，效果也就不好。准备不足的关键是什么？就在于开放还没有真正“放开”。特别是小学生由于年龄小、阅历浅，不懂得开放，无法开放。要知道从某种意义上说，开放是一种过程、一种状态，甚至是一种结果，而放开才是其达到开放的方法、技巧、手段、艺术等综合的行为方式。

因此，教育学生用放开的眼光和触觉伸向儿童生活的每一个角落，让他们在广阔的生活空间首先敢于将思维“放开”，将笔头“放开”。

所以我们认为，作文教学的“开放式”，首先还得“放开式”，只有“放开”才能“开放”，只有“放开”才能放胆，也才能写出“放胆文”。放开了手脚，放开了胆子，才有可能敢于创新、开拓，才有可能让学生所写的内容更丰富、更新颖、更具体，也更生动，这样写作过程中的思路才更活跃，立意更深刻，因此这种放开型的作文堪称“放胆文”教学过程。到底怎样鼓励学生在“放开”中写出“放胆文”？

一、从“有话就说”活动开始，让学生的思维空间与题材范围得到最大值的开拓

我们常在课前利用 5 分钟时间，举行“有话就说”活动。这样，不仅激发了学生的作文兴趣，而且直接为学生开拓思维空间提供了丰富而鲜活的写作素材。学生们可说身边事、身边人、身边物，海阔开空，想说什么就说什么，一句话、一段话，不拘一格。通过学生有话就说，我们发现了现在独生子女都因家长望子成龙心切而负担过重的怨声，于是，我们又举行了“少儿心声”活动，让学生把在家不敢说或无法说的话，在学校畅所欲言。从孩子所说的肺

腑之言中，我们发现埋怨妈妈的居多，因为每一家孩子的学习管理几乎都由妈妈承担。为了让学生理解自己的妈妈，为自己有一个好妈妈而感到自豪，少些怨言，我们又设计了一个“看妈妈，说妈妈”的活动。首先要大家带来各自妈妈一张最好的相片。有的学生带来了妈妈的生活照、工作照，有的同学带来了妈妈的婚纱照。课堂上，教师先问学生：“你的妈妈长得怎么样”？学生们异口同声地回答：“我的妈妈很漂亮。”“你的妈妈怎么样漂亮?”学生们开始进行小组讨论。接着教师问：“你为什么觉得妈妈漂亮，就是因为你喜欢妈妈？那你为什么喜欢你的妈妈呢?”这时，学生们就说出妈妈为了自己的生活、学习如何辛苦。听到这些，教师又顺势上了一节说话写话课，题目就是《我的妈妈》。

这样，通过教师的点拨和学生们的讨论以后，学生们懂得了母爱是无私的、伟大的，从而激发了对妈妈的爱。此后，再也没有对父母产生埋怨了，而且学生所写出的文章，篇篇都是情真意切，真可谓“放”开了心声，“放”出了佳作。

二、从感兴趣活动开始，让学生为“感兴趣”而写

在作文教学中，我们都十分注意兴趣活动，让学生在实践中提高能力，也为他们增加写作素材、提高写作能力提供契机。对于兴趣活动，我们认为，不能只事先由教师认为有兴趣，而应该让学生感到兴趣，如果学生没有感受到这是兴趣活动，或者没有兴趣参加，就不能起到“兴趣活动教学”的作用，也就是说不仅要让学生参加兴趣活动，还要让他们感受到这些活动确实有兴趣，只有对活动确实感受到了兴趣，才会对这些有兴趣的活动产生情感，产生感受，其不把它写出来就按捺不住激动的心情，这时候的写作状态才会是最佳的。为“感兴趣”的事而写，才会在一种轻松、愉快、毫无束缚的“放胆式”思维状况下，也就是一种近乎“玩”的情境中进行写作。

例如，我们通过一系列有趣的游戏活动，让学生在玩耍之中激发情趣，边玩边有兴趣地学习写作，即以情趣点为中心来选材、构思，再拓展成文，或以情趣点为引线，导出其他有意义的写作题材和主题。例如“摸人”“画三毛”等。在活动中先让学生轮流游戏、观看，让学生确实感到有兴趣，而后教师恰当地提示观察与点拨，最后让学生写成文章。这样，学生的文章会写得生动活泼，充满感情。又如组织学生布置墙报，学生们很有兴趣地参加。于是教师设计了一个栏目，叫“二十年以后的我”，目的是让学生从小树立远大的理想。

结果在教师点拨和活动导引下，学生们都写出了一篇篇想象非常丰富，既有趣味又有思想、有文采的表达理想的佳作。再如，当看到有的学生想当科学家时，有教师举行了一次班会活动，题目是《明天的科学家》。上课前，教师特意准备一个相框，并准备了一段精美的导言，是这样的：“同学们，今天老师给你们带来的是著名的科学家的相片，你们想不想知道是谁呀？（展示）啊！你们都知道了，但现在谁都不许说出来，要边看边想自己的理想。”于是学生们轮流看相框。

通过“边看一边思”活动，学生们对自己充满了信心，从而激发了写作积极性，于是迫不及待地把自己的想法写下来。这就是学生真正为“感兴趣”而写。

三、用陌生的眼光看熟悉的生活，让学生从熟悉中发现新意

“生活”是创作的源泉，学生的写作素材和灵感来自他们的生活，但是，学生往往因为自己的生活太简单、太普通而缺乏新鲜感，可以说熟视无睹，于是这些生活也就无法进入他们的写作范围。

究其原因，就是学生缺乏“放开”观察与“放开”思维的缘故，学生由于未能放开思维、放飞想象，便对生活“熟无激情”，难以发现新意和吸收为写作题材。因此我们务必指导学生运用求异思维，学会用陌生的眼光来观察与思考这些司空见惯的日常生活，从中悟出新意，写出新作。这里，首先要求学生在家里、在社会中适当参加实践劳动，做些力所能及的事情，进入多彩的生活空间，产生生活体验。然后让学生做观察生活的有心人、热心人，既培养学生热爱劳动的思想感情，也让学生产生写作动机，捕捉许多有独特意义的题材，成就佳作。例如《记一次春游》《给妈妈的一封信》《洗碗》等。这些文章都充分写出了作对劳动的热爱，对生活的讴歌和向往，真可谓眼光一放开，思维一放开，生活就新鲜了，视野就开阔了，写作兴趣与激情也就来了，写作题材也就有了。另外，通过生活图画来创设情境，使生活画面更趋理想化、美趣化，从而形成一种“陌生”的感觉、惊喜的感觉，也就是新鲜的感觉，然后根据儿童特点，采取由直观到抽象、由说到写、小组讨论的方法，指导学生把这种“感觉”写出来。往往这时候写出来的习作也是最佳的。

教学实践证明，这种方法只要引导得当，大部分学生都能放开想象，而且想象得合情合理。如用观察《下雨啦》四幅图进行写作训练时，不少教师特意设置了一种这样的情境，即用“乌云密布、电闪雷鸣、急匆匆、助人为乐、

抚摸”等词，虚拟构建一个特定情境，这样就可以帮助学生在特定情境中写出一种“陌生”而新鲜的感觉来。

学生爱看童话，也爱写童话，为了发挥他们的爱好，培养他们丰富的想象力，有些教师在教完《小白兔和小灰兔》一课后，鼓励学生丢开原有课文的结尾，通过续写的形式来创设一种“陌生”的情境，产生异样的感受，从而写出一个新的结尾或另外一个故事来，以锻炼学生的发散思维，写出新意。这种方法实践证明也很好，有的学生想到了小灰兔第二年也种出许多白菜，有的同学想小灰兔第二年把自己种的白菜送给了老山羊和小白兔，等等。由此可见，用“陌生”法去放开观察与体验，放胆思考与写作，能够成为培养学生创新精神和实践能力的有效途径。

总之，开放式作文教学，通过真正的放开，能让学生想说写什么就说写什么，怎么说写都行，但由于学生本身差异和说写水平的参差不齐，必然导致效果各异，所以不能没有教师的指导，不能没有教师创建“放开”的必要模式和有利契机，不断引导学生首先在思维上“放开”，然后在写作上“放开”，努力给他们一个放开思维、展现个性的时间和空间，并在实践中发展和完善学生的个性，写出一篇篇既有时代生活气息、又有个性风格特点的创新之作。

（本文发表于广西《小学教学参考》，2008 年第 5 期）

写作教学之“理”行

——从“成品化写作”走向“过程性写作”

【引言】

过程性写作，指突出和立足于写作的过程性。它基于过程而发展过程，它成于过程而非结果，充分呈现“我与写作”和“我在写作”。这主要是因为过程有形、有序、有神，真实而不虚拟，让人能自主、自如地展现心智与表达事理，而非任何违背真实而自然的“非过程性写作”乃至“反过程性写作”。目前，由于注重结果或受某些功能需要型写作的干扰，过程性写作却不断被边缘化乃至忽略，于是“结果性写作”便愈演愈烈。

例如，为考而写作，为某种“作文”的成品而写作。这样就把写作本是一个属于我写我心的过程给改变了，忽略了，掩盖了，甚至歪曲了，于是那种过程不再是真正的写作所具有的过程，而仅仅是将写作作为一种工具，为考试服务，为某种实惠服务。

我们需要过程性写作，少点成品性写作。现在，我把开展过程性写作教学，作为坚持语文教育“理”性，落实“知识边界”理论的一次大行动。以下几篇文章便是对此次大行动的探索及总结。

从教作文（成品）到教写作（过程）

——对“过程写作教学法”的研究

一、关于“过程写作教学法”的构建

（一）概念的含义及背景

1. 什么是过程写作教学法

过程写作教学法，是指以学生写作过程为关注点而进行写作指导的教学，以通过写作来学会表达，强化写作思维，强化写作过程体验。它十分强调在学生写作过程中的“表达”而非“作文”，着力于因表达而展开的构思、提纲、初稿和修改等具体写作环节上的全程功夫的掌握，以帮助学生自行观察立意、布局谋篇和行文，且这种指导贯穿于整个写作过程，最后成文只是一种水到渠成、瓜熟蒂落的自然性的结果。

2. 写作教学，需要成为一种“课程”

现在，许多人都在进行作文教学，看上去是作文课，但并不等于就有了作文课程，更不要说发展成为写作课程了。从课程的标准和要素来看，事实上，当下相当多的作文课，只是阅读教学课程的一种附属物、陪衬品、拓展点，或者只是教师的一种随意性行为，或者是高考、中考作文的备考应试的训练活动，并不是让作文教学成为一种既基于语文教育的统摄意义，又具有相对独立性和具有必备课程因素的写作课程。例如——

（1）为仅仅是完成阅读课练习题而写作。现在，教科书中的阅读课练习题，一般都有一道关于“写”的题目，如写大意、写读后感、仿写、改写、续写等，那么这种写实为阅读的匹配或巩固阅读效果，只是把写作为阅读的一种工具，即手段。

（2）为高考作文的备考而写作。当前，普遍盛行的作文考试教学几乎走进了“八股”训练的怪圈之中，大搞所谓的作文模拟训练、不同题型训练、不同文体及素材训练、不同开头结尾的训练，甚至猜题押题训练、套作训练，等等。

（3）作文教学自身也从来没有过像模像样的操作系统。当前，作文无序、无计划的现象，虽然可以让各路英雄各展拳脚，但无不暴露了其随意性、杂乱性和低效性，还把应有的一些作文规程、写作态度、写作习惯、写作要领丢弃了，最后就让学生视作文为畏途，写作水平普遍低下，大文章不会写，小文章也写不像，连一些笔记、日记和日常实用文都写不好，等等。

3. 过程写作教学法，是实现写作教学成为“课程”的核心

为什么写作教学成不了“课程”？不是教师不愿意，而是在实践操作中缺乏“过程性写作”的意识及作为，更不用说形成一种系统性强的、可操作的“过程写作教学法”。我们认为，“过程写作教学法”是促进作文教学能成为“写作课程”的一个好方法，因为它突出了过程及“过程性写作”教学，为作文教学成为“课程”创造了条件。这样，由教作文（成品）而向教写作（过程）转型，让曾经的作文教学完全有可能成为一种课程，并产生由课程带来的教学效果。于是，“过程写作教学法”也就成了“写作课程”的一大核心。

我们常说的作文课，如果有了“过程写作教学法”，就会朝着严格意义上的写作课程方向发展，而且成为一种“内涵写作学”的学科建设内容之一。“写作课程”的建构与开设，是语文教育改革与发展的一大进步，是语文教育“理”性的一种标志。事实表明，只有基于课程的写作教学，才能寻求到解决目前作文散乱、随意、无序型问题，进而建构写作教育的课程体系。

4. 怎样进行写作课程的建构

在过程写作教学法的理论指引下，我们认为，写作课程的建构，应着重在以下“六个基于”——

（1）基于整体上的语文课程标准、课程元素及对作文教学所形成课程的基本要求。

（2）基于优秀传统文化，包括优秀的传统写作文化；

（3）基于当今作文教学经验、作文教研成果及作文训练的问题等。

（4）基于学生写作现状及作文上的学情发展。

（5）基于社会对学生作文的需求和生活实践对作文的反馈。

（6）基于写作自身特点和发展规律及过程上的相关机制与理序。

（二）理论基础及其意义

1. 理论基础

“过程写作教学法”的理论基础，首先是主体表达理论。它认为写作的过程实际上是一种人的主体表达活动，旨在全程表达，表达于全程，表达于思维，而并不单纯是为写一篇作文而展开的“作文”成品驱使型的任务性行动，其教学的重点放在对学生“表达”过程的指导上，放在对学生自我“表达”及主动正确地“表达”素质的培养上。

“过程写作教学法”的理论基础，其次是群体交际理论。它认为写作的过程实际上是一种群体间的交际活动，旨在写作者的合作学习及共同探讨，突出以“交际”的过程体验为关注点，其教学的重点放在学生写作过程的指导上，放在学生整体写作能力及创新写作能力的培养上。

2. 产生意义

在国内外众多关于写作的教学理论和方法中，我们发现，麦肯齐和汤普金斯的过程写作法是独辟蹊径的，先是受到外语教学界的瞩目，现在也对中国语文写作教学产生参考意义，值得借鉴。因为我国写作教学在改革中发现，过去那种成品驱使型的“作文”教学已越来越不符合发展需要，从写作成品走向写作过程，即从过去关心学生写什么转移到关心学生的写作过程，构建与推行“过程写作教学法”，这将是语文教育的一种“理”性之策。

过程性写作，虽然不是新鲜事，但它的确能缓解当前因利益驱动所带来的成品性写作的问题。因为人一走进一种过程，就不会被过程以外所赋予写作的外在功能而浮躁，以免让写作失去真实，失去自我，失去真心。

例如，为考而写作，为某种“作文”的成品而写作。这样，就把写作本是一个属于我写我心的过程给改变了，忽略了，掩盖了，甚至歪曲了，于是那种过程不再是真正的写作所具有的过程，而仅仅是将写作作为一个工具，为考试服务，为某种实惠服务。

二、对“过程写作教学法”的再认识

（一）“过程写作教学法”与传统的成品写作法的区别

（1）这里的“过程写作教学法”，既不是传统的成品驱使型的“作文”教学，也不同于“写作过程教学法”，旨在突出“过程”中的写作，优化“过程”中的写作思维，重在学会写作与写作体验。它与目前盛行的以“作文”成品为关注点而进行的结果型写作是相反的一种方法。该方法克服了结果教学法的种种弊端，积极发现、澄清和挖掘意义，准确表达思想的复杂过程。让学生有感而发，使文章内容真实。

这里的“写作”，既是名词又是动词，做名词时表文与“作文”相区分的一种“写作”状态，做动词时则表明一种“写作”活动，并呈现一种动态的思维进程，即思想的参与和思维流动，所以整个写作过程，其实是人的思维活动在推动言语生成，最后是名动结合而形成了过程性写作。

（2）传统的成品驱使型的“作文”教学，只强调写作的阶段：学生拿到题目写出作文，教师打分然后再出新的题目，整个过程中用于写前活动或重新写作的时间很少甚至没有，只有学生写出的成品才是教师的关注对象。而采用“过程写作教学法”的教师强调所有写作的阶段，特别是反馈和评改阶段。他们认为写作不是一个产品而是一种复杂的、循环交互的过程。让学生认识到写作是一种循环的过程，而每个人的写作过程又有所不同，学生在写作时就不会有太多压力，也会更加愿意去实验、探索和修改。

(3) 过程教学法提倡以学生为中心，是对传统的权威性教学模式的挑战。教师不再是课堂的垄断者和语言裁判，而是课堂教学中的组织者、协调者和信息提供者。学生与教师、学生与同伴之间的不断交流使整个写作过程在一种轻松愉快的合作氛围里进行，学生不再惧怕写作，而是积极投入写作过程的各个阶段，其主观能动性得到了充分的发挥。过程教学法中的一些技巧和活动，如小组写作、同伴互评等，能帮助学生写出更好的作品，增强他们的动机和自信。

（二）过程写作法的主要特征：在于“学习写作”

“学习写作”这一概念的提出，主要是基于让“学习科学”走进“语文学习”而形成的思想，也是让“过程写作教学法”以形成一个可操作的写作过程链。这个写作过程链可分成三段：写作预习、写作表达、写作发展。

1. 写作预习过程

当前，在写作教学中很少有提“写作预习”的，但它十分重要。写作的确首先需要有效的写作准备性预习，即学生通过各种有关学习写作的准备来学会写作。写作预习主要包括：生活体验与积累、阅读理解与感悟、事物观察与感知、言语认知与应用、思维拓展与锻炼，等等。

2. 写作表达过程

写作表达过程主要是以下两个系列：

一是按“作文”而设计单元化写作表达习练体系。这里突出的是“习练”，既不是“练习”，也不是“训练”。它包括：写作常规和基本能力单元化习练、综合提高型方法技巧单元化习练、超常规创造性能力单元化习练。

二是以“思维”为中心，按照思维的不同类别、不同方式、不同层级等，开展基于单元化作文教学理念下的“整体优化与系列指导”，重在培养学生严密而又富于意义的思维品质，提升其写作表达上的思维水平。

3. 写作发展过程

一是重建“作文单元”教学体系，让写作真正走上有理、有物、有序的科学轨道，如编写写作教材、专题教法研讨和写作教学成果展示等。特别期待一种以写作为中心而组成的新型语文教学体系。

二是让“过程性写作”真正成为去“成品化写作”的一种重要手段和有效对策，让学生走回真实的写作过程，能充分展现自我表达的本心，少些机心，多点真心。

三是不要将高考评分中的四个“发展”项目指标在平时的写作过程中也分项训练，或者分项评价，因为那是便于评分之用，而真实的写作却是一个整体性的发展过程，到底发展了什么，既无法区分，也无法量化。

三、“过程写作教学法”的“三阶段”全程操作指导

（一）写作初阶准备

1. 初阶构思

初阶构思主要是指写作之初所做的各项准备工作，包括酝酿或孕育写作动机、打腹稿、阅读资料、收集信息、确定主题、列写提纲等。这里的“写作之初”，是区别于“写作之前”而言，也就是把“写作之前”变为“写作之初”，意在将“写作之前”引入写作全过程，作为写作过程的一个重要组成部分，即第一环节，以充分体现“过程写作教学法”的一个重要特色。目前常见的写作初阶构思有如下几种方法：头脑风暴法、讨论法、聚焦法、思维导图法、设问法、速成法。

2. 教师指导

教师指导即向学生随机进行有关写作过程的指导与帮助。例如，指导和启发学生如何审题、如何就题目或主题句的要求展开思考、如何开发自己感兴趣的题材等、根据题意帮助学生确定每段的内容、列出写作提纲、引导学生不断写出与题目相关的潜伏于意识之中的各种信息、挖掘题材的技巧和写作技巧，产生更多带有激活作用的不同思考角度。

（二）写中体验

1. 行文表达

行文表达即指学生用文字把自己的构思表达出来。学生经过写作初阶构思活动的准备和构思，收集了充足的素材后，即可动笔进行行文表达。在具体写作中，应将写作的重点放在思路的清晰和行文的流畅上，而不要过早地被语法是否正确、语言是否生动等所束缚，以免影响当时写作的连贯性与思维的灵感及流畅，要树立读者意识，认真想好：写给什么人、用什么样的内容和语言、选择什么样的文体、要树立表达意识、为什么写这些东西、想表达什么、是否

表达正确、是否有的放矢、言之有物等。要加强写作思维训练，最好把一个题目看作一个方块体，努力从描写、比较、联想、分析、应用和辩论这六个方面来挖掘题材和开展写作。

2. 教师指导

教师应指导和鼓励学生使用刚学过的词语和句型，做到学以致用，在实际应用过程当中将其掌握，这样就可以不断巩固和扩大词汇量，掌握更多的基础知识。在指导学生展开段落写作时，教师还应顺着学生的思路，或交谈或提问，帮助他们完整思路。要告诉学生紧扣题意，突出重点，不要在意任何语法规则和选词。否则，学生一味地否定刚写到纸上的东西，会使自己发掘题材的能力受到限制。不提倡在写作初始就将语法、标点、用词等内容纳入思考范围，并不是因为这些内容不重要，而是因为时机尚未成熟。写作过程不是以牺牲语法、组织结构、标点符号和词汇等基础而挖掘题材，只是把这些技术性的细节纳入文章的修改阶段。

（三）写后整理

1. 整理和完善

整理和完善指学生将作文整理和完善的阶段。一是整理，不仅是对文稿的整理，更是对写作思维的整理和写作过程的总结。这个阶段可分两步：由学生自我总结写作过程及习作成果，并组织学生分组互评，以发现问题为主；二是完善，主要是反馈和对问题进行自我反思，拿出整改方案即修改意见，然后进行修改，以优化写作思维和提升内容、结构、语言的水平。

这种反馈，是“过程写作教学法”中一个重要的环节，书面反馈和口头反馈。教师反馈主要来自教师和学生两个方面。而学生之间的相互商讨则创造了一个更为积极、友好的写作气氛，有助于增强学生的读者意识，降低他们的写作焦虑。

2. 教师指导

在学生将作文整理和完善的过程中，教师应随机随时进行指导。这种指导，可以是随堂随机地进行观察、巡视、引发、点拨和答疑，但不能过度干预。这种指导，可通过反馈进行，但以正面地影响学生的心理活动为主，强化意识，有助于发现学生发现不了的问题，增强作文纠错的针对性和及时性。这种指导，重于对文章内容、结构、语言等提出具体可行的建设性意见，不是单纯的评语，而是真正帮助学生进一步深化主题、优化结构、美化语言。这种指导，可以将范文引路与行文过程相结合，即一边展示范文，一边分析范文的思考线索、主题的表达、句子的衔接、段落的过渡等，使学生从中领悟到写作的过程性。

谈过程性写作教学的“单元化”

一、作文教学也要“单元化”：单元化的过程性写作

在语文教学改革的百花园里，“单元教学”已作为一朵奇葩格外引人瞩目。但稍一思辨就发觉，现行的单元教学，往往是一种以阅读课本为中心的教材处理方式，至于与阅读同等地位的作文，往往只在其“单元知识与训练”中略做介绍，或出几道作文题进行写作训练。从表面看去似乎也进入了“单元圈”，然而貌合神离，大多是为印证阅读中“写作主题、结构和写法”的需要，或者是随兴而来的“口占文”“时令文”“运动文”之类的“老三篇”。这样，作文本身就被瓦解得支离破碎，缺乏整体与系列，也当然体现不了写作自身的规律与特点。基于此，我郑重呼吁：作文教学也要有单元，更要“单元化”。

众所周知，“单元”即自成段落、系统，自为一组的单位。从古至今的作文教学，也都很注重这种“单元”，但是由于阅读教材的“单元处理”反而被搞得面目全非，使师生无所适从了，所以强化作文的“单元意识”势在必行。运用单元的观点、思路与手段去分析一切作文现象，实施作文过程和方法等，就是我们所说的“作文单元化”。具体地说，即以文体为中心，以单元化为出发点，将作文中的基本因素如“立意、题材、构思、表达、语言”等，或者写作过程中的主要环节如“观察—思维—表达”等组成相应的训练体系，并结合认知心理流程的贯通与方法技巧的妙用，避免由于“非单元化”而造成的某些写作断层或不必要的重复。

“作文单元化”到底怎样实施呢？我认为，在提高认识的前提下，从宏观思路上确立“作文单元化”习练体系。我经过多年教学尝试已形成“作文单元化三级习练”体系，现介绍如下。

第一级：写作常规和基本能力单元化习练。

（1）主题型单元化习练：通过不同的立意层次与角度或者提炼主题的过程设计单元，以形成一种“主题圈”，来达到立意全面、准确而新颖。

（2）题材型单元化习练：按照题材的不同类别，不同来源来组织与主题相应的若干“题材场”，让学生知道“什么树开什么花、什么藤结什么瓜”，不乱选题材，不选乱题材。

（3）结构化习练：按照文章的基本结构和特殊构思，组织大小不一的有各种形式的单元进行写作习练。

（4）表达型单元化习练：根据文字表达中的拟提纲、写正文和修改润色等方面，分别抓住其特征来组织单元进行习练。例如：拟提纲要抓住章法、注重思路；写正文要抓住语言，注重生动、准确和得体；修改要抓住一般常规修改和高层次润饰两个方面，注重二者的有机结合。

第二级：综合提高型方法技巧单元化练习。

（1）审题方法与技巧的练习。

（2）立意方法与技巧的练习。

（3）谋篇方法与技巧的练习。

（4）表达方式的技巧练习。

（5）语言运用的技巧练习。

第三级：超常规创造性能力单元化练习。

本系列以“思维”为中心，按照思维的不同类别、不同方式、不同过程和方法等，培养学生的独特、新颖而又富于意义的思维能力与品质，为写出文质兼美的优秀文章而努力。

（1）求同思维的序列练习。

（2）求异思维的创新练习。

（3）辩证思维的整体练习。

（4）自能作文的放胆练习。

（5）微型作文的“大写”练习。

另外，为了真正实现“作文单元化”，使上述各项习练落到实处，还要在微观技术上讲究教学形式，如编写教材、选择教法等。以教材为例，有以下几种组篇方式可以试试：①以现行课本的单元形式为主，再将作文内容进行一次清理，加以补充完善，尽力形成“螺旋形”的单元方式。②与阅读课分流，在中学专设“写作课”，从初一到高三分级分项训练，运用教材练习为主，讲清理论，但不宜太深太全。③重编一种读写结合型的新教材，以写作为中心，以课文为例子，组成读写结合的新型单元体系。

让“语文”也教出“序”来，这是过程性写作指导的重要追求目标。而这里的教学之“序”主要是指“作文单元化”，所以“作文单元化”，既是“读写接力”的序列化，又是过程性写作指导的一种重要形式。

二、基于单元化作文教学理念下的“整体优化与系列指导”

（一）为什么要进行作文教学的“整体优化与系列指导”

作文教学，是语文教学的重要组成部分，也是一个直接制约学生语文素质整体发展、语文教学质量整体提高的关键。纵观近年来的作文教学现状，特别是实施应试教育以来，更加削弱了常规、常态的作文教学的重要地位，使作文教学陷入一种随意性、盲目性和应试型短期行为的误区，缺乏从提高学生整体语文素质出发的整体优化发展，这样就导致了目前人们普遍认为的语文教学质量越来越低的状况。

为了解决这个问题，我们特从加强素质教育入手，着力提出并实施学生素质型的作文教学新观点，开展一种基于单元化作文教学理念的“整体优化与系列指导”的改革。其基本思路是：联系实际，在设计上整体优化，在指导上方法到位，并序列操作，分项落实。我们认为，通过这样一种全新而实在的作文教学改革，能够使学生的作文能力乃至整体语文素质有较大的提高，会对整个素质教育与学科中的学法指导产生重要的突破性影响。

（二）开展作文教学的“整体优化与系列指导”的理论依据

（1）哲学方法论。唯物辩证法认为，人类社会的一切事物或现象都处于不断运动与变化之中，并且有一个相对完整的运动过程，抓住这种全过程变化规律来指导学生的认识活动，便成为作文方法直全程式的必然，这种作文方法的指导走向全程、全部，故称为“过程性”写作指导活动。

（2）教育学理论。循序渐进是一个基本教学原则，假如我们的作文教学也始终贯穿一种单元化的过程性写作序列，并按照这个序列进行“有序”操作，那么，作文教学改革就有路可循。

（3）系统科学理论。系统论中的一个最基本的观点就是整体性、最优化。作文教学过去比较随意、零乱、粗放，效益低下，只有用整体化、最优化理论来审视全过程，并对非单元化的粗放行为加以改正，然后用系统科学来寻求作文教学的整体化的规律与方法，就会事半功倍地提高作文教学质量。

（三）开展作文教学的“整体优化与系列指导”的设想

1. 总体目标

（1）初步落实作文教学“整体优化、多元指导、序列操作、分项落实”的新格局。

（2）促进作文教学乃至语文教学质量的提高，产生一批有分量的作文教学操作模式或实施方法等。

2. 主体内容

(1) 树立作文教学的整体观念，强化作文指导的整体性行为和学生写作素质的综合发展。

(2) 尽力构建出一套作文整体优化、多元指导、序列操作、分项落实的作文教材及教法。

(3) 切实改进作文批改方法，构建“由结果批改、讲评走向过程性评价与指导”的作文批改新机制，加强批改方法多样化的尝试，将作文评改也引进作文过程及作文方法指导的内容与行为。

(4) 加强促进学生作文水平提高外部条件的创造，如校园文化建设、课外文学社及写作兴趣小组活动等。

(5) 强化学生良好作文习惯的培养，反对假大空，书写端正认真，列提纲写作等。

(6) 积极走出一条由“训练”走向“习练”的新路子。习练不排弃训练，但不是以“训”为主的“训练”，而是一种以“练”和“习得”为主的“训练”，即练习型的习得性训练。

3. 主要做法

(1) 学情调查。摸清全部学生的作文现状，摸清教师的作文教学现状，摸清社会对作文教学的看法、评价的现状，并在此基础上找出基本问题，确立主攻方向。

(2) 问题探究。组织教师学习教育学、方法论、系统科学等理论，并用这些理论探索和构建作文整体优化的教学内容和具体做法。

(3) 积极尝试。组织教师按“点面结合”的方法，既大面积尝试，又在一些单位定点实验，并实施分层实验，组织专项实验，以求实验成果的真实和有实际推广价值。

(4) 总结反思。拟进行阶段性的课题改革优质课、教案、论文一条龙的评优活动，以促进课题的深入发展而走向终结性成果总结。

三、“整体优化与系列指导”的单元化作文教学的初步实施

(一) 调查分析——发现作文教学现状的“五大问题”

在调查了解中，我们归纳总结了作文教学现状的“五大问题”：

(1) 作文教学观念陈旧落后。例如，视野狭窄，部分教师素质较差，既

没有自己进行"下水"作文的水平，也缺乏对作文教学进行研究的能力。

（2）作文指导态度不端正。例如，工作不实，马虎应付。大部分教师缺少作文教案，缺少科学指导，缺少有效批改，尤其是批改粗糙，评语笼统，缺少针对性，让学生兴趣低，甚至厌倦、害怕作文。

（3）作文指导的整体水平较低。例如，教学模式化，效率不高，方法呆板单一，甚至看不到方法指导，作文讲评流于形式。

（4）学生作文的整体质量不高。例如，大多数学生既无作文的主动性兴趣和写作激情，缺乏积极的写作心态，也尚未掌握应有的写作全过程的基本常识，更无留心生活、开扩思路、积累材料和创新写作的能力。

（5）作文教学的专项教研欠缺。例如，学校教师很少开展作文教研活动。学校教研组工作不实，教师订阅专业报刊少，甚至订了也很少认真阅读，更没有拿来消化与推广应用。

（二）开展整体优化的"纵横双导"过程法作文教学

一是纵向导：从教师教的角度，把原来的"学生写—教师讲评"两段式作文教学，转变为一种纵向型的"指导—实践—再指导—再实践"四环节写作过程指导，这样既符合学生的学习心理和认识规律，又体现写作的过程性特点，可以真实地提高写作教学效益和学生写作质量。

二是横向导：从学生学的角度，把原来的"先写作文—再看评分"的作文路子转变为一种横向型的"立意、谋篇、成文、修改、抄写"五步习练法，注重写作之"源"，重视"过程"指导。

（三）开展过程化作文教学的三大"习练"活动

1. 加强作文指导和写作习练相统一的活动

（1）加强"看、听、说、读"与"写"的整体习练。

（2）加强"字、词、句、段、篇"的整体习练。

（3）加强作文非智力因素（动机、兴趣、习惯等）和智力因素（观察、分析、选材、结构、表达、修改等）的整体习练。

（4）加强作文基本素质（观察、思考、积累、联想、想象等）和专门能力（审题立意、选材构思、多种表达方式、文章修改等）的整体习练。

（5）加强作文的学习、写作、修改、评价的整体习练。

（6）加强课堂作文和课外作文的综合指导与整体习练。

以上六个项目，在教学过程中重在整体把握，分项落实，强化习练。

2. 分层次开展呈现作文过程的“整体习练”活动

重视作文教学联系学生的生活实际，加强作文应用性和思想性的教学，组织“学生自改、互改、互学”作文教研活动。

注重方法指导（宏观、微观指导相结合），注重作文修改方法指导。

组织“开扩思路，提高能力”专题活动，如整体训练、分类指导，一题多作、作文书写、作文批改、作文讲评、学生互批、应试指导、快速作文、生活日记、文学社团、课外辅导等。

3. 树立“大语文”教学观念（在这里是“大作文”观念）

其主要是引导学生既在课堂学作文，课外也学作文，读书中想着作文，作文时也联系读书，作文既学技巧与方法，也学做人与明理知事。

切实改进作文批改方法，实行教师批改和学生互批、自批相结合。强调作文批语的具体、准确和学生的可接受性，坚持批语书写鼓励为主、引导为主的原则。

重视作文书写，强调写字要端正、整齐、匀称，笔画要规范，有一定速度，不写错别字，文面要整洁。

建设校园文化，成立文学社团（小组），加强课外辅导，促进交流探讨。

总之，运用现代教学论的整体性原理，实施作文教学以人为本的整体化改革，这是提高作文教学效率和质量的重要途径。整体性原理要求人们重视整体和部分、部分和部分之间的相互联系和作用。因此作文教学要从培养学生的写作素质出发，从整体上把握教学内容尤其是方法内容，注意纵向和横向联系，正确理解和处理各个环节、各项内容之间的相互联系和作用。从整体出发设计指导方法，循序渐进，克服教学过程中的随意性和盲目性。因此，我们应联系实际，优化方法，整体改革，分项落实，提高效率，提高质量。

（本文第一部分系 1991 年 8 月在湖南省张家界举行的全国中学作文教学讲习班的专题报告提纲，后发表在《中国写作学创造性思维集录》一书，内蒙古少年儿童出版社出版，后来有改动。）

过程性写作“单元化”系列指导学程

第一单元

［**单元化学习指导**］

作文单元化学习指导，是从语文教学提倡与实施“单元化”以后所提出的。我们发现，目前语文“单元”教学，似乎只在课本编排上得到体现，有“单元提示”，也有“单元知识和训练”，中间则是一批课文。许多教师仍然视将其作一种形式而并未当成“单元”来教学，有些教师居然把课文阅读教学处理成“单元”，但写作教学却被忽略。我们认为，作文教学也同样需要单元化，只有与阅读教学共同实现了单元化，才是语文全部的单元教学。所以，我们致力于作文单元化教学的研究与实验。它与“作文同步指导”有联系，但有根本的区别。如果在课本中将作文教学也处理成单元化，那么“同步指导”也就可以随之单元化，但如果教材并未形成单元化或单元化味道不浓，那么就要借助课本再重新组织单元，进行真正意义上的作文单元化教学。

现在特借助人教版高中语文单元册并结合作文教学实验需要，设计了若干单元的作文教学，实践证明效果很好。下面则以“问题 + 主题”构成单元化教学，展示如下。

问题：学生既不会写作文提纲，也没有拟写作提纲的习惯，导致学生作文心中无数、无序，要么离题万里，要么有话乱说，缺乏思路引导。

主题：对文章思路和结构乃至内容安排均做出关于“写作提纲”的指导。下面特以议论文写作为例来进行单元化学习指导。

一、明确为什么要编拟写作提纲

编拟写作提纲，是作文过程中的一项重要内容，严格地说，是作文之前的准备，是对所要写的文章进行构思和设计，是作者思路的具体可感的书面体现。它可以帮助作者理清思路，明确层次，恰当地组织材料，把一篇文章凝成一个“整体”：既做到中心明确，又条理清楚；既体现对材料的选取，又体现了全文的组织结构和作者思路的逻辑性。这是因为：

（1）在构思时，我们往往可能产生许多设想，想到许多材料，这些设想和材料很需要得到及时的梳理或检验，使之条理化、明晰化和科学化。

(2) 在考场作文时，能起到稳定情绪、调节心理的作用。有了一个完整的写作提纲，心里就有了底，避免受“考试”这种特殊因素的干扰而走题、龙头蛇尾或写不完等情况出现。

(3) 编拟写作提纲还能促进阅读能力的提高。学会了拟提纲，也就学会了分析其他现成文章结构的方法，反过来又能促进写作能力的提高。

二、怎样编拟写作提纲

1. 写作提纲的分类

议论文写作提纲，从形式上说，分结构提纲和论点论据提纲，从内容上说，分简略提纲和详细提纲。现在我们所要学习编拟的是结构提纲。

在议论文中，一般都把提出问题、分析问题、解决问题看作展开议论的逻辑顺序，也就是议论文的基本结构形式：“引论—本论—结论”。“本论”，是文章的“猪肚子”。为了使问题分析得透彻明白、条理清楚，往往在“本论”部分采用两种具体的结构：并列式（横式）、递进式（纵式）。如何掌握并运用这两种结构形式编拟写作提纲呢？在此分述如下：

并列式——在结构上横向展开，一般是在提出中心论点后，用几个并列的下位论点（从总论点下抽出的几个分论点），从不同的角度分若干方面去条分缕析，以证明中心论点。如作文题《论教师的作用》，可以横向列出三个分论点：①教师是四化人才的热情培育者；②教师是四化建设的直接参与者；③教师是最吃苦耐劳的无私奉献者。这三个分论点，一般不能互相包容或取代，但又都能证明中心论点：要认识教师的伟大作用。并列式结构的方式也多种多样，如“正反并列”“开合并列”“类比并列”“点面并列”“事理并列”等。

递进式——在结构上呈台阶式或连环式纵向展开，向所论证问题的纵深开展。其特点是围绕中心论点，由表及里、由浅入深、由简到繁，一层深入一层地展开论证。几个分论点之间是递进关系。为了便于比较，现以《论教师的作用》为例来看看“递进式”结构的运用特点。同样以“要认识教师的伟大作用”作为中心论点，“递进式”是这样的结构：①“四化”需要人才；②人才需要教育；③教育需要教师。这样一步一步地由表及里，把道理讲得十分透彻，让人信服不已。“递进式”的结构方式也很多，如“循序渐进”“因果递进”“事理递进”“剥笋式递进”“假设递进”“抑扬递进”等。

2. 写作提纲的步骤

编拟的总原则是：从大到小、从粗到细、先总后分、先整体后局部。其具体步骤可以分两步走：

第一步，把审题立意时确定的中心思想写下来，并把想到的有关材料（如分论点、事例、名言、俗语等）都先记下来，想到什么就记什么，不必考虑是否通顺和有无用处。这一步主要是强调快，紧紧抓住思考中的一闪念，往往有不少闪光性的东西在此时稍纵即逝。

第二步，认真地分析、整理和安排这些材料，确立论点和选择论据，按照自己的写作意图编拟写作提纲。

首先，在吃透作文题目的内涵及其要求的基础上，把中心论点和分论点考虑成熟，考虑时要“四位一体”：是否合题、是否新颖，不落俗套；采用哪种结构形式；中心论点和分论点的关系如何。

其次，根据中心论点和分论点的需要，精心选择论据。精心选择，既要选感受最深的，又要选新鲜的、时代感强的、有典型教育意义的论据，即深道理和新事实。

再次，决定采用何种结构，把“框架”搭好，把论点、论据一一“喂”进去，摆到最适当位置上；并把相应的论证方法、层次上的过渡照应以及材料运用上的详略等，认真地考虑和安排好。

最后，在列出的提纲里再修改，补充和完善，尽力使提纲合理、实用。

3. 编拟提纲要注意的两个问题

第一，注意写作提纲中的内容层次要一致，层次感要清楚明白。尤其在写详细提纲时，大层次下面有小层次，小层次下面又分小层次。如不清楚，则会把结构搞乱，出现论据之间、道理之间、道理和事实之间的混乱，出现重复和繁冗的段落。所以，一定要坚持从大到小、从粗到细的原则，逐项标出表示各种层次不同的序数或字体，熟记和灵活运用表示层次变化的常用关联词语。例如：表示层次序数的，大“一、二、三、四”，小“（1）（2）（3）（4）”，更小的就标“a、b、c、d”，等等；表示层次顺序的关联词有，“首先、其次、再次、最后”或“开始、接着、然后、末尾”等等。

第二，注意用语的角度一致和结构形式上的对称。议论文提纲语言的表述，一般是以作者的口气进行，以“我”的身份，它不同于记叙文可以以第三人称和主人公的身份，或者夹杂起来表述。例如《学贵有恒》一文的三个分论点：①有恒应当坚持不懈，锲而不舍；②有恒就要不怕艰苦，不断进取；③有恒必须树立理想，磨炼意志。可见，这个提纲的三点内容就做到了用语角度一致——“有恒就要怎么样，有恒就要怎么样……”还做到了结构形式上的对称，连字数和句式都相同，这样，层次清晰，内容明白，能够指导自己的写作。

题目之一：拟议论文写作提纲

（一）先看示例，再从下列题目中任选一个，用“引论—本论—结论”的基本结构编写一个写作提纲。

1. 当代青年是大有希望的　　2. 人贵有自知之明

3. 谈珍惜时间　　4. “铺石路”精神

示例：

谈“友谊”

结构	内容
引论（提出问题）	从一般青年人都希望得到友谊谈起，提出怎样的“友谊”才是真正的同志的友谊
本论（分析问题）	先剖析对“友谊”的种种错误认识、错误表现及其危害，然后正面论述为什么要真正的革命友谊
结论（解决问题）	怎样建立和发展同志之间的革命友谊，为四化做出积极贡献

（二）先看示例，再从下列题目中任选一个，用并列式（横式）结构编写一个写作提纲。

1. 珍惜生命的三分之一

2. 谈贡献

3. 说“勤”

4. 论教师的作用

5. 要培养创造能力

示例：

正确对待课余爱好

1. 发展课余爱好是可喜现象，应该受到鼓励和支持。

2. 正确发展个人的课余爱好要处理好三种关系：

（1）处理好发展课余爱好与学好功课的关系。

（2）处理好广博与精深的关系。

（3）处理好取舍的关系。

（三）先看示例，再从下列题目中任选一个，用“梯进式”（纵式）结构编写一个写作提纲。

1. 不以规矩，不成方圆

2. “勿以善小而不为”

3. 既重知识，更重能力

4. 劝君莫打鸟

示例：

严子解剖自己

1. 要不断进取，必须无情地“解剖自己”。

2. 论述如何才能“解剖”好自己。

（1）要有自知之明（这是“解剖”好自己的前提。不了解“病”在哪里，就无从下刀。）。

（2）光有自知之明还不够，还要勇于自我批评（这是解剖好自己的途径。不去开刀，就无从去“病”。）。

（3）自我批评的勇气来源于对真理的追求和崇高的信念（这是解剖好自己的关键。不掌握开刀的规律，刀就开不好，也就难以真正去“病”。）。

思路提示：

对如何编拟写作提纲的总体思路，已经在前面做了较详尽的介绍。在此，只就碰到上述具体的题目怎样启开思路略做提示。

第一，看清三类题型的不同要求，不要把三者混淆起来，也不要认为这个题目不好列所规定的结构式而改变为其他结构式。

第二，看清“示例”，从“示例”中分析出其中的规律，先用一个作文题来模仿、套用“示例”。看清，就是要看懂三种结构式的不同特点。

第三，认真地把握每个作文题目的内涵及其写作要求，给每个作文题找一个最恰当的中心论点。可以先找几个，再逐个比较和筛选，最后保留一个。

第四，按这个中心论点选择论据。先列有用无用的事例、名言、定理、俗语等都草写在草稿纸上，再仔细推敲、选用，一定要把能证明中心论点的有代表性的并且是比较新鲜的论据选出来，最好用那些比较熟悉或掌握得很准确的论据，慎用听来的材料。

第五，把文章的结构“框架”搭好，把论点一一“喂”进去，再把论证方法标示在每个论据后面。

这样，提纲就出来了，但是还有最后一道工序：检查和修改。检查所列提纲是否符合相应的结构式要求和作文题目的本身要求，检查提纲的结构是否完整，是否前后矛盾或重复啰唆，语言表述上是否有问题，等等。

提纲一

人贵有自知之明（基本式）

一、引用古希腊哲学家亚里士多德的话：“对自己的了解，不仅仅是最困难的事情，而且也是对人最残酷的事情。”从而说明人很难正确地认识自我。

分析不能正确认识自我的原因：

1. 害怕正视那个不完美的自我（举例论证）

（1）曹操善权谋，运筹帷幄，但不认识自己疑心重的毛病。

（2）张飞骁勇善战，却不认识自己暴戾的弱点。

2. 对自己的缺点采取原谅态度

（联系思想实际谈）

3. 人往往偏爱自己

格言：“偏见比无知离真理更远。”

二、人欲自我完善，须有自知之明。（引证法）

1. 要有自知之明，就必须常反思。

卢梭说：“我要把一个人的真实面目赤裸裸地揭露在世人面前，这个人就是我。”

2. 要有自知之明，就必须戒嫉妒。

“嫉妒是邪恶的开始”——谚语

三、结论：进一步阐明自知之明的深意

1. 有了自知之明，便可弃恶扬善，不断奋进。

2. 有了自知之明，便可知己知彼，百战不殆。

所以：人欲自我完善，须有自知之明。

提纲二

谈珍惜时间（基本式）

引论（提出问题）：解释时间概念，用古人的话引出论点——时间是宝贵的，我们应该珍惜。

本论（分析问题）：用事例从正反两方面论证珍惜时间的道理。它包括惜时原因，惜时程度与付出劳动、精力程度的关系，惜时对事业的影响，惜时的重要以及浪费时间的危害等。

结论（解决问题）：勉励人们珍惜时间、把握今天，完成时代赋予的任务。

简评：此提纲是议论文的基本式与法，即按引论、本论和结论来结构文章。提纲能反映出文章的总体构想，辐射到要写的内容和写作手法；能显示出文章的框架和层次脉络；分清了主次，突出了重点，并且具有一种内在的逻辑联系。

提纲三

既重知识，更重能力（递进式）

一、提出中心论点：既重知识，更重能力。

二、充分论述为什么“既重知识，更重能力”。

1. 论述知识重要（知识是能力的源泉，知识的多少影响到一个人能力的大小，现代化建设中知识的作用与优势越来越明显）。

2. 论述能力更重要（知识只有同能力结合才可能产生智慧的火花。联系当今教育体制的某些弊端，强调知识必须转化为能力，改革开放、经济建设是唯才就上，学不能用的书呆子日子难熬）。

三、总结全文，强调论点。

题目之二：根据提纲写议论文

思路提示（见前）。

建议：

1. 要进行编拟写作提纲重要意义的教育，最好从本班学生中找几个列与不列写作提纲作文效果大不一样的生动实例，来让学生认识编拟写作提纲的重要性、必要性，以培养学生编拟写作提纲的兴趣和习惯。

2. 适用编拟写作提纲的知识教育，最好结合作文题目的实例，在实践中使学生提高编拟能力，掌握编拟规律和方法。采用比较法，先让学生列出几组很不相同的提纲，后分析其优劣，再肯定选取最佳提纲。

3. 要充分利用示例，发挥示例的示范作用。指导学生先看懂“示例”，再选其一题仿照示例做“下水”练习（教师与学生都做），并要记好自己的编拟过程、思路及方法。

4. 教师要提高认识，克服“列不列提纲一样写”的无所谓思想和“写都来不及还列什么提纲”的怕麻烦思想，一定要把编拟写作提纲作为一个作文环节、一个作文教学内容来落实，千万不要让学生走过场。

5. 指导学生按已拟提纲写一篇议论文。一是为了检验学生的写作提纲在写作实践中是否恰当、实用，二是让学生比较品尝编拟写作提纲对写好议论文的作用。有条件的话，还可举行一次“提纲与作文”的座谈会，交流经验，畅谈体会。

6. 例文使用说明：所选例文，有单个提纲的编拟，也有一个学生的全部提纲和选题作文的“全方位训练”。要将例文、后记、评语结合起来看，效果会好些，也能体现“同步序列指导”的特点。

第二单元

问题：学生在高中阶段特别是在高三年级时都产生记叙文写作“老化”的问题，即越到高年级越不会写或写不好记叙文，把记叙文写得枯燥、呆板，缺乏血肉，缺乏真情实感。

主题：让学生重燃记叙文写作的激情，学会用真情表达，用细节表达。那么，也就要以记叙为主，间以议论、描写、抒情等多种表达方式的综合运用。

［**单元化学习指导**］

一、学会运用倒叙法——在什么时候运用倒叙为宜

总的原则是：顺乎思路的自然，因文而异，因文制宜，以满足某种写作契机的需要而看准“火候”，用了倒叙，能使全文生辉，不用它，则成遗憾了。

（1）在一件事情的结局比较特殊，有新鲜感，能吸引人的时候，可用倒叙法开头。这样先让读者简要地知道事情的结果非同一般，可以造成阅读上的“整体感”和刺激性较强的兴奋心理。例如《祝福》，鲁迅便把故事的结局当作开端，一开始就把祥林嫂临死前的形象推向读者面前，造成极浓厚的悲剧色彩，有力地叩击着读者的心弦：她怎么会沦为乞丐、变成木偶人？为什么临死前要问及有无灵魂？为什么她死后，鲁四老爷骂她为“谬种”？这些都给读者造成了很强的悬念，吸引读者到下文的顺叙中去寻找答案。

（2）作者从生活中（指人和事）获得的某种感受十分深刻，感情很激动、难以抑制的时候，可用倒叙法开头，在全文中形成一种“先议后叙”的格式（这种“议”，带有“叙”的性质）。这种开头，往往能形成强大的感染力，引起读者的共鸣。例如《谁是最可爱的人》，魏巍起初在朝鲜战场上采写了上百个激动人心、可歌可泣的英雄故事，在英雄面前，作者重新认识了这些“兵”，感觉到他们才真正是“最可爱的人”，于是“思想感情的潮水在放纵奔

流着”，还没来得及叙述一个个英雄的故事，就把这种难抑的激情用夹叙夹议的方式倾注在文章的开头。

（3）要向读者展示一幅雄浑、壮阔、动人的社会生活画面或复杂事件的时候，往往用倒叙法开头，把其中最突出的片段或最精采的部位，大胆地提到文章的开头，将读者一下子“拉”到故事中去，形成一种高频率、快节奏的阅读心理情境。例如《为了六十一个阶级弟兄》，文章开头部分，浓墨渲染在抢救61个因食物中毒而生命垂危的阶级弟兄的事件中的一个扣人心弦的情节——北京特种药店在春节时突然接到平陆县委求援的紧急电话，然后才用过渡句“事情原来是这样发生的”来结束倒叙，转入顺叙之中。

（4）在作者通过对生活的观察、体验，捕捉到一个闪光的新鲜主题或受到某种较大启发的时候，也常用倒叙法开头。这些一般用于比较严肃的记叙场合，把主题首先告诉读者，让读者在主题的陶冶下进入对下文的赏读情境。例如《一件小事》，鲁迅用小事不“小”，“却于我有意义，将我从坏脾气里拖开”这个主题荡开文章的开头，启发和教育着读者，然后用“使我至今忘记不得”来转叙“一件小事”，缝合倒叙和顺叙之间的联系。

（5）在看到眼前的人、事、物，而联想到以前的人、事、物，引起回忆的时候，也可以用倒叙法，由“此”及“彼”，先倒叙“此”，再追及思路，顺叙“彼”。例如《一件珍贵的衬衫》，“每当我看到它，周总理那高大光辉的形象就浮现在我的眼前，每当我捧起它，就不由得回想起那激动人心的往事”，由“衬衫”联想到周总理，再展开回忆：周总理给一个因自己的交通过失而刮破衣服的普通工人群众“赔”衣服的动人事迹。

（6）为了提高宣传效果，把当前的情况和过去的情况加以比较，形成鲜明的对比度的时候，也可以用倒叙法。这种写法，比一味按从过去写到现在，从这写到那的正规性时空顺序，更能强化阅读中的刺激心理，对照效果显著，印象也就深刻。例如《同志的信任》，就是围绕着“收信→看信→写信→寄信”这条线索来熔倒叙和顺叙为一炉的（本来正规顺叙是：“写信→寄信→收信→看信”）。

二、学会运用插叙法——在什么地方运用插叙为宜

对于插叙，学生们并不陌生，那些在顺叙中穿插进去的情节、片段等，便是插叙的内容。

（1）考虑读者感到书中的人物出场很突然，需要补充交代、介绍的地方。

（2）要交代这个人物与另外一个或一些人物以及事物的某种关系的地方。

（3）对在事情发生、发展的过程中会引起读者疑问或唐突的地方。

（4）为了表现人物性格特征、深化主题需要而介绍某个人物及某件事物的过去、周围情况等的地方。

（5）在文章中因读者尚未了解的风土人情习俗需要补充介绍的地方。

（6）对文章中人和事由于特殊或复杂而需要做引申性说明的地方。

三、学会综合运用表达方式——在记叙文中的议论、抒情应该怎样结合为宜

在记叙文中的议论、抒情，应该以记叙为主，议论抒情为记叙服务，反过来又高于记叙，用极其精练的、概括力强的语句，把通过记叙所反映出来的某种思想、某种感情恰当地表达出来。所以，从篇幅上看，一般来说记叙详于议论、抒情，从关系上看，是服务和深化、提高相结合的问题；从形式上看，一般是先叙后议，先叙后抒，但可以变通使用，或先议后叙，或夹叙夹议，或直接抒情，或间接抒情，等等。在讲究三者适宜结合中应该特别注意以下问题：

（1）要认真开辟好供议论、抒情的土壤。这块土壤，就是通过记叙所表达出来的生动感人的人和事以及场面等。只有把“土壤”开辟好，才能“长”出供议论、抒情的“苗子”，以致“花果”，所以，第一要素是搞好记叙，学会用真情实感去记叙。只有带着感情去记叙，记叙后才有议论可发、情感可抒，因为先给“记叙”倾注了情感，情感又必然会随着“记叙”流露出来。

（2）要用心选择议论、抒情的“触发点”，不可“无病呻吟”，不可“此事生彼议，甲物生乙感”。“无病呻吟”者，除了所记叙的事物本身未能产生相应的议论、抒情外，还主要与故弄玄虚、牵强附会有关，“无议者发议，无情者抒情”，难得合情合理，难得动人之心。“此事生彼议，甲物生乙感”者，主要是不会寻找“联想点”（“触发点”）。一件事物，在不同作者记叙中可以产生不同内容、不同形式、不同程度的议论和抒情。工人、农民与学生对同一件事物所生发的感受肯定不会一样，在学生中，也因年龄、阅历、性格特征等不同而生发出异样的感受，性格内向的，议论抒情往往洋溢在字里行间，间接性的多；性格外向的，最容易表露自己的看法和情感，直接性的多，来势也热烈些。

（3）议论和抒情的语言要精练，句句说在“点子”上，并和记叙文字的表述相吻合，口气一致，无刀砍斧凿之痕迹。

作文题目：按要求自拟题目，写记叙文

从自己熟悉的人和事中选取题材，自拟题目，写一篇记叙文。要求做到以下两点：

（1）采用倒叙的写法，文中要有适当的插叙。

（2）综合运用叙述、描写、议论、抒情多种表达方式。

思路提示：

审上述题目，我们可以知道要求写复杂记叙文，主要在于表达方式尤其是记叙方法。但是，还有两个地方不可忽视，一是题限即选材范围：“自己熟悉的”，要从“熟悉”中挖掘新意；二是“自拟题目”：自拟题目，其实也是一门比较深的学问，要拟好一个文题相合又新颖别致的题目，必须要掌握一定的方法和技巧。下面着重就“怎样从自己熟悉的人和事中选取‘陌生’的题材”来谈一些思路。

由于经常生活在一起的缘故，对周围的人和事很熟悉，总觉不出有什么特色和变化来。要从这些熟悉的人和事中选材，要么觉得一切都很平常，没材料可选，要么觉得一切都是材料，到底选哪些，总拿不定主意。怎么办呢？

首先，要改变思想认识，不要以为天天在一起就熟悉了，其实往往“不识庐山真面目”，你以为没用处的材料在别人笔下却是好题材。只要认真地观察、分析、比较或者换个视角，向周围投去陌生的眼光，你就会发现许多新鲜的、有特殊意义的“陌生”题材。

其次，要改变思维方式，善于借“熟悉的人和事”展开联想和进行比较。“熟悉”了的东西，往往容易被看成“静态的”“孤立的”、一般化的、缺乏个性特色的东西。看惯了，看熟了，就成了常态，没有了新奇感。这时，采用联想和比较，就能摆脱“熟悉”的思想束缚，找到“陌生”的题材。这里介绍三种思维方式：纵向串联思维、横向并联思维、对比衬联思维。

纵向串联思维，即抓住“熟悉”的人和事，把他们的“过去—现在—未来”串起来思索，就能发现许多新题材或题材的新角度。例如“我的爸爸”，再熟悉不过了，但选材时把他过去干了些什么、现在干着什么、将来还能干出什么串起来进行“陌生的思考”，就能发现爸爸的特色，即写作题材。

横向并联思维，即由熟悉的人和事联想到其他的人和事，再由其他的人和事回过来观察自己熟悉的人和事，这样“双向联想”，便可从“熟悉”中比较出值得选择的题材。又如写“我的爸爸”，就可以和我的妈妈、弟弟、叔叔等“并联”起来比较，也可以与报刊、电影电视中同类人物“并联”起来比较，

从中找出“爸爸”的不同之处、陌生之点。

对比衬联思维，即把那些“熟悉”的人和事放在一个映衬度鲜明的“陌生”的特定背景里去思考。先设计一个完美的、合理的“取景框”，再把这些“熟悉”的人和事“代入”进去一对比，映衬明显，就可发现这些“熟悉”中的“陌生”，也就有了选择的写作题材。再如写“我的爸爸”，可以先设计一个“标准化的爸爸”，从外貌、性格到说话、做事等分项具体制定内容，再把你“熟悉”的爸爸“代”进去，就可发现异同，然后再渗入你的感情色彩，是褒是贬，是取是舍，你就有话可说了。

再次，要处理好“发现”与“表现”的关系。有人以为，写文章就是如何“表现”的问题，只要学会一些表现手法与技巧，就完全可以写好文章，万一还写不好，就归咎于“没有写作天赋”。正因为这种错误观点，对熟悉的人和事，也往往认为不值得一写而难以“表现”出什么。

这里首先就要正确理解和处理“发现”与“表现”的关系：发现是表现的基础和前提，表现是发现的延伸和深化。从某个角度讲，在周围熟悉的人和事中“发现”有意义的题材，比在写作时想“表现”而不能“表现”要现实得多，由此可见，“发现”比“表现”更重要！既“发现”好题材，又有好的“表现”方法，就能写出好文章。假如没有“发现”而急于“表现”，很难产生写作兴趣，背着包袱写文章，像“挤牙膏”一样痛苦、难受，是绝对“挤”不出好文章的。

怎样去“发现”呢？除了要对周围的人和事饶有兴趣、事事留心，用陌生的眼光看熟悉的事物以外，还要做到：不能事先带着个人的观点和感情去“发现”，也不能只去“发现”表面的、显眼的事物，因为那显眼的早已被别人“发现”并且“表现”过了。要有心“沉”下去，努力“发现”那些幽隐的、很少为人所知、所表现过或者所忽略了的地方。

最后，要掌握一些必要的、有效的处理“熟悉材料”的方法和技巧，变“熟悉”为“陌生”。现略做介绍如下：

（1）增加材料的“透明度”和“立体感”。对于熟悉的人和事，人们并不能说出其熟悉的具体内容，似乎很熟悉，其实很模糊。增加“透明度”，就是把材料具体化、明晰化、条理化；增加“立体感”，就是把材料的纵横要素、各个侧面以及所能体现的多种意义具体而明确地标示出来。如写一件事，就要把“事”的起因、发展、高潮、结局及影响串成一根“纵线”，再把“事”与人物、场面（环境）、时间、地点以及有关的其他事排成一个

“横面”，然后“纵横交叉”，产生若干立体的片段和“陌生点”，这些就成为写作题材了。

（2）变换材料的角度。对材料的“熟悉”，主要是看惯了这个材料的某一个意义或某一个侧面。其实，一个材料往往能表现出多种意义，有若干个侧面。这时候，你如果用陌生的眼光，变换一下对材料的观察角度（视角），那么，其“熟悉”的一面便隐去了，继而显现出另外一些似乎陌生的侧面或新鲜的意义。例如，你每周星期六回家时，妈妈总要煮鸡蛋给你吃，这件“熟悉”的事，首先表现的意义是“母子之情”，大家都写“熟”了；但变换一下角度，还可发现其他意义，如歌颂母亲的贤惠、勤劳，反映母亲很懂“营养学”，烹调技术好，也可以赞颂母亲为祖国人才的健康成长而尽了一份力量……以及作者当时所能得到的一些独特感觉。

（3）注意选材的“真、细、新、近”四字原则。

“真”，即真实，让人看了相信，不是瞎编滥造的。故此，不要因为“熟悉”而乱编事实，不做调查研究而违背生活的真实，出笑话。

“细”，就是细致，不能粗糙地凭点滴感受而判断材料是否选用；另外，还要做到材料的“细”，切忌用评语、概括式的话把一个个丰富细腻的材料胡乱地“吃”掉。

“新”，即新鲜，别人未听说过或听得很少的故事，或是选用报刊上、电视上和你所听到、看到的最新事例、最新言论，那样能唤起读者的新奇感。

“近”，就是所选材料的发生时间、地点离作者很近，离读者的生活很近，让读者有一种亲切感和自然感，从“最近”的时间和空间里选材，容易把握材料的真实性、具体性，选用也方便些。

第三单元

问题：学生在对一件事物或一个问题进行说明时，说不清，道不明，更不会写述评文（如书评、文评、影视评论等），甚至把述评文当成读后感来写。其原因是未掌握说明方法，更不会综合地、得体地运用说明方法。

主题：对学生进行相应的说明方法的综合运用指导，以及“文章评论”的写法。

［**单元化学习指导之一**］

综合，并不等于“加”起来

关于说明方法的综合运用。

怎样综合运用说明方法，是本单元写作训练的主要目的，并且要求在事理说明文中综合运用。

怎样综合呢?

首先，明确事理说明文的结构和说明程序，然后决定取舍说明方法，并把相应的说明方法按总分、主次、先后安排到文章中去。

就本单元的写作来说，它是就某种学习方法、技艺、运动写说明文，其说明顺序的总结构应该是以逻辑顺序为主，即按照事物内在逻辑关系为说明顺序。其表现形式为：或为因果，或为层递，或为主次，或为总分，或为并列，等等。选用了一定的说明顺序，就会有相应的一种或几种说明方法。本单元所要介绍的是学习方法、技艺、运动，其说明顺序一般是“总分式”“层递式”，逐点逐项或分类说明。要注意把所介绍事物的介绍过程划分为几个阶段，每个阶段确定一个主要的说明内容，这样就可以采用一种相应的说明方法。一般是：先给所说明的学习方法、技艺、运动下定义，再采用诠释法、分类别法、举例法作为主要说明方法，再将其他如比较法、引证法、数字法、图表法、打比方法等穿插进去结合起来说明，一定要结合所选的材料需要和个人的写作实际，能用的就用，用不上的就免，还要注意每篇文章应选用一两种“骨干方法”即“大方法”，做到“大方法”之中套“小方法”，“小方法”之间又能相互吻合。

叶圣陶先生在阐述说明文写法时，有一段极为精辟的话，也许对我们有所启发：“说明文大体也有一定的方式，开头往往把要说明的事物下一个注释，立一个定义……从下注释、立定义开了头，接下去把注释和定义里头的语义和内容推阐明白，然后来一个结尾，这样就是一篇有条有理的说明文。”

［**单元化学习指导之二**］

怎样写评析说明文

以前，我们读过或写过不少关于文学作品的评析文章，但对说明文评析文章可能还很陌生，现在有必要好好地加以学习和实践。对说明文的评析，一般是“评”四个方面：说明文的内容、说明文的结构、说明文的说明方法、说明文的语言。本单元的写作训练是只就说明内容和说明方法做评析，而且是限定在两篇说明文之内做比较评析。怎样才能把说明文评析好呢?

首先，要反复阅读，读懂读通原文。先粗读，略知大意；再细读，挖掘其中的特点，并将特点按主次、大小排列，用各种符号标记好文中的主要内容和主要特点。

其次，根据题目要求将原文中的各个特点进行筛选，确定评析的对象和范围。如本单元的两篇原文，可评析的方面很多，但是题目要求只评析说明内容和说明方法，而且，说明内容和说明方法又各自具有许多特点，也不要全部搬来进行评析，应该选取最能体现这两篇文章特点的，选取自己写起来最有把握的。

最后，逐项分析所要评析的说明内容和方法中所体现出的特色，把这些材料组织成一个文章结构，再确定采用何种评析方法，是“面评”还是“点评”，是“对比评”还是“并列评”，是分项分类评还是循序渐进评。评析，既要复述原文内容，摆出所要评析的原文“特点”；又要展开分析、评价，二者之间互为依存，缺一不可。要确定好“述”与“评”的分量及其位置，一般是先述后评，也可以先评后述，或夹述夹议；其分量当然是“评”重于“述”，“述”服务于“评”，二者要有机结合。

为了保证评析质量，在写作中还要防止以下几种毛病的产生：

（1）以述代评。以述代评即引用原文过多，以复述取代了评；或者是由于事先没有分析出原文特点而只好重复原文，不知也不会从哪里去评析、评析些什么，结果草草几句便完篇。

（2）以感代评。这是初学写评析文者最容易犯的错误，复述原文之后不觉得就大谈自己对本文的感想，究其原因，是与读后感混淆了。他们不知道读后感是所读文章对作者产生的影响及其感受，是作者自己的“有感而发”，而评析文章是对原文所表现的某些特点进行评价，两种文章的写作对象很不相同：前者是作者自己，后者是原文本身。

（3）褒贬失当。这里有两种情况：一是在评析两篇文章或两个作者的文章时，把握不住褒贬的尺度，往往把这捧上天，把那打入地；二是在评析一篇文章里，把优点缺点说得绝对化，或者前后自相矛盾，甚至有些还正误颠倒，张冠李戴。

另外，还有乱搬观点、乱套名词术语，不负责任地“烧野火”，话说不到点子上；或者尽说“糊涂话”，让人弄明白说了什么；或者清一色的“漂亮话”。

题目之一：介绍学习方法

要求：

写一篇说明文，向低年级同学介绍你学得较好的某门课的学习方法，或是你所擅长的某种技艺、运动，注意综合运用各种说明方法。800～1000字。

思路指示

本单元的作文题，属于“给材料作文”，这一道题，明确规定了体裁——写说明文；选材范围——学得较好的某门课的学习方法，或是你所擅长的某种技艺、运动；也提出了要求——注意综合运用各种说明方法，限制篇幅——800～1000字。

面对这样一个“大”题目，我们先不要心慌，果断地先排除不要思考的“死”的部分，如那些已经明确规定的内容：体裁——说明文，读者对象——低年级同学和篇幅，等等；再认真审察、辨析那些“活”的部分，即有待于作者自己去定的尚未在题目中明确规定的内容，如题目、立意、具体材料以及综合运用的具体说明方法等。

因此，我们要思考如下问题：拟题目，选择题材范围（如介绍学习方法还是介绍技艺、运动等），确立中心意思和选用具体材料，考虑结构及说明方法，甚至采用什么特色的语言也要考虑在内，以免“临阵乱套”。假如写介绍学习方法，那就要：

（1）认真选择自己确实学得很成功的而且拿得出学习经验与学习方法的“某门课”，既要注意这门课与别门课的差异性，学习方法要突出这门课的个性特色；并且，要抓住那些能体现学科特点的最基本的、最主要的学习方法来写。

（2）“向低年级同学介绍”，就要考虑内容的适当和说明方法的适宜。在内容上，不能过于复杂和深奥，多选让他们“踮一踮”脚就能学到的内容；在说明方法上力求通俗易懂、趣味浓厚，符合低年级同学的接受心理，应该以举例子、做比较、打比方为主，尽力使低年级同学好懂、管用。

题目之二：写比较说明的说明文

阅读《笑》与《谈笑》两文后，写一篇短文，比较它们的说明内容和方法。

思路提示：

首先，要弄清“写一篇短文”的体裁。体裁怎样定，在这道题里要借助于最后一句话：“比较它们的说明内容和方法”，尤其要扣住其中“比较”一词，从这里可以看出，本题是写评述文，即用比较的方法，把《笑》与《谈笑》在说明内容和方法的异同上做一评价分析。不过，这种评述夹说夹评，带有较浓的说明成分。

其次，在仔细阅读两篇原文的基础上，思考如何抓住和选择原文中的主要说明内容和方法，从而确定评述对象。对于初学者，最好列一个表格，把原文中的内容要点和说明方法分门别类地摘录出来，摘录时要简明、扼要、准确，尽力忠实于原文，保持原貌。

再次，考虑拟题、立意、布局和写法。拟题，要切合所评内容，要平实、朴素，最好在题目上能反映评析者的观点。立意，应该在充分比较分析的基础上，确立自己对两文的总体看法：相同点和不同点。布局，这里有三种结构：一种是“先总后分”，即总述相同点，再分述不同点，以分述不同点为主；第二种是“先分后总”，即分别将每篇文章内容和方法上的不同点进行评述，再归纳它们的相同点及不同点中的共性；第三种是分类逐项并列评述，即先评内容，后评方法，在评内容时，将两文并列比较异同，评方法时，也将两文并列起来比较异同。写法，可以仿用说明文的说明方法以及议论文的论证方法，尽力用原文中的话来体现，少用武断性、空对空的评语。至于文章篇幅，不要考虑得太死，当以“短”为主，但有话则长，无话则止，完全要根据实际情况而定。

最后，把文章写好了要认真检查，除了文字基本功以外，还要看是否犯了在前面的“写作知识要点”中所列的“写作毛病”，如果有，马上修改订正。

第四单元

问题：学生作文既不会修改，也不养成修改习作的习惯。粗制滥造，应付了事——这是作文质量不高的重要原因之一。

主题：让学生学会修改，既树立好文章是改出来的意识，又积极养成修改文章的良好习惯。

本单元学习重点：平时作文的常规性综合修改。

［单元化学习指导］

将“璞”琢成“瑜”

——谈文章的常规综合修改

我们把写好的文章初稿，比作未加琢磨的“璞”，但是，我们写文章所要得到的不是“璞”，而是光彩夺目的“瑜”。那么，怎样才能得到呢？就是一个字：“磨”，用一个写作名词，就叫“修改”。

修改，有就某一方面的内容或写法进行修改的，那叫单项修改；也有就一篇文章的内容和形式做全面修改的，那叫综合修改。

综合修改，具体说来，就是对文章从思想内容到结构，表达、语言等各方面进行检查和“会诊”，并一一对“症”下药。既要看文章的主题开掘得深不深，表述得是否完整，观点是否正确、鲜明，也要看文章的结构（布局）是否合理，表达方式是否恰当、协调，以及字词句的推敲、润色，等等。

综合修改，还有一套最基本的方式、方法和修改符号等，通常称作“常规性修改”。

先说修改的常规方式，一般有四种：增、删、改、调。

“增”，即增加，补充。主要是增补思想、文字表述上的疏漏之处。可以是一个词、一个标点符号、一句话，甚至一个观点、一个情节、一个段落等。总之，由单调增到丰富，由缺陷增到全面，由低层次增到高层次。

“删”，即筛选，减去。凡有碍于主题表达或冲淡主题思想以及不合文体要求的观点、内容，一定要删去，即使是自认为再新鲜的观点、再生动的例子，也要忍痛割爱，还有那些显得啰唆、繁复、有毛病的字、词、句、段，也要认真地筛选，剔除。

“改”，即更改，变动。这主要是在原文的基础上，对内容上和文字上表达的不妥、不准、不清、不全所做的更换。如果从主题、结构、选材上多处变动，那叫“大改”，一般是就局部内容、形式和个别文字的改动，这叫“小改”。

“调”，即调整，移动。这种方式一般很难单独使用，常与“增、删、改”结合进行，增得多了，就要“调”成几段；删得多了，就要“调”拢来，将几段合成一段；改得多了，就要注意这里与那里的“调配”。

再说说综合修改的常用方法。

（1）读改法。在文章写好后读一次或多次，边读边发现问题，如遇到不顺畅之处，或觉得与文题不妥之处，便着手修改。这是凭靠一种“语感”来发现问题并进行修改。“读”有几种形式，可灵活运用：默读、哼读（自言自语地小声哼出来的读）、朗读，当然在课堂上或考场里只能以默读为主。

（2）听改法。其主要有两种形式：第一，将自己的文章拿给别人看，或听别人念出声来，这样，既可听取别人的批评意见，又可在听别人念读时听出毛病来，因为自己读往往由于思维定式（“熟悉”）而发觉不出问题，经别人一念，就能把不通顺、不妥帖的地方“念”出来；第二，在写好一篇或一段文章以后，“挤”点时向与别人闲谈，表面上消除疲劳、清醒头脑，实际上从“闲谈”中获得某种联想和启发，从而发现自己所写文章中的不足，然后修改完善起来。

（3）冷改法。冷改法就是在文章写完后，不要急于改，把它“冷却”起来，等待由于写这篇文章而形成的“思维定式”（物理学上叫“惯性”）全部消除了，以致对原文产生“陌生感”了，再拿出来修改。这叫“当局者迷，旁观者清”，以旁观者的眼光看自己的文章，自然能把文章中的问题一一发现。即使是考场作文，也可以将作文与答基础知识交替起来进行，也能将“热乎乎”的作文“冷却”一段时间。

作文题目：综合修改训练

思路提示：

本单元的写作训练，是作文全过程的最后一个阶段——修改。其要求是：在以前单项修改训练的基础上学会综合修改，也就是说，对一篇文章做全面性的整体修改。为了让学生们训练有序，逐步提高综合修改的能力，特将综合修改分为两步走：第一步，安排在本单元，着重于平时一般性习作的常规修改，以“学会基本方法”为目的；第二步，安排在下面的第五单元（语文课本里也安排再修改文章），着重于考场作文、投稿作文和对有问题的报刊时文的特殊修改，以“提高速度和能力”为目的。

现在就围绕第一步的内容来谈点思路。

一篇文章，包括内容和形式两个方面。故此，首先要把文章的命题、立意、选材、布局、表达、语言等各方面都纳入“全方位思考”，从全局出发，从大处着眼，先粗后细，通盘考虑。但是，这并不是“综合”的本意。“综合”，应该是思考的全面性和修改的针对性相结合：强调全面考虑，并不等于修改也要“全面开花”“各个击破”，不管它有无问题；千万不能拿着一把修改的“大刀”，随意“乱砍滥伐”，要从准确和适度出发，有的放矢，还要注意，只要不是非重新写、动“大手术”不可的文章，就不要改得面目全非。

思考的全面性与修改的针对性是相辅相成的，没有思考的全面性，就很难有修改的针对性；没有思考的全面性，针对性也就失掉了前提，但是，思考的全面性又要借助于修改的针对性来实现。可以说，前者是发现问题，后者是解决问题，前者属于思维范畴，后者属于技术范畴。为了使二者有机结合，最重要的还在于如何做到思考的全面性。我国现代著名诗人、文学评论家何其芳在《谈修改文章》一文中有深刻的阐述，并且很全面地归纳出 12 个方面的内容供修改时检查和思考，同学们去重温一下，一定会有新的启发。具体说：

要考虑文题是否统一，立意是否恰当、新颖、明确，思想是否深刻，中心是否突出，感情是否健康。

要考虑结构是否完整，层次是否清晰，主次和详略是否合理得体，过渡是否连贯自然，有无照应，等等。

要考虑表达方式和表现手法有无问题，如开头结尾是否落套，还能不能换上一个最新颖、更有吸引力的；在记叙文中能否把顺叙改成倒叙，或在顺叙中添一段插叙，或在叙述的基础上再来一些议论抒情；在议论文中为了说理的准确、有趣、有力，能否运用比喻、排比、设问、反问、引用等修辞手法，使文章增光添彩；在说明文中，能否可以改变一下说明样式，采用一些别具一格的说明方法和带有文学味的语言，尽力使说明文避免呆板、乏味，使说明文具备美感。

如果有兴致又有能力的话，还可以考虑在文章中，揣摩出一两句生发新意的话作为“文眼”，让人获得一种新的感受和启发。

另外，还要考虑“文面”的整洁无误，文字基本功是否到位，有无错别字和病句，有无别人听不顺耳、看不明白的词句和情节，有无生僻字或专业性太强的名词术语，能换的换一换，能避的避一避，实在不行的，就做一些必要的解释。

第五单元

问题：学生在平时作文未受时空限制而有时尚能修改，但在考场作文等时空限制性作文中就不会修改。

主题：让学生掌握考场作文的修改方法，在考场作文“救死扶伤”技巧的运用中获胜。

本单元学习重点：高考作文综合修改。

［单元化学习指导］

“粉刷”与“修饰”

——谈考场作文的特殊性修改

考试作文、竞赛作文、投稿作文都有一个共同的特点：给陌生的阅卷者、评委、编辑们审阅，具有一种庄重严肃之感，可以说，是在一种特定心理和特定条件下的高层次作文。所以，我们要充分认识这类作文（下面统称“考场作文）的特殊性，采用特殊性手段，把这类作文综合修改好。

我们深深地懂得，考场作文的价值，在于阅卷者的第一印象。哪些东西在形成第一印象时起得作用大呢？文面、文题、文眼、开头和结尾等。如果通过这些，能引起阅卷者一种“美、新、奇”的舒服之感、惊诧之感，那就成功了。曾有一个真实的例子完全说明了这一点：有两个考生，作文内容差不多，其中一个的卷面整洁，字写得好，没有错别字，标题拟得有文采，给阅卷者感觉极好，被评为“45 +2 =47 分”；另一个的卷面马虎、字迹潦草，使阅卷者辨认时读到后面却早已忘记了前面，给阅卷者造成厌烦的情绪，结果被判为“35 -2 =33 分”，本来都是一类卷，竟相差 14 分。竞赛作文、投稿作文又何尝不是这样！同时，考场作文常常在时间紧、竞争大、心里慌的特定条件下进行，不可能像平时作文那样“自由”，有充裕的时间去“磨”，不可能保持轻松自如的心理状态去修改文章。故此，考场作文的特殊性，决定了我们作文修改的特殊性，所以要特别讲究考场作文修改的方法和技巧：“粉刷”与“修饰”。具体说，“粉刷”，就是补救、完善；“修饰”，就是润色、提高。二者往往又不可分开。

（一）“粉刷”文面，美化作文的外部形式，以争取良好的第一印象

文面，是“见面礼”，是一个习作者文字基本功和写作素养优劣、好坏的标志和反映。别看是一两个错别字、一个标点符号或一两处书写格式，但最能看出一个习作者的写作水平，判断一个人是否过了“写作关”。人们总会这样说：连字词标点和行款格式都有问题的人，还会写出好文章吗？怪不得别人不相信你！文面，到底从哪几方面去“粉刷”呢？

1. 行款格式

标题要适中、醒目。短标题要写在一行的正中央，长标题从第三格开始，写不完转行时要注意对称，如果有副标题，要另起一行，紧靠正标题，用一条占两格的横线起头，再写副标题的内容，标题与正文之间，最好空出一行。

正文，每段开头空两格，如引用整段话，要低两格写，以示区别；文中用序数时，要用法一致，即一、二、三，再（一）（二）（三），或1、2、3，再（1）（2）（3），以分别表示层次的大小和先后，另外，文中不要乱写符号和废话，不要在结尾处写上“已完”“完”之类不必要的字词。

如果是应用文，还要注意称呼的正确选用及书写位置，要注意结束语的运用，特别是书信中的祝颂语要用得适宜，书写位置要恰当，落款处的名字和年月日，要注意分两行，在右下方，先名字后日期。

2. 标点符号

首先，要具备正确使用标点符号的态度，切忌随意、马虎，要养成良好的习惯。

其次，要注意标点符号的正确标法和所处位置，一逗到底、以点代句、引号混乱、误用问号和滥用感叹号等都是“常见病”。尤其要注意，除了引号的前部分、书名号的前部分、括号的前部分以外，其他标点符号一律不能标在一行的开头一格，破折号和省略号不能分写在上下两行里。

3. 文字书写

先要做到写清楚、不东倒西歪、不随意涂改、笔迹不拖泥带水、字体不任意过线；再要注意写规范字（不写繁体和没有公布的简化字），不写错别字，如遇到实在不会写的或没有把握的字，可“跳越障碍”，用变换句子、词语的办法来避开。

（二）“修剪”文题，“提炼”文眼，力求文章内部形成“叠式”

考场作文题型的发展，到现在已经有三类：以全国高考为例，一类是单一命题作文，如1988年的《习惯》；第二类是给材料并确定文题的作文，如1986年的先给材料再命题目《树木·森林·气候》；第三类，是给材料但自拟题目，如1987年的先给“育民小学游泳”材料，再要求自拟题目，写新闻、评论。所以，对于第三类题，拟题目就是头等大事了，一是要有题目，二是要有好题目，有题目倒容易，好题目要精心“修剪”才可能得到。1987年的作文评分标准中就曾规定没有标题的要扣两分，这是起码标准，如果拟得好，新颖、别致、文题统一，就远远超过了两分的价值限度，对作文将起到“锦上添花”的作用，无形之中就使阅卷者很兴奋，提高了评分层次。

文题的“修剪”，主要是先看作文题目与作文要求是否相符，与文章内容是否相合，与文章体裁和风格是否相协调；其次看这个题目是否新颖、有文采，再看这个题目是否雅中带俗，雅俗共赏，长短适度，以短为佳。例如1987年的全国考作文：结合育民小学办起了游泳训练班的材料，就理论对实践的指导意义写一篇短文，题目自拟。这个题目，一般考生都拟为《实践离不开理论指导》，或者干脆就是《理论对实践有指导意义》。这些都太俗了，即使内容再好，也因为碰到俗题而使阅卷者的好感降低三分。有一位考生，却一反俗套，拟了一个《行船·指南针·目的地》的题目，好新鲜活泼，除了富有诗意、文采外，还从议论文的体裁特点及出题意图出发，在题目上就确定了文章的主旨、作者的观点和文章结构上的“三位一体”式框架（实际上已经为一个简单的写作提纲了）。听说他开始还没这样拟的，是边写文章边“修剪”时豁然而成的。

“文眼”的提炼一般是水到渠成的，如果没有丰富的知识面和生活阅历，没有深邃的思维能力和洞察能力，没有对所写文章内容有独特的感受，要想捕捉到“文眼”也是不太容易的。不过也不要过于悲观，即使提炼不出那让人拍案叫绝的耐读不衰的哲语、丽词、论断甚至是一个清新的修辞句子等，在考场上能在作文中恰到好处地引用一两个名言警句或者典故、笑话、俗语和生活气息浓厚的“大众化口语”，也能使之成为文章中的“文眼”，同样会放出灿烂的“光芒”，引起阅卷者的喝彩，至少认为你读了不少书，思维开阔、活跃。

（三）巧饰开头结尾，增强文章的整体感，强化阅读的审美印象

一篇文章，开头结尾最能引起人的注意，给人的印象极深。用心理学知识解释，这是因为：开头未受前摄抑制的影响（前面没有材料干扰而记忆清楚），结尾没有倒摄抑制的影响（后面没有材料来干扰记忆，从而使结尾的内容记忆很清晰），所以，开头、结尾比中间部分的记忆要深刻而持久。现在有不少人采用这种“头尾记忆法”读书，取得了极好的效果，有些人只是未懂得这个道理，自觉不自觉地运用着，如把一篇课文一段一段地朗读和背诵，容易记容易背，这样便将一篇课文只有一个头尾化成若干个头尾，记忆就深，而且快了。还有，我们中国人有一个思维和观察习惯：任何事总要有头有尾，看戏、听故事，很注意开头结尾。从上述可见，文章的开头结尾确实有巧饰的必要，尤其是考场作文。

考场作文的开头，由于时间紧迫，篇幅短小，一般只能开门见山，落笔入题，少搞转弯抹角，可用“文眼”开头，用短而妙的小情节开头，用名言、诗句开头等，如议论文开头，就要先亮出论点，但“亮”法就各式各样了：

有“直出”、有“引出”、有“借出”、有“先抑后扬出”等。当然，在考场也不要因为讲究开头而在稿纸上画来画去，这样会越来越不满意，结果无所适从，既耽误时间，又搅糊思想，即使开头一时不满意也无妨，展开全文内容后会反过来有助于修饰开头的。

考场作文的结尾比开头更重要，是能否留给阅卷者“整体美感”的关键。要留给读者“解渴的蜜橘”，而不能留下一颗“咽不下的酸枣”，这就是“巧饰”结尾的目的。说是“咽不下的酸枣”，主要是由两种情况造成的：一是匆匆作结，二是画蛇添足。这些都要去掉，而“饰”之以“解渴的蜜橘”，那么，结尾就要“结”得住，“断”得下，“断”在画龙点“睛”之处，“言有尽而意无穷”，造成“余音绕梁”之势。看到时间紧了，就要考虑结构是否完整，中心是否表现出来，如记叙文就要三言两语把事情的结局说清；议论文就要看是否做了结论，快速深化论点。如果时间较充裕，就要想几句饱含哲理的、委婉含蓄的、发人深思的话作为结尾，做到越读越想“悟”，越“悟”越有“味”。

题目之一：高考作文综合修改训练

在教师指导下，再做综合性修改文章的练习，目的是进一步培养自己修改文章的能力。

思路提示：

考场作文的特殊性修改，相应地导致一条特殊的思路：“写前改（定向）—写中改（思路流向）—写后改（思路归向）”三结合。这种观点，主要是从考场作文的思路与考场作文修改的思路必须一致的客观情况而提出的。

“写前改”，就是写作正文以前，对腹稿和简易草稿（有些是写作提纲）进行修改。这种修改，主要是对作文过程中的思路定向，提早发现问题，及时端正思路，为后面的正文写作扫除障碍，减少“中梗阻”，使写作思考更加趋向成熟和完善。这种修改的主要形式是：“想”，想观点，看题目；“查”，查题材，理结构；“梳”，梳线索，定写法。可以说，“写前改”是“磨刀不误砍柴工”，能收事半功倍之效。

“写中改”，就是在写作正文时边写边改。本来，这种方法常遭人反对，说文章是一气呵成的，边写边改会打断思路，影响写作。其实这只说对了一半。“写中改”，有时并非打断思路，反而能及时纠正思路的偏向，使思路更趋于流畅和正确，反而使写作的速度和质量有所提高。这个“有时”，主要就是指考场。考场作文时间紧，“唯命是从”，不比平时作文是“有感而发”“能一气呵成”，而且第一次写不好没关系，可以重新再想，直至有了“灵感”才奋笔疾书。考场作文如果不及时边写边发现问题边改正，等写完后发现了大问题，别说改，连后悔都来不及——要交卷了。当然，这种修改，一定要有个重要条件，即先有一个内容详细的能切实指导写作的提纲，使考生在任何意外情况的冲击下都不会中断写作，自然也就中断不了思路。不过，这种修改，一定要在写好一段或一个完整的部分以后，才回过头来按照提纲或者顺乎此时的正确思路，去默读、检查、修改；不能写一句改一句，如果那样，就真的要打断思路了。

“写后改”，即写完后再修改。这是大家惯用的方法，但是，并没有多少人把它看作检查整篇文章写作思路的归向问题，就是说，文章的思路，要从结尾回到开头来，回到题目上来，如果回不来，那就是或者没写完，或者跑了题。所以，要抓住“思路归向”来修改。另外，“写后改”，要着眼于快速、高效，抓住前面介绍的考场作文特殊性修改的重点范围（如文面、文题、文眼等）进行“粉刷”与“修饰”等特殊性修改。

题目之二：报刊时文的综合修改

思路提示：

报刊时文，一般地讲，经过作者精心写作，编辑的审定，应该是文质兼美的好作品。但由于多方面原因，有时也会发表个别瑕疵较多的文章。发现这类文章，指出毛病，进行综合修改，难度是比较大的。正因为如此，它对于社会特别是从事文字工作的人，如作者、编辑、教师、学生，都有极大的启发作用。我国许多语言学家，如吕叔湘、朱德熙等，都很重视对报刊时文的修改，给人们提供了维护祖国语言的纯洁和健康的范例。

高中学生，按语文教学大纲的要求，经过初、高中各年级的关于文章修改的逐级训练，应该具有对报刊、时文进行综合修改的能力。因此，在平时或考试中，特别是高考中，编拟修改时文的题型，当成为一种不可避免的趋势。根据这个考虑，应该在作文训练中，重视对时文的综合修改的训练，在高难度的实践中提高自己运用祖国语言的能力，辨别是非的能力，指出谬误的能力，修改补正的能力，以维护祖国语言的纯洁和健康，正确地使用祖国的语言文字。

修改报刊时文，首先要选好修改对象。所修改的报刊时文中的语言不准确、不严密、啰唆、语病比较典型，带有普遍性。对于某些表达得不够生动、形象、缺乏情趣、色彩的部分有必要修改得生动形象，使其成为具有情趣的文章。一般来说，考场上修改报刊时文是由命题组早已选好的，那么，修改时就要从以上所说的几个方面进行了。

其实，综合修改要考虑整体性原则，语言和文体风格要前后一致，注意局部和整体的和谐。内容、结构、段落之间的过渡，修辞方法的运用，等等，都要通盘考虑，进行综合修改，洛阳市九中海永振、陈永泉对《一闲对百忙》的综合修改，就是从审题、立意、选材、组材、行文、标点等各方面对时文进行了综合修改，很有借鉴意义。

（本文原文系《作文同步指导》高中第六册主体内容，陕西人民出版社，1990 年 1 月版，现有改动。）

“借文写文”的读写观

这是我自 20 世纪 80 年代以来一直坚持开展的一项写作教学研究，叫“借文写文”，即指凭借或借鉴经典文章或可供写作学习的文章，进行一定目的和要求的写作活动以致写出新的文章。这里的“借文”，可以是课文，也可以是课外之文，只要对写作具有凭借或借鉴的价值均可。

这里之所以提出“借文写文”，主要是我基于辩证思维和多元化发展理念，开展发散性思维的过程写作教学，提出了“借文写文”的写作教学新观点及新做法，不分课内外文章，只要对作文有帮助、指导作用，都可以成为学生学习写作的资源、范本、引申或借鉴等。其实，文章都是可以用来学作文的，有的从正面起启发和帮助作用，有的从反面起吸取教训和反面教材的作用。我们在作文教学中不也常用“有问题”的习作，来进行点评和写作指导吗？

课文本来就是拿来进行阅读、作文的范本，如果还单独专提“向课文学作文”，那就意味着：要么课本忽略了作文的教学，要么教的人未体现“课文”对于读和写的整体辐射作用。另外，学作文，从来都是“功夫在诗外”，事实无不表明：“课文”以外的文章也同样可以用来“学作文”。这就比“向课文学作文”要科学、全面、合理得多。

向课文学作文，是长沙雅礼中学邓志刚老师所开展的一项教学活动，据报道，效果很好。其理论依据和操作策略，远不能用“读写结合”来概括和描述，因为课文本身并不是阅读的专利品。从过去到现在，人们总以为课文就是用来读的，就只是阅读教学的载体，其实这是一个误区。

向课文学作文，本是语文教学的一件常理之事，也是语文课程标准所要求的基本常识，但是多年来的“重读轻写”“读写割裂”等，导致目前课文的整体功能作用发挥欠佳，于是就有人提出用“向课文学作文”来解决上述问题，并用“读写结合”的理论和做法来印证、验证“向课文学作文”。这里有个逻辑转移的问题，读写结合不是因为向课文学作文而诞生的，向课文学作文也不一定非要通过读或者读与写结合不可。

课文，是语文教科书的主体内容，是语文教学的主要载体。也就是说，课文本应包括听说读写全部在内的所有语文学习活动的主要载体，写作也是自然包括在内，而并非需要单列。更何况事实反复表明，读写并不是只有人为的“结合”，而且更有课文本属于读写一体化的客观存在，读写一体化才是作为语文教学的课文的重要特点之一。

“借文写文·同题异作”

——发散性思维的过程写作指导系列化练习

阅读下面《北京的色彩》一文后，按照下列要求作文：

1. 根据你对文章中心思想的理解写一篇思想评论（议论文的一种），题目为《谈生活的“色彩”》，要求能综合运用多种论证方法进行论证，不要写成读后感，800 字左右。

2. 写一篇《谈生活的“色彩”》的写作后记，要求以陈述思维过程为主，300 以上，切忌泛泛而谈。

3. 请老师或同学写一篇评语，最好从一个方面写，300 字以上。

北京的色彩

五月，春风阳艳的五月，北京的色彩应当更加绚丽了吧。

去年秋天，我像一片云，从四季长青的东海之滨飘到了北京城。

来到北京之前，有人告诉我：北京是“红色的海洋”，从紫禁城的宫墙到孩子们嘴中的糖葫芦，全是“红彤彤”的。

也有人告诉我：北京是“蓝色的世界”。那里的男女老少，一年四季身着蓝装……

我带着南方人一种特有的绿色的骄傲，步入了北京城。然而，深秋时节的北京城，很快便以它那壮丽辉煌的色彩，驱除了我的偏见。

首先把我征服的，是北京的树叶。从机场进入市区，夹道的松树、柏树，高高的白杨树，全是绿的。就在这绿色中间，呈现出我在家乡所看不到的深深浅浅的黄，闪闪耀耀的金，团团簇簇的红，一时辨认不清的乔木，把千百种奇妙的色彩纷繁而又和谐地展现在我的面前，使我又惊又喜。后来，我漫游天坛，发现北门内那两排银杏树，满身都停满了黄蝴蝶，秋风一吹，蝴蝶纷纷飘落地上。待细细一看，却又都变成用黄绢裱制的小扇面，宽边上，还留着一道未曾褪尽的绿镶边呢！我登香山，探访秋日里最后一批黄栌树上的红叶。我又发现，那残留枝头和铺满地上的红叶中，竟也有我在南方所想象不到的层次：金黄、橘红、曙红、猩红、赭石……几乎没有两片树叶是同色的，就是同一片叶子，也往往是橘黄中透着桃红，丹红中凝结着玫瑰紫……

北京城这彩色的秋林啊，你终于使我明白：大自然并非只有一种绿色，也并非只有一种黄，一种红……

我攀登长城，漫游故宫。长城的城墙是黑灰色，浓重中透着一种冷峻；故宫的宫墙是朱砂色的，深沉中显出一种威严。它们毕竟都已成为历史。我更喜欢的是近年来并肩崛起的新楼房和那些纵横飞扬的立交桥。它们的色彩趋于明快、热情、奔放，因而也更使人感到亲近。我常常把脸孔贴在公共汽车的窗玻璃上，不断从横道两旁飞驰的楼群中寻找雪山的洁白、草原的嫩绿、沙漠的金黄和大海的蔚蓝，由贝聿铭设计的香山饭店潇洒、纯净。不知怎么，使我怀念起家乡那冰清玉洁的水仙花……

人们常说建筑是凝固的音乐。那么，北京城里无数个有色彩的音符，都能使人想起祖国的四面八方……

在北京的日子是短暂的。在繁忙的公务之余，我也忘不了作为一名顾客，挤进川流不息的人群，去逛逛慕名已久的西单、王府井和大栅栏，去选购首都的时装。我发现与我摩肩的人群中，穿蓝衣衫者毕竟是个数。更多的人，是身着各种质料、各种颜色的西服、卡曲、夹克、猎装、中山装……甚至，还有刚刚从电视屏幕和洛杉矶奥运会走进服装柜台的“大岛茂”式外套和“栾菊杰”式的击剑服。许多人托我代购“长城牌”和“大地牌”风衣已供不应求，暂时脱销。我常常不无遗憾地伫立在十字街头，羡慕的目光追逐那些风衣在身的匆匆过客。秋风掀动风衣的后摆，使他们显得多么潇洒！我发现，连风衣的颜色也不是单一的米黄色了，瞧，那一群骑自行车翩翩而来的身着风衣的少女，是红蝴蝶，是绿鹦鹉，还是蓝孔雀？

我是一片云，从彩色的北京又飘回绿色的东海之滨。

人们问：北京的色彩如何？

我毫不犹豫地回答：凡是大自然有的，北京都有；凡是九百六十万平方公里土地上有的，我们的首都——全都有。

指导提要：

怎样“借”，首先要读懂“借文”，明确“借”什么，即本文要求读懂《北京的色彩》后，“借”其中心思想另外作文，本文中心思想已在几个过渡议论段中逐步暗现，结尾直接揭示，所以也容易“借”来；再就是要明确“借”到哪里去，本文是要求“借”去写一篇思想评论，思想评论是一种以思想问题作为评论对象的议论文，思想问题是指什么，指包括人民内部思想认识、思想方法、工作作风诸方面的情况，这种评论可以起到打开人们思想“锈锁”的“金钥匙”的作用，本文要求联系生活中的种种错误思想，按照《北京的色彩》的主题而写作议论文，不是写读了《北京的色彩》之后的“读后感”，那是另一种文体了，须知本文的特点在于“借”。

如何“异”，主要是同一题目写不出不同的特色来，这种特色表现在：立意不同，构思不同，选材不同，语言表达不同，等等，但是，本文的立意则要求根据《北京的色彩》，故此立意的大范围不能改变，但每篇作文的立意角度可以有所不同，可以从某一个方面立意阐述，也可以从全方位综合立意阐述，总之要根据自己当时的认识水平、材料来源和灵感度来确定；至于构思、选材和语言表达很容易做到“同题不同写”。但是在运用求异思维时要想象合理，切忌钻“死胡同”。

其他方面的写作要求，在命题中已明确规定，只要认真地理解分析，便可把握，在此不赘述。

·“同题异作”例文之一·

谈生活的“色彩”

近年来，在浸透书香的学校天地里，开始涌动一种对生活“色彩”单调的思绪。是的，生活本该绚丽多彩；但决不能因别人说生活缺少阳光，自己也跟着喊生活总是“阴天”，有意无意地把自己扭变成一只鹦鹉，而应该放开视野，走向生活，体味生活的灿烂色彩，在丰富多彩的生活中生活得更加丰富多彩。

目前，有些学校违背教育方针，一味追求升学率，给某些同学的生活蒙上一层阴影，遮住了阳光。他们确感到生活单调、枯燥，向社会发出了呐喊：“还我生活的七色阳光！”当然，这是人人都可理解的。因为他们是祖国的花朵，明天的主人，所以清醒地发现自己现在成长的重要性和生活的多彩化。然而，无可讳言，许多人的生活并不是不充满阳光，不涂上“色彩”，而是把书本一丢，跟着人在诅咒生活的“色彩”太单调，“嚼着肥肉喊肚子饿”，就有点让人费解了。

生活的“色彩”究竟怎样？毛泽东同志曾告诫我们：“要想知道梨子的滋味，就得亲口尝一尝。”看来“尝生活”，才是认识生活“色彩”的唯一途径。有人认为：在这个新时代中喊一两个新口号，便觉得时髦起来。殊不知，这是有悖于生活本来面目的蠢事。

生活的“色彩”本是一个抽象的名词，犹如雾中的玫瑰，看上去隐隐约约，若有若无；但是，如果一走进生活，把眼睛放亮，老老实实地与生活贴近些，不就可以有所发现和获得么？倘若一屁股坐在某处，只看到“雾”，看不见鲜艳的“色彩”，闻不着清新的香味，于是硬着头皮说世上没有玫瑰，因之生活没有“色彩”，岂不荒唐吗？

自从《我多想唱》问世以后，它犹如一般清泉流进了学校；作为学生的心声，它给社会唱出了一个新的课题。面对这种现实性，青年朋友们，你的感想如何？是跟着别人在作好奇的呼喊，还是静下心来，揉一揉自己的眼睛，像块三棱镜那样，对生活的“色彩”作出客观的反映！

·写作后记·

反思后的呐喊

读罢《北京的色彩》，我的心久久不能平静，总有些问题搅扰着我不安分的思维神经，终于，爆发了一段深刻的反思：北京，谁不知道它壮丽辉煌、令人神往，为什么在章武要去北京之前却有那样一种“偏见”——北京只是“红色的海洋”“蓝色的世界”？人言可畏啊！他正因为未去过第一回，才听信了“人言”，也圈进了人们观察事物的形而上学和思维定式的束缚——总以为北京还没有变化，还是“文化大革命”时期的景观和生活观念。但是，去北京的实践教育了作者，驱除了“偏见”，重新得出了结论：“多色彩的北京!”并由此产生“羡慕的目光”。

……

在联想翩翩反思之后，我忽然想起了我们的学校生活，想起了我们周围那一双双对我们学生生活不解，甚至歪曲的陌生目光，想起了那些对生活“色彩”大喊“单调、乏味”的盲目的悲鸣……

于是，我在心底呐喊着：

生活的“色彩”，与北京的色彩一样，从来就是丰富多彩的，能依你说“单调、乏味”就变成单调、乏味吗？否也，即使某地某时的学校生活，似乎过于“单调、乏味”，那仍然是人为的，不是它的本来面目，相信也会在众多的“呐喊”中重焕异彩，使学生感受到生活充满七色阳光，那些曾经对生活“色彩”曲解过的人，自然从中得到一份忏悔……

“反思——呐喊”，这终于成为我心灵的震颤点，于是我不觉得地抖出了这篇《谈生活的“色彩”》。

·评语·

用陌生的眼光看熟悉的事物

习作者笔下的《谈生活的“色彩”》，基本符合“借文写文”的同步训练要求。本文的最大成功点，就是运用了反思法，善于用陌生的眼光看熟悉的事物，从平凡的学校生活中掘取有价值的题材。

学校生活是每个学生再熟悉不过的了，正因为熟悉，也就觉得太平常，太平常了，也就感觉不出学校生活中还有什么新鲜，于是就自然而然也归到“单调、乏味”中去了。而作者一反常规思维，运用反过来想一想、试一试的求异思维方法（“反思法”），终于在“熟悉”（表面的）中发现了不熟悉的东西（本质的）——只要正确地认识生活，深入生活，反映生活，不去人云亦云地随意曲解生活，就能觉得生活有“色彩”，有阳光，就能生活得顺意、美好。

本文作者突然产生了“顿悟”，从而掘取取之不尽的新题材，带入了写作的高潮——“灵感阶段”。灵感，成为积极反思的表现。在习作中，作者运用反思法，既承认目前某些学校由于片面追求升学率，学校生活确实显得单调、乏味，应该恢复其丰富多彩的本来面目，又善于透过表面现象（所谓“熟悉的”），提醒那些人云亦云、盲目乱喊“生活单调、乏味”的人要有自己的“生活观”，正确地认识生活，并着重指出：要想生活有“色彩”，静下心来，揉一揉自己的眼睛，去做客观的反映。

正由于反思得当，于“熟悉”中求得“陌生”，所以，本文的材料取舍也正反相宜，虚实相交、陌熟相映，使文章也显得有“色彩”。

·“同题异作”例文之二·

谈生活的“色彩”

冯瑛同学：

捧读来信后，我知道你高考预考落选，心情极为悲凉，你以为从此你的生活将只是一种“白色”：单调，一无所有。“白色”有什么不好？它是一切“色彩”的基础，它同样有美丽的青春。你又何必去产生一种“白色恐怖”呢？

当然，大学生活是丰富多彩的，谁也不否认，那里有书，有花，有歌，有笑声……令你，令我都羡慕；但因为那是你和我都十分向往着她，想得太多，想得太美了！而广袤的社会天地就仅仅是一种“白色”吗？那是你还没有领略到它的“色彩”时就闭上了眼。睁开眼睛看看吧，大学门外的生活也同样充满七色阳光，像“万花筒”一般。袁隆平，不是大学生，却从生活中找到了“色彩”，成为世界“杂交水稻之父”；禹作敏，一个普通农民，也没有把自己的生活“白”过，而在红红火火的改革生活中成为当代优秀农民企业家；个体户吕环，注重信息，在流行服装上成为上海的竞争强手；还有小学生梁平，也没有“白”过，在生活中善于观察和动脑筋，竟然获得国家发明专利……无须再说，命运对在“白色”生活中奋斗的人又哪里赐过一张“白纸”呢？

我们常说无花果，总认为它不开花，只有一种单调的“绿”；然而，又有谁知它是默默地把花开在夜间，愿以一种“单调”，不与群芳争艳，不受游人观赏，只默默地奉献着生活的硕果。我们有人也是这样，在平凡的岗位上，勤勤恳恳地尽职尽责，看上去一生就像一杯平平的“白开水”，只有“白色”，但谁又能否认这“白色”中孕育和发散出灿烂的“色彩”和生活的真谛呢？

的确，生活中的受挫、失意，最容易使某些人生活观变化为：“白色”。你还记得革命战争时期的“白色恐怖”吧，那种“白色”何止是“单调、乏味，一无所有”，还要流血、砍头的啊！然而，多少英雄好汉在“白色恐怖”下干出惊天地、泣鬼神的有声有色的伟大事业，成为光彩熠熠的生活强者和楷模？

我看过一本书叫《礼物》，书中的德拉，因没有足够的钱为丈夫买圣诞礼物而难过时，她眼前的一切，从篱笆到小猫……一律变成灰白色的了。冯瑛同学，你是不是就是那个“德拉”呢？生活即使一时是“白色”，也无妨。有人说过：一张白纸，没有负担，好写最新最美的文字，好画最新最美的图画。

请你热爱生活，热爱你目前的“白色”吧！冯瑛同学，过不多久，就会在这“白色”中出落着一个有声有色的“你”。

最后，祝你愉快，也盼你常来信谈起生活的“色彩”。

·写作后记·

我也步入了白色地

真凑巧！我昨天接到冯瑛同学的来信，正为他高考预考落选而苦恼时，老师要我们读《北京的色彩》，并说还要……起初，我莫名其妙，也无心思，没有听下去，但出于“师训”，也不得不硬着头皮读了起来……

也怪，读着读着，我真不相信我还在湘南雪峰山下的一座普通中学教室里，我的整个心啊，全都在天坛、香山、长城、王府井的十字街头……在“壮丽辉煌的北京色彩”里，在一片令人陶醉的愉悦里，哪里还有失意感和苦恼呢？由此，我想到了我的家乡、我的学校，不也像北京的色彩一样，丰富多彩吗？当然更想到了家乡的人、学校的同学——我那日思夜想的落选的冯瑛同学。嗯，何不马上写一封信给他，告诉他我有一种对生活的独特感受，将此时此地的我难已抑制的一腔衷肠一吐给他？于是，我动笔了——哎，老是想着他，想着他的“白色”，此时在课堂上呀，并且说要根据《北京的色彩》写一篇《谈生活的“色彩”》，又要写信，又要作文——此时的我哪有这多心和这多手呢？哟——何不“合二为一”，用书信的形式写《谈生活的“色彩”》，届时“两了却”？是的，“白色地”就是那种“众人不喜欢的不想去的单调的空白地带”，然而，恰恰这种“地方”能创造奇迹，能产生美丽的故事——作文中的这种“白色地”不也正好是产生佳作的地方么？有位作家说得好：要写别人没想到的东西，写别人忽略了的地方。

啊，我也终于步入这片“白色地”——“色彩”中的单调“白”——同学落选后的悲凉——书信体议论文。

后来，老师说我得了最高分：90。

·评语·

善于发现思维的“背景”

写“同主题作文”，要想高出一筹，获得优秀，那确实需要独辟蹊径，另“攀高门”——这里就有个思维方法与技巧的问题。

谈生活的“色彩”，谁都会说几句“生活不是单调、乏味的，而是充满了阳光”之类的话，当然那些是主题话，要说。但你想过没有，那些话要怎样说出来才有“分量”，才有人听，也就是说“思维出窍”——认真考虑好思维的“背景”，人们通常想这样说，你就应该调整思维的“背景”，把同样的主题放在另外一个思维“背景”中，往往会放射出新的光彩。

林吕穆同学就善于把这个“公共主题”，通过一桩心事——“同学来信说落选心情悲凉”来体现，就使读者耳目一新，“顿悟”出许多新感想。可以说，本文的思维“背景”——就是“同学来信说落选心情悲凉所引起的心事”，这种“心事”，作为思维“背景”被习作者发现和捕捉住了，就是本文思维开拓上的成功点，如果他和别人一样，放在“为文而文”的普通“应试背景”下，或者放在“人云亦云，乱喊一通”的“模糊背景”下，肯定只会写出几句不痛不痒的“架子话”，毫无半点感染力，也就是说，这种思维“背景”没有特色，没有个性。在没有“个性的背景”时，要思维出打动读者之心的佳作，是不可能的。

习作者在写《谈生活的“色彩”》时所出现的心事，与其说是一种凑巧，不如说是掌握了一种善于发现思维“背景”的功夫，谁在作文前和作文中没有这样那样各自不同的心事呢——关键在于你会不会发现。

北京的色彩壮丽辉煌，而生活的“色彩”同样丰富多彩，但是冯瑛同学此时的生活却成了“白色”，怎样帮助他呢？这就是“心事”——成了当时正要写作《谈生活的“色彩”》的思维“背景”，于是呈现出一种“写作最佳心理区”——心思与文思相通，犹如打开了思维的“闸门”，有滔滔不绝的话要说，海阔天空，古今中外的名人轶事、现实生活中的“无花果”“德拉”……都信手拈来，或排比地说，或对比地讲，或类比着侃侃而谈，少架子，无束缚，处处贴切自然，句句流露真情实感，让人解渴、耐读。

由此可见，在广阔而独特的思维“背景”下一定会有成功之作的诞生。

·“同题异作”例文之三·

谈生活的“色彩”

生活到底是“五味瓶”还是“单色板”？尽管众说纷纭，但与人的涉世深浅、感受异同有关。涉世浅的，未经风雨的洗礼，总觉生活之单调和乏味；有坎坷经历和沉浮身世的，总觉生活要多有味就多有味——咸、酸、苦、辣、甜，兼而有之。

认为生活是“单色板”的，往往只看到事物的表面便大发感慨，“只见树木，不见森林”。因此对生活缺乏信心，被迫忙碌者枉费心神，心地“空旷”者也未能如意，消极颓废者当然无所作为。

人们生活的方式和地位不同，追求的目标不同，对生活的“色彩”认识也不同。谁都有自己的“日观峰”，对生活的看法不尽相同。因此，我们要用正确的世界观和方法论去看待生活，挖掘其“色彩”。

生活是一面多棱镜。我们要想使自己的生活大放异彩，必须首先对生活的内涵和外延有一个较清醒的认识。说生活“单色”的，莫过于坐监牢吧——但这种监狱生活却诞生了易经卜辞、正气歌，诞生了《尼赫鲁自传》、苏联国歌，诞生了《绞刑架下的报告》和《可爱的中国》……或者说莫过于沙漠吧——但雷赛布竟能在沙漠里造出苏伊士运河；或者说莫过于没有迪斯科、没有宇宙飞船的古秦吧——但一座万里长城尽容当代风流，广集五色游客，飘扬过《我的中国心》。可见，说生活没有“色彩”，只是懒惰者之遁词、悲观者之自慰语。真正的生活，是强者的世界，即使“单色”也别有一番“风味”，别有几多“色彩”的。

对生活除了要有正确的认识和理解，更重要的还在于创造。不会创造生活的只能是生活的“色盲”——模糊者、应声虫。所以，在生活现实中，多动脑筋，多“悟”，由“此堤”到“彼岸”，由“平地”到“险峰”，由“绝境”到“桃花源”……你想想，遭“八十一难”的玄奘毕竟取得佛经，众叛亲离的哥伦布，毕竟发现美洲大陆，处于“冻、饿，病”三重围困的莫扎特仍写出了《安魂曲》，在高位身瘫的张海迪脚下，不仅仅是轮椅，更有鲜花、镁光灯。

总之，生活不是“单色板”，它是一幅实实在在的色彩夺目的勇士的画卷。无论是闹市还是深山，生活总在大放异彩——用你的热心、慧眼、勤手便可获得。

拂去单色板的尘埃

读了《北京的色彩》后，自然会被“壮丽辉煌”的北京色彩所打动。激动之余，自然也会深思：作者为什么要选取这样一个题材？莫非他还“别有用心”吧！于是我想起了生活……想起了我们的那次“五四”春游活动……

活动中，同学们曾为大自然中的五彩斑斓的美景而神魂颠倒，可也有些同学在悲叹着：要是人生能有这么丰富多彩，该是多么幸福啊！她总认为生活是一块“单色板”，缺乏生气，缺乏魅力，单调、乏味，所以她也一直萎靡不振，对学习、生活、友谊都冷眼旁视，无所动心，从此成绩下降，同学们自然也渐渐疏远了（其实是无暇顾及她和不理解她），可以说，她成了我们生活中的“尘埃”，满身的“单色板”。

怎样看待她呢？首先要排除我们的“偏见”，她能进步的，她的生活仍然是有“色彩”的；然后让她提高“辨色能力”，做拂去“单色板”尘埃的勇士。

怎样写——既不要伤害她，又要让她警醒？好，就冒昧地借了《北京的色彩》的主题，从生活的“单色板”开始，再对生活的“色彩”杂感了一番。

——这就是我此次写作欲的产生，不知捕捉准了没有，我还在思忖着……

·评论·

“杂”而不杂

本文虽然对生活中的“色彩”进行了杂议，但并不杂，而且恰恰“杂”出了味道——紧紧地围绕现实中对待生活的两种认识而展开酣畅淋漓的论述，并且，又侧重于对“生活是单色板”之论的“杂感”。

文章的开头，摆出对生活认识的两种观点；紧接着笔锋一转，集中笔墨对持有“生活是单色板”之论的人进行有理、有节、有层次的“杂”论……

首先，指出持“生活是单色板”之论的人是对生活的“色彩”缺乏正确的认识，没有树立正确的人生观、思想观和方法论。

接着，列举事例反复阐述：只要脚踏实地地忠实于生活、热爱生活，即使你的眼前暂时是一块“单色板”，也会浸透出“色彩”来的，虽苦犹甜、虽酸犹畅、虽单调犹多彩。这就是对生活的真正理解。

再接着，着重指出：生活的“色彩”在于走向生活，在于勤奋创造。这就进一步阐述了作者所孕育已久的正确的“生活观”，使持“生活是单色板”之论的人猛醒过来，重新认识和理解现实生活。

最后，重申作者的见解，深化主题。

总之，这篇文章采用形杂而神不杂的结构方法，采用论证多样却有序、语言流畅而有气势等写作方法，使文章尽量有针对性，有说服力。

（本文发表在黑龙江《作文成功之路》，1990 年第 1 期）

参考文献

[1] 顾树森．中国古代教育家语录类编［M］．上海：上海教育出版社，1998．

[2] 论语［M］．陈国庆，注．西安：陕西人民出版社，1996．

[3] 庞朴．一分为三论［M］．上海：上海古籍出版社，2003．

[4] 庞朴．浅说一分为三［M］．北京：新华出版社，2004．

[5] 周德义．我在何方：“一分为三”论［M］．长沙：湖南人民出版社，2003．

[6] 雷正良，杨远富．方法论新探：一分为二、一分为三、一分为多［M］．桂林：广西师范大学出版社，1995．

[7] 巴拉诺夫，沃莉科娃，斯拉斯捷宁，等教育学［M］．李子卓，赵玮，韩玉梅，等译，北京：人民教育出版社，1979．

[8] 联合国教科文组织，国际教育发展委员会．学会生存——教育世界的今天和明天，北京：教育科学出版社，1996．

[9] ［美］杜威．杜威教育论著选［M］．上海：华东师范大学出版社，1981．

[10] ［美］肯·古得曼．全语言的全全在哪里，李连珠，译［M］．南京：南京师范大学出版社，2005．

[11] 中华人民共和国教育部．普通高中课程方案（实验）［M］．北京：人民教育出版社，2003．

[12] 中华人民共和国教育部．全日制义务教育语文课程标准（实验稿）［M］．北京：北京师范大学出版社，2001．

[13] 中华人民共和国教育部．普通高中语文课程标准（实验）［M］．北京：人民教育出版社，2003．

[14] 叶圣陶．叶圣陶语文教育论集（上下）［M］．北京：教育科学出版版

社，1980.

［15］吕叔湘．吕叔湘语文论集［M］．北京：商务印书馆，1983.

［16］朱绍禹．朱绍禹文存［M］．长春：吉林人民出版社，2002.

［17］张鸿苓，张锐等编．语文教学方法论［M］．北京：北京师范大学出版社，1982.

［18］张隆华．语文教育学［M］．重庆：重庆出版社，1987.

［19］周庆元．语文教育研究概论［M］．长沙：湖南人民出版社，2005.

［20］倪文锦主编．高中语文新课程教学法［M］．北京：高等教育出版社，2004.

［21］刘国正，毕美赛．叶圣陶语文教育思想研究［M］．南京：江苏凤凰教育出版社，1990.

［22］全国中语会．叶圣陶　吕叔湘　张志公　语文教育论文选［M］．北京：开明出版社，1995.

［23］王尚文．走进语文教学之门［M］．上海：上海世纪出版股份有限公司上海教育出版社，2007.

［24］卫灿金．语文思维培育学［M］．北京：语文出版社，1994.

［25］王光龙．语文学习方法学［M］．长治：山西高校联合出版社，1993.

［26］佟士凡．语文学习论［M］．桂林：广西教育出版社，1996.

［27］赵福祺、刘冈．当代中国语文教育改革名家评介［M］．成都：成都出版社，1993.

［28］吴发珩．当代语文教法学法辞典［M］．桂林：广西教育出版社，1993.

［29］张孝纯．大语文教育刍议［J］．河北师院学报 1996（1）.

［30］姚竹青．姚竹青大语文教学法（修订版）［M］．北京：中国社会科学出版社，2001.

［31］孙春成．语文反思性教学策略［M］．桂林：广西教育出版社，2004.

［32］刘海峰．学习力决定生存力［M］．北京：中国华侨出版社，2008.

［33］隗峰，赵同友．变异学习理论及其应用［J］．上海教育科研，2008.

［34］黄荣金，易凌峰，顾泠沅，等．变式教学研究（再续）［J］．数学教学，2003（3）.

［35］陈建翔．变异理论对基础教育的启示［N］．中国教育报，2008－12－15.

[36] 高文．学习科学的关键词［M］．上海：华东师范大学出版社，2009.

[37]［美］EricJensen．深度学习的7种有力策略［M］．温暖，译．上海：华东师范大学出版社，2010.

[38]［丹］伊例雷斯著．我们如何学习：全视角学习理论［M］．孙玫璐，译．北京：教育科学出版社，2010.

[39]［美］B. R. 赫根汉，马修·奥尔森．离本禹著．学习理论导论［M］．7版．崔光辉等，译．上海：上海教育出版社，2011.

[40] 阎立钦．从教学创新看研究性学习［J］．科学咨询（教育科研），2003（3）.

[41] 郑桂华．探究性学习教学示例［M］．杭州：浙江教育出版社，2004.

[42] 黄志成．全纳教育：建设和谐社会的教育之路［M］．中国教育报，2005－03－04.

[43] 曹先擢，凌远征．现代汉语缩略语［R］．北京：语文出版社，1999.

[44] 袁晖，阮显忠．现代汉语缩略语词典［R］．北京：语文出版社，2002.

[45] 俞理明．汉语缩略研究——缩略：语言符号的再符号化［M］．成都：四川出版集团巴蜀书社，2005.

[46] 吴术燕．试论现代汉语缩略语的规范问题［J］．，玉林师范学院学报，2006（2）.

[47] 杨信彰．语言学概论［M］．北京：高等教育出版社，2006.

[48] 叶蜚声，徐通锵．语言学纲要（修订版）［M］．北京：北京大学出版社，2010.

[49]［英］杰弗里·利奇著．语义学［M］．李瑞华，王彤福，杨自俭，穆国豪，等译．上海：上海外语教育出版社，1987.

[50] 邢福义．汉语语法学［M］．长春：东北师范大学出版社，1996.

[51] 邹小阳．网络语言变异的语法现象及原因分析［J］．现代语文（语言研究版），2007（7）.

[52]［瑞士］费尔迪南·德·索绪尔．普通语言学教程［M］．高名凯，译．北京：商务印书馆，1980.

[53] 姜颖．成语在广告中翻新的修辞现象［J］．鞍山师范学院学报，2004（10）.

[54] 刘钦荣．广告中成语活用现象的思考［J］．商丘职业技术学院学报，2005（6）.

[55] 王钢华. 汉英在网络上的变异及其原因 [J]. 清华大学教育研究, 2002 (S1).

[56] 张桂光. 汉字学简论 [M]. 广东高等教育出版社, 2004.

[57] 唐兰. 中国文字学 [M]. 上海: 上海世纪出版集团 (上海古籍出版社).

[58] 崔峦. 明确“识字与写字”目标, 大力改进识字教学与写字教学 [J]. 试教通讯, 2002 (41 -42).

[59] 张田若. 集中识字教学研究四十年的基本经验 [J]. 小学语文教师, 2001 (10).

[60] 黄亢美. 小学语文字理教学手册 [M]. 南宁: 广西人民出版社, 2002.

[61] 人民教育出版社, 主编, 义务教育教材《语文》小学 1 -12 册, 人民教育出版社出版。

[62]《人民教育》1997 年第 1 -5 期连载《识字教学一览》等。

[63] 王宁. 汉字教学的原理与各类教学方法的科学运用 [J]. 课程·教材·教法, 2002 (10, 11).

[64] 潘自由. 汉字部首浅析 [M]. 赤峰: 内蒙古科学技术出版社, 1997.

[65] 如潜. 和青年朋友谈谈学习中的几个问题, 中国青年出版社, 1956.

[66] 马千里, 高教文摘编辑部. 论学习科学, 1987.

[67] 赖安章. 高中学习方法与智能培养 [M]. 西安: 西北工业大学出版社, 1988.

[68] 刘彦. 教与学潜论 [M]. 呼和浩特: 内蒙古教育出版社, 1988.

[69] 马伯准. 中学生学习法 [M]. 长沙: 湖南教育出版社, 1990.

[70] 林惠生. “语文学习学”的构想及其尝试 [J]. 山西师大语文教学通讯, 1990 (10).

[71] 邵瑞珍. 学与教的心理学 [M]. 上海: 华东师范大学出版社, 1990.

[72] 乔炳臣, 白应东. 学习的科学与科学的学习 [M]. 哈尔滨: 黑龙江教育出版社, 1990.

[73] 林明榕. 中外最佳学习方法 [M]. 北京: 中国广播电视出版社, 1991.

[74] 叶瑞祥, 周勤多, 林振海. 中学生学习学 [M]. 广州: 广东高等教育出版社, 1991.

［75］张棣华．陶行知教育名著选讲［M］．广州：广东高等教育出版社，1991．

［76］谢德民．论学习［M］．北京：人民教育出版社，1992．

［77］王松泉．简明学习方法词典［M］．沈阳：辽宁大学出版社，1992．

［78］张庆林．当代认知心理学在教学中的应用——如何教学生学会学习和思维［M］．重庆：西南师范大学出版社，1995．

［79］喻云涛，殷艺祠等．心智美育理论与实践［M］．昆明：云南民族出版社，2001．

［80］［美］Davidlazear．多元智能教学艺术［M］．吕良环，译．北京：中国轻工业出版社，2004．

［81］叶志盛．初中语文最佳学法［M］．广州：广东人民出版社，1996．

［82］叶瑞祥．学习学概论［M］．广州：广东高等教育出版社，1996．

［83］王秀芳．学习检测学［M］．北京：新华出版社，1997．

［84］王世清．中学生心理与调适［M］．西安：西北大学出版社，1998．

［85］《学习科学大辞典》编委会．学习科学大辞典［M］．北京：新华出版社，1998．

［86］燕国材．学习心理学［M］．北京：警官教育出版社，1998．

［87］蒯超英．学习策略［M］．武汉：湖北教育出版社，1999．

［88］张奇．学习理论［M］．武汉：湖北教育出版社，1999．

［89］沈怡文．学习方法［M］．武汉：湖北教育出版社，1999．

［90］汪诚一．学习方法宝典（系列篇）［M］．桂林：广西师范大学出版社，1999．

［91］林焕章，林惠生．教育科研操作指南［M］．北京：国际文化出版公司，2000

［92］王德峰．哲学导论［M］．上海：上海人民出版社，2000．

［93］周国平．思想的星空［M］．北京：人民文学出版社，2009．

［94］［美］戴维·温伯格．知识的边界［M］．胡泳，高美，译．西安：山西人民出版社，2014．

［95］谭安奎．公共理性［M］．杭州：浙江大学出版社，2011．

［96］窦光宇．词源倒倾三江水　笔阵独扫千人军——记湖南省优秀教师林惠生，“封面人物”专栏通讯［J］．语文教学通讯，1990（10）．

［97］中国社会科学院语言研究所词典编辑室编．现代汉语词典［R］．北

京：商务印书馆，1978.

［98］袁振国．教育新理念［M］．北京：教育科学出版社，2002.

［99］毛泽东．毛泽东的五篇哲学著作［M］．北京：人民出版社，2008.

［100］［英］罗素．西方哲学史［M］．何兆武，李约瑟，译．北京：商务印书馆，1977.

［101］［英］罗素．哲学问题［M］．北京：商务印书馆，1986.

［102］［法］笛卡儿．第一哲学沉思集［M］．庞景仁，译．北京：商务印书馆，1986.

［103］［美］罗伯特·所罗门．大问题·简明哲学导论［M］．桂林：广西师范大学出版社，2004.

后　记

记得小时候，我听母亲讲得最多的话，就是“人吃良心树吃根”和“做人要善良，做事要讲理”。这些话听起来很土，但越悟越有道理，一直在影响着我以后如何做人、如何做事。一个“理”字，竟与善良连在一起：理性是一种善良，善良方可理性。现在，教育已被人诟病为“缺善少良”，其实是少了“理”性，多了“乱”。那么，教育要想崇善从良，成为善良的事业，促进良性发展，就要让教育走向“理”性，让教育成为良教、善教。

回顾我这几十年的语文教研之路，经历了一条“由自发到自觉”“由感性到理性”“由分散到系统”“由术到道”“由语文单一学科到教育多元综合”的研究之路，收获了许多经验，取得了初步成果，以作为我在从事语文这个专业工作上渐行渐进的见证及轨迹，真实地反映了我用“语文教师”的职业敏感性和专业态度专做了“语文研究”这一件事。它告诉我：曾经努力过——过程很重要，经历也是一种财富；也曾经拥有过——成果是初步的，但幸福感是永远的。

随着对“语文学习学”和“语文哲学”探索的不断深入，我一边有计划、有目的地研读了一大批古今中外的教育科学、学习科学、哲学和社会科学等方面的著作和论文，一边对当下的语文现象、语文问题一一展开了全面而深入的学理分析和“边界”思维，形成了一批超越语文具象和“碎技”而颇具理智的想法，并试着变为语文的一个个新理念及研究课题，于是便有了集结于一面更大的旗帜下而形成的研究项目——语文教育的“理”性，从语文教育的“事”研究走向语文教育的“理”研究，而且越来越清晰和专业起来。

现在，关于语文教育的“理”性研究的成果，集于《林惠生教育文选》（之三）而问世了，这也是我语文系列研究“三部曲”的第三部。这“三部曲”的系列特征，我是这样定位并加以体现的：第一卷，以“语文学习学”

这一概念为主题，突出了一种学科理论创建及其实践，求教育之“真”与“术”；第二卷，以“语文哲学”这一命题为基点，突出了一种学科思想重建及其应用，求教育之“智”与“道”；第三卷，以“语文教育”中的“理”性这一主张为主轴，突出了一种学科发展与“问题”矫正及其对策探索，求教育之“善”与“美”。其实，我对语文教育的“理”性研究，也就是在追求语文教育的一种“善良”与“美好”。

从一走上语文教学工作岗位那天起就已经意识到，后来的不懈之探，让我更加透视了当前语文问题及教学现象，也多了几分理性，少了一些感性。语文教育的感性是靠不住的，容易给人制造“雾霾”，阻碍人们往深处、高处、远处看，往深处、高处、远处想，往深处、高处、远处做，等等。后来，使我当时的教学能力和教研水平有了明显提高，业绩成果也在当地遥遥领先。

谈语文教育的“理”性，还得先谈教育的“理”性。其实，教育的“理”性，是当今教育改革与发展首先需要面对和解决的重要问题，因为浮躁、任性、功利至上、工具化盛行的非“理”性教育现象已愈演愈烈，产生了越来越大的负面影响。如果整个教育失去“理”性，要让语文教育有“理”性也是很难的，语文教育的“理”性要建立在整个教育的“理”性氛围之中。但是，如果把一门门学科、一堂堂课、一个个教育理念及项目，都变成有“理”性，都往“理”性之路上走，那么也会促进教育失去“理”性现象的改变，为全面解决教育的非“理”性问题提供案例和经验。

“理”性研究，包括理性和理性化，也是从理性走向“理”性，因为理性与“理”性已经成为两个不同的概念。

理性，是指一种哲学意识，是一种哲学思维。理性，不仅与感性相反，也与感性相辅相成，因为由感性走向理性，也是人的一种认知规律及过程的体现。理性，是一种人的高尚品质，也是人具有哲学品位的成熟人的标志，当然也是一门学科具有哲学品位、不断走向成熟的体现。语文教育的理性，首先树立要让语文具有理性的意识，然后明确：语文教育的理性到底是什么（体现在哪些方面），语文教育的理性价值如何（有何功能、意义），语文教育理性的可行性如何（可不可以理性），等等。

理性化，是指使其具有理性的一切行动及其活动过程。所以，理性化，也就成了一种哲学行为，一种哲学活动，甚至可以发展一种哲学训练思维，以建立更为健全的语文思想，探求更为合理的语文教育。

本书虽然是一本文集，但基本上形成了从理论到实践相结合的语文教育“理”性思想及操作体系。概括起来，本书有以下几个特点：一是在研究内容上，将30余年的研究及成果形成了一个体系，系统地发展为一种语文教育“理”性的新学说，也是为语文教学的改革寻找到了一个新的角度，使语文教育“理”性上升为一种理念，其生命意义和学术价值已不在于成果本身，即形成比成果走得更远、影响更深的思想。二是在研究方法上，能坚持理论与实践相连贯，形成了“具象—抽象、思辨—思辩、感性—理性”的教育研究风格与特色，力求既有“理”性研究，又有合“理”性研究。三是在学术发展上，为语文教学的改革寻找一个新的角度：基于“哲学”的语文教育“理”性，语文学科建设及语文教学发展和改革，在一定程度上形成了许多重建性的哲理、学理、常理。

综上所述，可见本书成果形成了独具特色，可以说，是我用几十年的时间和精力去打拼而成，才终于有了语文教育“理”性这样既新颖大气又有学术意义的学术成果。为了让这一成果能进一步链接历史与未来，我认为有必要把它奉献给读者，奉献给所有关注和有志于语文教育“理”性的研究及其应用的同仁。

当然，本书对基于“哲学”的语文教育“理”性的研究，尽管还很“初步”，但对当下唯考是图的急功近利的语文教学，对过度感性、随意与任性、技术至上的语文教学，无疑是下了一剂苦口的良药。以后到底要长成什么，对社会有多大作用，在人们对语文的认识和应用上有怎样的变化，等等，还有很长的路要走，还有很多的事要做。特别是如何让具有语文教育“理”性的语文课程，走进师生共有的语文课堂，构建语文“真善美”俱全的复合型教学新体系，为产生更多体现语文“理”性价值的新的教学方式方法而努力。

总之，我这本书，是在社会不断发展、教育改革和科研不断进步的大背景下问世的。如果有幸进入各位的视野，成为各位工作的伙伴，则是我莫大的荣幸。如果能给各位有所帮助，哪怕是一点点参考或借鉴，也算是我没有白忙活过，鞭策我更有信心地继续书写语文教育“理”性的新篇章。

在本书即将出版之际，我难免产生许多感激之情。许多值得感谢的人也一一呈现于眼前。我感谢所有给予指导与教诲的诸位先生，感谢参与本人相关课题研究和实验的老师，感谢我的家人和亲友对我的莫大支持与帮助，感谢出版社编辑们的辛勤劳动，感谢即将成为本书读者的无限信任与善意指教。

由于本书涉及的篇幅与时空跨度较大，在内容体系和语言表达及编排上难免有欠妥之处，本人在此敬请读者批评指正。

林惠生

2018 年 12 月